1 MONTH OF
FREE
READING

at

www.ForgottenBooks.com

By purchasing this book you are
eligible for one month membership to
ForgottenBooks.com, giving you
unlimited access to our entire
collection of over 1,000,000 titles via
our web site and mobile apps.

To claim your free month visit:

www.forgottenbooks.com/free656348

ISBN 978-0-666-62602-8
PIBN 10656348

Der junge Goethe.

Seine Briefe und Dichtungen

von 1764—1776.

Mit einer Einleitung

von

Michael Bernays.

Zweiter Theil.

———————•———————

Leipzig

Verlag von S. Hirzel.

1875.

III.

Frankfurt
Herbſt 1771 bis Frühjahr 1772.

Wetzlar
bis Herbſt 1772.

Frankfurt
bis Ende 1773.

(Fortſetzung)

Dichtungen.

Wanderers Sturmlied.

Wen du nicht verlässest Genius
Nicht der Regen nicht der Sturm
Haucht ihm Schauer übers Herz
Wen du nicht verlässest Genius
Wird der Regen Wolke,
Wird dem Schloßensturm
Entgegen singen, wie die
Lerche du dadroben.
Wen du nicht verlässest Genius

Den du nicht verlässest, Genius,
Wirst ihn heben übern Schlammpfad
Mit den Feuerflügeln
Wandeln wird er,
Wie mit Blumenfüßen,
Über Deukalions fluthschlamm,
Python tödtend leicht gros,
Pythius Apollo
Den du nicht verlässest Genius.

Den du nicht verlässest Genius
Wirst die wollnen Flügel unterspreiten,

Wenn er auf dem Felsen schläft,
Wirst mit Hüterfittigen ihn decken
In des Haines Mitternacht.

Wen du nicht verlässest Genius
Wirst im Schneegestöber Wärm umhüllen;
Nach der Wärme ziehn sich Musen,
Nach der Wärme Charitinnen
Wen du nicht verlässest Genius

Umschwebt mich ihr Musen!
Ihr Charitinnen!
Das ist Wasser, das ist Erde
Und der Sohn des Wassers und der Erde,
Über den ich wandle Göttergleich.

Ihr seyd rein wie das Herz der Wasser,
Ihr seyd rein wie das Mark der Erde,
Ihr umschwebt mich und ich schwebe
Über Wasser über Erde
Göttergleich.

———

Soll der zurück kehren
Der kleine, schwarze, feurige Bauer?
Soll der zurück kehren, erwartend
Nur deine Gaden, Vater Bromius,
Und hellleuchtend umwärmend Feuer?
Soll der zurück kehren mutig
Und ich, den ihr begleitet,
Musen und Charitinnen all
Den Alls erwartet, was ihr,

Musen und Charitinnen,
Umkränzende Seeligkeit
Rings um's Leben verherrlicht habt,
Soll muthlos kehren?

Vater Bromius!
Du bist Genius,
Jahrhunderts Genius,
Bist, was innre Glut
Pindarn war,
Was der Welt
Phöb Apoll ist.

Weh Weh innre Wärme
Seeten Wärme,
Mittelpunct!
Glüh' ihm entgegen
Phöb Apollen
Kalt wird sonst
Sein Fürstenblick
Über dich vorübergleiten,
Neidgetroffen
Auf der Ceder Grün verweilen,
Die zu grünen
Sein nicht harrt.

———————

Warum nennt mein Lied dich zulezt?
Dich von dem es begann
Dich in dem es endet
Dich, aus dem es quoll,
Jupiter Pluvius!

Dich, dich strömt mein Lied,
Jupiter Pluvius.
Und Castalischer Quell
Quillt ein Nebendach,
Rinnet müßigen
Sterblich Glücklichen
Abseits von dir,
Jupiter Pluvius
Der du mich fassend deckst,
Jupiter Pluvius!

Nicht am Ulmen Baum
Hast du ihn besucht
Mit dem Tauben Paar
In dem zärtlichen Arm,
Mit der freundlichen Ros umkränzt
Tändelnden ihn, blumenglücklichen
Anakreon,
Sturmathmende Gottheit!

Nicht im Pappelwald,
An des Sibaris Strand,
In dem hohen Gebürg nicht
Dessen Stirn die
Allmächtige Sonne beglänzt
Faßtest du ihn
Den Bienen=singenden
Honig=lallenden
Freundlich winkenden
Theokrit.

Wenn die Räder rasselten Rad an Rad
Rasch um's Ziel weg,
Hoch flog Siegdurchglühter Jünglings Peitschenknall,
Und sich Staub wälzt
Wie vom Gebürg herab sich
Kieselwetter ins Tahl wälzt
Glühte deine Seel Gefahren, Pindar!
Muth Pindar — Glühte —
Armes Herz —
Dort auf dem Hügel —
Himmlische Macht —
Nur so viel Glut —
Dort ist meine Hütte —
Zu waten bis dort hin.

Der Wandrer.

Wandrer.

Gott segne dich, junge Frau,
Und den säugenden Knaben
An deiner Brust!
Laß mich, an der Felsenwand hier,
In des Ulmenbaums Schatten,
Meine Bürde werfen,
Neben dir ausruhn!

Frau.

Welch Gewerbe treibt dich,
Durch des Tages Hitze,
Den sandigen Pfad her?

Bringst du Waaren aus der Stadt
Im Land' herum?
Lächelst, Fremdling,
Ueber meine Frage?

Wandrer.
Ich bringe keine Waaren
Aus der Stadt.
Schwül ist, schwül der Abend.
Zeige mir den Brunnen,
Draus du trinkest,
Liebes, junges Weib!

Frau.
Hier den Felsenpfad hinauf!
Geh voran! Durchs Gebüsche
Geht der Pfad nach der Hütte,
Drinn ich wohne,
Zu dem Brunnen,
Da ich trinke draus.

Wandrer.
Spuren ordnender Menschenhand
Zwischen dem Gesträuch —
Diese Steine hast du nicht gefügt,
Reichhinstreuende Natur!

Frau.
Weiter 'nauf!

Wandrer.
Von dem Moos gedeckt ein Architrav —
Ich erkenne dich, bildender Geist!
Hast dein Siegel in den Stein geprägt!

Frau.

Weiter, Fremdling!

Wandrer.

Eine Inschrift, über die ich trete!
Der Venus — und ihr übrigen
Seyd verloschen,
Weggewandelt, ihr Gespielen,
Die ihr eures Meisters Andacht
Tausend Enkeln zeugen solltet.

Frau.

Staunest, Fremdling,
Diese Stein' an?
Droben sind der Steine viel
Um meine Hütte.

Wandrer.

Droben?

Frau.

Gleich zur linken durch's Gebüsch hinan!
Hier!

Wandrer.

Ihr Musen und Grazien!

Frau.

Das ist meine Hütte.

Wandrer.

Eines Tempels Trümmer!

Frau.

Da zur Seit' hinab
Quillt der Brunnen, da ich trinke draus.

Wandrer.

Glühend webst du über deinem Grabe,
Genius! Ueber dir ist
Zusammengestürzt dein Meisterstück,
O du Unsterblicher!

Frau.

Wart, ich will ein
Schöpfgefäß dir holen.

Wandrer.

Epheu hat deine schlanke
Götterbildung umkleidet!
Wie du empor strebst aus dem Schutte,
Säulenpaar!
Und du, einsame Schwester, dort!
Wie ihr,
Düstres Moos auf dem heiligen Haupt,
Majestätisch traurend herabschaut
Auf die zertrümmerten
Zu euren Füßen,
Eure Geschwister!
In des Brombeergesträuches Schatten
Deckt sie Schutt und Erde,
Und hohes Gras wankt drüber hin!
Schützest du so, Natur,
Deines Meisterstücks Meisterstück?
Unempfindlich zertrümmerst
Du dein Heiligthum,
Sä'st Disteln drein!

Frau.

Wie der Knabe schläft!
Willst du in der Hütte ruhn,

Fremdling? Willst du hier
Unter'm Pappelbaum dich setzen?
Hier ist's kühl! Nimm den Knaben,
Daß ich hinabgeh, Wasser zu schöpfen!
Schlaf, Lieber, schlaf!

Wandrer.
Süß ist deine Ruh.
Wie's, in himmlischer Gesundheit schwimmend,
Ruhig athmet!
Du gebohren über Resten
Heiliger Vergangenheit,
Ruh' ihr Geist auf dir!
Welchen der umschwebt,
Wird, in Götterselbstgefühl,
Jedes Tags genießen.
Voller Keim, blüh' auf,
Lieblichdämmernden Frühlingtags Schmuck
Scheinend vor deinen Gesellen!
Und, welkt die Blüthenhülle weg,
Dann steig aus deinem Busen
Die volle Frucht, und reif' der Sonn' entgegen!

Fran.
Gesegn' es Gott! — Und schläft er noch?
Ich habe nichts zum frischen Trunk,
Als ein Stück Brod,
Das ich dir bieten kann.

Wandrer.
Ich danke dir!
Wie herrlich alles blüht umher
Und grünt!

Frau.

Mein Mann wird bald
Nach Hause seyn
Vom Feld; bleib, Mann,
Und iß mit uns
Das Abendbrod!

Wandrer.

Ihr wohnet hier?

Frau.

Hier, zwischen das Gemäuer her.
Die Hütte baute noch mein Vater
Aus Ziegeln und des Schuttes Steinen.
Hier wohnen wir!
Er gab mich einem Ackersmann,
Und starb in unsern Armen.
Hast du geschlafen, liebes Herz?
Du, meines Lebens Hoffnung!
Wie er munter ist, und spielen will!
Du Schelm!

Wandrer.

Natur, du ewig keimende,
Schaffst jeden zum Genuß des Lebens.
Deine Kinder all'
Hast mütterlich mit einem
Erbtheil ausgestattet,
Einer Hütte!
Hoch baut die Schwalb' am Architrav,
Unfühlend, welchen Zierrath
Sie verklebt;
Die Raup' umspinnt den goldnen Zweig
Zum Winterhaus für ihre Brut;

Und du flickſt, zwiſchen der Vergangenheit
Erhabne Trümmer,
Für dein Bedürfniß
Eine Hütt', o Menſch!
Genießeſt über Gräbern!
Leb wol, du glücklich Weib!

       Frau.
Du willſt nicht bleiben?

       Wandrer.
Gott erhalt' euch,
Segn' euren Knaben!

       Frau.
Glück auf den Weg!

       Wandrer.
Wohin führt mich der Weg
Dort über'n Berg?

       Frau.
Nach Cuma.

       Wandrer.
Wie weit iſt's hin?

       Frau.
Drey Meilen gut.

       Wandrer.
Leb wol!
O leite meinen Gang,
Natur, den Fremdlings Reiſetritt,
Den, über Gräber
Heiliger Vergangenheit,
Ich wandele;

Leit' ihn zum Schutzort, vor'm Nord geschützet,
Wo dem Mittagsstral ein Pappelwäldchen wehrt!
Und kehr' ich dann am Abend heim
Zur Hütte, vergüldet
Vom letzten Sonnenstral,
Laß mich empfangen solch ein Weib,
Den Knaben auf dem Arm!

———————

Uebersetzung von Pindars 5. Olymp. Ode.

Hoher Tugenden und
Olympischer Kränze
süße Blüten, empfange
Tochter des Oceans
mit freudewarmem Herzen
Sie, unermüdeter Mäuler
und des Pfaunis Belohnung
der deiner Stadt preiserwerbend
bevölckertes Kamarina,
auf sechs Zwillingsaltären
verherrlichte die Feste der Götter
mit stattlichen Rindopfern
und Wettstreits fünftägigem Kampf,
Auf Pferden, Mäulern und Springrossen
dir aber siegend
lieblichen Ruhm bereitete
da seines Vater Akrons
Name verkündet ward
und deiner, neubewohnte Stätte

Antist.

Und nun herwandlend
Von des Oenomaus
und des Pelops lieblichen Gründen
Völckerschützerinn Pallas
Besingt er deinen Heiligen Hayn,
des Oanus Fluten
des Vaterlands See
Und die ansehnlichen Gäuge
in welchen die Völcker
Hipparis träncket,
schnell dann besestigt er
wohlgegründeter Häuser
hocherhabne Gipfel,
führt aus der Niedrigkeit
zum Licht rauf sein Bürgervolck.
Immer ringet an der Tugend Seite
Müh und Aufwand
Nach Gesahrumhülltem Zwecke
Und die Glücklichen
scheinen weise den Menschen.

Epode.

Erhalter, wolckentrohnender Zevs
Der du bewohnest Kronions Hügel,
ehrest des Alpheus breitschwellende Fluten
und die Idäische heilige Höle,
Bittend tret ich vor dich
In Lydischem Flöten Gesang,
Flehe daß du der Stadt
Mannswerten Ruhm besestigest.
Du dann Olympussieger

Neptunischer Pferde
Freudmütiger Reuter
Lebe heiter dein Alter aus
rings von Söhnen, o Psaomis umgeben.
Wem gesunder Reichtuhm zufloss,
und Besitztumsfülle häuffte,
und Ruhmnahmen drein erwarb
wünsche nicht ein Gott zu seyn.

Sprache.

Was reich und arm! was stark und schwach!
Ist reich vergrabner Urne Bauch?
Ist stark das Schwert im Arsenal?
Greif milde drein, und freundlich Glück'
Fließt Gottheit von dir aus!
Faß an zum Siege, Macht, das Schwert,
Und über Nachbarn Ruhm!

Der Adler und die Taube.

Ein Adlerjüngling hob die Flügel
Nach Raub aus;
Ihn traf des Jägers Pfeil, und schnitt
Der rechten Schwinge Sennkraft ab!
Er stürzt' herab in einen Myrtenhain,

Fraß seinen Schmerz drey Tage lang,
Und zuckt' an Qual
Drey lange, lange Nächte lang;
Zuletzt heilt' ihn
Allgegenwärtger Balsam
Allheilender Natur.
Er schleicht aus dem Gebüsch hervor,
Und reckt die Flügel, ach!
Die Schwingkraft weggeschnitten!
Hebt sich mühsam kaum
Am Boden weg,
Unwürdger Raubbedürfniß nach,
Und ruht tieftraurend
Auf dem niedern Fels am Bach,
Und blickt zur Eich' hinauf,
Hinauf zum Himmel,
Und eine Thräne füllt sein hohes Auge.
Da kömmt muthwillig durch die Myrtenäste
Hergerauscht ein Taubenpaar,
Läßt sich herab, und wandelt nickend
Ueber goldnen Sand am Bach,
Und ruckt einander an.
Ihr röthlich Auge buhlt umher
Erblickt den Innigtraurenden.
Der Täuber schwingt neugiergesellig sich
Zum nahen Busch, und blickt
Mit Selbstgefälligkeit ihn freundlich an.
Du trauerst, liebelt er;
Sey gutes Muthes, Freund!
Hast du zur ruhigen Glückseligkeit
Nicht alles hier?
Kannst du dich nicht des goldnen Zweiges freun,

Der vor des Tages Glut dich schützt?
Kannst du der Abendsonne Schein,
Auf weichem Moos am Bache, nicht
Die Brust entgegenheben?
Du wandelst durch der Blumen frischen Thau,
Pflückst aus dem Ueberfluß des Waldgebüsches dir
Gelegne Speise, letzest
Den leichten Durst am Silberquell.
O Freund, das wahre Glück ist die Genügsamkeit,
Und die Genügsamkeit hat überall genug!
O Weise, sprach der Adler, und trüb erst
Versinkt er tiefer in sich selbst,
O Weisheit! du redst wie eine Taube.

Cathechetische Induction.

Lehrer.

Bedenk, o Kind, woher sind diese Gaben?
Du kannst nichts von dir selber haben.

Kind.

Ey, Alles hab' ich von Papa.

Lehrer.

Und der, von wem hat's der?

Kind.

Vom Großpapa.

Lehrer.

Nicht doch. Von wem hat's denn der Großpapa bekommen?

Kind.

Der hat's genommen.

Ein Gleichniß.

Es hatt' ein Knab eine Taube zart,
Gar schön von Farben und bunt,
Gar herzlich lieb nach Knaben Art,
Geätzet aus seinem Mund;
Und hatte so Freud' am Täubelein sein
Daß er nicht konnte sich freuen allein.

Da lebte nicht weit ein Altfuchs herum
Erfahren und lehrreich und schwäzzig darum
Der hatte den Knaben manch Stündlein ergötzt
Mit Wunder und Lügen verprahlt und verschwätzt.

„Muß meinem Fuchs doch mein Täubelein zeigen.“
Er lief und fand ihn strecken in Sträuchen.
„Sieh, Fuchs, mein lieb Täublein, mein Täublein so schön!
Hast du dein Tag so ein Täublein gesehn?“

„Zeig her!“ Der Knabe reicht's. „'s geht an,
„Aber sieh es fehlt noch manches dran.
„Die Federn sind viel zu kurz gerathen“
Da fieng er an, rupft sich den Braten.

2*

Der Knabe schrie! — „Du mußt stärkre einsetzen,
„Sonst ziert's nicht, schwingt's nicht."
Da war's nackt. „Mißgeburth" und in Fetzen.
Dem Knaben das Herze bricht.

*   *   *

Wer sich erkennt im Knaben gut
Der sey vor Füchsen auf seiner Hut.

Fels=Weihegesang an Psyche.

Veilchen bring' ich getragen,
junge Blüten zu dir,
daß ich dein moosig Haupt
ringsum bekränze,
ringsum dich weihe,
Felsen des Thals.

Sei du mir heilig,
sei den Geliebten
lieber als andre
Felsen des Thals.

Ich seh von dir
der Freunde Seligkeit,
verbunden Edle
mit ew'gem Band.

Ich irrer Wandrer
fühlt' erst auf dir
Besitzthumsfreuden
und Heimatsglück.

Da wo wir lieben,
ist Vaterland;
wo wir genießen,
· ist Hof und Haus.

Schrieb meinen Namen
an deine Stirn;
du bist mir eigen,
mir RuheSitz.

Und aus dem fernen
unlieben Land
mein Geist wird wandern
und ruhn auf dir.

Sei du mir heilig,
sei den Geliebten
lieber als andre
Felsen des Thals.

Ich sehe sie versammelt
dort unten um den Teich,
sie tanzen einen Reihen
im Sommerabendroth.
Und warme Jugendfreude
webt in dem Abendroth,
sie drücken sich die Hände
und glühn einander an.
Und aus den Reihn verlieret
sich Psyche zwischen Felsen
und Sträuchen weg und traurend
um den Abwesenden
lehnt sie sich über den Fels.

Wo meine Brust hier ruht,
an das Moos mit innigem
Liebesgefühl sich
athmend drängt,
ruhst du vielleicht dann Psyche.
Trübe blickt dein Aug'
in den Bach hinab
und eine Thräne quillt
vorbeigequollnen Freuden nach,
hebst dann zum Himmel
dein bittend Aug',
erblickest über dir
da meinen Namen.
— Auch der —
Nimm des verlebten Tages Zier,
die bald welke Rose, von deinem Busen,
streu die freundlichen Blätter
über's düstre Moos,
ein Opfer der Zukunft.

Elysium an Uranien.

Uns gaben die Götter
auf Erden Elysium.

Wie du das erstemal
liebahndend dem Fremdling
entgegen tratst,
und deine Hand ihm reichtest,

fühlt' er alles voraus,
und was ihm für Seligkeit
entgegen keimte.

> Uns gaben die Götter
> auf Erden Elysium.

Wie du den liebenden Arm
um den Freund schlangst,
wie ihm Lila's Brust
entgegenbebte,
wie ihr euch rings umfassend
in heil'ger Wonne schwebtet,
und ich, im Anschaun selig,
ohne sterblichen Neid
daneben stand.

> Uns gaben die Götter
> auf Erden Elysium.

Wie durch heilige Thäler wir
Händ' in Hände wandelten,
und des Fremdlings Treu
sich euch versiegelte;
daß du dem liebenden,
stille sehnenden
die Wauge reichtest
zum himmlischen Kuß.

> Uns gaben die Götter
> auf Erden Elysium.

Wenn du fern wandelst
am Hügelgebüsch,

wandeln Liebesgestalten
mit dir den Bach hinab;
wenn mir auf dem Felsen
die Sonne niedergeht,
seh' ich Freundegestalten
mir winken durch
wehende Zweige
des dämmernden Hains.

Uns gaben die Götter
auf Erden Elysium.

Seh' ich verschlagen
unter schauernden Himmels
öde Gestade
in der Vergangenheit
goldener Myrtenhainsdämmerung
Lilan an deiner Hand,
seh' mich schüchternen
eure Hände fassen,
bittend blicken,
eure Hände küssen —
eure Augen sich begegnen,
auf mich blicken, seh' ich,
werfe den hoffenden Blick
auf Lila, sie nähert sich mir.
Himmlische Lippe!
und ich wanke, nahe mich,
blicke, seufze, wanke —
Seligkeit! Seligkeit!
Eines Kusses Gefühl!

Mir gaben die Götter
auf Erden Elyſium!

Ach, warum nur Elyſium!

Pilgers Morgenlied an Lila.

Morgennebel, Lila,
Hüllen deinen Thurm um,
Soll ich ihn zum
Letztenmal nicht ſehn!
Doch mir ſchweben
Tauſend Bilder
Seliger Erinnerung
Heilig warm ums Herz.
Wie er da ſtand,
Zeuge meiner Wonne,
Als zum erſtenmal
Du dem Fremdling
Aengſtlich liebevoll
Begegneteſt,
Und mit einemmal
Ew'ge Flammen
In die Seel' ihm warfſt.
Ziſche, Nord,
Tauſend ſchlangenzüngig
Mir um's Haupt,
Beugen ſollſt du's nicht!
Beugen magſt du

Kindscher Zweige Haupt,
Von der Sonne
Muttergegenwart geschieden.

Allgegenwärt'ge Liebe!
Durchglühst mich,
Beutst dem Wetter die Stirn,
Gefahren die Brust,
Hast mir gegossen
In's früh welkende Herz
Doppeltes Leben,
Freude zu leben,
Und Muth.

Ein Gleichniß.

Über die Wiese, den Bach herab
Durch seinen Garten
Bricht er die jüngsten Blumen ab,
Ihm schlägt das Herz für Erwarten,
Sein Mädchen kommt — o Gewinnst! o Glück!
Jüngling tauschest deine Blüten um einen Blick!

Der Nachbar Gärtner sieht herein
Über die Hecke. „So ein Thor möcht ich seyn!
„Hab Freude meine Blumen zu nähren,
„Die Vögel von meinen Früchten zu wehren.
„Aber sind sie reif; Geld, guter Freund,
„Soll ich meine Mühe verlieren?"

Das sind Autoren wie es scheint.
Der eine streut seine Freuden herum,
Seinen Freunden, dem Publikum.
Der andere läßt sich pränumeriren.

(Der unverschämte Gast.)

Da hatt' ich einen Kerl zu Gast,
Er war mir eben nicht zur Last,
Ich hatt so mein gewöhnlich Essen.
Hat sich der Mensch pump satt gefressen
Zum Nachtisch was ich gespeichert hatt!
Und kaum ist mir der Kerl so satt,
Thut ihn der Teufel zum Nachbar führen,
Über mein Essen zu raisonniren.
Die Supp hätt können gewürzter seyn,
Der Braten brauner, firner der Wein.
Der tausend Sackerment!
Schlagt ihn todt den Hund! Es ist ein Recensent.

Mamsell N. N.

Ihr Herz ist gleich
Dem Himmelreich;
Weil die geladnen Gäste
Nicht kamen,
Ruft sie zum Feste
Krüppel und Lahmen.

Mahomet.

Feld. Gestirnter Himmel.

Mahomet allein.

Theilen kaun ich euch nicht dieser Seele Gefühl.
Fühlen kann ich euch nicht allen ganzes Gefühl.
  Wer, wer wendet dem Fleh'n sein Ohr?
    Dem bittenden Auge den Blick?
Sieh, er blinket herauf, Gad, der freundliche Stern.
Sei mein Herr du, mein Gott! Gnädig winkt er mir zu!
  Bleib! Bleib! Wendst du dein Auge weg?
    Wie? Liebt ich ihn, der sich verbirgt?   .
Sei gesegnet, o Mond! Führer du des Gestirns,
Sei mein Herr du, mein Gott! Du beleuchtest den Weg.
  Laß, laß nicht in der Finsterniß
    Mich irren mit irrendem Volk.
Sonn, dir glühenden weiht sich das glühende Herz.
Sei mein Herr du, mein Gott! Leit' allsehende mich.
  Steigst auch du hinab, herrliche!
    Tief hüllet mich Finsterniß ein.
Hebe, liebendes Herz, dem Erschaffenden dich!
Sei mein Herr du, mein Gott! Du alliebender, Du
  Der die Sonne, den Mond und die Stern
    Schuf, Erde und Himmel und mich!

Halima seine Pflegemutter zu ihm.

Mahomet.

  Mah. Halima! O daß sie mich in diesen glückseeligen
Empfindungen stören muß. Was willst du mit mir,
Halima?

Hal. Aengftige mich nicht, lieber Sohn; ich fuche dich
von Sonnenuntergang. Setze deine zarte Jugend nicht
den Gefahren der Nacht aus.

Mah. Der Tag ift über dem Gottlofen verflucht wie
die Nacht. Das Lafter zieht das Unglück an fich, wie die
Kröte den Gift, wenn Tugend unter eben dem Himmel
gleich einem heilfamen Amulet die gefundefte Atmofphäre
um uns erhält.

Hal. So allein auf dem Felde, das keine Nacht für
Räubern ficher ift.

Mah. Ich war nicht allein. Der Herr, mein Gott
hat fich freundlichft zu mir genaht.

Hal. Sahft du ihn?

Mah. Siehft du ihn nicht? An jeder ftillen Quelle,
unter jedem blühenden Baum begegnet er mir in der
Wärme feiner Liebe. Wie dauf ich ihm, er hat meine
Bruft geöffnet, die harte Hülle meines Herzes weggenom=
men, daß ich fein Nahen empfinden lann.

Hal. Du träumft! Könnte deine Bruft eröffnet worden
fein, und du leben?

Mah. Ich will für dich zu meinem Herren flehen,
daß du mich verftehen lernft.

Hal. Wer ift dein Gott, Hobal oder Al=Fatas?

Mah. Armes, unglückliches Volk, das zum Steine
ruft, ich liebe dich, und zum Thon, fei du mein Befchützer.
Haden fie ein Ohr für's Gebet, haden fie einen Arm zur
Hülfe?

Hal. Der in dem Stein wohnt, der um den Thon
fchwebt, vernimmt mich, feine Macht ift groß.

Mah. Wie groß lann fie fein? es ftehn dreihundert
neden ihm, jedem raucht ein flehender Altar. Wenn ihr
wider eure Nachbarn detet und eure Nachbarn wider euch,

müssen nicht eure Götter, wie kleine Fürsten, deren Grän=
zen verwirrt sind, mit unauflöslicher Zwietracht sich wechsels=
weise die Wege versperren.

Hal. Hat dein Gott denn keine Gesellen.

Mah. Wenn er sie hätte, könnt' er Gott sein?

Hal. Wo ist seine Wohnung?

Mah. Ueberall.

Hal. Das ist nirgends. Hast du Arme, den aus=
gebreiteten zu fassen?

Mah. Stärkere, brennendere als diese, die für deine
Liebe dir danken. Noch nicht lange, daß mir ihr Gebrauch
verstattet ist. Halima, mir war's wie dem Kinde das ihr
in enge Windeln schränkt, ich fühlte in dunkler Einwickelung
Arme und Füße, doch es lag nicht an mir, mich zu be=
freien. Erlöse du mein Herr, das Menschengeschlecht von
seinen Banden, ihre innerste Empfindung sehnt sich nach dir.

Halima vor sich.

Er ist sehr verändert. Seine Stärke ist umgekehrt, sein
Verstand hat gelitten. Es ist besser, ich dring ihn seinen
Verwandten setzo zurück, als daß ich die Verantwortung
schlimmer Folgen auf mich lade.

———

Gesang.

Ali.

Seht den Felsenquell
Freudehell,
Wie ein Sternenblick!

Fatema.

Über Wolken
Nährten seine Jugend
Gute Geister,
Zwischen Klippen
Im Gebüsch.

Ali.

Jünglingfrisch
Tanzt er aus der Wolke
Auf die Marmorfelsen nieder,
Jauchzet wieder
Nach dem Himmel.

Fatema.

Durch die Gipfelgänge
Jagt er bunten Kieseln nach.

Ali.

Und mit festem Führertritt
Reißt er seine Brüderquellen
Mit sich fort.

Fatema.

Drunten werden in dem Thal
Unter seinem Fußtritt Blumen,
Und die Wiese lebt von
Seinem Hauch.

Ali.

Doch ihn hält kein Schattenthal,
Keine Blumen,
Die ihm seine Knie' umschlingen,
Ihn mit Liebesaugen schmeicheln;
Nach der Ebne dringt sein Lauf
Schlangewandelnd.

Fatema.

Bäche schmiegen
Sich gesellschaftlich an ihn;
Und nun trit er in die Ebne
Silberprangend.

Ali.

Und die Ebne prangt mit ihm!
Und die Flüsse von der Ebne,

Fatema.

Und die Bächlein von Gebirgen
Jauchzen ihm, und rufen:

Beyde.

Bruder!
Bruder, nimm die Brüder mit!

Fatema.

Mit zu deinem alten Vater,
Zu dem ew'gen Ocean,
Der, mit weitverbreit'ten Armen
Unsrer wartet,
Die sich, ach! vergebens öffnen,
Seine sehnenden zu fassen.

Ali.

Denn uns frißt, in öder Wüste,
Gier'ger Sand; die Sonne droben
Saugt an unserm Blut;
Ein Hügel
Hemmet uns zum Teiche.
Bruder!
Nimm die Brüder von der Ebne!

Fatema.

Nimm die Brüder von Gebirgen!

Beyde.

Mit zu deinem Vater! mit!

Ali.

Kommt ihr alle!
Und nun schwillt er herrlicher;
(Ein ganz Geschlechte
Trägt den Fürsten hoch empor;)
Triumphirt durch Königreiche;
Giebt Provinzen seinen Namen;
Städte werden unter seinem Fuß!

Fatema.

Doch ihn halten keine Städte,
Nicht der Thürme Flammengipfel,
Marmorhäuser, Monumente
Seiner Güte, seiner Macht.

Ali.

Zedernhäuser trägt der Atlas
Auf den Riesenschultern; saufend
Wehen, über seinem Haupte,
Tausend Segel auf zum Himmel
Seine Macht und Herrlichkeit.
Und so trägt er seine Brüder,

Fatema.

Seine Schätze, seine Kinder,

Beyde.

Dem erwartenden Erzeuger
Freudebrausend an das Herz!

An Gotter
bei Uebersendung des Götz von Berlichingen.

Schicke Dir hier den alten Götzen,
Magst ihn nun zu Deinen Heiligen setzen,
Oder magst ihn in die Zahl
Der Ungeblätterten stellen zumal.
Hab's geschrieben in guter Zeit,
Tag's, Abends und Nachtsherrlichkeit;
Und find' nicht halb die Freude mehr,
Da nun gedruckt ist ein ganzes Heer.
Find', daß es wie mit den Kindern ist,
Bei denen doch immer die schönste Frist
Bleibt, wenn man in der schönen Nacht
Sie hat der lieben Frau . . . .
Mögt Euch nun auch ergötzen dran,
So habt Ihr doppelt wohlgethan.
Läss'st, wie ich höre, auch allda
Agiren, tragiren Komödia,
Vor Stadt und Land, vor Hof und Herrn;
Die säh'n das Trauerstück wohl gern.
So such Dir denn in Deinem Haus
Einen rechten tüchtigen Bengel aus,
Dem gib die Roll' von meinem Götz
In Panzer, Blechhaub' und Geschwätz.
Dann nimm den Weisling vor Dich hin,
Mit dreitem Kragen, stolzem Kinn,
Mit Spada wohl nach Spanier Art,
Mit Weitnaslöchern, Stützleinbart,

Und sei ein Falscher an den Frauen,
Laß sich zuletzt vergiftet schauen.
Und bring, da hast Du meinen Dank,
Mich vor die Weiblein ohn' Gestank.
Mußt all' die garstigen Wörter lindern,
Aus Sch—kerl Schurl, aus — mach' Hintern;
Und gleich' das Alles so fortan,
Wie Du schon ehmals wohl gethan.

An Kestner

in ein Exemplar des „Deserted village by Dr. Goldsmith".

Wenn einst nach überstandnen Lebens müh und Schmerzen,
Das Glück dir Ruh und Wonnetage giebt,
Vergiß nicht den, der — ach! von ganzem Herzen,
Dich, und mit Dir geliebt.

.

Brief an Lottchen.

Mitten im Getümmel mancher Freuden,
Mancher Sorgen, mancher Herzensnoth,
Denk ich dein, o Lottchen; denken dein die Beyden;
Deulen an das Abendbrod
Das du ihnen freundlich reichtest,
Da du mir auf reichgebauter Flur,
In dem Schooße herrlicher Natur,

Manche leichtverhüllte Spur
Einer lieben Seele zeigtest.
Wohl ist mirs daß ich dich nicht verkannt,
Daß ich gleich dich in der ersten Stunde,
Ganz den vollen Herzensausdruck in dem Munde
Dich ein gutes gutes Kind genannt.

Still und eng und ruhig auferzogen
Wirft man uns auf einmal in die Welt;
Uns umspülen hundert tausend Wogen,
Alles reizt uns, mancherley gefällt,
Mancherley verdrießt uns, und von Stund zu Stunden
Schwankt das leicht', unruhige Gefühl:
Wir empfinden, und was wir empfunden
Spült hinweg das bunte Welt=Gewühl.

Wohl ich weiß es, da durchschleicht uns innen
Manche Hoffnung, mancher Schmerz;
Lottchen, wer kennt unsre Sinnen?
Lottchen, wer kennt unser Herz?
Ach! es möchte gern gelaunt seyn, überfließen
In das Mitempfinden einer Creatur,
Und, vertrauend, zwiefach neu genießen
Alles Leid und Freude der Natur.

Und da sucht das Aug' oft so vergebens
Rings umher, und findet alles zu.
So vertaumelt sich der schönste Theil des Lebens
Ohne Sturm und ohne Ruh;
Und, zu deinem ew'gen Unbehagen,
Stößt dich heute, was dich gestern zog.
Kannst du zu der Welt Vertrauen tragen,
Die so oft dich trog,

Und bey deinem Weh' und Glücke
Blieb in eigenwill'ger starrer Ruh?
Sieh, da tritt der Geist in sich zurücke
Und das Herze schließt sich zu.

*   *   *

So fand ich dich, und ging dir frey entgegen;
O Sie ist werth zu seyn geliebt,
Rief ich, erflehte dir des Himmels reinsten Seegen,
Den er dir nun in deiner Freundinn giebt.

So ist der Held, der mir gefällt.

Flieh, Täubchen, flieh! Er ist nicht hie!
Der dich an dem schönsten Frühlingsmorgen
Fand im Wäldchen, wo du dich verborgen.
Flieh, Täubchen, flieh! er ist nicht hie!
Böser Laurer Füße rasten nie.

Horch! Flötenklang, Liebesgesang
Wallt auf Lüftchen hin zu Chloens Ohre,
Findt im zarten Herzen offne Thore.
Horch! Flötenklang, Liebesgesang!
Horch! — es wird der süßen Liebe zu lang.

Hoch ist sein Schritt, fest ist sein Tritt,
Schwarzes Haar auf runder Stirne dedet,
Auf den Wangen ew'ger Frühling lebet.
Hoch ist sein Schritt, fest ist sein Tritt,
Edler Deutschen Füße gleiten nit.

Warm ist die Brust, keusch seine Lust;
Schwarze Augen unter runden Bogen
Sind mit zarten Falten schön umzogen.
Warm ist die Brust, keusch seine Lust,
Auch beim Anblick du ihn lieben mußt.

Roth ist sein Mund der mich verwundt,
Auf den Lippen träufeln Morgendüfte,
Auf den Lippen säuseln kühle Lüfte.
Roth ist sein Mund der mich verwundt.
Nur ein Blick von ihm macht mich gesund.

Treu ist sein Blut, stark ist sein Muth;
Schutz und Stärke wohnt in weichen Armen,
Auf dem Antlitz wohnet edles Erbarmen.
Treu ist sein Blut, stark ist sein Muth;
Selig! wer an seinem Busen ruht.

So ist der Held, der mir gefällt.
Soll mein deutsches Herz mit weichen Flöten
Rasches Blut in meinen Adern tödten?
So ist der Held, der mir gefällt,
Ihn vertausch' ich nicht um eine Welt.

Singt, Schäfer, singt, wie's euch gelingt,
Wieland soll nicht mehr mit seines gleichen
Edlen Muth von eurer Brust verscheuchen.
Singt, Schäfer, singt, wie's euch gelingt,
Bis ihr deutschen Glanz zu Grabe bringt.

Zum Schäkespears Tag.

Mir kommt vor, das sey die edelste von unsern Empfindungen, die Hoffnung, auch dann zu bleiben, wenn das
Schicksaal uns zur allgemeinen Nonexistenz zurückgeführt zu
haben scheint. Dieses Leben, meine Herren, ist für unsre
Seele viel zu kurz; Zeuge, daß ieder Mensch, der geringste
wie der höchste, der unfähigste wie der würdigste, eher alles
müd wird, als zu leben; und daß keiner sein Ziel erreicht,
wornach er so sehnlich ausging — denn wenu es einem auf
seinem Gange auch noch so lang glückt, fällt er doch endlich, und offt im Angesicht des gehofften Zwecks, in eine
Grube, die ihm, Gott weis wer, gegraben hat, und wird für
nichts gerechnet.

Für nichts gerechnet! Ich! der ich mir alles binn, da
ich alles nur durch mich kenne! So ruft ieder, der sich
fühlt, und macht grosse Schritte durch dieses Leben, eine
Bereitung für den unendlichen Weeg drüben. Freylich ieder
nach seinem Maas. Macht der eine mit dem stärcksten
Wandrertrab sich auf, so hat der andre siebenmeilen Stiefel
an, überschreitet ihn, und zwey Schritte des letzten bezeichnen
die Tagreise des ersten. Dem sey wie ihm wolle, dieser
embsige Wandrer bleibt unser Freund und unser Geselle,
wenn wir die gigantischen Schritte ienes, anstaunen und
ehren, seinen Fustapfen folgen, seine Schritte mit den unsrigen
abmessen.

Auf die Reise, meine Herren! die Betrachtung so eines
einzigen Tapfs, macht unsre Seele feuriger und grösser, als
das Angaffen eines tausendfüsigen königlichen Einzugs.

Wir ehren heute das Andencken des grössten Wandrers
und thun uns dadurch selbst eine Ehre an. Von Verdiensten
die wir zu schätzen wissen, haben wir den Keim in uns.

Erwarten Sie nicht, das ich viel und ordentlich schreibe,
Ruhe der Seele ist kein Festtagskleid, und noch zur Zeit
habe ich wenig über Schäckespearen gedacht; geahndet,
empfunden wenns hoch kam, ist das höchste wohin ich's
habe dringen können. Die erste Seite die ich in ihm las,
machte mich auf Zeitlebens ihm eigen, und wie ich mit dem
ersten Stücke fertig war, stund ich wie ein blindgebohrner,
dem eine Wunderhand das Gesicht in einem Augenblicke
schenckt. Ich erkannte, ich fühlte auf's lebhaffteste meine
Existenz um eine Unendlichkeit erweitert, alles war mir neu,
unbekannt, und das ungewohnte Licht machte mir Augen=
schmerzen. Nach und nach lernt ich sehen, und, danck sey
meinem erkenntlichen Genius, ich fühle noch immer lebhafft
was ich gewonnen habe.

Ich zweifelte keinen Augenblick dem regelmäsigen Theater
zu entsagen. Es schien mir die Einheit des Orts so kercker=
mäsig ängstlich, die Einheiten der Handlung und der Zeit
lästige Fesseln unsrer Einbildungskrafft. Ich sprang in die
freye Lufft, und fühlte erst daß ich Hände und Füsse hatte.
Und ietzo da ich sahe, wieviel Unrecht mir die Herrn der
Regeln in ihrem Loch angethan haben, wie viel freye Seelen
noch drinne sich krümmen, so wäre mir mein Herz geborsten
wenn ich ihnen nicht Fehde angekündigt hätte, und nicht täg=
lich suchte ihre Türne zusammen zu schlagen.

Das griechische Theater, das die Franzosen zum Muster
nahmen, war, nach innrer und äuserer Beschaffenheit, so, daß

eher ein Marquis den Alcibiades nachahmen könnte, als es Corneillen dem Sophokles zu folgen möglich wär.

Erst Intermezzo des Gottesdiensts, dann feyerlich politisch, zeigte das Trauerspiel einzelne grose Handlungen der Väter, dem Volck, mit der reinen Einfalt der Vollkommenheit, erregte ganze grose Empfindungen in den Seelen, denn es war selbst ganz, und gros.

Und in was für Seelen!

Griechischen! Ich kann mich nicht erklären was das heisst, aber ich fühls, und berufe mich der Kürze halben auf Homer und Sophokles und Theokrit, die habens mich fühlen gelehrt.

Nun sag ich geschwind hinten drein: Französgen, was willst du mit der griechischen Rüstung, sie ist dir zu gros und zu schweer.

Drum sind auch alle Französche Trauerspiele Parodien von sich selbst.

Wie das so regelmäsig zugeht, und dass sie einander ähnlich sind wie Schue, und auch langweilig mit unter, besonders in genere im vierten Ackt, das wissen die Herren leider aus der Erfahrung und ich sage nichts davon.

Wer eigentlich zuerst drauf gekommen ist die Haupt und Staatsaktionen auf's Theater zu bringen, weiß ich nicht, es giebt Gelegenheit für den Liebhaber zu einer kritischen Abhandlung. Ob Schäkespearen die Ehre der Erfindung gehört, zweifl' ich; genung, er brachte diese Art auf den Grad, der noch immer der höchste geschienen hat, da so wenig Augen hinauf reichen, und also schweer zu hoffen ist, einer könne ihn übersehen, oder gar übersteigen.

Schäkespear, mein Freund, wenn du noch unter uns wärest, ich könnte nirgend leben als mit dir, wie gern wollt ich die Nebenrolle eines Pylades spielen, wenn du Orest wärst, lieber als die geehrwürdigte Person eines Oberpriesters im Tempel zu Delphos.

Ich will abbrechen, meine Herren, und morgen weiter schreiben, denn ich binn in einem Ton, der Ihnen vielleicht nicht so erbaulich ist als er mir von Herzen geht.

Schäckespears Theater ist ein schöner Raritäten Kasten, in dem die Geschichte der Welt vor unsern Augen an dem unsichtbaaren Faden der Zeit vorbeywallt. Seine Plane sind, nach dem gemeinen Styl zu reden, keine Plane, aber seine Stücke, drehen sich alle um den geheimen Punkt (den noch kein Philosoph gesehen und bestimmt hat), in dem das Eigenthümliche unsres Ich's, die prätendirte Freyheit unsres Wollens, mit dem nothwendigen Gang des Ganzen zusammenstösst. Unser verdorbner Geschmack aber, umnebelt dergestalt unsere Augen, daß wir fast eine neue Schöpfung nötig haben, uns aus dieser Finsternis zu entwickeln.

Alle Franzosen und angesteckte Deutsche, sogar Wieland haben sich bey dieser Gelegenheit, wie bey mehreren wenig Ehre gemacht. Voltaire der von ieher Profession machte, alle Maiestäten zu lästern, hat sich auch hier als ein ächter Tersit bewiesen. Wäre ich Ulysses; er sollte seinen Rücken unter meinem Scepter verzerren.

Die meisten von diesen Herren stosen auch besonders an seinen Ca{ckteren an.

Und ich rufe Natur! Natur! nichts so Natur als Schäckespears Menschen.

Da hab ich sie alle überm Hals.

Laßt mir Lufft daß ich reden kann!

Er wetteiferte mit dem Prometheus, bildete ihm Zug vor Zug seine Menschen nach, nur in Colossalischer Grösse; darinn liegts daß wir unsre Brüder verkennen; und dann belebte er sie alle mit dem Hauch seines Geistes, er redet aus allen, und man erkennt ihre Verwandtschafft.

Und was will sich unser Jahrhundert unterstehen von Natur zu urteilen? Wo sollten wir sie her kennen, die wir von Jugend auf alles geschnürt und geziert an uns fühlen und an andern sehen. Ich schäme mich offt vor Schäkespearen, denn es kommt manchmal vor, daß ich beym ersten Blick dencke, das hätt ich anders gemacht! Hinten drein erlenu ich daß ich ein armer Sünder dinn, daß aus Schäkespearen die Natur weissagt, und daß meine Menschen Seifenblasen sind von Romanengrillen aufgetrieben.

Und nun zum Schluss, ob ich gleich noch nicht angefangen habe.

Das was edle Philosophen von der Welt gesagt haben, gilt auch von Schäkespearen, das was wir bös nennen, ist nur die andre Seite vom Guten, die so nothwendig zu seiner Existenz, und in das Ganze gehört, als Zona torrida brennen, und Lapland einfrieren muss, daß es einen gemäsigten Himmelsstrich gebe. Er führt uns durch die ganze Welt, aber wir verzärtelte unerfahrne Menschen schreien bey ieder fremden Heuschrecke die uns begegnet: Herr, er will uns fressen.

Auf, meine Herren! trompeten Sie mir alle edle Seelen, aus dem Elysium des sogenandten guten Geschmacks, wo sie schlaftruncken, in langweiliger Dämmerung halb sind, halb nicht sind, Leidenschafften im Herzen und kein Marck in den Knochen haben; und weil sie nicht müde genug zu ruhen und doch zu faul sind um tähtig zu seyn, ihr Schatten Leben zwischen Myrten und Lorbeergebüschen verschlendern und vergähnen.

Geschichte
Gottfriedens von Berlichingen
mit der eisernen Hand,
dramatisirt.

———

Das Unglück ist geschehn, das Herz des Volks ist
in den Koth getreten und keiner edeln Begierde mehr fähig

Usong.

————

Erster Aufzug.
Eine Herberge.

Zwey **Reitersknechte** an einem Tisch, ein **Bauer** und ein **Fuhr-mann** am andern beim Bier.

Erster Reiter. Trink aus, daß wir fortkommen! unser Herr wird auf uns warten. Die Nacht bricht herein; und es ist besser eine schlimme Nachricht als keine, so weiß er doch woran er ist.

Zweyter Reiter. Ich kann nicht begreifen wo der von Weisling hingekommen ist. Es ist als wenn er in die Erd geschlupft wäre. Zu Nersheim hat er gestern über-nachtet, da sollt er heut auf Crailsheim gangen seyn, das ist seine Straß, und da wär er morgen früh durch den Windsdorfer Wald gekommen, wo wir ihm wollten auf-gepaßt und für's weitere Nachtquartier gesorgt haben. Unser Herr wird wild seyn, und ich bin's selbst, daß er uns ent-gangen ist, just da wir glaubten wir hätten ihn schon.

Erster Reiter. Vielleicht hat er den Braten gerochen;
— denn selten daß er mit Schnuppen behaft ist, — und
ist einen andern Weg gezogen.

Zweyter Reiter. Es ärgert mich!

Erster Reiter. Du schickst dich fürtrefflich zu deinem
Herrn. Ich kenn euch wohl. Ihr fahrt den Leuten gern
durch den Sinn und könnt nicht wohl leiden, daß euch was
durchfährt.

Bauer (am andern Tisch). Ich sag dir's, wenn sie einen
brauchen, und haben einem nichts zu befehlen, da sind die
vornehmsten Leut just die artigsten.

Fuhrmann. Nein, geh! Es war hübsch von ihm
und hat mich von Herzen gefreut wie er geritten kam und
sagte: liebe Freund, seyd so gut, spannt eure Pferd aus
und helft mir meinen Wagen von der Stell bringen. Liebe
Freund sagt er, wahrhaftig es ist das erstemal, daß mich
so ein vornehmer Herr lieber Freund geheißen hat.

Bauer. Dank's ihm ein spitz Holz! Wir mit unsern
Pferden waren ihm willkommener, als wenn ihm der Kaiser
begegnet wär. Stack sein Wagen nicht im Hohlweg zwi=
schen Thür und Angel eingeklemmt? Das Vorderrad bis
über die Axe im Loch, und's hintere zwischen ein paar
Steinen gefangen. Er wußt wohl was er that wie er
sagte: liebe Freund. Wir haben auch was gearbeitet bis
wir'n herausbrachten.

Fuhrmann. Dafür war auch's Trinkgeld gut. Gab
er nit jedem drei Albus? He!

Bauer. Das lassen wir uns freilich jetzt schmecken.
Aber ein großer Herr könnt mir geben die Meng und die
Füll, ich könnt ihn doch nicht leiden; ich bin ihnen allen
von Herzen gram und wo ich sie scheren kann so thu ich's.

Wenn du mir heut nit so zugeredt hätt'st, von meinetwegen
säß er noch.

Fuhrmann. Narr! Er hatte drey Knechte bei sich,
und wenn wir nicht gewollt hätten, würd er uns haben
wollen machen. Wer er nur seyn mag, und warum er
den seltsamen Weg zieht? Kann nirgends hinkommen als
nach Rotbach und von da nach Mardorf, und dahin wär
doch der nächst und best Weg über Crailsheim durch den
Winsdorfer Wald gangen.

Erster Reiter. Horch!

Zweyter Reiter. Das wär!

Bauer. Ich weiß wohl. Ob er schon den Hut so
in's Gesicht geschoben hatte, kannt ich ihn doch an der Nasen.
Es war Adelbert von Weislingen.

Fuhrmann. Der Weislingen? Das ist ein schöner
ansehnlicher Herr.

Bauer. Mir gefällt er nicht; er ist nit breitschultrig
und robust genug für einen Ritter, ist auch nur für'n Hof.
Ich mögt selbst wissen was er vorhat, daß er den schlim=
men Weg geht. Seine Ursachen hat er, denn er ist für
einen pfiffigen Kerl bekannt.

Fuhrmann. Heut Nacht muß er in Rotbach bleiben,
denn im Dunkeln über die Furt ist gefährlich.

Bauer. Da kommt er morgen zum Mittag=Essen
nach Mardorf.

Fuhrmann. Wenn der Weg durch'n Wald nit so
schlimm ist.

Zweyter Reiter. Fort, geschwind zu Pferde! Gute
Nacht ihr Herren.

Erster Reiter. Gute Nacht.

Die andern Beide. Gleichfalls.

Bauer. Ihr erinnert uns an das was wir nöthig haben. Glück auf'u Weg. (Die Knechte ab.)

Fuhrmann. Wer sind die?

Bauer. Ich kenn sie nicht. Reitersmänner vom Ansehn; dergleichen Volk schnorrt das ganze Jahr im Land herum, und schiert die Leut was tüchtigs. Und doch will ich lieber von ihnen gebrandschatzt und ausgebrennt werden; es kommt auf ein bissel Zeit und Schweiß an, so erholt man sich wieder. Aber wie's jetzt unsre gnädige Herren anfangen, uns bis auf den letzten Blutstropfen auszukeltern, und daß wir doch nicht sagen sollen: ihr macht's zu arg, nach und nach zuschrauben! — seht das ist eine Wirthschaft, daß man sich's Leben nicht wünschen sollte, wenn's nicht Wein und Bier gäb sich manchmal die Grillen wegzuschwemmen und in tiefen Schlaf zu versenken.

Fuhrmann. Ihr habt recht. Wir wollen uns legen.

Bauer. Ich muß doch morgen bei Zeiten wieder auf.

Fuhrmann. Ihr fahrt also nach Ballenberg?

Bauer. Ja nach Haus.

Fuhrmann. Es ist mir leid, daß wir nit weiter mit einander gehn.

Bauer. Weiß Gott, wo wir einmal wieder zusammen kommen.

Fuhrmann. Euern Namen, guter Freund.

Bauer. Georg Metzler. Den eurigen?

Fuhrmann. Hans Sivers von Wangen.

Bauer. Eure Hand! und noch einen Trunk auf glückliche Reise.

Fuhrmann. Horch! der Nachtwächter ruft schon ab. Kommt! kommt!

Vor einer Herberge im Windsdorfer Wald.

Unter einer Linde, ein Tisch und Bänke. Gottfried auf der Bank in voller Rüstung, seine Lanze am Baum gelehnt, den Helm auf dem Tisch.

Gottfried. Wo meine Knechte bleiben! Sie könnten schon sechs Stunden hier seyn. Es war uns alles so deutlich verkundschaftet; nur zur äußersten Sicherheit schickt ich sie fort; sie sollten nur sehen. Ich begreif's nicht! Vielleicht haben sie ihn verfehlt, und er kommt vor ihnen her. Nach seiner Art zu reisen ist er schon in Crailsheim, und ich bin allein. Und wär's! der Wirth und sein Knecht sind zu meinen Diensten. Ich muß dich haben, Weislingen, und deinen schönen Wagen Güter dazu!

(Er ruft)

Georg! — Wenn's ihm aber jemand verrathen hätte? Oh! (Er beißt die Zähne zusammen.) Hört der Junge nicht? (Lauter) Georg! Er ist doch sonst bei der Hand. (Lauter) Georg! Georg!

Der Bub (in dem Panzer eines Erwachsenen). Gnädger Herr!

Gottfried. Wo steckst du? Was für'n Henker treibst du für Mummerey!

Der Bub. Gnädger Herr!

Gottfried. Schäm dich nicht, Bube. Komm her! Du siehst gut aus. Wie kommst du dazu? Ja wenn du ihn ausfülltest! Darum kamst du nicht wie ich rief.

Der Bub. Ihro Gnaden seyn nicht böse. Ich hatte nichts zu thun, da nahm ich Hansens Küraß und schnallt ihn an, und setzt seinen Helm auf, schlupft in seine Armschienen und Handschuh, und zog sein Schwert und schlug mich mit den Bäumen herum; wie ihr rieft konnt ich nicht alles geschwind wegwerfen.

Gottfried. Braver Junge! Sag deinem Vater und Hansen, sie sollen sich rüsten, und ihre Pferde satteln. Halt mir meinen Gaul parat. Du sollst auch einmal mitziehen.

Bube. Warum nicht jetzt? laßt mich mit Herr! Kann ich nicht fechten, so hab ich doch schon Kräfte genug euch die Armbrust aufzubringen. Hättet ihr mich neulich bei euch gehabt, wie ihr sie dem Reiter an Kopf wurft, ich hätt sie euch wieder geholt und sie wär nicht verloren gangen.

Gottfried. Wie weißt du das?

Bube. Eure Knechte erzählten mir's. Wenn wir die Pferde striegeln, muß ich ihnen pfeifen, allerlei Weisen, und davor erzählen sie mir des Abends was ihr gegen den Feind gethan habt. Laßt mich mit, gnädger Herr!

Gottfried. Ein andermal Georg. Wenn wir Kaufleute fangen, und Fuhren wegnehmen. Heut werden die Pfeil an Harnischen splittern, und klappern die Schwerter über den Helmen. Unbewaffnet wie du bist sollst du nicht in Gefahr. Die künftigen Zeiten brauchen auch Männer. Ich sag dir's Junge: es wird theure Zeit werden. Es werden Fürsten ihre Schätze bieten um einen Mann, den sie jetzt von sich stoßen. Geh Georg, sag's deinem Vater und Hansen. *(Der Bub geht.)*

Meine Knechte! Wenn sie gefangen wären und er hätte ihnen gethan, was wir ihm thun wollten! — Was schwarzes im Wald? Es ist ein Mann.

Bruder Martin *(kommt)*.

Gottfried. Ehrwürdiger Vater, guten Abend! Woher so spät? Mann der heiligen Ruhe, ihr beschämt viel Ritter.

Martin. Dank euch, edler Herr! Und bin vor der Hand nur armseliger Bruder; wenn's ja Titel seyn soll,

Augustin mit meinem Klosternamen. — Mit eurer Erlaub=
niß. (Er setzt sich.) Doch hör ich am liebsten Martin meinen
Taufnamen.

Gottfried. Ihr seyd müd, Bruder Martin, und ohne
Zweifel durstig. Georg! (Der Bub kommt.)

Gottfried. Wein!

Martin. Für mich einen Trunk Wasser. Ich darf
keinen Wein trinken.

Gottfried. Ist das euer Gelübde?

Martin. Nein, gnädger Herr, es ist nicht wider mein
Gelübde Wein zu trinken; weil aber der Wein wider mein
Gelübde ist, so trink ich keinen Wein.

Gottfried. Wie versteht ihr das?

Martin. Wohl euch, daß ihr's nicht versteht! Essen
und Trinken, meine ich, ist des Menschen Leben.

Gottfried. Wohl.

Martin. Wenn ihr gessen und trunken habt, seyd ihr
wie neu geboren; seyd stärker, muthiger, geschickter zu eurem
Geschäft. Der Wein erfreut des Menschen Herz und die
Freudigkeit ist die Mutter aller Tugenden. Wenn ihr
Wein getrunken habt seyd ihr alles doppelt was ihr seyn
sollt; noch einmal so leicht denkend, noch einmal so unter=
nehmend, noch einmal so schnell ausführend.

Gottfried. Wie ich ihn triuke ist es wahr.

Martin. Davon red ich auch. Aber wir —

Der Bub (mit Wasser und Wein).

Gottfried (zum Buben heimlich). Geh auf den Weg nach
Crailsheim und leg dich mit dem Ohr auf die Erde ob du
nicht Pferde kommen hörst, und sey gleich wieder hier.

Martin. Aber wir, wenn wir gessen und trunken
haben, sind wir gerade das Gegentheil von dem was wir
seyn sollen. Unsere schläfrige Verdauung stimmt den Kopf

nach dem Magen, und in der Schwäche einer überfüllten Ruhe erzeugen sich Begierden die ihrer Mutter leicht über den Kopf wachsen.

Gottfried. Ein Glas, Bruder Martin, wird euch nicht im Schlaf stören. Ihr seyd heute viel gangen. Alle Streiter!

Martin. In Gottes Namen. (Sie stoßen an.) Ich kann die müßigen Leut nicht ausstehen, und doch kann ich nicht sagen, daß alle Mönche müßig sind; sie thun was sie können. Da komm ich von St. Veit, wo ich die letzte Nacht schlief. Der Prior führt mich in Garten; das ist nun ihr Bienenkorb. Fürtrefflichen Salat! Kohl nach Herzenslust. Und besonders Blumenkohl und Artischocken wie keine in Europa.

Gottfried. Das ist also eure Sach nicht. (Er steht auf, sieht nach dem Jungen und kommt wieder.)

Martin. Wollte, Gott hätte mich zum Gärtner oder Laboranten gemacht, ich könnt glücklich seyn. Mein Abt liebt mich, mein Kloster ist Erfurt in Thüringen, er weiß ich kann nicht ruhen, da schickt er mich herum wo was zu betreiben ist; ich geh zum Bischof von Constanz.

Gottfried. Noch eins! Gute Verrichtung!

Martin. Gleichfalls!

Gottfried. Was seht ihr mich so an, Bruder?

Martin. Daß ich in euern Harnisch verliebt bin.

Gottfried. Hättet ihr Lust zu einem? Es ist schwer und beschwerlich ihn zu tragen.

Martin. Was ist nicht beschwerlich auf dieser Welt! Und mir kömmt nichts beschwerlicher vor, als nicht Mensch seyn zu dürfen. Armuth, Keuschheit und Gehorsam! Drey Gelübde deren jedes einzeln betrachtet der Natur das unausstehlichste scheint, so unerträglich sind sie alle. Und sein ganzes Leben unter dieser Last, oder unter der weit niederdrückendern Bürde des Gewissens muthlos zu keichen! O Herr was sind die Mühseligkeiten eures Lebens gegen die Jämmerlichkeiten eines Standes der die besten Triebe, durch die wir werden, wachsen und gedeihen, aus mißverstandner Begierde, Gott näher zu rücken, verdammt!

Gottfried. Wär euer Gelübde nicht so heilig, ich wollt euch bereden einen Harnisch anzulegen, wollt euch ein Pferd geben und wir zögen mit einander.

Martin. Wollte Gott meine Schultern fühlten sich Kraft den Harnisch zu ertragen, und mein Arm die Stärke einen Feind vom Pferd zu stechen! Arme, schwache Hand, von jeher gewöhnt Kreuze und Friedensfahne zu tragen und Rauchfässer zu schwingen, wie wolltest du Lanzen und Schwert regieren! Meine Stimme nur zu Ave und Halleluja gestimmt, würde dem Feind ein Herold meiner Schwäche seyn, wenn ihn die eurige vor euch her wanken macht. Kein Gelübde sollte mich abhalten, wieder in den Orden zu treten, den mein Schöpfer selbst gestiftet hat.

Gottfried (sieht nach dem Jungen, kommt wieder und schenkt ein). Glückliche Retour!

Martin. Das trink ich nur für euch. Wiederkehr in meinen Käfig ist immer unglücklich. Wenn ihr wiederkehrt, Herr, in eure Mauern, mit dem Bewußtseyn eurer Tapferkeit und Stärke, der keine Müdigkeit etwas anhaben kann; euch zum erstenmal nach langer Zeit, sicher für feindlichen Ueberfall, entwaffnet auf euer Bette streckt, und euch nach dem Schlafe dehnt, der euch besser schmeckt als mir der Trunk nach langem Durst; da könnt ihr von Glück sagen.

Gottfried. Davor kommt's auch selten.

Martin (feuriger). Und ist, wenn's kommt, ein Vorschmack des Himmels. Wenn ihr zurückkehrt mit der Beute

unedler Feinde beladen, und euch erinnert: den stach ich
vom Pferde ehe er schießen kounte, und den raunt ich sammt
dem Pferde nieder! und dann reitet ihr zu eurem Schloß
hinauf, und —

Gottfried. Warum haltet ihr ein?

Martin. Und eure Weiber! (Er schenkt ein.) Auf Ge=
sundheit eurer Frau! (Er wischt sich die Augen) Ihr habt doch eine?

Gottfried. Ein edles fürtreffliches Weib.

Martin. Wohl dem der ein tugendsam Weib hat! deß
lebet er noch eins so lange. Ich kenne keine Weiber, und
doch war die Frau die Kroue der Schöpfung.

Gottfried (vor sich). Er dauert mich! das Gefühl seines
Zustandes frißt ihm das Herz.

Der Junge (gesprungen). Herr! Ich höre Pferde im
Galopp! Zwey oder drey.

Gottfried. Ich will zu Pferde! Dein Vater und
Hans sollen aufsitzen; es können Feinde seyn so gut als
Freunde. Lauf ihnen eine Ecke entgegen; wenn's Feinde sind
so pfeif und spring in's Gebüsch. Lebt wohl, theurer Bruder!
Gott geleit euch. Seyd muthig und geduldig, Gott wird
euch Raum geben.

Martin. Ich bitt um euren Namen.

Gottfried. Verzeiht mir! Lebt wohl.

(Er reicht ihm die linke Hand.)

Martin. Warum reicht ihr mir die Linke? Bin ich
die ritterliche Rechte nicht werth?

Gottfried. Und wenn ihr der Kaiser wärt, ihr müßtet
mit dieser vorlieb nehmen. Meine Rechte, obgleich im Kriege
nicht unbrauchbar, ist gegen den Druck der Liebe unempfind=
lich. Sie ist eins mit ihrem Handschuh, ihr seht er ist Eisen.

Martin. So seyd ihr Gottfried von Berlichingen! Ich
danke dir Gott, daß du mich ihn hast sehen lassen, diesen

Mann, den die Fürsten haffen und zu dem die Bedrängten sich wenden! (Er nimmt ihm die rechte Hand.) Laßt mir diese Hand! Laßt mich sie küssen!

Gottfried. Ihr sollt nicht.

Martin. Laßt mich! Du mehr werth als Reliquien= hand, durch die das heiligste Blut geflossen ist. Todtes Werkzeug, belebt durch des edelsten Geistes Vertrauen auf Gott —

Gottfried (setzt den Helm auf und nimmt die Lanze).

Martin. Es war ein Mönch bei uns vor Jahr und Tag, der euch besuchte wie sie euch abgeschossen ward vor Nürnberg. Wie er uns erzählte was ihr littet, und wie sehr es euch schmerzte zu eurem Beruf verstümmelt zu seyn, und wie euch einfiel: von einem gehört zu haben der auch nur eine Hand hatte und als tapfrer Reitersmann doch noch lange diente. Ich werde das nie vergessen.

(Die zwei Knechte kommen. Gottfried geht zu ihnen, sie reden heimlich.)

Martin (fährt inzwischen fort). Ich werde das nie ver= gessen. Wie er im edelsten einfältigsten Vertrauen zu Gott sprach: Und wenn ich zwölf Händ hätt und deine Gnad wollt mir nicht, was würden sie mir fruchten! So kann ich mit einer —

Gottfried. In dem Mardorfer Wald also? Lebt wohl, werther Bruder Martin. (Er küßt ihn.)

Martin. Vergeßt mich nicht, wie ich eurer nicht vergesse.

(Gottfried ab)

Martin. Wie mir's so eng um's Herz ward da ich ihn sah. Er redete nichts, und mein Geist konnte doch den seinigen unterscheiden. Es ist eine Wolluft einen großen Mann zu sehen.

Georg. Ehrwürdiger Herr, ihr schlafet doch bei uns?

Martin. Kann ich ein Bett haben?

Georg. Nein Herr, ich kenn Vetter nur vom Hören=
sagen; in unsrer Herberg ist nichts als Stroh.

Martin. Auch gut. Wie heißt du?

Georg. Georg, ehrwürdiger Herr.

Martin. Georg! du hast einen tapfern Patron.

Georg. Sie sagen mir er wär ein Reiter gewesen, das
will ich auch seyn.

Martin. Warte! (Er zieht ein Gebetbuch heraus und gibt dem
Buben einen Heiligen.) Da hast du ihn. Folg seinem Beispiel,
sey tapfer und fromm. (Martin geht.)

Georg. Ach, ein schöner Schimmel! wenn ich einmal
so einen hätt und die golden Rüstung! Das ist ein garstiger
Drach! Jetzt schieß ich nach Sperlingen. Heiliger Georg!
mach mich groß und stark, gib mir so eine Lanze, Rüstung
und Pferd. Dann laß mir die Drachen kommen!

Gottfried's Schloß.

Elisabeth seine Frau, Maria seine Schwester, Carl sein
Söhnchen.

Carl. Ich bitte dich, liebe Tante, erzähl mir das noch
einmal vom frommen Kind, 's is gar zu schön.

Maria. Erzähl du mir's, kleiner Schelm, da will ich
hören ob du Acht gibst.

Carl. Wart e bis, ich will mich bedenken — es war
einmal — ja — es war einmal ein Kind, und sein Mutter
war krank, da ging das Kind hin —

Maria. Nicht doch: da sagte die Mutter, liebes Kind —

Carl. Ich bin krank —

Maria. Und kann nicht ausgehen,

Carl. Und gab ihm Geld, und sagte, geh hin und hol dir ein Frühstück. Da kam ein armer Mann,

Maria. Das Kind ging, da begegnete ihm ein alter Mann, der war — nun Carl,

Carl. Der war — alt.

Maria. Freilich! der kaum mehr gehen kounte und sagte: liebes Kind.

Carl. Schenk mir was, ich hab kein Brod gessen gestern und heut; da gab ihm's Kind das Geld.

Maria. Das sür sein Frühstück seyn sollte.

Carl. Da sagte der alte Mann.

Maria. Da nahm der alte Manu das Kind —

Carl. Bei der Hand, und sagte, und ward ein schöner glänziger Heiliger und sagte: liebes Kind —

Maria. Für deine Wohlthätigkeit belohnt dich die Mutter Gottes durch mich; welchen Kranken du anrührst —

Carl. Mit der Hand, es war die rechte glaub ich.

Maria. Ja!

Carl. Der wird gleich gesund.

Maria. Da lief's Kind nach Haus, und kount für Freuden nichts reden.

Carl. Und fiel seiner Mutter um den Hals und weinte für Freuden.

Maria. Da rief die Mutter, wie ist mir, und war, nun Carl —

Carl. Und war, — und war —

Maria. Du gibst schor nicht Acht, und war gesund.

Und das Kind eurirte König und Kaiser und wurde so reich, daß es ein großes Kloster baute.

Elisabeth. Was folgt nun daraus?

Maria. Ich dächte die nützlichste Lehre für Kinder, die ohnedem zu nichts geneigter sind als zu Habsucht und Neid.

Elisabeth. Es sey. Carl hol deine Geographie.

(Carl geht.)

Maria. Die Geographie? Ihr könnt ja sonst nicht leiden, wenn ich ihn daraus was lehre.

Elisabeth. Weil's mein Mann nicht leiden kann. Es ist auch nur daß ich ihn fortbringe. Ich mocht's vorm Kind nicht sagen: Ihr verderbt's mit euren Mährchen; es ist so stillerer Natur als seinem Vater lieb ist, und ihr macht's vor der Zeit zum Pfaffen. Die Wohlthätigkeit ist eine edle Tugend, aber sie ist nur das Vorrecht starker Seelen. Menschen die aus Weichheit wohlthun, immer wohlthun, sind nicht besser als Leute die ihren Urin nicht halten können.

Maria. Ihr redet etwas hart.

Elisabeth. Dafür bin ich mit Kartoffeln und Rüben erzogen, das kann keine zarte Gesellen machen.

Maria. Ihr seyd für meinen Bruder geboren.

Elisabeth. Eine Ehre für mich. — Euer wohlthätig Kind freut mich noch. Es verschenkt was es geschenkt kriegt hat. Und das ganze gute Werk besteht darin, daß es nichts zu Morgend ißt. Gib Acht wenn der Carl ehestens nicht hungrig ist, thut er ein gut Werk und rechnet dir's an.

Maria. Schwester, Schwester! ihr erzieht keine Kinder dem Himmel.

Elisabeth. Wären sie nur für die Welt erzogen, daß sie sich hier rührten, drüben würd's ihnen nicht fehlen.

Maria. Wie aber, wenn dieß Rühren hier dem ewigen Glück entgegen stünde?

Elisabeth. So gib der Natur Opium ein, bete die Sonnenstrahlen weg, daß ein ewiger unwirksamer Winter bleibe. Schwester, Schwester! ein garstiger Mißverstand. Sieh nur dein Kind an, wie's Werk so die Belohnung. Es braucht nun Zeitlebens nichts zu thun als in heiligem Müßiggang herumzuziehen, Hände aufzulegen; und krönt sein edles Leben mit einem Klosterbau.

Maria. Was hätt'st du ihm dann erzählt?

Elisabeth. Ich kann kein Mährchen machen, weiß auch keine, Gott sey Dank; ich hätte ihm von seinem Vater erzählt: wie der Schneider von Heilbronn, der ein guter Schütz war, zu Köln das Best gewann und sie's ihm nicht geben wollten; wie er's meinem Mann klagte und der die von Köln so lang kujonirte, bis sie's herausgaben. Da gehört Kopf und Arm dazu! Da muß einer Mann seyn! Deine Heldenthaten zu thun braucht ein Kind nur ein Kind zu bleiben.

Maria. Meines Bruders Thaten sind·edel, und doch wünsch ich nicht, daß seine Kinder ihm folgten. Ich läugne nicht, daß er denen, die von ungerechten Fürsten bedrängt werden, mehr als Heiliger ist; denn seine Hülfe ist sichtbarer. Warf er aber nicht, dem Schneider zu helfen, drey Kölnische Kaufleute nieder? Und waren denn nicht auch die Bedrängte? waren die nicht auch unschuldig? Wird dadurch das allgemeine Uebel nicht vergrößert, da wir Noth durch Noth verdrängen wollen?

Elisabeth. Nicht doch, meine Schwester, die Kaufleute von Köln waren unschuldig. Gut! allein was ihnen begegnete, müssen sie ihren Obern zuschreiben. Wer fremde Bürger mißhandelt verletzt die Pflicht gegen seine eigne Unterthanen; denn er setzt sie dem Wiedervergeltungsrecht aus.

Sieh nur wie übermüthig die Fürsten geworden sind, seitdem sie unsern Kaiser beredet haben einen allgemeinen Frieden auszuschreiben! Gott sey Dank und dem guten Herzen des Kaisers, daß er nicht gehalten wird! Es könnt's kein Mensch ausstehn. Da hat der Bischof von Bamberg meinem Mann einen Buben niedergeworfen, unter allen Reiters= jungen den er am liebsten hat. Da könntst du am kaiser= lichen Gerichtshof klagen zehen Jahr und der Bub ver= schmachtete die beste Zeit im Gefängniß. So ist er hinge= zogen, da er hörte es kommt ein Wagen mit Gütern für den Bischof von Basel herunter. Ich wollte wetten er hat ihn schon! Da mag der Bischof wollen oder nicht, der Bub muß heraus.

Maria. Das Gehetz mit Bamberg währt schon lang.

Elisabeth. Und wird so bald nicht enden. Meinem Mann ist's einerley; nur darüber klagt er sehr, daß Adel= bert von Weislingen, sein ehemaliger Camerad, dem Bischof in allem Vorschub thut, und mit tausend Künsten und Pratiken, weil er sich's im offnen Feld nicht untersteht, das Ansehn und die Macht meines Liebsten zu untergraben sucht.

Maria. Ich hab schon oft gedacht, woher das dem Weisling kommen seyn mag.

Elisabeth. Ich kann's wohl rathen —

Carl (kommt). Der Papa! Der Papa! Der Thürner bläst das Liedel: Heysa! Mach's Thor auf! Mach's Thor auf!

Elisabeth. Da kommt er mit Beute.

Erster Reiter (kommt). Wir haben gejagt! wir haben gefangen! Gott grüß euch, edle Frauen. Einen Wagen voll

Sachen, und was mehr ist als zwölf Wagen, Adelberten von Weislingen.

Elisabeth. Adelbert?

Maria. Von Weislingen?

Knecht. Und drey Reiter.

Elisabeth. Wie kam das?

Knecht. Er geleitete den Wagen, das ward uns ver=
kundschaftet; er wich uns aus, wir ritten hin und her und
kamen im Wald vor Mardorf an ihn.

Maria. Das Herz zittert mir im Leib.

Knecht. Ich und mein Camerad, wie's der Herr be=
sohlen hatte, nistelten uns an ihn, als wenn wir zusammen=
gewachsen wären und hielten ihn fest, inzwischen der Herr
die Knechte überwältigte und sie in Pflicht nahm.

Elisabeth. Ich bin neugierig ihn zu sehen.

Knecht. Sie reiten eben das Thal herauf. Sie müssen
in einer Viertelstunde hier seyn.

Maria. Er wird niedergeschlagen seyn.

Knecht. Er sieht sehr finster aus.

Maria. Es wird mir im Herzen weh thun, so einen
Mann so zu sehen.

Elisabeth. Ah! — Ich will gleich's Essen zurechte
machen; ihr werdt doch alle hungrig seyn.

Knecht. Von Herzen.

Elisabeth. Schwester, da sind die Schlüssel; geht in
Keller, holt vom besten Wein, sie haben ihn verdient.

(Sie geht.)

Carl. Ich will mit, Tante.

Maria. Komm. (Sie gehen.)

Knecht. Der wird nicht sein Vater, sonst ging er mit
in Stall. (Ab.)

Gottfried in voller Rüstung, nur ohne Lanze. Abelbert auch gerüstet, nur ohne Lanze und Schwert, zwey Knechte.

Gottfried (legt den Helm und das Schwert auf den Tisch). Schnallt mir den Harnisch auf, und gebt mir meinen Rock. Die Ruhe wird mir wohl schmecken. Bruder Martin, du sagtest wohl. Drey Nächt ohne Schlaf! Ihr habt uns in Athem gehalten, Weislingen.

Abelbert (geht auf und ab und antwortet nichts).

Gottfried. Wollt ihr euch nicht entwaffnen? Habt ihr keine Kleider bei euch? ich will euch von meinen geben. Wo ist meine Frau?

Erster Knecht. In der Küche.

Gottfried. Habt ihr Kleider bei euch? Ich will euch eins borgen. Ich hab just noch ein hübsches Kleid, ist nicht kostbar, nur von Leinen, aber sauber; ich hatt's auf der Hochzeit meines gnädigen Herren des Pfalzgrafen an; eben damals, wie ich mit euerm Freund, euerm Bischof Händel kriegte. Wie war das Männlein so böse! Franz von Sickingen und ich wir gingen in die Herberg zum Hirsch in Heilbronn; die Trepp hinauf ging Franz voran. Eh man noch ganz hinauf kommt ist ein Absatz und ein eisern Ge= länderlein, da stund der Bischof und gab Franzen die Hand und gab sie mir auch, wie ich hinten drein kam. Da lacht ich in meinem Herzen und ging zum Landgrafen von Hanau, das mir ein gar lieber Herr war, und sagte: der Bischof hat mir die Hand geben, ich wett er hat mich nicht gelaunt: das hört der Bischof, denn ich redt laut mit Fleiß, und kam zu uns und sagt: wohl, weil ich euch nicht kannt gab ich euch die Hand, sagt er. Da sagt ich: Herr, ich merkt's wohl, daß ihr mich nicht kannt habt, da habt ihr sie wieder. Da wurde er so roth wie ein Krebs am Hals vor Zorn, und lief in die Stube zu Pfalzgraf Ludwig und zum

Fürsten von Naſſau und klagt's ihnen. Macht, Weisling!
Legt das eiserne Zeug ab, es liegt euch schwer auf der
Schulter.

Adelbert. Ich fühl das nicht.

Gottfried. Geht, Geht! Ich glaub wohl, daß es euch
nicht leicht um's Herz ist. Demohngeachtet — ihr sollt nicht
schlimmer bedient seyn als ich. Habt ihr Kleider?

Adelbert. Meine Knechte hatten sie.

Gottfried. Geht, fragt darnach. (Knechte ab.)

Gottfried. Seyd frisches Muths! Ich lag auch zwey
Jahr in Heilbronn gefangen und wurd schlecht gehalten. Ihr
seyd in meiner Gewalt, ich werd sie nicht mißbrauchen.

Adelbert. Das hofft ich eh ihr's sagtet, und nun weiß
ich's gewisser als meinen eigenen Willen. Ihr wart immer
so edel als ihr tapfer wart.

Gottfried. O wärt ihr immer so treu als klug ge‐
wesen, wir könnten denen Gesetze vorschreiben denen wir —
warum muß ich hier meine Rede theilen! — denen ihr dient,
und mit denen ich Zeitlebens zu kämpfen haben werde.

Adelbert. Keine Vorwürfe, Berlichingen! ich bin er‐
niedrigt genug.

Gottfried. So laßt uns vom Wetter reden; oder von
der Theurung, die den armen Landmann an der Quelle des
Ueberflusses verschmachten läßt. Und doch sey mir Gott gnä‐
dig, wie ich das sagte nicht euch zu kränken, nur euch zu
erinnern was wir waren. Leider, daß die Erinnerung unsers
ehmaligen Verhältnisses ein stiller Vorwurf für euch ist.

Die Knechte mit den Kleidern.

Adelbert legt sich aus und an.

Carl (kommt). Guten Morgen, Papa.

Gottfried (kußt ihn). Guten Morgen, Junge. Wie habt
ihr die Zeit gelebt!

Carl. Recht geschickt, Papa! Die Tante sagt, ich sey recht geschickt.

Gottfried (vor sich). Desto schlimmer.

Carl. Ich hab viel gelernt.

Gottfried. Ey!

Carl. Soll ich dir vom frommen Kind erzählen?

Gottfried. Nach Tisch.

Carl. Ich weiß auch noch was.

Gottfried. Was wird das seyn?

Carl. Jaxthausen ist ein Dorf und Schloß an der Jaxt, gehört seit zweyhundert Jahren denen Herren von Berlichingen erbeigenthümlich zu.

Gottfried. Kennst du die Herren von Berlichingen?

Carl (sieht ihn starr an).

Gottfried (vor sich). Er kennt wohl für lauter Gelehr=samkeit seinen Vater nicht! Wem gehört Jaxthausen?

Carl. Jaxthausen ist ein Dorf und Schloß an der Jaxt.

Gottfried. Das frag ich nicht. So erziehen die Weiber ihre Kinder, und wollte Gott sie allein. Ich kannt alle Pfade, Weg und Fuhrten eh ich wußt wie Fluß, Dorf und Burg hieß. — Die Mutter ist in der Küche?

Carl. Ja, Papa! sie kocht weiße Rüben und einen Lammsbraten.

Gottfried. Weißt du's auch, Hans Küchenmeister?

Carl. Und vor mich zum Nachtisch hat die Tante einen Apfel gebraten.

Gottfried. Kannst du sie nicht roh essen?

Carl. Schmeckt so besser.

Gottfried. Du mußt immer was aparts haben. Weis=lingen, ich bin gleich wieder bei euch, ich muß meine Frau doch sehn. Komm mit, Carl.

Carl. Wer ist der Mann?

Gottfried. Grüß ihn, bitt ihn er soll lustig seyn.

Carl. Da Mann, hast du eine Hand, sey lustig, das Essen ist bald fertig.

Adelbert (hebt ihn in die Höh und küßt ihn). Glücklich Kind, das kein Unglück kennt als wenn die Suppe lang ausbleibt! Gott laß euch viel Freud am Knaben erleben, Berlichingen.

Gottfried. Wo viel Licht ist, ist starker Schatten; doch wär mir's willkommen. Wollen sehn was es gibt.

(Sie gehen.)

Adelbert (allein). — (Er wischt sich die Augen.) Bist du noch Weislingen? Oder wer bist du? Wohin ist der Haß gegen diesen Mann? Wohin das Streben wider seine Größe? So lang ich fern war konnt ich Anschläge machen. Seine Gegenwart bändigt mich, fesselt mich. Ich bin nicht mehr ich selbst, und doch bin ich wieder ich selbst. Der kleine Adelbert der an Gottfrieden hing wie an seiner Seele. Wie lebhaft erinnert mich dieser Saal, diese Geweihe und diese Aussicht über den Fluß an unsere Knabenspiele! Sie verslogen die glücklichen Jahre und mit ihnen meine Ruhe. — Hier hing der alte Berlichingen unsre Jugend ritterlich zu üben, einen Ring auf. O, wie glühte mir das Herz, wenn Gottfried fehlte! Und traf ich dann und der Alte rief: Brav, Adelbert, du hast meinen Gottfried überwunden! da fühlt ich — was ich nie wieder gefühlt habe. Und wenn der Bischof mich liebkost und sagt, er habe keinen lieber als mich, keine, keinen am Hof, im Reich größern als mich! Ach denk ich, warum sind dir deine Augen verbunden, daß du Berlichingen nicht erkennst, und so ist alles Gefühl von Größe mir zur Qual. Ich mag mir vorlügen, ihn hassen, ihn widerstreben. — O warum mußt ich ihn kennen! oder warum kann ich nicht der zweyte seyn!

Gottfried (mit ein paar Bouteillen Wein und einem Becher). Bis das Essen fertig wird laßt uns eins trinken. Die Knechte sind im Stall und die Weibsleute haben in der Küche zu thun. Euch, glaub' ich, kommt's schon seltner, daß ihr euch selbst oder eure Gäste bedient; uns armen Rittersleuten wächst's oft im Garten.

Adelbert. Es ist wahr, ich bin lange nicht so bedient worden.

Gottfried. Und ich hab euch lang nicht zugetrunken. Ein fröhlich Herz!

Adelbert. Bringt vorher ein gut Gewissen!

Gottfried. Bringt mir's wieder zurück.

Adelbert. Nein, ihr solltet mir's bringen.

Gottfried. Ha — (nach einer Pause) So will ich euch erzählen — Ja — Wie wir dem Markgraf als Buben dienten, wie wir beisammen schliefen, und mit einander herumzogen. Wißt ihr noch wie der Bischof von Köln mit aß? Es war den ersten Ostertag. Das war ein gelehrter Herr, der Bischof. Ich weiß nicht, was sie redten, da sagte der Bischof was von Castor und Pollux; da fragte die Markgräfin, was das sey? und der Bischof erklärt's ihr: ein edles Paar. Das will ich behalten, sagte sie. Die Müh könnt ihr sparen, sagte der Markgraf; sprecht nur wie Gottfried und Adelbert. Wißt ihr's noch?

Adelbert. Wie was von heute. Er sagte Gottfried und Adelbert. — Nichts mehr davon, ich bitt euch.

Gottfried. Warum nicht. Wenn ich nichts zu thun hab, denk ich gern an's Vergangne. Ich wüßt sonst nichts zu machen.

Wir haben Freud und Leid mit einander getragen, Adelbert, und damals hofft ich so würd's durch unser ganzes Leben seyn. Ah! wie mir vor Nürnberg diese Hand weg-

geschoffen ward, wie ihr meiner pflegtet, und mehr als
Bruder für mich sorgtet, da hofft ich: Weislingen wird
künftig deine rechte Hand seyn. Und jetzt trachtet ihr mir
noch nach der armen andern.

Adelbert. Oh!

Gottfried. Es schmerzen mich diese Vorwürfe viel=
leicht mehr als euch. Ihr könnt nicht glücklich seyn, denn
euer Herz muß tausendmal fühlen, daß ihr euch erniedrigt.
Seyd ihr nicht so edel geboren als ich, so unabhängig, nie=
mand als dem Kaiser unterthan? Und ihr schmiegt euch
unter Vasallen! Das wär noch — aber unter schlechte
Menschen, wie der von Bamberg, den eigensinnigen neidischen
Pfaffen, der das bißchen Verstand das ihm Gott schenkte
nur ein Quart des Tags in seiner Gewalt hat, das übrige
verzecht und verschläft er. Seyd immerhin sein erster Rath=
geber, ihr seyd doch nur der Geist eines unedlen Körpers!
Wolltet ihr wohl in einen scheußlichen bucklichen Zwerg ver=
wandelt seyn? — Nein, denk ich. Und ihr seyd's, sag ich,
und habt euch schändlicher Weise selbst dazu gemacht.

Adelbert. Laßt mich reden —

Gottfried. Wenn ich ausgeredt habe, und ihr habt
was zu antworten. Gut.

Eure Fürsten spielen mit dem Kaiser auf eine unan=
ständige Art; es meint's keiner treu gegen das Reich noch
ihn. Der Kaiser bessert viel und bessert gern; da kommt
denn alle Tage ein neuer Pfannenflicker und meint so und
so. Und weil der Herr geschwind was begreift und nur
reden darf um tausend Händ in Bewegung zu setzen, so
meint er, es wär auch alles so geschwind und leicht aus=
geführt. Da ergehn denn Verordnungen über Verordnungen,
und der Kaiser vergißt eine über die andere. Da sind die
Fürsten eifrig dahinter her, und schrein von Ruh und

Sicherheit des Staats, bis sie die Geringen gefesselt haben;
sie thun hernach was sie wollen.

Adelbert. Ihr betrachtet's von eurer Seite.

Gottfried. Das thut jeder, es ist die Frage auf
welcher Licht und Recht ist, und eure Gänge und Schliche
scheuen wenigstens das Licht.

Adelbert. Ihr dürft reden, ich bin der Gefangene.

Gottfried. Wenn euch euer Gewissen nichts sagt, so
seyd ihr frei.

Aber wie war's mit dem Landfrieden? Ich weiß noch,
ich war ein kleiner Junge und war mit dem Markgrafen
auf dem Reichstag; was die Fürsten vor weite Mäuler
machten, und die Geistlichen am ärgsten! Euer Bischof
lärmte dem Kaiser die Ohren voll, und riß das Maul so
weit auf als kein anderer, und jetzt wirft er selbst mir
einen Buben nieder, ohne daß ich in Fehd wider ihn begriffen bin. Sind nicht all unsre Händel geschlichtet? was
hat er mit dem Buben? —

Adelbert. Es geschah ohne sein Wissen.

Gottfried. Warum läßt er ihn nicht wieder los?

Adelbert. Er hatt sich nicht aufgeführt wie er sollte.

Gottfried. Nicht wie er sollte! Bei meinem Eid!
er hat gethan was er sollte, so gewiß er mit eurem und
des Bischofs Wissen gefangen worden ist. Glaubt ihr ich
komme erst heut auf die Welt, und mein Verstand sey so
plump weil mein Arm stark ist? Nein Herr! zwar euern
Witz und Kunst hab ich nicht, Gott sey Dank! aber ich
habe leider so volle Erfahrung, wie Tücken einer feigen
Mißgunst unter unsere Ferse kriechen, einen Tritt nicht
achten, wenn sie uns nur verwunden können —

Adelbert. Was soll das alles?

Gottfried. Kannst du fragen, Adelbert, und soll ich

antworten? Soll ich den Busen aufreißen den zu be=
schützen ich sonst den meinigen hinbot? Soll ich diesen
Vorhang deines Herzens wegziehen? dir einen Spiegel vor=
halten?

Adelbert. Was würd ich sehn?

Gottfried. Kröten und Schlangen. Weislingen, Weis=
lingen! Ich sehe lang daß die Fürsten mir nachstreben,
daß sie mich tödten oder aus der Wirksamkeit setzen wollen.
Sie ziehen um mich herum, und suchen Gelegenheit. Darum
nahmt ihr meinen Buben gefangen, weil ihr wußtet ich
hatte ihn zu kundschaften ausgeschickt; und darum that er
nicht was er sollte, weil er mich euch nicht verrieth. —
Und du thust ihnen Vorschub. — Sage nein — und ich
will dich an meine Brust drücken.

Adelbert. Gottfried —

Gottfried. Sage nein — ich will dich um diese
Lüge liebkosen, denn sie wär ein Zeugniß der Reue. —

Adelbert (nimmt ihm die Hand).

Gottfried. Ich habe dich verkennen lernen, aber thu
was du willst, du bist noch Adelbert. Da ich ausging dich
zu fangen, zog ich wie einer der ängstlich sucht was er ver=
loren hat. Wenn ich dich gefunden hätte!

Carl (kommt). Zum Essen, Papa!

Gottfried. Kommt, Weislingen! ich hoff meine Weibs=
leute werden euch muntrer machen; ihr wart sonst ein Lieb=
haber, die Hoffräulein wußten von euch zu erzählen. Kommt!
kommt!

Der Bischöfliche Palast in Bamberg.

Der Speisesaal.

Der Nachtisch und die großen Pokale werden aufgetragen. Der **Bischof** in der Mitten, der **Abt von Fulda** rechter, **Olearius**, beider Rechte Doctor, linker Hand, **Hofleute.**

Bischof. Studiren jetzt viele Deutsche von Adel zu Bologna?

Olearius. Von Adel- und Bürger-Stand. Und ohne Ruhm zu melden tragen sie das größte Lob davon. Man pflegt im Sprüchwort auf der Akademie zu sagen: so fleißig wie ein Deutscher von Adel. Denn indem die Bürgerlichen einen rühmlichen Fleiß anwenden, durch Gelehrsamkeit den Mangel der Geburt zu ersetzen, so bestreben sich jene mit rühmlicher Wetteiferung dagegen, indem sie ihren angebornen Stand durch die glänzendsten Verdienste zu erhöhen trachten.

Abt. Ey!

Liebetraut. Sag einer! Wie sich die Welt alle Tag verbessert. So fleißig wie ein Deutscher von Adel! Das hab ich mein Lebtag nicht gehört. Hätt mir das einer geweissagt wie ich auf Schulen war, ich hätt ihn einen Lügner geheißen. Man sieht, man muß für nichts schwören.

Olearius. Ja, sie sind die Bewunderung der ganzen Akademie. Es werden ehstens einige von den ältesten und geschicktesten als Doctores zurückkommen. Der Kaiser wird glücklich seyn seine Gerichte damit besetzen zu können.

Bamberg. Das kann nicht fehlen.

Abt. Kennen Sie nicht zum Exempel einen Junker — er ist aus Hessen —

Olearius. Es sind viel Hessen da.

Abt. Er heißt — Er ist von — Weiß es keiner von euch? — Seine Mutter war eine von — Oh! Sein Vater hatte nur ein Aug — und war Marschall.

Hofmann. von Wildenholz?

Abt. Recht, von Wildenholz.

Olearius. Den kenn ich wohl, ein junger Herr von vielen Fähigkeiten, besonders rühmt man ihn wegen seiner Stärke im Disputiren.

Abt. Das hat er von seiner Mutter.

Liebetraut. Nur wollte sie ihr Mann niemals drum rühmen. Da sieht man wie die Fehler deplacirte Tugenden sind.

Bamberg. Wie sagtet ihr daß der Kaiser hieß, der euer Corpus juris geschrieben hat?

Olearius. Justinianus.

Bamberg. Ein trefflicher Herr. Er soll leben!

Olearius. Sein Andenken! (Sie trinken.)

Abt. Es mag ein schön Buch seyn.

Olearius. Man möcht's wohl ein Buch aller Bücher heißen. Eine Sammlung aller Gesetze, bei jedem Fall der Urtheilsspruch bereit, oder was ja noch abgängig oder dunkel wäre, ersetzen die Glossen, womit die gelehrtesten Männer das fürtreffliche Werk geschmückt haben.

Abt. Eine Sammlung aller Gesetze! Potz! Da müssen auch wohl die zehen Gebote drinne stehen.

Olearius. Implicite wohl, nicht explicite.

Abt. Das mein ich auch, an und vor sich, ohne weitere Explication.

Bamberg. Und was das schönste ist, so könnte, wie ihr sagt, ein Reich in sicherster Ruh und Frieden leben, wo es völlig eingeführt und recht gehandhabt würde.

Olearius. Ohne Frage.

Bamberg. Alle Doctores juris!

Olearius. Ich werd's zu rühmen wissen. (Sie trinken.)
Wollte Gott man spräche so in meiner Vaterstadt.

Abt. Wo seyd ihr her, hochgelahrter Herr?

Olearius. Von Frankfurt am Main, Ihro Eminenz
zu dienen.

Bamberg. Steht ihr Herrn da nicht wohl ange=
schrieben? Wie kommt das?

Olearius. Seltsam genug! ich war da meines Vaters
Erbschaft abzuholen; der Pöbel hätte mich fast gesteinigt
wie er hörte ich sey ein Jurist.

Abt. Behüte Gott!

Olearius. Daher kommt's: der Schöppenstuhl, der
in großem Ansehn weit umher steht, ist mit lauter Leuten
besetzt die der römischen Rechte unkundig sind. Es gelangt
niemand zur Würde eines Richters, als der durch Alter
und Erfahrung eine genaue Kenntniß des innern und äu=
ßern Zustandes der Stadt, und eine starke Urtheilskraft sich
erworben hat das Vergangne auf das Gegenwärtige anzu=
wenden. So sind die Schöffen lebendige Archive, Chro=
niken, Gesetzbücher, alles in einem, und richten nach altem
Herkommen und wenigen Statuten ihre Bürger und die
Nachbarschaft.

Abt. Das ist wohl gut.

Olearius. Aber lange nicht genug. Der Menschen
Leben ist kurz und in einer Generation kommen nicht alle
Casus vor. Eine Sammlung solcher Fälle vieler Jahr=
hunderte ist unser Gesetzbuch. Und dann ist der Wille und
die Meinung der Menschen schwankend; dem däucht heute
das recht, was der andere morgen mißbilligt, und so ist
Verwirrung und Ungerechtigkeit unvermeidlich. Das alles

bestimmen unsre Gesetze. Und die Gesetze sind unver=
änderlich.

Abt. Das ist freilich besser.

Liebetraut. Ihr seyd von Frankfurt, ich bin wohl
da bekannt. Bei Kaiser Maximilians Krönung haben wir
euern Bräutigams was vorgeschmaust. Euer Nam ist
Olearius? Ich kenne so niemanden.

Olearius. Mein Vater hieß Oehlmann. Nur den
Mißstand auf dem Titel meiner Lateinischen Schriften zu
vermeiden, nannt ich mich, nach dem Beispiel und auf An=
rathen würdiger Rechtslehrer, Olearius.

Liebetraut. Ihr thatet wohl, daß ihr euch übersetztet.
Ein Prophet gilt nichts in seinem Vaterlande; es hätt euch
in eurer Muttersprache auch so gehen können.

Olearius. Es war nicht darum.

Liebetraut. Alle Dinge haben ein paar Ursachen.

Abt. Ein Prophet gilt nichts in seinem Vaterlande.

Liebetraut. Wißt ihr auch warum, hochwürdiger
Herr?

Abt. Weil er da geboren und erzogen ist.

Liebetraut. Wohl. Das mag die eine Ursach seyn.
Die andre ist: weil bei einer nähern Bekanntschaft mit
denen Herrn der Nimbus Ehrwürdigkeit und Heiligkeit weg=
schwindet den uns eine neblige Ferne um sie herum lügt,
und dann sind's ganz kleine Stümpfchen Unschlitt.

Olearius. Es scheint, ihr seyd dazu bestellt, Wahr=
heiten zu sagen.

Liebetraut. Weil ich's Herz dazu hab, so fehlt mir's
nicht am Maul.

Olearius. Aber doch an Geschicklichkeit sie wohl an=
zubringen.

Liebetraut. Veſicatorien ſind wohl angebracht wo ſie ziehen.

Olearius. Bader erkennt man an der Schürze, und nimmt in ihrem Amt ihnen nichts übel. Zur Vorſorge thätet ihr wohl wenn ihr eine Schellenkappe trügt.

Liebetraut. Wo habt ihr promovirt? Es iſt nur zur Nachfrage, wenn mir einmal der Einfall käm, daß ich gleich für die rechte Schmiede ginge.

Olearius. Ihr ſeyd ſehr verwegen.

Liebetraut. Und ihr ſehr breit.

Bamberg und Fuld lachen.

Bamberg. Von was anders. Nicht ſo hitzig, ihr Herren! Bei Tiſch geht alles drein. Einen andern Dis= curs, Liebetraut.

Liebetraut. Gegen Frankfurt liegt ein Ding über, heißt Sachſenhauſen.

Olearius (zum Biſchof). Was ſpricht man vom Türken= zug Ihro Biſchöfliche Gnaden?

Bamberg. Der Kaiſer hat nichts angelegners vor, als vorerſt das Reich zu beruhigen, die Fehden abzuſchaffen und das Anſehn der Gerichte zu befeſtigen; dann ſagt man, wird er perſönlich gegen die Feinde des Reichs und der Chriſtenheit ziehen. Jetzt machen ihm ſeine Privathändel noch zu thun, und das Reich iſt trutz ein vierzig Land= friedens noch immer eine Mördergrube. Franken, Schwaben, der obere Rhein und die angränzenden Länder werden von übermüthigen und kühnen Rittern verheert. Franz Sickingen, Hans Seldiz mit einem Fuß, Gottfried von Berlichingen mit der eiſernen Hand, ſpotten in dieſen Gegenden dem Kaiſerlichen Anſehn.

Abt. Ja, wenn Ihro Majeſtät nicht bald dazu thun, ſo ſtecken einen die Kerl am End in Sack.

Liebetraut. Das müßt ein elephantischer Ries seyn, der das Weinfaß von Fuld in Sack schieben wollte.

Bamberg. Besonders ist der Letzte seit vielen Jahren mein unversöhnlicher Feind und molestirt mich unsäglich; aber es soll nicht lange währen, hoff ich. Der Kaiser hält jetzo seinen Hof zu Augsburg. Sobald Adelbert von Weislingen zurückkommt, will ich ihn bitten die Sache zu betreiben. Herr Doctor, wenn ihr die Ankunft dieses Mannes erwartet, werdet ihr euch freuen, den edelsten, verständigsten und angenehmsten Ritter in Einer Person zu sehen.

Olearius. Es muß ein fürtrefflicher Mann seyn, der solche Lobeserhebungen aus solch einem Munde verdient.

Liebetraut. Er ist auf keiner Akademie gewesen.

Bamberg. Das wissen wir.

Liebetraut. Ich sag's auch nur für die Unwissenden. Es ist ein fürtrefflicher Mann, hat wenig seines Gleichen. Und wenn er nie an Hof gekommen wäre, könnt er unvergleichlich geworden seyn.

Bamberg. Ihr wißt nicht was ihr redt, der Hof ist sein Element.

Liebetraut. Nicht wissen was man redt und nicht verstanden werden kommt auf Eins naus.

Bamberg. Ihr seyd ein unnützer Gesell.

(Die Bedienten laufen an's Fenster.)

Bamberg. Was gibt's?

Ein Bedienter. Eben reitet Färder, Weislingens Knecht, zum Schloßthor herein.

Bamberg. Seht, was er bringt. Er wird ihn melden.

(Liebetraut geht. Sie stehen auf und trinken noch eins.)

Liebetraut kommt zurück.

Bamberg. Was für Nachrichten?

Liebetraut. Ich wollt es müßt sie euch ein andrer sagen: Weislingen ist gefangen.

Bamberg. Oh!

Liebetraut. Berlichingen hat ihn, euern Wagen und drey Knechte bei Mardorf weggenommen. Einer ist entronnen euch's anzusagen.

Abt. Eine Hiobspost.

Olearius. Es thut mir von Herzen leid.

Bamberg. Ich will den Knecht sehen. Bringt ihn herauf. Ich will ihn selbst sprechen; bringt ihn in mein Cabinet. (Ab.)

Abt (setzt sich). Noch ein Glas! (Die Knechte schenken ein.)

Olearius. Belieben Ihro Hochwürden eine kleine Promenade in den Garten zu machen? Post coenam stabis seu passus mille meabis.

Liebetraut. Wahrhaftig das Sitzen ist Ihnen nicht gesund. Sie kriegen noch einen Schlagfluß.

Abt (hebt sich auf).

Liebetraut (vor sich). Wenn ich ihn nur draußen hab, will ich ihm fürs Exercitium sorgen.

Jarthausen.

Maria. Adelbert.

Maria. Ihr liebt mich, sagt ihr. Ich glaub es gern, und hoffe mit euch glücklich zu seyn, und euch glücklich zu machen.

Adelbert. Ich fühle nichts, als nur daß ich ganz dein bin. (Er umarmt sie.)

Maria. Ich bitt euch, laßt mich. Einen Kuß hab ich
euch zum Gottespfennig erlaubt; ihr scheint aber schon von
dem Besitz nehmen zu wollen, was nur unter Bedingungen
euer eigen ist.

Adelbert. Ihr seyd zu streng, Maria. Unschuldige
Liebe erfreut die Gottheit statt sie zu beleidigen.

Maria. Es sey! aber ich bin nicht dadurch erbaut.
Man lehrte mich: Liebkosungen sey'n wie Ketten, stark durch
ihre Verwandtschaft, und Mädchen wenn sie liebten sey'n
schwächer als Simson nach dem Verlust seiner Locken.

Adelbert. Wer lehrte euch das?

Maria. Die Aebtissin meines Klosters. Bis in mein
sechszehntes Jahr war ich bei ihr und nur mit euch empfind
ich das Glück das ich in ihrem Umgang empfand. Sie hatte
geliebt, und durfte reden. Sie hatte ein Herz voll Empfin=
dung! Sie war eine fürtreffliche Frau.

Adelbert. Da glich sie dir. (Er nimmt ihre Hand). Wie
soll ich dir danken, daß dir mein Unglück zu Herzen ging,
daß du mir das liebe Herz schenktest, allen Verlust mir zu
ersetzen.

Maria (zieht ihre Hand zurück). Laßt mich! Könnt ihr nicht
reden ohne mich anzurühren? Wenn Gott Unglück über
uns sendet gleicht er einem erfahrnen Landmann, der den
Busen seines Ackers mit der schärfsten Pflugschar zerreißt
um ihn himmlischen Samen und Einflüssen zu öffnen. Ach,
da wächs't, unter andern schönen Kräutlein, das Stäublein
Mitleiden. Ihr habt es keimen gesehen, und nun trägt es
die schönsten Blüthen der Liebe; sie stehn im vollen Flor.

Adelbert. Meine süße Blume!

Maria. Meine Aebtissin verglich die Lieb auch oft den
Blüthen. Weh dem! rief sie oft, der sie bricht. Er hat den
Samen von tausend Glückseligkeiten zerstöret. Einen Augen=

blick Genuß, und sie welkt hinweg und wird hingeworfen, in einem verachteten Winkel zu verdorren und zu verfaulen. Jene reifende Früchte, rief sie mit Entzückung, jene Früchte, meine Kinder, sie führen sättigenden Genuß für uns und unsere Nachkommen in ihrem Busen. Ich weiß es noch, es war im Garten an einem Sommerabend; ihre Augen waren voll Feuer. Auf Einmal ward sie düster, sie blinzte Thränen aus den Augenwinkeln und ging eilend nach ihrer Zelle.

Adelbert. Wie wird mir's werden, wenn ich dich verlassen soll!

Maria. Ein bißchen eng, hoff ich, denn ich weiß wie mir's seyn wird. Aber ihr sollt fort. Ich warte mit Schmerzen auf euren Knecht den ihr nach Bamberg geschickt habt. Ich will nicht länger unter Einem Dach mit euch seyn.

Adelbert. Traut ihr mir nicht mehr Verstand zu?

Maria. Verstand? Was thut der zur Sache. Wenn meine Aebtissin guten Humors war, pflegte sie zu sagen: Hütet euch, ihr Kinder, für den Mannsleuten überhaupt nicht so sehr, als wenn sie Liebhaber oder gar Bräutigams geworden sind. Sie haben Stunden der Entrückung, um nichts härteres zu sagen; flieht sobald ihr merkt, daß der Paroxysmus kommt. Und da sagte sie uns die Symptome. Ich will sie euch nicht wieder sagen, um euch nicht zu lächerlich und vielleicht gar bös zu machen. Dann sagte sie: hütet euch nur alsdann an ihren Verstand zu appelliren; er schläft so tief in der Materie, daß ihr ihn mit allem Geschrei der Priester Baals nicht erwecken würdet, und so weiter. Ich dank ihr erst jetzo, da ich ihre Lehren verstehen lerne, daß sie uns, ob sie uns gleich nicht stark machen konnte, wenigstens vorsichtig gemacht hat.

Adelbert. Eure hochwürdige Frau scheint die Classen ziemlich passirt zu haben.

Maria. Das ist eine lieblose Anmerkung. Habt ihr nie bemerkt, daß eine einzige eigene Erfahrung uns eine Menge fremder benutzen lehrt?

Gottfried (kommt). Euer Knecht ist wieder da. Er konnte für Müdigkeit und Hunger kaum etwas vorbringen. Meine Frau gibt ihm zu essen. So viel hab ich verstanden: der Bischof will den Knaben nicht herausgeben; es sollen Kaiserliche Commissarii ernannt, ein Tag ausgesetzt werden, wo die Sache denn verglichen werden mag. Dem sey wie ihm wolle, Adelbert, ihr seyd frei! Ich verlange nichts als eure Hand, daß ihr instünftige meinen Feinden weder öffentlich noch heimlich Vorschub thun wollt.

Adelbert. Hier saß ich eure Hand. Laßt·von diesem Augenblick an Freundschaft und Vertrauen, gleich einem ewigen Gesetz der Natur, unveränderlich unter uns seyn. Erlaubt mir zugleich diese Hand zu fassen, (er nimmt Mariens Hand) und den Besitz des edelsten Fräuleins.

Gottfried. Darf ich Ja für euch sagen?

Maria. Bestimmt meine Antwort nach seinem Werthe, und nach dem Werthe seiner Verbindung mit euch.

Gottfried. Und nach der Stärke der Neigung meiner Schwester. Du brauchst nicht roth zu werden, deine Blicke sind Beweis genug. Ja denn, Weislingen. Gebt euch die Hände! Und so sprech ich Amen. Mein Freund und Bruder! — Ich danke dir, Schwester! du kannst mehr als Hanf spinnen; du hast einen Faden gedreht diesen Paradiesvogel zu fesseln. Du siehst nicht ganz frei. Was fehlt dir? Ich—! bin ganz glücklich; was ich nur in Träumen hoffte, seh ich und bin wie träumend. Ah! nun ist mein Traum aus. Ich träumt heute Nacht: ich gäb dir meine rechte

eiserne Hand und du hielteſt mich ſo feſt, daß ſie aus den
Armſchienen ging wie abgebrochen. Ich erſchrack und wachte
drüber auf. Ich hätt nur fortträumen ſollen, da würd ich
geſehen haben, wie du mir eine neue lebendige Hand an=
ſetzteſt. Du ſollſt mir jetzo fort, dein Schloß und deine
Güter in vollkommenen Stand zu ſetzen. Der verdammte
Hof hat dich beides verſäumen machen. Ich muß meine
Frau rufen. Eliſabeth!

Maria. Mein Bruder iſt in voller Freude.

Adelbert. Und doch dürft ich ihm den Rang ſtreitig
machen.

Gottfried. Du wirſt anmuthig wohnen.

Maria. Franken iſt ein geſegnetes Land.

Adelbert. Und ich darf wohl ſagen, mein Schloß liegt
in der geſegnetſten und anmuthigſten Gegend.

Gottfried. Das dürft ihr, und ich will's behaupten.
Hier ſließt der Main, und allmählich hebt der Berg an, der
mit Aeckern und Weinbergen bekleidet, von eurem Schloſſe
gekrönt wird; jenſeit —

Eliſabeth (kommt). Was ſchafft ihr?

Gottfried. Du ſollſt deine Hand auch dazugeben, und
ſagen: Gott ſegn euch! Sie ſind ein Paar.

Eliſabeth. So geſchwind?

Gottfried. Aber doch nicht unvermuthet.

Eliſabeth. Möchtet ihr euch immer ſo nach ihr ſehnen
als bisher da ihr um ſie warbt; und dann möget ihr ſo
glücklich ſeyn als ihr ſie lieb behaltet.

Adelbert. Amen! Ich begehre kein Glück als unter
dieſem Titel.

Gottfried. Der Bräutigam, meine liebe Frau, thut
eine Reiſe: denn die große Veränderung zieht viele geringe
nach ſich. Er entfernt ſich vorerſt vom Biſchöflichen Hofe,

um diese Freundschaft nach und nach erkalten zu lassen;
dann reißt er seine Güter eigennützigen Pachtern aus den
Händen. Und — Kommt meine Schwester, kommt Elisabeth,
wir wollen ihn allein lassen; sein Knecht hat ohne Zweifel
geheime Aufträge an ihn.

Adelbert. Nichts, als was ihr wissen dürft.

Gottfried. Ich bin nicht neugierig. Franken und
Schwaben! ihr seyd nun verschwisterter als jemals. Wie
wollen wir denen Fürsten den Daumen auf dem Aug halten!

(Die Drey gehen.)

Adelbert. O warum bin ich nicht so frei wie du!
Gottfried, Gottfried! vor dir fühl ich meine Nichtigkeit ganz.
Abzuhängen! Ein verdammtes Wort, und doch scheint es als
wenn ich dazu bestimmt wäre. Ich entferne mich von Gott=
frieden um frei zu seyn, und setzt fühl ich erst, wie sehr ich
von denen kleinen Menschen abhange die ich zu regieren schien.
Ich will Bamberg nicht mehr sehn. Ich will mit allen
brechen und frei seyn. Gottfried! Gottfried! du allein bist
frei, dessen große Seele sich selbst genug ist und weder zu
gehorchen noch zu herrschen braucht um etwas zu seyn.

Franz (tritt auf). Gott grüß euch, gestrenger Herr! Ich
bring euch so viel Grüße, daß ich nicht weiß wo anzufangen.
Bamberg und zehn Meilen in die Runde entdieten euch ein
tausendfaches Gott grüß euch.

Adelbert. Willkommen Franz! Was bringst du mehr?

Franz. Ihr steht in einem Andenken bei Hof und
überall, daß nicht zu sagen ist.

Adelbert. Das wird nicht lang dauern.

Franz. So lang ihr lebt! und nach eurem Tode wird's
heller blinken als die messingnen Buchstaben auf einem Grab=
stein. Wie man sich euern Unfall zu Herzen nahm!

Adelbert. Was sagte der Bischof?

Franz. Er war so begierig zu wissen, daß er mit der geschäftigsten Geschwindigkeit von Fragen meine Antwort verhinderte. Er wußte es zwar schon, denn Färber, der vor Mardorf entrann, brachte ihm die Botschaft. Aber er wollte alles wissen; er fragte so ängstlich ob ihr nicht versehrt wäret. Ich sagte: er ist ganz, von der äußersten Haarspitze bis zum Nagel des kleinen Zehs. Ich dachte nicht dran, daß ich sie euch neulich abschneiden mußte; ich traut's aber doch nicht zu sagen, um ihn durch keine Ausnahme zu erschrecken.

Adelbert. Was sagte er zu den Vorschlägen?

Franz. Er wollte gleich alles herausgeben, den Knaben und noch Geld drauf, nur euch zu befreien. Da er aber hörte ihr solltet ohne das loskommen, und nur der Wagen das Aequivalent gegen den Buben seyn, da wollt er absolut den Berlichingen vertagt haben. Er sagte mir hundert Sachen an euch, ich hab sie vergessen; es war eine lange Predigt über die Worte: Ich kann Weislingen nicht entbehren.

Adelbert. Er wird's lernen müssen.

Franz. Wie meint ihr? Er sagte: mach ihn eilen, es wartet alles auf ihn.

Adelbert. Es kann warten, ich gehe nicht an Hof.

Franz. Nicht an Hof, Herr? Wie kommt euch das? Wenn ihr wüßtet was ich weiß, wenn ihr nur träumen könntet was ich gesehen habe.

Adelbert. Wie wird dir's?

Franz. Nur von der bloßen Erinnerung komm ich außer mir. Bamberg ist nicht mehr Bamberg. Ein Engel in Weibergestalt macht es zum Vorhof des Himmels.

Adelbert. Nichts weiter?

Franz. Ich will ein Pfaff werden, wenn ihr sie seht und nicht sagt: zuviel, zuviel!

Adelbert. Wer ist's denn?

Franz. Adelheid von Walldorf.

Adelbert. Die! ich habe viel von ihrer Schönheit
gehört.

Franz. Gehört? Das ist eben als wenn ihr sagtet ich
habe die Musik gesehen. Es ist der Zunge so wenig möglich eine Linie ihrer Vollkommenheiten auszudrücken, da das
Auge sogar in ihrer Gegenwart sich nicht selbst genug ist.

Adelbert. Du bist nicht gescheidt.

Franz. Das kann wohl seyn. Das letztemal, daß ich
sie sah, hatt ich nicht mehr Sinnen als ein Trunkener. Oder
vielmehr kann ich sagen: ich fühlte in dem Augenblick, wie's
den Heiligen bei himmlischen Erscheinungen seyn mag. Alle
Sinne stärker, höher, vollkommner, und doch den Gebrauch
von keinem.

Adelbert. Das ist seltsam.

Franz. Wie ich vom Bischof Abschied nahm, saß sie
bei ihm; sie spielten Schach. Er war sehr gnädig, reichte
mir eine Hand zu küssen, und sagte mir viel, vieles, davon
ich nichts vernahm. Denn ich sah seine Nachbarin: sie hatte
ihre Augen aufs Bret geheftet, als wenn sie einem großen
Streich nachsänne. Ein seiner lauernder Zug um Mund
und Wange, halb Physiognomie, halb Empfindung, schien
mehren als nur dem elsenbeinern König zu drohen, inzwischen,
daß Adel und Freundlichkeit, gleich einem majestätischen Ehe-
paar, über den schwarzen Augenbrauen herrschten, und die
dunklen Haare gleich einem Prachtvorhang, um die königliche
Herrlichkeit herum wallten.

Adelbert. Du bist gar drüber zum Dichter geworden!

Franz. So fühl ich denn in dem Augenblick was den
Dichter macht: ein volles, ganz von einer Empfindung volles
Herz.

Wie der Bischof endigte und ich mich neigte, sah sie mich
an und sagte: auch von mir einen Gruß unbekannter Weis'!
Sag ihm, er mag ja bald kommen. Es warten neue Freunde
auf ihn, er soll sie nicht verachten, wenn er schon an alten
so reich ist. Ich wollt was antworten, aber der Paß von
Gehirn zur Zunge war verstopft; ich neigte mich, ich hätte
mein Vermögen gegeben, die Spitze ihres kleinen Fingers
küssen zu dürfen. Wie ich so stund wurf der Bischof einen
Bauern herunter; ich fuhr darnach und berührte im Auf=
heben den Saum ihres Kleids; das fuhr mir durch alle
Glieder, und ich weiß nicht wie ich zur Thüre hinausge=
kommen bin.

Adelbert. Ist ihr Mann bei Hofe?

Franz. Sie ist schon vier Monat Witwe; um sich zu
zerstreuen hält sie sich in Bamberg auf. Ihr werdet sie
sehen. Wenn sie einen ansieht, ist es als ob man in der
Frühlingssonne stände.

Adelbert. Es würde eine schwächere Wirkung auf mich
machen.

Franz. Ich höre ihr seyd so gut als verheirathet.

Adelbert. Wollte ich wär's! Meine sanfte Marie wird
das Glück meines Lebens machen. Ihre süße Seele bildet
sich in ihren blauen Augen, und weiß wie ein Engel des
Himmels, gebildet aus Unschuld und Liebe, leitet sie mein
Herz zur Ruh und Glückseligkeit. Pack zusammen! und
dann auf mein Schloß! Ich will Bamberg nicht sehen und
wenn der heilige Gregorius in Person meiner begehrte.

(Ab.)

Franz. Glaub's noch nicht. Wenn wir nur einmal
aus der Atmosphäre hauß sind, wollen wir sehn wie's geht.
Marie ist schön, und einem Gefangenen und Kranken kann
ich nicht übel nehmen sich in sie zu verlieben. In ihren

6*

Augen ist Trost, gesellschaftliche Melancholie. Aber um dich,
Adelheid, ist eine Atmosphäre von Leben, Muth, thätigem
Glück! — Ich würde — Ich bin ein Narr! — Dazu
machte mich ein Blick von ihr. Mein Herr muß hin! Ich
muß hin! Und da will ich sie so lang ansehn, bis ich wieder
ganz gescheidt, oder völlig rasend werde.

———————

Zweyter Aufzug.

Bamberg.

Ein Saal.

Der Bischof und Adelheid spielen Schach. Liebetraut mit
einer Zither. Hofdamen, Hofleute um ihn herum.

Liebetraut (spielt und singt).

Berg auf und Berg ab und Thal aus und Thal ein,
Es reiten die Ritter, Ta! Ta!
Und blauen sich Beulen und hacken sich klein,
Es fliegen die Splitter. Ta! Ta!
Ein Ritter auf seiner Prinzessin Geheiß
Beut Drachen und Teufeln den Krieg.
Dara ta.
Wir schonen das Blut und wir sparen den Schweiß,
Gewinnen auf ander und andere Weis
Im Felde der Liebe den Sieg.
Dara ta!

Adelheid. Ihr seyd nicht bei euerm Spiel. Schach
dem König!

Bamberg. Es ist noch Auskunft.

Adelheid. Lang werdet ihr's nicht mehr treiben. Schach
dem König.

Liebetraut. Das Spiel spielt ich nicht wenn ich ein
großer Herr wäre, und verböt's am Hofe und im ganzen Land.

Adelheid. Es ist wahr, das Spiel ist ein Probirstein
des Gehirns.

Liebetraut. Es ist nicht darum. Ich wollte lieber
das Geheul der Todtenglocke und ominöser Vögel, lieber das
Gebell des knurrischen Hofhundes Gewissen durch den süßesten
Schlaf hören, als von Läufern, Springern und andern Bestien
das ewige: Schach dem König!

Bamberg. Wem wird das einfallen?

Liebetraut. Einem, zum Exempel, der schwach wäre
und ein stark Gewissen hätte, wie das denn meistens beisammen ist. Sie nennen's ein königlich Spiel und sagen:
es sey für einen König erfunden worden, der den Erfinder
mit einem Meer von Ueberfluß belohnte. Wenn's wahr ist,
so ist mir's als wenn ich ihn sähe. Er war minorenn, an
Verstand oder an Jahren, unter der Vormundschaft seiner
Mutter oder seiner Frau, hatte Milchhaare im Bart und
Flachshaare um die Schläfe. Er war so gefällig wie ein
Weidenschößling, und spielte gern mit den Damen und auf
der Dame, nicht aus Leidenschaft, behüte Gott! nur zum
Zeitvertreib. Sein Hofmeister, zu thätig, ein Gelehrter, zu
unlenksam, ein Weltmann zu seyn, erfand das Spiel in
usum delphini, das so homogen mit seiner Majestät war,
und so weiter.

Adelheid. Ihr solltet die Lücken unserer Geschichtsbücher ausfüllen. Schach dem König! und nun ist's aus.

Liebetraut. Die Lücken der Geschlechtsregister, das wäre profitabler. Seitdem die Verdienste unserer Vorfahren mit ihren Portraits zu einerlei Gebrauch dienen, die leeren Seiten nämlich unserer Zimmer und unsers Charakters zu tapezieren; seitdem seder seinen Stammbaum in die Wolken zu treiben sucht, da wäre was zu verdienen.

Bamberg. Er will nicht kommen? sagtet ihr.

Adelheid. Ich bitt euch schlagt's euch aus dem Sinn.

Bamberg. Was das seyn mag?

Liebetraut. Was? die Ursachen lassen sich herunter beten wie ein Rosenkranz. Und er ist in eine Art von Zerknirschung gefallen, von der ich ihn schon wieder curiren wollte.

Bamberg. Thut das, reitet zu ihm.

Liebetraut. Meine Commission?

Bamberg. Sie soll unumschränkt seyn. Spare nichts wenn du ihn zurückbringst.

Liebetraut. Darf ich euch auch hineinmischen, gnädige Frau?

Adelheid. Mit Bescheidenheit.

Liebetraut. Das ist weitläufige Commission. Mit Schüler=Bescheidenheit? die wird roth wenn sie euch den Fächer aufhebt. Mit Hofmanns=Bescheidenheit? die erlaubt sich einen Lach wenn ihr roth werdet. Mit Liebhaber=Be= scheidenheit? für ihre Lippen ist eure Hand ein Paradies, eure Lippen der Himmel. Bräutigams=Bescheidenheit residirt auf eurem Mund und wagt eine Descente auf den Busen, wo denn Soldaten=Bescheidenheit gleich Posto faßt und sich von da nach einem Canapee umsieht.

Adelheid. Ich wollte ihr müßtet euch mit eurem Witz rasiren lassen, daß ihr nur fühltet wie schartig er ist. Kennt ihr mich so wenig? oder seyd ihr so sung um nicht zu wissen in welchem Ton ihr mit Weislingen von mir zu reden habt?

Liebetraut. Im Ton einer Wachtelpfeife, denk ich.

Adelheid. Ihr werdet nie klug werden.

Liebetraut. Dafür heiß ich Liebetraut. Wißt ihr wann Roland's Verstand nach dem Mond reis'te?

Adelheid. Wie er Angeliken bei Medorn sand..

Liebetraut. Nein, wie er Angeliken traute. Wäre sein Verstand nicht vorher weg gewesen, er wäre nie rasend geworden da er sie in treulosen Umständen sah. Merkt das, gnädige Frau! Wenn ihr mir alle fünf Sinne absprechen wollt, nennt mich nur bei meinem Namen.

Bamberg. Geht, Liebetraut! nehmt das beste Pferd aus unserm Stall, wählt euch Knechte, und schafft mir ihn her.

Liebetraut. Wenn ich ihn nicht herbanne, so sagt: eine alte Frau, die Warzen und Sommerflecken vertreibt, verstehe mehr von der Sympathie als ich.

Bamberg. Was wird's viel helfen! der Berlichingen hat ihn ganz eingenommen. Wenn er auch herkommt, so wird er wieder fortwollen.

Liebetraut. Wollen, das ist keine Frage, aber ob er kann? Der Händedruck eines Fürsten und das Lächeln einer schönen Frau halten fester als Ketten und Riegel. Ich eile und empfehle mich zu Gnaden.

Bamberg. Reist wohl.

Adelheid. Adieu.   (Liebetraut ab.)

Bamberg. Wenn er einmal hier ist verlaß ich mich auf euch.

Adelheid. Wollt ihr mich zur Leimstange brauchen?

Bamberg. Nicht doch.

Adelheid. Zum Lockvogel denn?

Bamberg. Nein, den spielt Liebetraut. Ich bitt euch versagt mir nicht, was mir sonst niemand gewähren kann.

Adelheid. Wir wollen sehn. (Ab.)

––––––

Jaxthausen.

Hans von Selbiz, Gottfried.

Selbiz. Jedermann wird euch loben, daß ihr denen von Nürnberg Fehd angekündigt habt.

Gottfried. Es hätte mir's Herz abgefressen, wenn ich ihnen nicht sollte an Hals gekommen seyn. Schon Jahr und Tag geht's mit mir herum. So lang wird's seyn, daß Hans von Littwach verschwunden ist. Kein Mensch wußte wo er hingekommen war, und mir ging's so nah daß mein ehmaliger Camerad im Gefängniß leiden sollte; denn wahrscheinlicher Weise lebte er. Und unter allem Elend geht keins über das Gefängniß.

Selbiz. Ihr könnt davon sagen.

Gottfried. Und mein's zu Heilbronn war noch ritter= lich Gefängniß; ich durft auf meinen Eid herumgehen, von meinem Haus in die Kirche. Der arme Littwach, in welchem Loch mag er stecken! Denn es ist am Tage: die von Nürnberg haben ihn weggeschleppt. Im Markgräfischen ist einer niedergeworfen worden, der bekennt, er hab ihn an ihre Knechte verrathen. Sein Bekenntniß in der Urfehde hat mir der Markgraf auf mein Bitten zugesandt. Und obgleich viele bisher feindlich bös gethan haben und ge= schworen: sie wollten die Türken aus Jerusalem beißen wenn sie an Hansens von Littwach Unfall Schuld hätten, so ist doch jetzt, da es zur Sache kommt, niemand als der getreuherzige Gottfried von Berlichingen, der der Katze die Schelle anhängen mag.

Selbiz. Wenn ihr meine zwey Hände brauchen könnt, sie stehn euch zu Diensten.

Gottfried. Ich zählte auf euch. Wollte Gott, der Burgemeister von Nürnberg, mit der güldenen Ketten um den Hals, käm uns in Wurf! er sollt sich verwundern.

Selbiz. Ich höre, Weislingen ist wieder auf eurer Seite. Tritt er zu uns?

Gottfried. Noch nicht; es hat seine Ursachen, warum er uns noch nicht öffentlichen Vorschub thun darf; doch ist's eine Weile genug, daß er nicht wider uns ist. Der Pfaff ist ohne ihn, was ein Meßgewand ohne den Pfaffen.

Selbiz. Wann ziehen wir aus?

Gottfried. Morgen oder übermorgen. Es kommen nun bald Kaufleute von Bamberg und Nürnberg aus der Frankfurter Messe. Wir werden einen guten Fang thun.

Selbiz. Will's Gott! (Ab.)

Zu Bamberg.

Zimmer der Adelheid.

Adelheid. Kammerfräulein.

Adelheid. Er ist da? sagst du. Ich glaub's kaum.

Fräulein. Wenn ich ihn nicht selbst gesehen hätte, würd ich sagen, ich zweifle.

Adelheid. Den Liebetraut mag der Bischof in Gold einfassen, er hat ein Meisterstück gemacht.

Fräulein. Ich sah ihn wie er zum Schloßthor hinein= reiten wollte. Er saß auf einem Schimmel. Das Pferd scheute wie's ans Thor kam und wollte nicht von der Stelle. Das Volk war aus allen Straßen gelaufen ihn zu sehn, und schien mit freudigen Augen dem Pferd für die Unart zu danken womit es ihn länger in ihrem Gesicht hielt. Mit einer angenehmen Gleichgültigkeit saß er droben, und mit wohlgemischtem Schmeicheln und Drohen brach er endlich des Pferdes Eigensinn, und so zog er mit seinen Begleitern in den Hof.

Adelheid. Wie gefällt er dir?

Fräulein. Als mir nicht leicht ein Mann gefallen hat. Er gleicht dem Kaiser hier (sie weist auf's Portrait), als wenn er sein Sohn wäre. Die Nase nur etwas kleiner. Eben so freundliche lichtbraune Augen, eben so blondes schönes Haar. Und gewachsen wie eine Puppe! — Ein halbtrauriger Zug auf seinem Gesicht war so interessant!

Adelheid. Ich bin neugierig ihn zu sehn.

Fräulein. Das wäre ein Herr für euch.

Adelheid. Närrin!

Liebetraut (kommt). Nun, gnädige Frau, was ver= dien ich?

Adelheid. Hörner von deinem Weide. Denn nach dem zu rechnen habt ihr schon manches Nachbars ehrliches Hausweib aus ihrer Pflicht hinausgeschwatzt.

Liebetraut. Nicht doch, gnädige Frau. Auf ihre Pflicht wolltet ihr sagen: denn wenn's je geschah, schwätzt ich sie auf ihres Mannes Bette.

Adelheid. Wie habt ihr's gemacht ihn herzubringen?

Liebetraut. Ihr wißt nur zu gut wie man Männer fängt; soll ich euch meine geringe Kunststückchen zu den eurigen lernen? Erst that ich als wüßt ich nichts, verstünd nichts von seiner Aufführung, und setzt ihn dadurch in Desavantage die ganze Historie zu erzählen. Die sah ich nun gleich von einer ganz andern Seite an als er, konnte gar nicht finden und so weiter. Dann redete ich von Bamberg, und ging sehr ins Detail; erweckte gewisse alte Ideen; und wie ich seine Einbildungskraft beschäftigt hatte, knüpft ich wirklich eine Menge Fädchen wieder an, die ich zerrissen fand. Er wußt nicht wie ihm geschah, er fühlte sich einen neuen Zug nach Bamberg, er wollte ohne zu wollen. Wie er nun in sein Herz ging und das entwickeln wollte und viel zu sehr mit sich beschäftigt war um auf sich Acht zu geben, warf ich ihm ein Seil um den Hals, aus zwey mächtigen Stricken, Weibergunst und Schmeicheley gedreht, und so hab ich ihn hergeschleppt.

Adelheid. Was sagtet ihr von mir?

Liebetraut. Die lautre Wahrheit. Ihr hättet wegen eurer Güter Verdrießlichkeiten, hättet gehofft, da er beim Kaiser so viel gelte, würde er das leicht enden können.

Adelheid. Wohl.

Liebetraut. Der Bischof wird ihn euch dringen.

Adelheid. Ich erwarte sie mit einem Herzen wie ich selten Besuch erwarte.

Im Spessart.

Berlichingen. Seldiz. Georg als Knecht.

Gottfried. Du hast ihn nicht angetroffen, Georg?

Georg. Er war Tags vorher mit einem von Hof nach Bamberg geritten, und zwey Knechte mit.

Gottfried. Ich seh nicht ein was das geben soll.

Seldiz. Ich wohl. Eure Versöhnung war ein wenig zu schnell als daß sie dauerhaft hätte seyn sollen.

Gottfried. Glaubst du, daß er bundbrüchig werden wird?

Seldiz. Der erste Schritt ist gethan.

Gottfried. Ich glaub's nicht. Wer weiß wie nöthig es war an Hof zu gehn; vielleicht ist man ihm noch schuldig; wir wollen das Beste denken.

Seldiz. Wollte Gott er verdient es und thäte das Beste.

Gottfried. Reit setzt auf Kundschaft, Georg. Es ist eine schöne Uebung für dich; in diesen Fällen lernt ein Reitersmann Vorsichtigkeit und Muth verbinden.

———

Schloß zu Bamberg.

Der Bischof. Weislingen.

Bamberg. Du willst dich nicht länger halten lassen?

Weislingen. Ihr werdet nicht verlangen daß ich meinen Bund brechen soll.

Bamberg. Ich hätte verlangen können du solltest ihn nicht eingehn. Was für ein Geist regierte dich? Konnt ich dich ohne das nicht befreien? Gelt ich so wenig am Kaiserlichen Hofe?

Weislingen. Es ist geschehn, verzeiht mir wenn ihr könnt.

Bamberg. Hatt ich das um dich verdient? Gesetzt, du hättest versprochen, nichts gegen ihn zu unternehmen.

Gut. Die Fehde mit ihm war immer eine von meinen kleinsten Besorgnissen. Triebst du sie nicht selbst am stärksten? Hätt ich nicht alles gegeben, um dich loszukriegen und um in Ruh mit ihm zu kommen? Und er läßt sich weisen. Aber nein! Du verbindest dich gar mit ihm, wie ich wohl merke; du wirst mein Feind! — Verlaß mich, Adelbert! aber ich kann nicht sagen du thust wohl.

Weislingen. Lebt wohl, gnädiger Herr!

Bamberg. Ich geb dir meinen Segen. Sonst wenn du gingst, sagt ich auf Wiedersehn. Jetzo! Wollte Gott wir sähen einander nie wieder.

Weislingen. Es kann sich vieles ändern.

Bamberg. Es hat sich leider schon zu viel geändert. Vielleicht seh ich dich noch einmal als Feind vor meinen Mauern die Felder verheeren, die ihren blühenden Zustand dir jetzo danken.

Weislingen. Nein, gnädger Herr.

Bamberg. Ihr könnt nicht Nein sagen! Würtenberg hat einen alten Zahn auf mich. Berlichingen ist sein Augapfel, und ihr werdet inskünftige das Schwarze drinn seyn. Geht, Weisling! Ich hab euch nichts mehr zu sagen; denn ihr habt vieles zu nichte gemacht. Geht!

Weislingen. Und ich weiß nicht was ich sagen soll.

(Bamberg ab.)

Franz (tritt auf). Adelheid erwartet euch. Sie ist nicht wohl und doch will sie euch ohne Abschied nicht lassen.

Weislingen. Komm!

Franz. Gehn wir denn gewiß?

Weislingen. Noch diesen Abend.

Franz. Mir ist, als ob ich aus der Welt sollte.

Weislingen. Mir auch, und noch dazu als wüßt ich nicht wohin.

(Ab.)

Adelheidens Zimmer.

Adelheid. Fräulein.

Fräulein. Ihr seht blaß, gnädige Frau.

Adelheid. Ich lieb ihn nicht, und ich wollt doch er blieb. Siehst du, ich könnte mit ihm leben, ob ich ihn gleich nicht zum Mann haben möchte.

Fräulein. Glaubt ihr, daß er geht?

Adelheid. Er ist zum Bischof, um Lebewohl zu sagen.

Fräulein. Er hat darnach noch einen schwerern Staud.

Adelheid. Wie meinst du?

Fräulein. Was fragt ihr, gnädige Fran! Ihr habt sein Herz geangelt und wenn er sich losreißen will, verblutet er. (Ab)

Adelheid. Weislingen.

Weislingen. Ihr seyd nicht wohl, gnädige Frau?

Adelheid. Das kann euch einerlei seyn. Ihr verlaßt uns, verlaßt uns auf immer. Was fragt ihr, ob wir leben oder sterben!

Weislingen. Ihr verkennt mich.

Adelheid. Ich nehm euch wie ihr euch gebt.

Weislingen. Das Ansehn trügt.

Adelheid. So seyd ihr ein Chamäleon.

Weislingen. Wenn ihr in mein Herz sehen könntet!

Adelheid. Schöne Raritäten würden mir vor die Augen kommen.

Weislingen. Gewiß! denn ihr würdet euer Bild drinn finden.

Adelheid. In irgend einem Winkel, bei den Portraits ausgestorbener Familien. Ich bitt euch, Weislingen, bedenkt ihr redt mit mir. Falsche Worte gelten zum höchsten wenn sie Masken unsrer Thaten sind; ein Vermummter, der kenntlich ist, spielt eine armselige Rolle. Ihr läugnet eure Handlungen nicht und redet das Gegentheil; was soll man von euch halten?

Weislingen. Was ihr wollt. Ich bin so geplagt mit dem was ich bin, daß mir wenig bang ist für was man mich nehmen mag.

Adelheid. Ihr kommt Abschied zu nehmen.

Weislingen. Erlaubt mir eure Hand zu küssen und ich will sagen: lebt wohl! Ihr erinnert mich! — Ich bedachte nicht! — Ich bin euch beschwerlich, gnädge Frau! —

Adelheid. Ihr legt's falsch aus. Ich wollte euch forthelfen. Denn ihr wollt fort. —

Weislingen. O sagt: ich muß! Zöge mich nicht die Ritterpflicht, der heilige Handschlag —

Adelheid. Geht! Geht! Erzählt das jungen Mädchen, die den Theuerdank lesen und sich so einen Mann wünschen. Ritterpflicht! Kinderspiel.

Weislingen. Ihr denkt nicht so?

Adelheid. Bei meinem Eid! ihr verstellt euch. Was habt ihr versprochen? und wem? Einem Manne, der seine Pflicht gegen den Kaiser und das Reich verkennet, in eben dem Augenblick, da er durch eure Gefangennehmung in die Strafe der Acht verfällt, Pflicht zu leisten, die nicht gültiger seyn kann als ein ungerechter gezwungener Eid! — Entbinden nicht unsre Gesetze von solchen Schwüren? Macht das Kindern weiß die den Rübezahl glauben! Es stecken andere Sachen dahinter. Ein Feind des Reichs zu werden! ein Feind der bürgerlichen Ruh und Glückseligkeit! Ein Feind des Kaisers! Geselle eines Räubers! du Weislingen mit deiner sanften Seele! —

Weislingen. Wenn ihr ihn kenntet!

Adelheid. Ich wollt ihm Gerechtigkeit widerfahren lassen. Er hat eine hohe, unbändige Seele. Eben darum wehe dir, Weislingen! Gehe und bilde dir ein: Geselle von ihm zu seyn. Geh und laß dich beherrschen; du bist freundlich, gefällig, liebreich.

Weislingen. Er ist's auch.

Adelheid. Aber du bist nachgebend und er nicht. Unversehens wird er dich wegreißen, und dann fahre wohl Freiheit. Du wirst ein Sclave eines Edelmannes werden, da du Herr von Fürsten seyn könntest. — Doch es ist Unbarmherzigkeit dir deinen künftigen Stand zu verleiden.

Weislingen. Hättest du gefühlt wie liebreich er mir begegnete.

Adelheid. Das kostet ihn so viel, als einen Fürsten ein Kopfnicken, und ging vielleicht just so von Herzen. Und im Grund, wie hätt er dich anders behandeln sollen? Du rechnest ihm zur Gefälligkeit was Schuldigkeit war.

Weislingen. Ihr redet von euerm Feind.

Adelheid. Ich redete für eure Freiheit — und weiß überhaupt nicht was ich für ein Interesse dran nahm. Lebt wohl!

Weislingen. Erlaubt mir noch einen Augenblick.

(Er nimmt ihre Hand und schweigt.)

Adelheid. Habt ihr mir noch was zu sagen?

Weislingen (nach einer Pause beängstet). Ich muß fort! —

Adelheid (mit Verdruß). So geht!

Weislingen. Gnädge Fran! Ich kann nicht.

Adelheid (ſpöttiſch). Ihr müßt!

Weislingen. Soll das euer letzter Blick ſeyn?

Adelheid. Geht! Ich bin krank, ſehr zur ungelegnen Zeit.

Weislingen. Seht mich nicht ſo an.

Adelheid. Willſt du unſer Feind ſeyn und wir ſollen dir lächeln? Geh!

Weislingen. Adelheid!

Adelheid. Ich haß euch.

Franz (kommt). Der Biſchof läßt euch rufen.

Adelheid. Geht! Geht!

Frauz. Er bittet euch, eilend zu kommen.

Adelheid. Geht! Geht!

Weislingen. Ich nehme nicht Abſchied. Ich ſeh euch noch einmal.   (Ab.)

Adelheid. Noch einmal? Wir wollen dafür ſeyn. Margarethe, wenn er kommt, weiſt ihn ab. Wenn er noch zu gewinnen iſt, ſo iſt's auf dieſem Weg.   (Ab.)

Weislingen. Franz.

Weislingen. Sie will mich nicht ſehen!

Frauz. Es wird Nacht, ſoll ich die Pferde ſatteln?

Weislingen. Sie will mich nicht ſehen!

Frauz. Wann befehlen Ihro Gnaden die Pferde?

Weislingen. Es iſt zu ſpät, wir bleiben hier.

(Franz ab.)

Weislingen. Du bleibſt hier! und warum? ſie noch einmal zu ſehen! haſt du ihr was zu ſagen? — Man ſagt: Hunde heulen und zittern auf Kreuzwegen für Geſpenſtern, die dem Menſchen unſichtbar vorbeiziehen. Sollen wir den Thieren höhere Sinne zuſchreiben? Und doch — — das

führt zum Aberglauben! Mein Pferd scheute wie ich zum
Schloßthor hereinwollte, und stund unbeweglich. Vielleicht,
daß die Gefahren, die meiner warteten, in scheußlichen Ge=
stalten mir entgegen eilten, mit einem höllischen Grinsen
mir einen fürchterlichen Willkommen boten, und mein edles
Pferd zurück scheuchten. Auch ist mir's so unheimlich wohin
ich trete. Es ist mir so baug als wenn ich von meinem
Schutzgeiste verlassen, feindseligen Mächten überliefert wäre.
Thor! — hier liegt dein Feind und die reinste Himmels=
lust würde zur beklemmenden Atmosphäre um dich her.

***

Jaxthausen.

Elisabeth. Maria.

Maria. Kann sich mein Bruder entschließen, den
Jungen in's Kloster zu thun?

Elisabeth. Er muß. Denke nur selbst, welche Figur
würde Carl dereinst als Ritter spielen! —

Maria. Eine recht edle, erhabne Roßle.

Elisabeth. Vielleicht in hundert Jahren, wenn das
Menschengeschlecht recht tief heruntergekommen seyn wird.
Jetzo, da der Besitz unsrer Güter so unsicher ist, müssen
wir Männer zu Hausvätern haben. Carl, wenn er eine
Frau nähm, könnte sie nicht mehr Frau seyn als er.

Maria. Mein Bruder wird mitunter ungehalten auf
mich seyn; er gab mir immer viel Schuld an des Knaben
Gemüthsart.

Elisabeth. Das war sonst. Jetzo sieht er deutlich
ein, daß es Geist beim Jungen ist, nicht Beispiel. Wie

ich so klein war, sagte er neulich, hundert solche Tanten
hätten mich nicht abgehalten Pferde in die Schwemme zu
reiten und im Stall zu residiren. Der Junge soll in's
Kloster!

Maria. Ich kann es nicht ganz billigen. Sollte
denn in der Welt kein Platz für ihn seyn?

Elisabeth. Nein, meine Liebe. Schwache passen an
keinen Platz in der Welt, sie müßten denn Spitzbuben seyn.
Deßwegen bleiben die Frauen wenn sie gescheidt sind zu
Hause, und Weichlinge kriechen in's Kloster. Wenn mein
Mann ausreit, es ist mir gar nicht daug. Wenn Carl
auszöge, ich würde in ewigen Aengsten seyn. Er ist sicherer
in der Kutte als unter dem Harnisch.

Maria. Mein Weislingen ist auch sanfter Natur, und
doch hat er ein edles Herz.

Elisabeth. Ja! ja! Dank er's meinem Manne, daß
er ihn noch bei Zeiten gerettet hat. Dergleichen Menschen
sind gar übel dran: selten haben sie Stärke, der Versuchung
zu widerstehen, und niemals Kraft sich vom Uebel zu erlösen.

Maria. Dafür beten wir um beides.

Elisabeth. Nur dann reflectirt Gott auf ein Gebet,
wenn all unsre Kräfte gespannt sind und wir doch das
weder zu tragen noch zu heben vermögen was uns auf=
gelegt ist. In dem Falle wovon wir sprechen, gähnt
meistentheils eine mißmuthige Faulheit ein halbes Senszer=
chen: Lieber Gott, schaff mir den Apfel dort vom Tisch
her! Ich mag nicht aufstehn! Schafft er ihn nicht, nun
so ist ein Glück, daß wir keinen Hunger haben. Noch ein=
mal gegähnt, und dann eingeschlafen.

Maria. Ich wünschte ihr gewöhntet euch an, von
heiligen Sachen anständiger zu reden.

Bamberg.

Adelheid. Weislingen.

Adelheid. Die Zeit fängt mir an unerträglich lang
zu werden. Reden mag ich nichts, und ich schäme mich zu
spielen. Langeweile, du bist ärger als ein kaltes Fieber.

Weislingen. Seyd ihr mich schon müde?

Adelheid. Euch nicht sowohl, als euern Umgang. Ich
wollte ihr wärt wo ihr hin wolltet, und ich hätt euch nicht
gehalten.

Weislingen. Das ist Weibergunst! Erst brütet sie
mit Mutterwärme unsre liebsten Hoffnungen an; dann,
gleich einer unbeständigen Henne, verläßt sie das Nest und
übergibt ihre schon keimende Nachkommenschaft dem Tod
und der Verwesung.

Adelheid. Declamirt wider die Weiber! Der unbesonnene Spieler zerbeißt und zerstampft die Karten die ihn
unschuldiger Weise verlieren machten. Aber laßt mich euch
was von Mannsleuten erzählen. Was seyd denn ihr, um
von Wankelmuth zu sprechen! Ihr, die ihr selten seyd,
was ihr seyn wollt; niemals was ihr seyn solltet. Könige
im Festtags-Ornat, vom Pöbel beneidet! Was gäb eine
Schneidersfrau drum, eine Schnur Perlen um ihren Hals
zu haben von dem Saum eures Kleides, den eure Absätze
verächtlich zurückstoßen!

Weislingen. Ihr seyd bitter.

Adelheid. Es ist die Antistrophe von eurem Gesang.
Eh ich euch kannte, Weislingen, ging mir's fast wie der
Schneidersfrau. Der Ruf, hundertzüngig, ohne Metapher

gesprochen, hatte euch so zahnarztmäßig herausgestrichen,
daß ich mich überreden ließ zu wünschen: möchtest du doch
diese Quintessenz des männlichen Geschlechts, diesen Phönix
Weislingen zu Gesichte kriegen! Ich ward meines Wunsches
gewährt.

Weislingen. Und der Phönix ward zum ordinairen
Haushahn.

Adelheid. Nein, Weislingen, ich nahm Antheil an
euch.

Weislingen. Es schien so.

Adelheid. Und war. Denn wirklich ihr übertraft
euern Ruf. Die Menge schätzt nur den Widerschein des
Verdienstes. Wie mir's denn geht, daß ich über die Leute
nicht deulen kann, die mich interessiren, so lebten wir eine
Zeit lang neben einander, ohne zu merken was ich an euch
vermißte. Endlich gingen mir die Augen auf. Ich sah
statt des activen Manns, der die Geschäfte eines Fürsten=
thums belebte, der sich und seinen Ruhm dabei nicht ver=
gaß, der auf hundert großen Unternehmungen wie auf über=
einander gewälzten Bergen zu den Wolken hinauf gestiegen
war, den sah ich auf einmal jammernd wie einen kranken
Poeten, melancholisch wie ein gesundes Mädchen, und mü=
ßiger als einen alten Junggesellen. Anfangs schrieb ich's
eurem Unfall zu, der euch noch neu auf dem Herzen lag,
und entschuldigte euch so gut ich konnte. Jetzt, da es von
Tag zu Tag schlimmer mit euch zu werden scheint, müßt
ihr mir verzeihen wenn ich euch meine Gunst entreiße. Ihr
besitzt sie ohne Recht; ich schenkte sie einem andern auf
Lebenslang, der sie euch nicht übertragen konnte.

Weislingen. So laßt mich los.

Adelheid. Noch ein paar Worte, so sollt ihr Abschied
haben! Ich dacht: es ist Gährung. Wehe dem Ver=

lichingen, daß er diesen Sauerteig hereinwarf! Ich dacht:
er hat sich neue, noch unentwickelte Kräfte gefühlt, da er
sich an einem großen Feind maß. Es arbeitet seto in
seiner Seele; die äußere Ruhe ist ein Zeichen der innern
Wirksamkeit.

Weislingen. Du hast dich nicht geirrt, es arbeitete
hier und bläht sich noch.

Adelheid. Die Fäulniß arbeitet auch. Aber zu welchem
Zweck! Wenn es das ist, wie ich fürchte, so laß mich keinen
Zeugen abgeben. Ich würde der Natur fluchen, daß sie
ihre Kräfte so mißbraucht.

Weislingen. Ich will euch aus den Augen gehn.

Adelheid. Nicht, bis alle Hoffnung verloren ist. Die
Einsamkeit ist in diesen Umständen gefährlich. Armer
Mensch! Ihr seyd so mißmuthig wie einer dem sein erstes
Mädchen untreu wird; und eben darum geb ich euch nicht
auf. Gebt mir die Hand! verzeiht mir was ich aus Liebe
gesagt habe.

Weislingen. Zauberin!

Adelheid. Wär ich's, ihr solltet ein anderer Mann
seyn. Schämt euch, wenn's die Welt sähe! Um einer
elenden Ursache willen, die ihr euch gewiß nicht selbst gestehn
mögt! Wie ich ein klein Mädchen war, ich weiß es noch
auf einen Punkt, machte mir meine Mutter ein schönes
Hofkleid, war rosenfarb. Ich machte der Fürstin von An-
halt die Aufwartung; da war ein Fräulein, die hatte ein
Kleid an, war feuerfarb. Das hätt ich auch haben
mögen, und weil ich meins hatte, achtet ich's geringer und
ward unleidsam und wollte mein rosenfarbnes Kleid nicht
anziehen, weil ich kein feuerfarbnes hatte. Seht, das ist
euer Fall. Ich dachte: du hast gewiß das schönste Kleid,
und wie ich andre sah die mir gleich waren, das neckte

mich. Weislingen! ihr wolltet der erste ſeyn und der einzige. Das geht in einem gewiſſen Kreis. Aber unglücklicher Weiſe kamt ihr hinaus, fandet wie die Natur mit viel Gewichtern ihre Maſchinen treibt. Und das ärgerte euch. Spielt nicht das Kind! Wenn er die Geige ſpielt, wollen wir die Flöte blaſen; eine Virtuoſität iſt die andere werth.

' Weislingen. Hilf ihr, mein Genius! Adelheid! Das Schickſal hat mich in eine Grube geworfen, ich ſeh den Himmel über mir und ſeufze nach Freiheit. Deine Hand!

Adelheid. Du biſt befreit, denn du willſt. Der elendſte Zuſtand iſt: nichts wollen können. Fühle dich! und du biſt alles was du warſt. Kannſt du leben, Adel= bert, und einen mächtigen Nebenbuhler blühen ſehen? Frißt nicht die magerſte Aehre ſeines Wohlſtandes deine fettſten? indem ſie ringsumher verkündet, Adelbert wagt nicht mich auszureißen. Sein Daſeyn iſt ein Monument deiner Schwäche. Auf! zerſtör's da es noch Zeit iſt. Leben und leben laſſen iſt ein Sprüchelchen für Weiber. Und man nennt dich einen Mann! —

Weislingen. Und ich will's ſeyn. Wehe dir, Gott= fried! wenn das Glück meiner Adelheid Nebenbuhlerin iſt. Alte Freundſchaft, Gefälligkeit, und die alte Frau Menſchen= liebe hatte meine Entſchließungen mit Zauberformeln nieder= geſchläfert; du haſt den Zauber aufgelöſ't. Und nun, gleich entfeſſelten Winden über das ruhende Meer! Du ſollſt an die Felſen, Schiff! und von da in Abgrund! und wenn ich mir die Backen drüber zerſprengen ſollte.

Adelheid. So hör' ich euch gern.

Weislingen. Der Kaiſer hält einen Reichstag zu Augsburg. Ich will hin und du ſollſt ſehen Adelheid ob ich nicht mehr bin als der Schatten eines Manns.

Adelheid. Mich däucht ich sehe einen auferstandnen verklärten Heiligen in dir. In deinen Augen glüht ein Fener, das deine Feinde verzehren wird. Komm! Adelbert, zum Bischof. Komm! Victoria ist ein Weib, sie wirft sich dem Tapfersten in die Arme. (Ab.)

Im Spessart.
Gottfried. Seldiz. Georg.

Seldiz. Ihr seht, es ist gegangen wie ich gesagt habe.

Gottfried. Nein, nein, nein!

Georg. Glaubt, ich berichte euch mit der Wahrheit. Ich that wie ihr befahlt, borgte von einem Pfälzer den Rock und das Zeichen. Und damit ich doch mein Essen und Trinken verdiente, geleitete ich Reineckische Bauern nach Bamberg.

Seldiz. In deiner Verkappung? das hätte dir übel gerathen können.

Georg. So denk ich auch hinten drein. Ein Reiters= mann der das vorausdenkt, wird keine weite Sprünge machen. Ich kam nach Bamberg, und gleich im Wirths= haus hört ich erzählen: Weislingen und der Bischof seyen ausgesöhnt, und man redete viel von einer Heirath mit der Witwe des von Walldorf.

Gottfried. Gespräche!

Georg. Ich sah ihn wie er sie zu Tafel führte! Sie ist schön, bei meinem Eid! sie ist schön. Wir bückten uns alle, sie daukte uns allen. Er nickte mit dem Kopf, sah

ſehr vergnügt. Sie gingen vorbei und das Volk murmelte:
ein ſchönes Paar!

Gottfried. Das kann ſeyn.

Georg. Hört weiter! Da er des andern Tags in die
Meſſe ging, paßt ich meine Zeit ab. Er war allein mit
einem Knaben, ich ſtund unten an der Treppe und ſagte
leiſe zu ihm: ein paar Worte von euerm Berlichingen. Er
ward beſtürzt; ich ſah das Geſtändniß ſeines Laſters in ſeinem
Geſicht; er hatte kaum das Herz mich anzuſehen, mich, einen
ſchlechten Reitersjungen.

Seldiz. Das machte, ſein Gewiſſen war ſchlechter als
dein Stand.

Georg. Du biſt Pfalzgräfiſch, ſagte er. Ich bring
einen Gruß vom Ritter Berlichingen, ſagt ich, und ſoll fragen
— komm morgen früh, ſagte er, an mein Zimmer, wir
wollen weiter reden.

Gottfried. Kamſt du?

Georg. Wohl kam ich, und mußt im Vorſaal ſtehen,
lang! lang! Endlich führt man mich hinein. Er ſchien böſe.
Mir war's einerlei. Ich trat zu ihm und ſagte meine Com=
miſſion; er that feindlich böſe, wie einer der nicht merken
laſſen will, daß er kein Herz hat. Er verwunderte ſich, daß
ihr ihn durch einen Reitersjungen zur Rede ſetzen ließt. Das
verdroß mich. Ich ſagte: es gäb nur zweyerlei Lent, Ehr=
liche und Schurken, und daß ich ehrlich wäre, ſah er daraus
daß ich Gottfried von Berlichingen diente. Nun fing er an
allerlei verkehrtes Zeug zu ſchwätzen, das darauf hinausging:
Ihr hättet ihn übereilt, er ſey euch keine Pflicht ſchuldig,
und wolle nichts mit euch zu thun haben.

Gottfried. Haſt du das aus ſeinem Munde?

Georg. Das und noch mehr.

Gottfried. Es iſt genug. Der wäre nun verloren.

Treu und Glauben, du haſt mich wieder betrogen! Arme
Marie! wie werd ich dir's beibringen.

Selbiz. Ich wollte lieber mein auder Bein dazu verlieren als ſo ein Hundsfut ſeyn.

Dritter Aufzug.

Der Reichstag zu Augsburg.

Kaiſer Maximilian, Mainz, Bamberg, Anhalt, Naſſau, Weislingen, andre Herren.

Maximilian. Ich will euch die Köpfe zurecht ſetzen!
Wofür din ich Kaiſer? Soll ich nur Strohmann ſeyn und
die Vögel von euern Gärten ſcheuchen? keinen eignen Willen
haben? bildet's euch nicht ein! Ich will eine Contribution
von Geld und Mannſchaft wider den Türken, das will ich,
ſag ich euch, und keiner unterſtehe ſich darwider zu reden.

Mainz. Es müßte der kühnſte Rebell ſeyn, der einer
geheiligten Majeſtät in's Angeſicht widerſprechen, und in die
Flammen ihres Grimmes treten wollte. Auch weichen wir
vor eurer Stimme wie Israel vor dem Donner auf Sinai.
Seht, wie die Fürſten umherſtehen, getroffen, wie von einem
unvermutheten Strafgerichte. Sie ſtehen, und gehen in ſich
ſelbſt zurück und ſuchen: wie ſie es verdient haben. Und
verdient müſſen wir's haben, obgleich unwiſſend. Ew. Majeſtät verlangen einen Türkenzug. Und ſo lang ich hier ſitze,
erinner ich mich keinen der nein geſagt hätte. Waren nicht

alle willig? alle? — Es ist Jahr und Tag wie Ihro
Majestät es zum erstenmal vortrugen. Sie stimmten alle
ein die Fürsten und in ihren Augen leuchtete ein Feuer,
denen Feinden ein schreckliches Meteor. Ihr Geist flog
muthig schon nach den Ungrischen Gränzen, als er auf Ein=
mal durch ein jämmerliches Wehklagen zurückgehalten wurde.
Es waren die Stimmen ihrer Weiber, ihrer unmündigen
Söhne, die gleich Schafen in der Wüste mörderischen Wölfen
Preis gegeben waren. Würde nicht Elias selbst auf dem
feurigen Wagen, da ihn feurige Rosse zur Herrlichkeit des
Herrn führten, in diesem Falle sich zurück nach der Erde
gesehnt haben? Sie baten flehentlich um die Sicherheit
ihrer Häuser, ihrer Familien, um mit freiem und ganzem
Herzen dem Fluge des Reichsadlers folgen zu können. Es
ist Ew. Majestät nicht unbekannt, in wiefern der Landfriede,
die Achtserklärungen, das Kammergericht bisher diesem Uebel
abgeholfen hat. Wir sind noch wo wir waren, und viel=
leicht übler dran. Wohldenkende Ritter gehorchen Euer
Majestät Befehlen, begeben sich zur Ruhe und dadurch wird
unruhigen Seelen der Kampfplatz überlassen, die sich auf
eine ausgelaßne Weise herumtummeln und die hoffnungs=
vollsten Saaten zertreten. Doch ich weiß: Ew. Majestät zu
gehorchen, wird jeder gern sein Liebstes hintansetzen. Auf!
meine Freunde. Auf! gegen die Feinde des Reichs und der
Christenheit. Ihr seht wie nöthig unser großer Kaiser es
findet, einem größern Verlust mit einem kleinern vorzubeugen.
Auf! verlaßt eure Besitzthümer, eure Weiber, eure Kinder,
und zeigt in einem unerhörten Beispiel die Stärke der deut=
schen Lehnspflicht und eure Ergebenheit für euern erhabnen
Monarchen. Kommt ihr zurück und findet eure Schlösser
verheert, euer Geschlecht vertrieben, eure Besitzthümer öde,
o, so denkt: der Krieg, den ihr an den Gränzen führtet,

habe in dem Herzen des Reichs gebrannt, und ihr habet der allgemeinen Ruh und Glückseligkeit die eurige aufgeopfert. Die Ruinen eurer Schlösser werden künftigen Zeiten herrliche Denkmale seyn und laut ausrufen: so gehorchten sie ihrer Pflicht, und so geschah ihres Kaisers Wille.

Kaiser. Ich gehe, euch euern Entschließungen zu überlassen. Und wenn ihr dann sagt: ich hab euch gezwungen, so lügt ihr.

Ein Garten.

Zwey Nürnberger Kaufleute.

Erster Kaufmann. Hier wollen wir stehn, denn da muß er vorbei. Er kommt eben die lange Allee herauf.

Zweyter Kaufmann. Wer ist bei ihm?

Erster Kaufmann. Adelbert von Weislingen.

Zweyter Kaufmann. Bambergs Freund, das ist gut.

Erster Kaufmann. Wir wollen einen Fußfall thun, und ich will reden.

Zweyter Kaufmann. Wohl! da kommen sie.

Kaiser. Weislingen.

Erster Kaufmann. Er sieht verdrießlich aus.

Kaiser. Ich bin unmuthig, Weislingen. Und wenn ich auf mein vergangnes Leben zurücksehe möcht ich verzagt werden, so viel halbe, so viele verunglückte Unternehmungen! Und das alles, weil kein Fürst im Reich so klein ist, dem nicht mehr an seinen Grillen gelegen wäre als an meinen Gedanken. Mein bester Schwimmer erstickte in einem Sumpf.

Deutschland! Deutschland, du siehst einem Moraste ähnlicher als einem schiffbaren See.

Die Kaufleute (werfen sich ihm zu Füßen).

Erster Kaufmann. Allerdurchlauchtigster! Großmächtigster!

Kaiser. Wer seyd ihr? was gibt's?

Erster Kaufmann. Arme Kaufleute von Nürnberg, Eure Majestät Knechte, und flehen um Hülfe. Gottfried von Berlichingen und Hans von Selbiz haben unserer dreyßig, die von der Frankfurter Messe kamen, im Bambergischen Geleite niedergeworfen und beraubt. Wir bitten Ew. Kaiserliche Majestät um Hülfe und Beistand, sonst sind wir alle verdorbne Leute, genöthigt unser Brod zu betteln.

Kaiser. Heiliger Gott! Heiliger Gott! Was ist das! Der eine hat eine Hand, der andere nur ein Bein! Wenn sie denn erst zwo Händ hätten und zwo Bein, was wolltet ihr denn thun! —

Erster Kaufmann. Wir bitten Euer Majestät unterthänigst, auf unsre bedrängte Umstände ein mitleidiges Auge zu werfen.

Kaiser. Wie geht's zu! Wenu ein Kaufmann einen Pfeffersack verliert, soll man das ganze Reich aufmahnen, und wenn Händel vorhanden sind, daran Kaiserliche Majestät und dem Reich viel gelegen ist, so daß es Königreich, Fürstenthum, Herzogthum und anderes betrifft, so kann euch kein Mensch zusammenbringen! —

Weislingen (zu den Kaufleuten). Ihr kommt zur ungelegnen Zeit. Geht und verweilt einige Tage hier.

Die Kaufleute. Wir empfehlen uns zu Gnaden.

(Ab.)

Kaiser. Wieder neue Händel! Sie wachsen nach wie die Köpfe der Hydra.

Weislingen. Und sind nicht auszurotten, als mit Fener und Schwert und einer herculischen Unternehmung.

Kaiser. Glaubt ihr?

Weislingen. Ich hofft es auszuführen. Das Beschwerlichste ist gethan. Hat Euer Majestät Wort nicht den Sturm gelegt und die Tiefe des Meeres beruhigt? Nur kleine ohnmächtige Winde erschüttern muthwillig die Oberfläche der Wellen. Noch ein Machtwort, so sind auch die in ihre Höhlen gescheucht. Es ist mit nichten das ganze Reich, das über Beunruhigung Klagen führen kann. Franken und Schwaben glimmt noch von den Resten des ausgebrannten Feuers, die ein unruhiger Geist manchmal aus der Asche weckt und in der Nachbarschaft herumtreibt. Hätten wir den Sickingen, den Selbiz — den Berlichingen, diese flammenden Bräude, aus dem Wege geschafft, wir würden bald das übrige in todte Asche zerfallen sehn.

Kaiser. Ich möchte die Lente gerne schonen; sie sind tapfer und edel. Wenn ich einen Krieg führte, müßt ich sie unter meiner Armee haben, und da wären sie doch ruhig.

Weislingen. Es wäre zu wünschen, daß sie von seher gelernt hätten ihrer Pflicht zu gehorchen. Und dann wär es äußerst gefährlich, ihre aufrührische Unternehmungen durch kriegerische Ehrenstellen zu belohnen. Es ist nicht genug ihre Person auf die Seite zu schaffen; sondern der Geist ist zu vertilgen, den das Glück ihrer rebellischen Unruhe umhergeblasen hat. Der Befehdungstrieb steigt bis zu den geringsten Menschen hinunter, denen nichts erwünschteres erscheint, als ein Beispiel, das unbändiger Selbstgelassenheit die Fahne vorträgt.

Kaiser. Was glaubt ihr, daß zu thun?

Weislingen. Die Achtserklärung, die jetzo, gleich einem vermummten Weide, nur Kinder in Aengsten setzt, mit dem

Kaiserlichen Rachschwert zu bewaffnen und von tapfern und
edlen Fürsten begleitet, über die unruhigen Häupter zu
senden. Wenn es Euer Majestät Ernst ist, die Fürsten
bieten gern ihre Hände; und so garantir ich, in weniger als
Jahresfrist, das Reich in der blühendsten Ruhe und Glück=
seligkeit zu sehen.

Kaiser. Man hätte jetzt eine Gelegenheit wider den
Berlichingen und Selbiz; nur wollt ich nicht, daß ihnen was
zu Leid geschähe. Gefangen möcht ich sie haben. Und dann
müßten sie eine Urfehde schwören, auf ihren Schlössern ruhig
zu bleiben und nicht aus ihrem Bann zu gehen. Bei der
nächsten Session will ich's vortragen.

Weislingen. Ein freudiger beistimmender Zuruf wird
Ew. Majestät das Ende der Rede ersparen.   (Ab.)

Jaxthausen.

Sickingen. Berlichingen.

Sickingen. Ja! ich komme, eure edle Schwester um
ihr Herz und ihre Hand zu bitten. Und wenn ihre holde
Seele mir sie zum Eigenthum übergibt, dann Gottfried —

Gottfried. So wollt ich, ihr wärt eher kommen. Ich
muß euch sagen: Weislingen hat während seiner Gefangen=
schaft sich in ihren Augen gefangen, um sie angehalten, und
ich sagt sie ihm zu. Ich hab ihn losgelassen, den Vogel,
und er verachtet die gütige Hand die ihm in seiner Gefangen=
schaft Futter reichte. Er schwirrt herum, weiß Gott auf
welcher Hecke seine Nahrung zu suchen.

Sickingen. Ist das so?

Gottfried. Wie ich sage.

Sickingen. Er hat ein doppeltes Band zerrissen; ein Band an dem selbst die scharfe Sense des Todes hätte stumpf werden sollen.

Gottfried. Sie sitzt, das arme Mädchen! und verjammert und verbetet ihr Leben.

Sickingen. Wir wollen sie zu singen machen.

Gottfried. Wie! entschließt ihr euch eine Verlaßne zu heirathen?

Sickingen. Es macht euch beiden Ehre von ihm betrogen worden zu seyn. Soll darum das arme Mädchen in ein Kloster gehn, weil der erste Mann den sie lanute ein Nichtswürdiger war? Nein doch! ich bleibe drauf: sie soll Königin von meinen Schlössern werden.

Gottfried. Ich sag euch, sie war nicht gleichgültig gegen ihn.

Sickingen. Traust du mir so wenig zu, daß ich den Schatten eines Eleuden nicht sollte verjagen können? Laß uns zu ihr.

———————

Lager der Reichsexecution.

Hauptmann. Officiere.

Hauptmann. Wir müssen behutsam gehn, und unsre Leute so viel möglich schonen. Auch ist unsre gemeßne Ordre, ihn in die Enge zu treiben und lebendig gefangen zu nehmen. Es wird schwer halten; denn wer mag sich an ihn machen.

Erster Officier. Freilich! Und er wird sich wehren

wie ein wildes Schwein. Ueberhaupt hat er uns sein Leben=
lang nichts zu Leide gethan, und jeder wird's von sich schie=
ben Kaiser und Reich zu Gefallen Arm und Bein dran zu
setzen.

Zweyter Officier. Es wär eine Schande wenn wir
ihn nicht kriegten! Wenn ich ihn nur einmal beim Lippen
habe, er soll nicht loskommen.

Erster Officier. Faßt ihn nur nicht mit den Zähnen,
ihr! Er möchte euch die Kinnladen ausziehen. Guter
junger Herr, dergleichen Leute packen sich nicht wie ein
flüchtiger Dieb.

Zweyter Officier. Wollen sehn.

Hauptmann. Unsern Brief muß er nun haben. Wir
wollen nicht säumen, und einen Trupp ausschicken der ihn
beobachten soll.

Zweyter Officier. Laßt mich ihn führen.

Hauptmann. Ihr seyd der Gegend unkundig.

Zweyter Officier. Ich hab einen Knecht der hier
geboren und erzogen ist.

Hauptmann. Ich bin's zufrieden.

Jaxthausen.

Sickingen allein. Es geht alles nach Wunsch. Sie war
etwas bestürzt über meinen Antrag, und sah mich von Kopf
bis auf die Füße an; ich wette sie verglich mich mit ihrem
Weißfisch. Gott sey Dank daß ich mich stellen darf! Sie
antwortete wenig und durcheinander. Desto besser! Es mag

eine Zeit kochen. Bei Mädchen die durch Liebesunglück ge=
beizt sind wird ein Heirathsvorschlag bald gar.

(Gottfried kommt.)

Was bringt ihr, Schwager?

Gottfried. In die Acht erklärt! —

Sickingen. Was?

Gottfried. Da! les't den erbaulichen Brief. Der Kaiser
hat Execution gegen mich verordnet, die mein Fleisch den
Vögeln unter dem Himmel und den Thieren auf dem Felde
zu fressen vorschneiden soll.

Sickingen. Erst sollen sie dran! Just zur gelegnen
Zeit bin ich hier.

Gottfried. Nein, Sickingen! ihr sollt fort. — Das
hieße eure großen Anschläge im Keim zertreten wenn ihr zu
so ungelegner Zeit des Reichs Feind werden wolltet. Auch
mir könnt ihr weit mehr nützen, wenn ihr neutral zu seyn
scheint. Der Kaiser liebt euch, und das Schlimmste was
mir begegnen kann ist: gefangen zu werden. Dann braucht
euer Vorwort und reißt mich aus einem Elend, in das un=
zeitige Hülfe uns beide stürzen könnte. Denn was wär's!
— Jetzo geht der Zug gegen mich; erfahren sie du bist bei
mir, so schicken sie mehr und wir sind um nichts gebessert.
Der Kaiser sitzt an der Quelle, und ich wäre schon jetzt
unwiederbringlich verloren, wenn man Tapferkeit so ge=
schwind einblasen könnte, als man einen Haufen zusammen=
blasen kann.

Sickingen. Doch kann ich heimlich ein zwanzig Reiter
zu euch stoßen lassen.

Gottfried. Gut. Ich habe schon Georgen nach dem
Selbiz geschickt und meine übrigen Knechte in der Nachbar=
schaft herum. Lieber Schwager! wenn meine Leute beisammen

sind, es wird ein Häufchen seyn, dergleichen wenig Fürsten beisammen gesehen haben.

Sickingen. Ihr werdet gegen die Menge wenig seyn.

Gottfried. Ein Wolf ist einer ganzen Heerde Schafe zu viel.

Sickingen. Wenn sie aber einen guten Hirten haben.

Gottfried. Sorg du! Und es sind lauter Miethlinge. Und dann kann der beste Ritter nichts machen, wenn er nicht Herr von seinen Handlungen ist. Zu Hause sitzt der Fürst und macht einen Operationsplan; das ist die rechte Höhe! So ging mir's auch einmal, wie ich dem Pfalzgraf zugesagt hatte gegen Conrad Schotten zu dienen. Da legt er mir einen Zettel aus der Canzlei vor, wie ich reiten und mich halten sollt. Da wurf ich den Räthen das Papier wieder dar, und sagt: ich wüßt nicht darnach zu handeln. Ich weiß ja nicht was mir begegnen mag, das steht nicht im Zettel. Ich muß die Augen selbst aufthun und sehen was ich zu schaffen hab!

Sickingen. Glück zu, Bruder! Ich will gleich fort und dir schicken was ich in der Eile zusammentreiben kann.

Gottfried. Komm noch mit zu meinen Weibsleuten. Ich ließ sie beisammen. Ich wollte daß du ihr Wort hättest eh du gingst. Dann schick mir die Reiter und komm heimlich wieder sie abzuholen; denn mein Schloß, fürcht ich, wird bald kein Aufenthalt für Weiber mehr seyn.

Sickingen. Wollen das Beste hoffen. (Ab.)

———

Bamberg.

Adelheid (mit einem Briefe). Das ist mein Werk! Wohl
dem Menschen der stolze Freunde hat.

(Sie liest.)

„Zwey Executionen sind verordnet: eine von vierhundert
gegen Berlichingen, eine von zweyhundert wieder die gewalt=
samen Besitzer deiner Güter. Der Kaiser ließ mir die Wahl,
welche von beiden ich führen wollte. Du kannst denken daß
ich die letzte mit Freuden annahm."

Ja das kann ich denken! kann auch die Ursach rathen:
du willst Berlichingen nicht in's Angesicht sehen. Inzwischen
warst du brav. Fort, Adelbert! gewinne meine Güter,
mein Trauerjahr ist bald zu Ende, und du sollst Herr von
ihnen seyn.

Jaxthausen.

Gottfried. Georg.

Georg. Er will selbst mit euch sprechen. Ich kenne
ihn nicht, es ist ein kleiner Mann mit schwarzen feurigen
Augen und einem wohlgeübten Körper.

Gottfried. Bring ihn herein.

(Lersen kommt.)

Gottfried. Gott grüß euch! Was bringt ihr?

Lersen. Mich selbst. Das ist nicht viel; doch alles was
es ist, biet ich euch an.

Gottfried. Ihr seyd mir willkommen, doppelt will=
kommen, ein braver Mann und zu dieser Zeit, da ich nicht
hoffte neue Freunde zu gewinnen, vielmehr den Verlust der
alten stündlich fürchtete. Gebt mir euren Namen.

Lersen. Franz Lersen.

Gottfried. Ich danke euch, Franz, daß ihr mich mit
einem braven Manne bekannt gemacht habt.

Lersen. Ich machte euch ·schon einmal mit mir bekanut;
aber damals danktet ihr mir nicht dafür.

Gottfried. Ich erinnre mich eurer nicht.

Lersen. Es wäre mir leid! Wißt ihr noch, wie ihr,
um des Pfalzgrafen willen, Conrad Schotten Feind wart
und nach Haßfurt auf die Fastnacht reiten wolltet?

Gottfried. Wohl weiß ich's.

Lersen. Wißt ihr, wie ihr unterwegs bei einem Dorf
fünf und zwanzig Reitern entgegen kamt?

Gottfried. Richtig. Ich hielt sie anfangs nur für
zwölfe, und theilt meinen Haufen; waren unsrer sechzehn,
und hielt am Dorf hinter der Scheuer, in willens, sie sollten
bei mir vorbeiziehen. Dann wollt ich ihnen nachrucken, wie
ich's mit dem andern Haufen abgeredet hatte.

Lersen. Aber wir·sahen euch und zogen auf eine Höhe
am Dorf. Ihr zogt herbei und hieltet unten. Wie wir sahen
ihr wolltet nicht herauf kommen, ritten wir hinab.

Gottfried. Da sah ich erst, daß ich mit der Hand in
die Kohlen geschlagen hatte. Fünf und zwanzig gegen acht!
Da galt's kein Feiern. Ehrhardt Truchseß durchstach mir
einen Knecht. Dafür raunt ich ihn vom Pferde. Hätten sie
sich alle gehalten wie er und ein Männlein, es wäre mein
und meines kleinen Häufchens übel gewarnt gewesen.

Lersen. Das Männlein wovon ihr sagtet —

Gottfried. Es war der bravste Knecht den ich gesehen

habe. Es setzte mir heiß zu. Wenn ich dachte ich hätt's von mir gebracht und wollte mit andern zu schaffen haben, war's wieder an mir und schlug feindlich zu; es hieb mir auch durch den Panzer=Aermel hindurch, daß es ein wenig gefleischt hatte.

Lersen. Habt ihr's ihm verziehen?

Gottfried. Er gefiel mir mehr als zu wohl.

Lersen. Nun so hoff ich daß ihr mit mir zufrieden seyn werdet. Ich habe mein Probstück an euch selbst abgelegt.

Gottfried. Bist du's? O willkommen, willkommen! Kannst du sagen, Maximilian, du hast unter deinen Dienern einen so geworben?

Lersen. Mich wundert's, daß ihr nicht bei Anfang der Erzählung auf mich gefallen seyd.

Gottfried. Wie sollte mir einkommen, daß der mir seine Dienste anbieten würde, der auf das feindseligste mich zu überwältigen trachtete?

Lersen. Eben das Herr! Von Jugend auf dien ich als Reitersknecht und hab's mit manchem Ritter aufgenom=men. Da wir auf euch stießen, freut ich mich. Ich kannt euern Namen, und da lernt ich euch kennen. Ihr wißt, ich hielt nicht Stand. Ihr saht, es war nicht Furcht, denn ich kam wieder. Kurz ich lernt euch kennen. Ihr überwandet nicht nur meinen Arm, ihr überwandet mich, und von Stund an beschloß ich euch zu dienen.

Gottfried. Wie lang wollt ihr bei mir aushalten?

Lersen. Auf ein Jahr. Ohne Entgelt.

Gottfried. Nein, ihr sollt gehalten werden wie ein andrer, und drüber wie der, der mir bei Remlin zu schaffen machte.

Georg (kommt). Hans von Selbitz läßt euch grüßen, morgen ist er hier mit funfzig Mann.

Gottfried. Wohl.

Georg. Es zieht am Kocher ein Trupp Reichsvölker herunter, ohne Zweifel euch zu beobachten und zu necken.

Gottfried. Wie viel?

Georg. Ihrer funfzig.

Gottfried. Nicht mehr? Komm, Lersen, wir wollen sie zusammen schmeißen, wenn Seldiz kommt, daß er schon ein Stück Arbeit gethan findt.

Lersen. Das soll eine reichliche Vorlese werden.

Gottfried. Zu Pferde!

Wald an einem Morast.

Zwey Reichsknechte begegnen einander.

Erster Knecht. Was machst du hier?

Zweyter Knecht. Ich hab Urlaub gebeten meine Nothdurft zu verrichten. Seit dem blinden Lärmen gestern Abends ist mir's in die Gedärme geschlagen, daß ich alle Augenblicke vom Pferd muß.

Erster Knecht. Hält der Trupp hier in der Nähe?

Zweyter Knecht. Wohl eine Stunde den Wald hinauf.

Erster Knecht. Wie verläufst du dich denn hierher?

Zweyter Knecht. Ich bitt dich, verrath mich nit. Ich will auf's nächste Dorf und sehn ob ich nit mit warmen Ueberschlägen meinem Uebel abhelfen kann. Wo kommst du her?

Erster Knecht. Vom nächsten Dorf. Ich habe unserm Officier Wein und Brod geholt.

Zweyter Knecht. So, er thut sich was zu guts vor unserm Angesicht, und wir sollen fasten? schön Exempel!

Erster Knecht. Komm mit zurück, Schurke!

Zweyter Knecht. Wär ich ein Narr! Es sind noch viele unterm Haufen, die gern fasteten wenn sie so weit davon wären als ich.

Erster Knecht. Hörst du! Pferde!

Zweyter Knecht. O weh!

Erster Knecht. Ich klettre auf den Baum.

Zweyter Knecht. Ich steck mich in den Sumpf.

Gottfried. Lersen. Georg.

Andre Knechte zu Pferd.

Hier am Teiche weg und linker Hand in den Wald, so kommen wir ihnen in Rücken. (Ziehen vorbei.)

Erster Knecht (steigt vom Baume). Da ist nicht gut seyn. Michel! Er antwortet nicht. Michel! sie sind fort. (Er geht nach dem Sumpf.)

Michel! O weh, er ist versunken. Michel! Er hört mich nicht, er ist erstickt. So lauert der Tod auf den Feigen und reißt ihn in ein unrühmlich Grab. Fort! du selbst Schurke! Fort! zu deinem Haufen. (Ab.)

Gottfried (zu Pferde). Halte bei den Gefangenen, Georg. Ich will sehn ihren flüchtigen Führer zu erreichen. (Ab.)

Georg. Unterst zu oberst stürzt ihn mein Herr vom Pferde, daß der Federbusch im Koth stack. Seine Reiter huben ihn auf's Pferd und fort wie besessen. (Ab.)

Lager.

Hauptmann. Erster Ritter.

Erster Ritter. Sie fliehen von weitem dem Lager zu.

Hauptmann. Er wird ihnen an den Ferſen ſeyn. Laßt ein funfzig ausrücken bis an die Mühle. Wenn er ſich zu weit wagt, erwiſcht ihr ihn vielleicht. (Ritter ab.)

Zweyter Ritter (geführt.)

Hauptmann. Wie geht's, junger Herr? Habt ihr ein paar Zinken abgerennt?

Zweyter Ritter. Daß dich die Peſt! Wenn ich Hörner gehabt hätte wie ein Dannhirſch, ſie wären geſplittert wie Glas. Du Teufel! Er raunt auf mich los, es war mir als wenn mich der Donner in die Erd nein ſchlüg.

Hauptmann. Dankt Gott, daß ihr noch ſo davon ge= kommen ſeyd.

Zweyter Ritter. Es iſt nichts zu danken, ein paar Rippen ſind entzwey. Wo iſt der Feldſcheer? (Ab.)

————

Jaxthauſen.

Gottfried. Selbiz.

Gottfried. Was ſagteſt du zu der Achtserklärung, Selbiz?

Selbiz. Es iſt ein Streich von Weislingen.

Gottfried. Meinst du?

Selbiz. Ich meine nicht, ich weiß.

Gottfried. Woher?

Selbiz. Er war auf dem Reichstag, sag ich dir, er war um den Kaiser.

Gottfried. Wohl! so machen wir ihm wieder einen Anschlag zu nichte.

Selbiz. Hoff's.

Gottfried. Wir wollen fort, und soll die Hasenjagd angehn.   (Ab.)

Lager.

Hauptmann. Ritter.

'Hauptmann. Dabei kommt nichts heraus, ihr Herrn. Er schlägt uns ein Detaschement nach dem andern, und was nicht umkommt und gefangen wird, das läuft in Gottes Namen lieber nach der Türkei, als ins Lager zurück. So werden wir alle Tage schwächer. Wir müssen einmal für allemal ihm zu Leide gehn, und das mit Ernst; ich will selbst dabei sehn und er soll sehn mit wem er zu thun hat.

Ritter. Wir sind's alle zufrieden; nur ist er der Lands= art so kundig, weiß alle Gänge und Schliche im Gebirg, daß er so wenig zu fangen ist wie eine Maus auf dem Kornboden.

Hauptmann. Wollen ihn schon kriegen. Erst auf Jaxthausen zu! Mag er wollen oder nicht, er muß herbei, sein Schloß zu vertheidigen.

Ritter. Soll unser ganzer Hauf marschiren?

Hauptmann. Freilich! Wißt ihr daß wir schon um Hundert geschmolzen sind?

Ritter. Verflucht!

Hauptmann. Drum geschwind, eh der ganze Eis= klumpen aufthaut; es macht warm in der Nähe, und wir stehn da wie Butter an der Sonne.   (Ab.)

――――――――

Gebirg und Wald.

Gottfried. Selbiz. Trupp.

Gottfried. Sie kommen mit hellem Hauf. Es war hohe Zeit daß Sickingens Reiter zu uns stießen.

Selbiz. Wir wollen uns theilen. Ich will linker Hand um die Höhe ziehen.

Gottfried. Gut, und du, Franz, führe mir die funfzig rechts durch den Wald hinauf. Sie kommen über die Haide, ich will gegen ihnen halten. Georg, du bleibst um mich. Und wenn ihr seht, daß sie mich angreifen, so fallt unge= säumt in die Seiten. Wir wollen sie patschen! Sie denken nicht, daß wir ihnen Spitze bieten können.

――――――――

Haide,
auf der einen Seite eine Höhe, auf der andern Wald.

Hauptmann. Executionszug.

Hauptmann. Er hält auf der Haide? das ist imper= tinent! Er soll's büßen. Was? den Strom nicht zu fürchten der auf ihn losbraust! ――

Ritter. Ich wollte nicht, daß ihr an der Spitze rittet; er hat das Ansehn, als ob er den ersten der ihn anstoßen möchte, umgekehrt in die Erd pflanzen wollte. Ich hoffe nicht daß ihr Lust habt zum Rosmarinstrauch zu werden. Reitet hinten drein.

Hauptmann. Nicht gern.

Ritter. Ich bitt euch! Ihr seyd noch der Knoten von diesem Bündel Haselruthen; löst ihn auf, so knickt er sie euch einzeln wie Riethgras.

Hauptmann. Trompeter, blas! Und ihr blast ihn weg.

(Ab.)

Selbiz (hinter der Höhe hervor im Galopp). Mir nach! Sie sollen zu ihren Händen rufen: multiplicirt euch! — (Ab.)

Franz (aus dem Wald). Gottfrieden zu Hülfe! er ist fast umringt. Braver Selbiz! du hast schon Lust gemacht. Wir wollen die Haide mit ihren Distelköpfen besäen. (Vorbei.)

Getümmel.

Eine Höhe mit einem Wartthurme.

Selbiz verwundet. Knechte.

Selbiz. Legt mich hierher und kehrt zu Gottfried.

Knechte. Laßt uns bleiben, Herr, ihr braucht unsrer.

Selbiz. Steig einer auf die Warte und seh wie's geht.

Erster Knecht. Wie will ich hinauf kommen?

Zweyter Knecht. Steig auf meine Schultern und dann kannst du die Lücke reichen und dir bis zur Oeffnung hinauf helfen.

Erster Knecht (steigt hinauf). Ach! Herr.

Selbiz. Was siehst du?

Knecht. Eure Reiter fliehen der Höhe zu.

Selbiz. Höllische Schurken! Ich wollt sie stünden und ich hätt eine Kugel vorn Kopf. Reit einer hin und fluch und wetter sie zurück! —   (Knecht ab.)

Selbiz. Siehst du Gottfrieden?

Knecht. Die drey schwarze Federu seh ich mitten im Getümmel.

Selbiz. Schwimm, braver Schwimmer! Ich liege hier.

Knecht. Ein weißer Federbusch! wer ist das?

Selbiz. Der Hauptmann.

Knecht. Gottfried drängt sich an ihn — Bau! er stürzt.

Selbiz. Der Hauptmann?

Knecht. Ja, Herr.

Selbiz. Wohl! wohl!

Knecht. Weh! weh! Gottfrieden seh ich nicht mehr!

Selbiz. So stirb, Selbiz.

Knecht. Ein fürchterlich Gedräng wo er stund. Georgs blauer Busch verschwindt auch.

Selbiz. Komm herunter! Siehst du Lersen nicht?

Knecht. Nicht, es geht alles drunter und drüber.

Selbiz. Nichts mehr. Komm! Wie halten sich Sickingens Reiter?

Knecht. Gut. Da flieht einer nach dem Wald. Noch einer! Ein ganzer Trupp! Gottfried ist hin!

Selbiz. Komm herab.

Knecht. Ich kann nicht. Wohl, wohl! ich sehe Gott=friedenn! Ich seh Georgen!

Selbiz. Zu Pferd?

Knecht. Hoch zu Pferd. Sieg! Sieg! sie fliehn.

Selbiz. Die Reichstruppen?

Knecht. Die Fahne mitten drinn. Gottfried hinten drein. Sie zerstreuen sich. Gottfried erreicht den Fähndrich. — Er hat die Fahne. — Er hält. Eine Handvoll Menschen um ihn herum. Mein Camerad erreicht ihn — Sie ziehen herauf.

Gottfried. Georg. Franz. Ein Trupp.

Selbiz. Glück zu! Gottfried. Sieg! Sieg!

Gottfried (steigt vom Pferd). Theuer! Theuer! Du bist verwundet, Selbiz.

Selbiz. Du lebst und siegst! Ich habe wenig gethan. Und meine Hunde von Reitern! Wie bist du davon ge= kommen?

Gottfried. Dießmal galt's; und hier Georgen dauk ich das Leben, und hier Franzen dauk ich's. Ich warf den Hauptmann vom Gaul. Sie stachen mein Pferd nieder und drangen auf mich ein; Georg hied sich zu mir und sprang ab; ich wie der Blitz auf seinen Gaul. Wie der Donner saß er auch wieder. Wie kamst du zum Pferde?

Georg. Einem, der nach euch hied, stieß ich meinen Dolch in die Gedärme wie sich sein Harnisch in die Höhe zog; er stürzt und ich half zugleich euch von einem Feind, mir zu einem Pferde.

Gottfried. Nun stacken wir, bis Franz sich zu uns herein schlug, und da mähten wir von innen heraus.

Franz. Die Hunde, die ich führte, sollten von außen hineinmähen, bis sich unsre Sensen begegnet hätten; aber sie flohen wie Reichstruppen.

Gottfried. Es floh Freund und Feind. Nur du kleiner Hauf warst meinem Rücken eine Mauer, inzwischen daß ich vor mir her ihren Muth in Stücken schlug. Der

Fall ihres Hauptmanns half mir sie schütteln, und sie
flohen. Ich hab ihre Fahne und wenig Gefangne.

Selbiz. Der Hauptmann?

Gottfried. Sie hatten ihn inzwischen gerettet. Kommt,
ihr Kinder! kommt, Selbiz! — Macht eine Bahre von
Aesten. Du kannst nicht auf's Pferd. Kommt in mein
Schloß. Sie sind zerstreut. Aber unsrer sind wenig und
ich weiß nicht ob sie Truppen nachzuschicken haben. Ich
will euch bewirthen, meine Freunde! Ein Glas Wein
schmeckt auf so einen Strauß.

Lager.

Hauptmann. Ich möcht euch alle mit eigner Hand
umbringen, ihr tausend Sakerment! Was fortzulaufen! er
hatte keine Hand voll Leute mehr! Fortzulaufen wie die
Scheißkerle! Vor Einem Mann! — Es wird's niemand
glauben, als wer über uns zu lachen Lust hat, und der
wird eine reiche Kitzlung für seine Lunge sein ganz Leben
lang haben; und wenn das Alter ihn hinter den Ofen
knickt, wird ihm das Husten und Schwachheit vertreiben,
wenn ihm einfällt unsre Prostitution in seiner Enkel Gehirn
zu pflanzen. Reit herum ihr, und ihr und ihr! Wo ihr
von unsern zerstreuten Truppen findt, bringt sie zurück,
oder stecht sie nieder. Wir müssen diese Scharten aus=
wetzen und wenn die Klingen drüber zu Grund gehen
sollten.

Jaxthausen.

Gottfried. Lersen. Georg.

Gottfried. Wir dürfen keinen Augenblick säumen; arme Jungens, ich darf euch keine Rast gönnen. Jagt geschwind herum und sucht noch Reiter aufzutreiben. Bestellt sie alle nach Weilern, da sind sie am sichersten. Wenn wir zögern, so ziehen sie mir vor's Schloß.

(Die zwey ab.)

Ich muß einen auf Kundschaft ausjagen. Es fängt an heiß zu werden; und wenn es nur noch brave Kerls wären! Aber so ist's die Menge. (Ab.)

Sickingen. Maria.

Maria. Ich bitt euch, lieber Sickingen, geht nicht von meinem Bruder! Seine Reiter, Selbizens, eure sind zerstreut; er ist allein, Seldiz ist verwundet auf sein Schloß gebracht und ich fürchte alles.

Sickingen. Seyd ruhig, ich gehe nicht weg.

Gottfried (kommt). Kommt in die Kirch, der Pater wartet. Ihr sollt mir in einer Viertelstunde ein Paar seyn.

Sickingen. Laßt mich hier.

Gottfried. In die Kirche sollt ihr setzt.

Sickingen. Gern. Und darnach?

Gottfried. Darnach sollt ihr eurer Wege gehn.

Sickingen. Gottfried!

Gottfried. Wollt ihr nicht in die Kirche?

Sickingen. Kommt, kommt!

Lager.

Hauptmann. Wie viel sind's in allem?

Ritter. Hundert und funfzig.

Hauptmann. Von Vierhunderten? Das ist arg!
Jetzt gleich auf und grad gegen Jarthausen zu, eh er sich
erholt und sich uns wieder in Weg stellt.

———

Jarthausen.

Gottfried. Elisabeth. Sickingen. Maria.

Gottfried. Gott segn euch, geb euch glückliche Tage,
und behalte die, die er euch abzieht, für eure Kinder!

Elisabeth. Und die lasse er seyn wie ihr seyd: recht=
schaffen! Und dann laßt sie werden was sie wollen.

Sickingen. Ich dank euch. Und dank euch, Marie.
Ich führte euch an den Altar, und ihr sollt mich zur Glück=
seligkeit führen.

Maria. Wir wollen zusammen eine Pilgrimschaft
nach diesem fremden gelobten Lande antreten.

Gottfried. Glück auf die Reise!

Maria. So ist's nicht gemeint; wir verlassen euch
nicht.

Gottfried. Ihr sollt, Schwester!

Maria. Du bist sehr unbarmherzig, Bruder.

Gottfried. Und ihr zärtlicher als vorsehend.

Georg (heimlich). Ich kann niemand auftreiben. Ein

einziger war geneigt; darnach veränderte er sich und wollte nicht.

Gottfried. Gut, Georg. Das Glück fängt an launisch mit mir zu werden. Ich ahnt es. Sickingen, ich bitt euch geht noch diesen Abend; beredet Marien. Sie ist eure Frau, laßt sie's fühlen. Wenn Weiber quer in unsre Unternehmungen treten, ist unser Feind im freien Feld sichrer als sonst in der Burg.

Knecht (kommt). Herr! Die Reichstruppen sind auf dem Marsch, gerade hierher, sehr schnell.

Gottfried. Ich habe sie mit Ruthenstreichen geweckt. Wie viel sind ihrer?

Knecht. Ohngefähr zweyhundert. Sie können nicht zwey Stunden mehr von hier seyn.

Gottfried. Noch überm Fluß?

Knecht. Ja, Herr.

Gottfried. Wenn ich nur funfzig Mann hätte, sie sollten mir nicht herüber. Hast du Franzen nicht gesehen?

Knecht. Nein, Herr.

Gottfried. Biet allen sie sollen bereit seyn.

Gottfried. Es muß geschieden seyn, meine Lieben. Weine, meine gute Marie; es werden Augenblicke kommen wo du dich freuen wirst. Es ist besser du weinst deinen Hochzeittag, als daß übergroße Freude der Vorbote eines künftigen Elends wäre. Lebe wohl, Marie. Lebt wohl, Bruder.

Maria. Ich kann nicht von euch. Schwester! Lieber Bruder, laß uns! Achtest du meinen Mann so wenig, daß du in dieser Extremität seine Hülfe verschmähst?

Gottfried. Ja, es ist weit mit mir gekommen. Vielleicht bin ich meinem Sturze nah. Ihr beginnt heute zu leben, und ihr sollt euch von meinem Schicksal trennen.

Ich hab eure Pferde zu satteln befohlen. Ihr müßt gleich fort.

Maria. Bruder, Bruder!

Elisabeth (zu Sickingen). Gebt ihm nach! Geht!

Sickingen. Liebe Marie, laß uns gehn.

Maria. Du auch? mein Herz wird brechen.

Gottfried. So bleib denn. In wenigen Stunden wird meine Burg umringt sehn.

Maria. Wehe, wehe!

Gottfried. Wir werden uns vertheidigen, so gut wir können.

Maria. Mutter Gottes, hab Erbarmen mit uns!

Gottfried. Und am Ende werden wir sterben oder uns ergeben. — Du wirst deinen edlen Mann mit mir in Ein Schicksal geweint haben.

Maria. Du marterst mich.

Gottfried. Bleib! bleib! Wir werden zusammen ge= fangen werden. Sickingen, du wirst mit mir in die Grube fallen! Ich hoffte du solltest mir heraushelfen.

Maria. Wir wollen fort. Schwester, Schwester!

Gottfried. Bringt sie in Sicherheit, und dann er= innert euch meiner.

Sickingen. Ich will ihr Bett nicht besteigen bis ich euch außer Gefahr weiß.

Gottfried. Schwester, liebe Schwester! (Er küßt sie.)

Sickingen. Fort, fort!

Gottfried. Noch einen Augenblick. Ich seh euch wieder. Tröstet euch. Wir sehen uns wieder.

(Sickingen, Maria ab.)

Ich trieb sie und da sie geht möcht ich sie halten. Elisabeth, du bleibst bei mir.

9*

Elisabeth. Bis in den Tod! wie ich will daß du bei mir bleiben sollst. Wo bin ich sicherer als bei dir?

Gottfried. Wen Gott lieb hat, dem geb er so eine Frau. Und dann laßt den Teufel in einer Heerd Unglück daher fahren, ihm alles nehmen, er bleibt mit dem Trost vermählt. (Ab.)

Elisabeth. Welche Gott lieb hat, der geb er so einen Mann. Und wenn er und seine Kinder nicht ihr einziges Glück machen, so mag sie sterben. Sie kann unter die Heiligen des Himmels passen, aber sie ist ihn nicht werth. (Ab.)

Gottfried. Georg.

Georg. Sie sind in der Nähe, ich hab sie vom Thurn gesehen. Der erste Strahl der Sonne spiegelte sich in ihren Pilen. Wie ich sie sah, wollte mir's nicht bänger werden als einer Katze vor einer Armee Mäuse. Zwar wir spielen die Ratten.

Gottfried. Seht nach den Thorriegeln; verrammelt's inwendig mit Ballen und Steinen. (Georg ab.)

Wir wollen ihre Geduld für'n Narren halten, und ihre Tapferkeit sollen sie mir an ihren eignen Nägeln verkauen. (Trompeter von außen.)

Aha! ein rothröckiger Schurke, der uns die Frage vorlegen wird, ob wir Hundsfötter seyn wollen? (Er geht an's Fenster.)

Was soll's? (Man hört in der Ferne reden.)

Gottfried (in seinen Bart). Einen Strick um deinen Hals! (Trompeter redt fort.)

Gottfried. Beleidiger der Majestät? Die Aufforderung hat ein Pfaff gemacht. Es liegt ihnen nichts so sehr am Herzen als Majestät, weil niemand diesen Wall so nöthig hat als sie. (Trompeter redet.)

Gottfried (antwortet). Mich ergeben? auf Gnad und Ungnad? Mit wem redt ihr! Bin ich ein Räuber? Sag deinem Hauptmann: vor Ihro Kaiserliche Majestät hab ich, wie immer, schuldigen Respect. Er aber, sag's ihm, er kann mich — — — (schmeißt das Fenster zu.)

Belagerung.

Küche.

Elisabeth. Gottfried zu ihr.

Gottfried. Du hast viel Arbeit, arme Frau!

Elisabeth. Ich wollt ich hätte sie lang. Wir werden schwerlich lang halten können.

Gottfried. Den Keller haben die Schurken freilich. Sie werden sich meinen Wein schmecken lassen.

Elisabeth. Die übrigen Victualien thun mir noch leider. Zwar ließ ich die ganze Nacht heraufschleppen, es ist mir aber doch noch zu viel drunten geblieben.

Gottfried. Wenn wir nur auf einen gewissen Punkt halten, daß sie Capitulation vorschlagen. Wir thun ihnen brav Abbruch. Sie schießen den ganzen Tag und verwunden unsre Mauern und knicken unsre Scheiben. Lersen ist ein braver Kerl; er schleicht mit seiner Büchse herum; wo sich einer zu nah wagt, blaff! liegt er.

Knecht. Kohlen, gnädge Frau.

Gottfried. Was gibt's?

Knecht. Die Kugeln sind alle, wir wollen neue gießen.

Gottfried. Wie steht's Pulver?

Knecht. So ziemlich. Wir sparen unsre Schüsse wohl aus.

Saal.

Lersen mit einer Kugelform. Knecht mit Kohlen.

Franz. Stellt sie daher und seht wo ihr im Hause Blei kriegt. (Knecht ab.)

Inzwischen will ich hier zugreifen.
(Hebt ein Fenster aus und schlägt die Scheiben ein.)

Alle Vortheile gelten! — So geht's in der Welt; weiß kein Mensch was aus den Dingen werden kann. Der Glaser, der die Scheiben faßte, dacht gewiß nicht, daß das Blei einem seiner Urenkel garstiges Kopfweh machen könnte; und da mich mein Vater zeugte, dachte er nicht welcher Vogel unterm Himmel, welcher Wurm auf der Erde mich fressen möchte. Danken wir Gott davor, daß er uns bei dem Anfang gegen das Ende gleichgültig gemacht hat. Wer möchte sonst den Weg von einem Punkt zum andern gehen. Wir können nicht und sollen nicht. Ueberlegung ist eine Krankheit der Seele und hat nur kranke Thaten gethan. Wer sich als ein halbfaules Geripp deulen könnte, wie ekel müßt ihm das Leben seyn! —

Georg (mit einer Rinne). Da hast du Blei! Wenn du nur mit der Hälfte triffst, so entgeht keiner, der Jhro Majestät ansagen kann: Herr! wir haben uns prostituirt.

Franz (haut davon). Ein brav Stück!

Georg. Der Regen mag sich einen andern Weg suchen; ich bin nicht bang davor. Ein braver Reiter und ein rechter Regen mangeln niemals eines Pfads.

Franz (gießt). Halt den Löffel! (Er geht an's Fenster.) Da zieht so ein Reichsmusje mit der Büchsen herum; sie denken wir haben uns verschossen. Und dießmal haben sie's getroffen. Sie dachten nur nicht, daß wir wieder beschossen sehn könnten. Er soll die Kugel versuchen wie sie aus der Pfanne kommt. (Er lädt.)

Georg (lehnt den Löffel an). Laß mich sehn.

Franz (schießt). Da liegt der Spatz.

Georg. Der schoß vorhin nach mir (sie gießen) wie ich zum Dachfenster hinausstieg und die Rinne holen wollte. Er traf eine Taube, die nicht weit von mir saß; sie stürzt in die Rinne; ich dankt ihm für den Braten und stieg mit der doppelten Bente wieder herein.

Franz. Nun wollen wir wohl laden, und im ganzen Schloß herumgehen, unser Mittagessen verdienen.

Gottfried (kommt). Bleib, Franz! Ich hab mit dir zu reden. Dich, Georg, will ich nicht von der Jagd abhalten. (Georg ab.)

Gottfried. Sie entdieten mir wieder einen Vertrag.

Franz. Ich will zu ihnen hinaus und hören was es soll.

Gottfried. Es wird sehn: ich soll mich auf Bedingungen in ritterlich Gefängniß stellen.

Franz. Das ist nichts! Wie wär's, wenn sie uns freien Abzug eingestünden, da ihr doch von Sickingen keinen Ersatz erwartet? Wir vergrüben Geld und Silber, wo sie's nicht mit einem Wald von Wünschelruthen finden

sollten; überließen ihnen das Schloß und kämen mit Manier
davon.

Gottfried. Sie lassen uns nicht.

Franz. Es kommt auf eine Prob an. Wir wollen
um sicher Geleit rufen, und ich will hinaus.

Saal.

Gottfried. Elisabeth. Georg. Knechte.

Bei Tisch.

Gottfried. So bringt uns die Gefahr zusammen.
Laßt's euch schmecken, meine Freunde! Vergeßt das Trinken
nicht. Die Flasche ist leer. Noch eine, liebe Frau.

Elisabeth (zuckt die Achseln).

Gottfried. Ist keine mehr da?

Elisabeth (leise). Noch eine, ich hab sie für dich bei
Seite gesetzt.

Gottfried. Nicht doch, Liebe! Gib sie heraus. Sie
brauchen Stärkung, nicht ich; es ist ja meine Sache.

Elisabeth. Holt sie draußen im Schrank.

Gottfried. Es ist die letzte. Und mir ist als ob
wir nicht zu sparen Ursache hätten. Ich bin lang nicht so
vergnügt gewesen. (Er schenkt ein.)

Es lebe der Kaiser!

Alle. Er lebe!

Gottfried. Das soll unser vorletztes Wort seyn, wenn
wir sterben. Ich lieb ihn, denn wir haben einerlei Schicksal. Und ich bin noch glücklicher als er. Er muß den

Reichsftänden die Mäuſe fangen, inzwiſchen die Ratten
ſeine Beſitzthümer annagen. Ich weiß, er wünſcht ſich
manchmal lieber todt, als länger die Seele eines ſo krüpp=
lichen Körpers zu ſehn. Ruft er zum Fuße: marſch! der
iſt eingeſchlafen; zum Arm: heb dich! der iſt verrenkt. Und
wenn ein Gott im Gehirn ſäß, er könnt nicht mehr thun
als ein unmündig Kind; die Speculationen und Wünſche
ausgenommen um die er nur noch ſchlimmer dran iſt.

(Schenkt ein.)

Es geht juſt noch einmal herum. Und wenn unſer
Blut anfängt auf die Neige zu gehn, wie der Wein in
dieſer Flaſche erſt ſchwach, dann tropfenweiſe rinnt (er tröpfelt
das letzte in ſein Glas) was ſoll unſer letztes Wort ſehn?

Georg. Es lebe die Freiheit!

Gottfried. Es lebe die Freiheit!

Alle. Es lebe die Freiheit!

Gottfried. Und wann die uns überlebt, können wir
ruhig ſterben. Denn wir ſehen im Geiſte unſre Enkel
glücklich, und die Kaiſer unſrer Enkel glücklich.

Wenn die Diener der Fürſten ſo edel und frei dienen
wie ihr mir, wenn die Fürſten dem Kaiſer dienen wie ich
ihm dienen möchte —

Georg. Da muß viel anders werden.

Gottfried. Es wird! Es wird! Vielleicht daß Gott
denen Großen die Augen über ihre Glückſeligkeit aufthut.
Ich hoff's; denn ihre Verblendung iſt ſo unnatürlich, daß
zu ihrer Erleuchtung kein Wunder nöthig ſcheint. Wenn
ſie das Uebermaß von Wonne fühlen werden in ihren Un=
terthanen glücklich zu ſehn; wenn ſie menſchliche Herzen
genug haben werden um zu ſchmecken welche Seligkeit es
iſt ein großer Menſch zu ſehn; wenn ihr wohlgebautes ge=
ſegnetes Land ihnen ein Paradies gegen ihre ſteife gezwungene

einſiedleriſche Gärten ſcheint; wenn die volle Wange, der
fröhliche Blick jedes Bauern, ſeine zahlreiche Familie, die
Fettigkeit ihres ruhenden Landes beſiegelt, und gegen dieſen
Anblick alle Schauſpiele, alle Bilderſäle ihnen kalt werden;
dann wird der Nachbar dem Nachbar Ruhe gönnen, weil
er ſelbſt glücklich iſt. Dann wird keiner ſeine Gränzen zu
erweitern ſuchen. Er wird lieber die Sonne in ſeinem
Kreiſe bleiben, als, ein Komet, durch viele andre ſeinen
ſchrecklichen unſteten Zug führen.

Georg. Würden wir darnach auch reiten?

Gottfried. Der unruhigſte Kopf wird zu thun genug
finden. Auf die Gefahr wollte Gott Deutſchland wäre
dieſen Augenblick ſo! Wir wollten die Gebirge von Wölfen
ſäubern, wollten unſerm ruhig ackernden Nachbar einen
Braten aus dem Wald holen und dafür die Suppe mit
ihm eſſen. Wär uns das nicht genug, wir wollten uns
mit unſern Brüdern, gleich Cherubs mit flammenden
Schwerten, vor die Gränzen des Reichs gegen die Wölfe
die Türken, gegen die Füchſe die Franzoſen lagern, und
zugleich unſers theuern Kaiſers ſehr ausgeſetzte Länder und
die Ruhe des Ganzen beſchützen. Das wär ein Leben,
Georg, wenn man ſeine Haut vor die allgemeine Glückſelig=
keit ſetzte!

Georg (ſpringt auf).

Gottfried. Wo willſt du hin?

Georg. Ach! ich vergaß daß wir eingeſperrt ſind. Der
Kaiſer ſperrt uns ein! — Und unſre Haut davon zu
bringen, ſetzen wir unſre Haut dran.

Gottfried. Sey gutes Muths.

Franz (kommt). Freiheit! Freiheit! Das ſind ſchlechte
Menſchen. — Unſchlüſſige, bedächtige Eſel. — Ihr ſollt ab=

ziehen, mit Gewehr, Pferden und Rüstung. Proviant sollt ihr dahinten lassen.

Gottfried. Sie werden kein Zahnweh vom Kauen kriegen.

Franz (heimlich). Habt ihr das Silber versteckt?

Gottfried. Nein. Frau geh mit Franzen, er hat dir was zu sagen.

Georg (singt).
Es fing ein Knab' ein Meiselein;
Hm! Hm!
Da lacht er in den Käfig nein.
Hm! Hm!
So! So!
Hm! Hm!

Der freut sich traun so läppisch,
Hm! Hm!
Und griff hinein so täppisch;
Hm! Hm! ꝛc.

Da flog das Meislein auf ein Haus,
Hm! Hm!
Und lacht den dummen Buben aus.
Hm! Hm! ꝛc.

Gottfried. Wie steht's?

Georg (führt sein Pferd heraus). Sie sind gesattelt.

Gottfried. Du bist fix.

Georg. Wie der Vogel aus dem Käfig.
Alle die Belagerten.

Gottfried. Ihr habt eure Büchsen? Nicht doch! Geht hinauf und nehmt die besten aus dem Rüstschrank, es geht in Einem hin. Wir wollen voraus reiten.

Georg.

Hm! Hm!

So! So!

Hm! Hm!   (Ab.)

Saal.

Zwey Knechte am Rüstschrank.

Erster Knecht. Ich nehm die.

Zweyter Knecht. Ich die. Da ist noch eine schönere.

Erster Knecht. Nein doch! Mach daß du fort kommst!

Zweyter Knecht. Horch!

Erster Knecht (springt an's Fenster). Hilf, heiliger Gott! Sie ermorden unsern Herrn. Er liegt vom Pferde. Georg stürzt.

Zweyter Knecht. Wo retten wir uns! An der Mauer den Nußbaum hinunter in's Feld.   (Ab.)

Erster Knecht. Franz hält sich noch; ich will zu ihm. Wenn sie sterben, wer mag leben! —   (Ab.)

Vierter Aufzug.

Wirthshaus zu Heilbronn.

Gottfried. Ich komme mir vor wie der böse Geist, den der Capuziner in einen Sack beschwur und nun in wilden Wald trägt, ihn an der ödesten Gegend zwischen die Dornsträuche zu bannen. Schlepp, Pater, schlepp! Sind deine Zauberformeln stärker als meine Zähne, so will ich mich schwer machen, will deine Schultern ärger nieder drücken als die Untreue einer Frau das Herz eines braven Mannes. Ich habe euch schon genug schwitzen und keichen gemacht eh ihr mich erwischtet, und höllische Verrätherey borgte euch ihr unsichtbares Netz.

(Elisabeth kommt.)

Was für Nachricht, Elisabeth, von meinen lieben Getreuen?

Elisabeth. Nichts gewisses. Einige sind erstochen, einige liegen im Thurn; es konnte oder wollte niemand mir sie näher bezeichnen.

Gottfried. Ist das die Belohnung der Treue? der kindlichsten Ergebenheit —? Auf daß dir's wohl gehe und du lang lebest auf Erden. —

Elisabeth. Lieber Mann, schilt unsern himmlischen Vater nicht. Sie haben ihren Lohn, er ward mit ihnen geboren: ein großes edles Herz. Laß sie gefangen seyn! Sie sind frei. Gib auf die Kaiserlichen Räthe Acht! Die großen goldnen Ketten stehen ihnen zu Gesicht —

Gottfried. Wie dem Schwein das Halsband. Ich möchte Georgen und Franzen geschlossen sehen! —

Eliſabeth. Es wäre ein Anblick um Eugel weinen zu machen.

Gottfried. Ich wollt nicht weinen. Ich wollt die Zähne zuſammen beißen und an meinem Grimm kauen.

Eliſabeth. Du würdeſt dein Herz freſſen.

Gottfried. Deſto beſſer! ſo würd ich meinen Muth nicht überleben. In Ketten meine Augäpfel! Ihr lieben Jungen! Hättet ihr mich nicht geliebt! — Ich würde mich nicht ſatt an ihnen ſehn können. — Im Namen des Kaiſers ihr Wort nicht zu halten —! Welcher Unterthan würde nicht hundertfach ſtraffällig ſeyn, der ein Bildniß ſeines erhabenen Monarchen an einen eklen verächtlichen Ort aufhängen wollte! — Und er ſelbſt übertüncht alle Tage mit dem Abglanz der Majeſtät angeſaulte Hundsfötter, hängt ſein geheiligtes Eden= bild an Schandpfähle und gibt es der öffentlichen Verach= tung Preis.

Eliſabeth. Entſchlagt euch dieſer Gedauken. Bedeult, daß ihr vor ihnen erſcheinen ſollt. Die Weiſe die euch im Kopf ſummt, könnt Empfindungen in ihrer Seele wecken, —

Gottfried. Laß es ſeyn, ſie haben keine. Nur brave Hunde iſt's gefährlich im Schlaf zu ſtören. Sie bellen nur meiſtentheils; und wollen ſie beißen, iſt es in einem Anfall von dummer Wuth, den Kopf geſenkt, den Schwanz zwiſchen den Beinen. Damit ihre Raſerey ſelbſt noch Furcht aus= drücke, trappeln ſie ſtillſchweigend herbei und knappen von hinten nach Knaben und ſorgloſen Wandrern.

Eliſabeth. Der Gerichtsbote!

Gottfried. Eſel der Gerechtigkeit! — Schleppt ihre Säcke zur Mühle und ihren Kehricht in's Feld. Was gibt's?

Gerichtsdiener. Die Herren Commiſſarii ſind auf dem Rathhauſe verſammelt und ſchicken nach euch.

Gottfried. Ich komme.

Gerichtsdiener. Ich werd euch begleiten.

Gottfried. Wozu! Ist's so unsicher in Heilbronn? Ah! Sie deulen ich brech meinen Eid. Sie thun mir die Ehre an mich vor ihres Gleichen zu halten.

Elisabeth. Lieber Mann —

Gottfried. Kommt mit auf's Rathhaus, Elisabeth.

Elisabeth. Das versteht sich. (Ab.)

Rathhaus.

Kaiserliche Räthe. Hauptmann. Rathsherren von Heilbronn.

Rathsherr. Wir haben auf euern Befehl die stärksten und tapfersten Bürger versammelt; sie warten hier in der Nähe auf euern Wink um sich Berlichingens zu bemeistern.

Kaiserlicher Rath. Wir werden Ihro Kaiserlichen Majestät eure Bereitwilligkeit, Ihrem Befehl zu gehorchen, nach unsrer Pflicht anzurühmen wissen. — Es sind Handwerker?

Rathsherr. Schmiede, Weinschröter, Zimmerleute, Männer mit geübten Fäusten und hier wohl beschlagen. (Er deutet auf die Brust.)

Kaiserlicher Rath. Wohl! —

Gerichtsdiener (kommt). Er wartet vor der Thür.

Kaiserlicher Rath. Laß ihn herein.

Gottfried. Gott grüß euch, ihr Herren! Was wollt ihr mit mir?

Kaiserlicher Rath. Zuerst, daß ihr bedenkt: wo ihr seyd und vor wem.

Gottfried. Bei meinem Eid! ich verkenne euch nicht, meine Herren.

Kaiserlicher Rath. Ihr thut eure Schuldigkeit.

Gottfried. Von ganzem Herzen.

Kaiserlicher Rath. Setzt euch.

Gottfried. Da unten hin? Ich kann stehn, meine Herren; das Stühlchen riecht nach armen Sündern, wie überhaupt die ganze Stube.

Kaiserlicher Rath. So steht.

Gottfried. Zur Sache, wenn's euch gefällig ist.

Kaiserlicher Rath. Wir werden in der Ordnung verfahren.

Gottfried. Bin's wohl zufrieden; wollt es wär von seher geschehn.

Kaiserlicher Rath. Ihr wißt, wie ihr auf Gnad und Ungnad in unsre Hände kamt.

Gottfried. Was gebt ihr mir, wenn ich's vergesse?

Kaiserlicher Rath. Wenn ich euch Bescheidenheit geben könnte, würd ich eure Sache gut machen.

Gottfried. Freilich gehört zum Gutmachen mehr als zum Verderben.

Schreiber. Soll ich das all protokolliren?

Kaiserlicher Rath. Nichts, als was zur Handlung gehört.

Gottfried. Meinetwegen dürft ihr's drucken lassen.

Kaiserlicher Rath. Ihr wart in der Gewalt des Kaisers, dessen väterliche Gnade an den Platz der Maje=stätischen Gerechtigkeit trat, euch anstatt eines Kerkers, Heil=bronn, eine seiner geliebten Städte, zum Aufenthalt anwies. Ihr verspracht mit einem Eid, euch, wie es einem Ritter geziemt, zu stellen und das Weitere demüthig zu erwarten.

Gottfried. Wohl! und ich bin hier und warte.

Kaiserlicher Rath. Und wir sind hier Ihro Kaiser=
lichen Majestät Gnade und Huld zu verkündigen. Sie ver=
zeiht euch eure Uebertretungen, spricht euch von der Acht und
aller wohlverdienter Strafe los, welches ihr mit unterthäni=
gem Dank erkennen, und dagegen die Urfehde abschwören
werdet, welche euch hiemit vorgelesen werden soll.

Gottfried. Ich bin Ihro Majestät treuer Knecht wie
immer. Noch ein Wort, eh ihr weiter geht. Meine Leute,
wo sind die? Was soll mit ihnen werden?

Kaiserlicher Rath. Das geht euch nichts an.

Gottfried. So wende der Kaiser sein Antlitz von euch,
wenn ihr in Noth steckt! Sie waren meine Gesellen und
sind's. Wo habt ihr sie hingebracht?

Kaiserlicher Rath. Wir sind euch davon keine Rech=
nung schuldig.

Gottfried. Ah! Ich dachte nicht, daß ihr zu nichts
verbunden seyd, nicht einmal zu dem was ihr versprecht.

Kaiserlicher Rath. Unsre Commission ist, euch die
Urfehde vorzulegen. Unterwerft euch dem Kaiser und ihr
werdet einen Weg finden um eurer Knechte Leben und Frei=
heit zu flehen.

Gottfried. Euren Zettel!

Kaiserlicher Rath. Schreiber, lest.

Schreiber. Ich, Gottfried von Berlichingen, bekenne
öffentlich durch diesen Brief: daß, da ich mich neulich gegen
Kaiser und Reich rebellischer Weise aufgelehnt —

Gottfried. Das ist nicht wahr! Ich bin kein Rebell,
habe gegen Ihro Kaiserliche Majestät nichts verbrochen und
das Reich geht mich nichts an. Kaiser und Reich! — Ich
wollt, Ihro Majestät ließen ihren Namen aus so einer
schlechten Gesellschaft. Was sind die Stände, daß sie mich
Aufruhrs zeihen wollen! Sie sind die Rebellen, die mit un=

erhörtem geizigem Stolz, mit unbewehrten Kleinen sich füttern und täglich Ihro Majestät nach dem Kopf wachsen. Die sind's die alle schuldige Ehrfurcht außer Angen setzen, und die man laufen lassen muß, weil der Galgen zu theuer werden würde, woran sie geheult werden sollten.

Kaiserlicher Rath. Mäßigt euch und hört weiter.

Gottfried. Ich will nichts weiter hören. — Tret einer auf und zeug! Hab ich wider den Kaiser, wider das Haus Oestreich, nur einen Schritt gethan? Hab ich nicht von jeher durch alle Handlungen gewiesen, daß ich besser als einer fühle, was Deutschland seinem Regenten schuldig ist, und besonders was die Kleinen, die Ritter und Freien, ihrem Kaiser schuldig sind? Ich müßte ein Schurke seyn, wenn ich mich könnte bereden lassen das zu unterschreiben.

Kaiserlicher Rath. Und doch haben wir gemessene Ordre euch in der Güte zu bereden, oder im Entstehungsfall in Thurn zu werfen.

Gottfried. In Thurn? mich?

Kaiserlicher Rath. Und daselbst könnt ihr euer Schick=sal von der Gerechtigkeit erwarten, wenn ihr es nicht aus den Händen der Gnade empfangen wollt.

Gottfried. In Thurn? Ihr mißbraucht die Kaiser=liche Gewalt. In Thurn? das ist sein Befehl nicht. Was! mir erst, die Verräther! eine Falle stellen, und ihren Eid, ihr ritterlich Wort zum Speck drinn aufzuhängen! Mir dann ritterlich Gefängniß zusagen, und die Zusagen wieder brechen!

Kaiserlicher Rath. Einem Räuber sind wir keine Treu schuldig.

Gottfried. Trügst du nicht das Ebenbild des Kaisers, das ich auch in der gesudeltsten Mahlerey verehre, ich wollte dir zeigen, wer der seyn müsse der mich einen Räuber heißen wolle. Ich bin in einer ehrlichen Fehd begriffen. Du könntest Gott danken, und dich für der Welt groß machen, wenn du eine so ehrliche, so edle That gethan hättest, wie die ist, um welcher willen ich gefangen sitze. Denen Spitzbuben von Nürnberg einen Menschen abzujagen, deffen beste Jahre sie in ein elend Loch begruben, meinen Hanfen von Littwach zu befreien, hab ich die Kujone kujonirt. Er ist so gut ein Stand des Reichs als eure Kurfürsten; und Kaiser und Reich hätten seine Noth nicht in ihrem Kopfkiffen gefühlt. Ich habe meinen Arm geftreckt und habe wohl gethan.

(Kaiferlicher Rath winket dem Rathsherrn, der zieht die Schelle.)

Ihr nennt mich einen Räuber! Müffe eure Nachkommen= schaft von bürgerlich ehrlichen Spitzbuben, von freundlichen Dieben und privilegirten Beutelschneidern bis auf das letzte Flaumfederchen berupft werden! —

(Bürger treten herein, Stangen in der Hand, Wehren an der Seite.)

Was soll das?

Kaiferlicher Rath. Ihr wollt nicht hören. Fangt ihn

Gottfried. Ist das die Meinung? Wer kein Ungrischer Ochs ist, komme mir nicht zu nah! Er foll von diefer meiner rechten eifernen Hand eine folche Ohrfeige kriegen, die ihm Kopfweh, Zahnweh und alles Weh der Erde aus dem Grund curiren foll.

(Sie machen fich an ihn, er schlägt den einen zu Boden und reißt einem andern
die Wehr von der Seite. Sie weichen.)

Kommt! Kommt! Es wäre mir angenehm den Tapferften unter euch kennen zu lernen.

Kaiferlicher Rath. Gebt euch!

Gottfried. Mit dem Schwert in der Hand? Wißt ihr, daß es jetzt nur an mir läge mich durch alle diefe Hafen= jäger durchzuschlagen und das weite Feld zu gewinnen? Aber ich will euch lehren wie man sein Wort hält. Verfprecht mir ritterlich Gefängniß zu halten und ich gebe mein Schwert weg und bin wie vorher euer Gefangener.

Kaiserlicher Rath. Mit dem Schwert in der Hand wollt ihr mit dem Kaiser rechten?

Gottfried. Behüte Gott! nur mit euch und eurer edlen Compagnie. Seht wie sie sich die Gesichter gewaschen haben! Was gebt ihr ihnen für die vergebliche Müh? Geht, Freunde, es ist Werkeltag, und hier ist nichts zu gewinnen als Verlust.

Kaiserlicher Rath. Greift ihn! Gibt euch eure Liebe zu eurem Kaiser nicht mehr Muth?

Gottfried. Nicht mehr, als Pflaster die Wunden zu heilen, die sich ihr Muth holen könnte.

Gerichtsdiener. Eben ruft der Thürmer: es zieht ein Trupp von mehr als zweyhunderten nach der Stadt zu. Unversehens sind sie hinter der Weinhöhe hervorgequollen, und drohen unsern Mauern.

Rathsherren. Weh uns! Was ist das?

Wache (kommt). Franz von Sickingen hält vor dem Schlag und läßt euch sagen: er habe gehört wie unwürdig man an seinem Schwager bundbrüchig worden wäre; wie die Herren von Heilbronn allen Vorschub thäten. Er verlange Rechenschaft, sonst wolle er binnen einer Stunde die Stadt an vier Ecken anzünden und sie der Plünderung Preis geben.

Gottfried. Braver Schwager!

Kaiserlicher Rath. Tretet ab, Gottfried. —

(Gottfried ab.)

Was ist zu thun?

Rathsherren. Habt Mitleiden mit uns und unsrer Bürgerschaft! Sickingen ist unbändig in seinem Zorn, er ist ein Mann es zu halten.

Kaiserlicher Rath. Sollen wir uns und dem Kaiser die Gerechtsame vergeben?

Zweyter Rath. Was hülf's umzukommen! halten können wir sie nicht. Wir gewinnen im Nachgeben.

Rathsherren. Wir wollen Gottfrieden ansprechen für uns ein Wort einzulegen. Mir ist als wenn ich die Stadt schon in Flammen sähe.

Kaiserlicher Rath. Laßt Gottfried herein.

Gottfried. Was soll's?

Kaiserlicher Rath. Du würdest wohl thun, deinen Schwager von seinem rebellischen Vorhaben abzumahnen. Anstatt dich vom Verderben zu retten, stürzt er dich nur tiefer hinein, indem er sich zu deinem Falle gesellt.

Gottfried (sieht Elisabeth an der Thür. Heimlich zu ihr). Geh hin! Sag ihm: er soll unverzüglich herein brechen, soll hierher kommen, nur der Stadt kein Leids thun. Wenn sich die Schurken hier widersetzen, soll er Gewalt brauchen. Es liegt mir nichts dran umzukommen, wenn sie nur alle mit erstochen werden.

Ein großer Saal auf dem Rathhause.

Sickingen. Gottfried.
(Das ganze Rathhaus ist von Sickingens Reitern besetzt.)

Sickingen. Du bist zu ehrlich. Dich nicht einmal des Vortheils zu bedienen, den der Rechtschaffene über den Meineidigen hat! Sie sitzen im Unrecht und wir wollen ihnen keine Kissen unterlegen. Sie haben die Befehle des Kaisers zu Knechten ihrer Leidenschaften gemacht. Und wie

ich Jhro Majestät kenne darfst du sicher auf mehr als Fort=
setzung der ritterlichen Haft dringen. Es ist zu wenig.

Gottfried. Ich bin von jeher mit Wenigem zufrieden
gewesen.

Sickingen. Und bist von jeher zu kurz kommen. Der
Großmüthige gleicht einem Mann, der mit seinem Abendbrod
Fische fütterte, aus Unachtsamkeit in den Teich fiel, und er=
soff. Da fraßen sie den Wohlthäter mit eben dem Appetit
wie die Wohlthaten, und wurden sett und stark davon.
Meine Meinung ist: sie sollen deine Knechte aus dem Ge=
fängniß und dich zusammt ihnen auf deinen Eid nach deiner
Burg ziehen lassen. Du magst versprechen nicht aus deiner
Terminey zu gehen, und wirst immer besser seyn als hier.

Gottfried. Sie werden sagen: meine Güter seyen dem
Kaiser heimgefallen.

Sickingen. So sagen wir: du wolltest zur Miethe
drinnen wohnen, bis sie dir der Kaiser zu Lehn gäb. Laß
sie sich wenden wie Aele in einer Reuße, sie sollen uns nicht
entschlüpfen. Sie werden von Kaiserlicher Majestät reden,
von ihrem Auftrag. Das kann uns einerlei seyn. Ich kenn
den Kaiser auch und gelte was bei ihm. Er hat von jeher
gewünscht dich unter seiner Armee zu haben. Du wirst
nicht lang auf deinem Schloß sitzen, so wirst du aufgerufen
werden.

Gottfried. Wollte Gott bald, eh ich's Fechten verlerne.

Sickingen. Der Muth verlernt sich nicht, wie er sich
nicht lernt. Sorge für nichts! Wenn deine Sachen in der
Ordnung sind gehe ich an Hof; denn mein Unternehmen
fängt an reif zu werden. Günstige Aspecten deuten mir:
brich auf! Es ist mir nichts übrig, als die Gesinnungen des
Kaisers zu sondiren. Trier und Pfalz vermuthen eher des
Himmels Einfall, als daß ich ihnen übern Kopf kommen

werde. Und ich will kommen wie ein Hagelwetter! Und
wenn wir unser Schicksal machen können, so sollst du bald
der Schwager eines Kurfürsten seyn. Ich hoff auf deine
Faust bei dieser Unternehmung.

Gottfried (besieht seine Hand). Oh! das deutete der Traum,
den ich hatte, als ich Tags drauf Marien an Weislingen
versprach. Er sagte mir Treu zu und hielt meine rechte
Hand so fest, daß sie aus den Armschienen ging wie abge=
brochen. Ach! Ich bin in diesem Augenblick wehrloser als
ich war da sie mir vor Nürnberg abgeschossen wurde. Weis=
lingen! Weislingen!

Sickingen. Vergiß einen Verräther. Wir wollen seine
Anschläge vernichten, sein Ansehen untergraben, und zu den
geheimen Martern des Gewissens noch die Qual einer öffent=
lichen Schande hinzufügen. Ich seh, ich seh im Geiste meine
Feinde, deine Feinde niedergestürzt und uns über ihre Trüm=
mer nach unsern Wünschen hinaufsteigen.

Gottfried. Deine Seele fliegt hoch. Ich weiß nicht,
seit einiger Zeit wollen sich in der meinigen keine fröhlichen
Aussichten eröffnen. Ich war schon mehr im Unglück, schon
einmal gefangen, und so wie mir's jetzt ist war mir's nie=
mals. Es ist mir so eng! So eng!

Sickingen. Das ist ein kleiner Unmuth, der Gefährte
des Unglücks; sie trennen sich selten. Seyd gutes Muths,
lieber Schwager! wir wollen sie bald zusammen verjagen.
Komm zu denen Perücken! Sie haben lange genug den Vor=
trag gehabt, laß uns einmal die Müh übernehmen.

(Ab.)

Adelheidens Schloß.

Adelheid. Weislingen.

Adelheid. Das ist verhaßt!

Weislingen. Ich habe die Zähne zusammen gebissen und mit den Füßen gestampft. Ein so schöner Anschlag, so glücklich vollführt, und am Ende ihn auf sein Schloß zu lassen! Es war mir wie's dem seyn müßte, den der Schlag rührte im Augenblick da er mit dem einen Fuß das Braut= bette schon bestiegen hat. Der verdammte Sickingen!

Adelheid. Sie hätten's nicht thun sollen.

Weislingen. Sie saßen fest. Was konnten sie machen! Sickingen drohte mit Feuer und Schwert, der hochmüthige, jähzornige Mann! Ich haß ihn! Sein Ansehn nimmt zu wie ein Strom, der nur einmal ein Paar Bäche gefressen hat, die übrigen geben sich von selbst.

Adelheid. Hatten sie keinen Kaiser?

Weislingen. Liebe Frau! Er ist nur der Schatten davon, er wird alt und mißmuthig. Wie er hörte was ge= schehen war, und ich nebst denen übrigen Regimentsräthen eiferte, sagt er: laßt ihnen Ruh! Ich kann dem alten Gott= fried wohl das Plätzchen gönnen, und wenn er da still ist, was habt ihr über ihn zu klagen? Wir redeten vom Wohl des Staates. Ach! sagt er, hätt ich von jeher Räthe gehabt, die meinen unruhigen Geist mehr auf das Glück einzelner Menschen gewiesen hätten! —

Adelheid. Er verliert den Geist eines Regenten.

Weislingen. Wir zogen auf Sickingen los. — Er ist mein treuer Diener, sagt er; hat er's nicht auf meinen Be=

fehl gethan, so that er doch beffer meinen Willen, als
meine Bevollmächtigten — und ich kann's gut heißen, vor
oder nach.

Adelheid. Man möchte sich zerreißen!

Weislingen. Seine Schwachheiten laffen mich hoffen,
er soll bald aus der Welt gehn. Da werden wir Platz
finden uns zu regen.

Adelheid. Gehst du an Hof?

Weislingen. Ich muß.

Adelheid. Laß mich bald Nachricht von dir haben.

———————

Jarthausen.

Nacht.

Gottfried an einem Tisch. Elisabeth bei ihm mit der Arbeit; es
steht ein Licht auf dem Tisch und Schreibzeug.

Gottfried. Der Müßiggang will mir gar nicht schmecken
und meine Beschränkung wird mir von Tag zu Tag enger.
Ich wollt ich könnt schlafen, oder mir nur einbilden die Ruhe
sey was Angenehmes.

Elisabeth. So schreib doch deine Geschichte aus, die
du angefangen haft. Gib deinen Freunden ein Zeugniß in
die Hand deine Feinde zu beschämen; verschaff einer edeln
Nachkommenschaft das Vergnügen, dich nicht zu verkennen.

Gottfried. Ah! Schreiben ist geschäftiger Müßiggang.
Es kommt mir saner an. Indem ich schreibe was ich ge=
than habe, ärgre ich mich über den Verluft der Zeit, in der
ich etwas thun könnte.

Elisabeth (nimmt die Schrift). Sey nicht wunderlich. Du bist eben an deiner ersten Gefangenschaft in Heilbronn.

Gottfried. Das war mir von seher ein sataler Ort.

Elisabeth (liest). „Da waren selbst einige von den Bündischen die zu mir sagten: ich habe thörig gethan, mich meinen ärgsten Feinden zu stellen, da ich doch vermuthen kounte sie würden nicht glimpflich mit mir umgehen. Da antwortete ich:" Nun was antwortetest du? Schreibe weiter.

Gottfried. Ich sagte: setz ich so oft meine Hant an Andrer Gut und Geld, sollt ich sie nicht an mein Wort setzen?

Elisabeth. Diesen Ruf hast du.

Gottfried. Sie haben mir alles genommen: Gut, Freiheit. Das sollen sie mir nicht nehmen.

Elisabeth. Es fällt in die Zeiten, wie ich die von Miltenberg und Singlingen in der Wirthsstube fand, die mich nicht kannten. Da hatt ich eine Freude als wenn ich einen Sohn geboren hätte. Sie rühmten dich unter einander, und sagten: er ist das Muster eines Ritters, tapfer und edel in seiner Freiheit, und gelassen und treu im Unglück.

Gottfried. Sie sollen mir einen stellen, dem ich mein Wort brach! Und Gott weiß, daß ich mehr geschwitzt habe meinem Nächsten zu dienen als mir; daß ich um den Namen eines tapfern und treuen Ritters gearbeitet habe, nicht, um hohe Reichthümer und Rang zu gewinnen. Und Gott sey Dank! warum ich ward, ist mir worden.

Georg. Franz Lersen (mit Wildpret).

Gottfried. Glück zu, brave Jäger!

Georg. Das sind wir aus braven Reitern geworden. Aus Stiefeln machen sich leicht Pantoffeln.

Franz. Die Jagd ist doch immer was, und eine Art von Krieg.

Georg. Ja! Heute hatten wir mit Reichstruppen zu thun. Wißt ihr, gnädger Herr, wie ihr uns prophezeitet: wenn sich die Welt umkehrte, würden wir Jäger werden. Da sind wir's ohne das.

Gottfried. Es kömmt auf eins hinaus, wir sind aus unserm Kreise gerückt.

Georg. Es ist Schade, daß wir setzo nicht ausreiten dürfen.

Gottfried. Wie so?

Georg. Die Bauern vieler Dörfer haben einen schreck= lichen Aufstand erregt, sich an ihren tyrannischen Herren zu rächen. Ich weiß daß mancher von euern Freunden unschul= dig ins Feuer kommt.

Gottfried. Wo?

Franz. Im Herzen von Schwaben, wie man uns sagte. Das Volk ist unbändig wie ein Wirbelwind, mordet, brennt. Der Mann, der's uns erzählte, konnte nicht von Jammer genug sagen.

Gottfried. Mich dauert der Herr und der Unterthan. Wehe, wehe denen Großen, die sich auf's Uebergewicht ihres Ansehens verlassen! Die menschliche Seele wird stärker durch den Druck. Aber sie hören nicht und fühlen nicht.

Georg. Wollte Gott, alle Fürsten würden von ihren Unterthanen gesegnet wie ihr.

Gottfried. Hätt ich ihrer nur viel! Ich wollt nicht glücklicher seyn als einer, außer darin, daß ich ihr Glück machte. So sind unsre Herren ein verzehrendes Fener, das sich mit Unterthanen Glück, Zahl, Blut und Schweiß nährt, ohne gesättiget zu werden.

Adelheidens Schloß.

Adelheid. Franz.

Franz. Der Kaiser ist gefährlich krauk; euer Gemahl hat, wie ihr denken könnt, alle Hände voll zu thuu, bedarf euers Raths und euers Beistandes, und bittet euch die rauhe Jahreszeit nicht zu achten. Er sendet mich und drey Reiter, die euch zu ihm bringen sollen.

Adelheid. Willkommen, Franz! Du und die Nachricht. Was macht dein Herr?

Franz. Er besahl mir eure Hand zu küssen.

Adelheid. Da.

Franz (behält sie etwas lang).

Adelheid. Deine Lippen sind warm.

Franz (vor sich auf die Brust deutend) Hier ist's noch wärmer. (Laut) Eure Diener sind die glücklichsten Menschen unter der Sonne.

Adelheid. Wann gehen wir?

Franz. Wenn ihr wollt. Ruft uns zur Mitternacht, und wir werden lebendiger seyn als die Vögel beim Aufgang der Sonne. Jagt uns in's Feuer: auf euren Wink wollen wir drinnen leben wie Fische im Wasser.

Adelheid. Ich kenne deine Treue und werde nie un= erkenntlich seyn. Wenn ihr gessen habt und die Pferde ge= ruht haben, wollen wir fort. Es gilt! — (Ab.)

Fünfter Aufzug.

Nacht.

Wilder Wald.

Zigeunerinnen beim Feuer kochen.

Aelteste Zigeunerin.

Im Nebel=Geriesel, im tiefen Schnee,
Im wilden Wald, in der Winternacht.
Ich hör der Wölfe Hungergeheul,
Ich hör der Eule Schrein.

Alle.

Wille wau wau wau!
Wille wo wo wo!

Eine.

Withe hu!

Aelteste Zigeunerin.

Mein Mann der schoß ein' Katz am Zaun,
War Anne, der Nachbarin, schwarze liebe Katz;
Da kamen des Nachts sieben Währwölf zu mir,
Warn sieben sieben Weiber vom Dorf.

Alle.

Wille wau rc.

Aelteste Zigeunerin.

Ich kannt sie all, ich kannt sie wohl:
's war Anne mit Ursel und Käth,
Und Reupel und Bärbel und Lies und Greth,
Sie heulten im Kreise mich an.

Alle.

Wille wau 2c.

Aelteste Zigeunerin.

Da naunt ich sie all beim Namen laut:
Was willst du Anne? was willst du Käth?
Da rüttelten sie sich, da schüttelten sie sich,
Und liesen und heulten davon.

Alle.

Wille wau 2c.

Mutter. Brauner Sohn, schwarzer Sohn, kommst du, was bringst du?

Sohn. Einen Hasen, Mutter. Da! — Einen Hamster. Ich bin naß durch und durch.

Mutter. Wärm dich am Feuer, trocken dich.

Sohn. 's is Thauwetter. Zwischen die Felsen klettert ich, da kam der Strom; der Schneestrom schoß mir um die Bein; ich watet, und stieg und watet.

Mutter. Die Nacht is finster.

Sohn. Ich kam herab ins tiefe Thal, sprang auf das Trockne; längs am Bach schlich ich her; das Irrlicht saß im Sumpfgebüsch; ich schwieg und schaudert nicht und ging vorbei.

Mutter. Du wirst dein Vater, Junge! Ich faud dich hinterm dürren Zaun, im tiefen November, im Harz.

Hauptmann. Vier Zigeuner.

Hauptmann. Hört ihr den wilden Jäger?

Erster Zigeuner. Er zieht grad über uns hin.

Hauptmann. Das Hundegebell, wau! wau!

Zweyter Zigeuner. Das Peitschengeknall!

Dritter Zigeuner. Das Jagdgeheul! Holla Ho!
Holla! Ho!

Zigeunerin. Wo habt ihr den kleinen Jungen, meinen
Wolf?

Hauptmann. Der Jäger gestern lernt ihn ein sein
Weidmannsstückchen, Reiter zu verführen, daß sie meinen
sie wären beisammen, und sind weit auseinander. Er lag
die halbe Nacht auf der Erd, bis er Pferde hörte; er ist
auf die Straß hinaus. Gebt was zu essen.

(Sie sitzen um's Feuer und essen.)

Zigeuner. Horch! ein Pferd.

Adelheid (allein zu Pferd). Hilf, heilige Mutter Gottes!
wo bin ich? wo sind meine Reiter? Das geht nicht mit
rechten Dingen zu. Ein Fener? Heilige Mutter Gottes
walte! walte! —

Ein Zigeuner und die Alte (gehn auf sie los). Sey
gegrüßt, dlanle Mueter! Wo kommst du her? komm an
unsern Herd, komm an unsern Tisch, nimm vorlieb wie
du's findst.

Adelheid. Habt Barmherzigkeit! Ich bin verirrt,
meine Reiter sind verschwunden.

Hauptmann (zum Andern). Wolf hat sein Probstück
drav gemacht. (Laut) Komm, komm und fürcht nichts. Ich
bin der Hauptmann des armen Völkleins. Wir thun nie=
manden Leids, wir säuberns Land vom Ungeziefer, essen
Hamster, Wieseln und Feldmäus. Wir wohnen an der
Erd und schlafen auf der Erd, und verlangen nichts von
euern Fürsten, als den dürren Boden auf eine Nacht,
darauf wir geboren sind, nicht sie.

Zigeunerin. Setz dich, dlanle Mueter, auf den
dürren Stamm an's Fener. Ein harter Sitz! Da hast
du die Deck in die ich wickle, setz dich drauf.

Adelheid. Behaltet euer Kleid.

Hauptmann. Es friert uns nicht, gingen wir nackend und bloß. Es schauert uns nicht vorm Schneegestöber, wenn die Wölfe heulen, und Spenster krächzen, wenn's Irrlicht kommt und der feurige Mann. Blanke Mueter, schöne Mueter, sey ruhig! du bist in guter Hand.

Adelheid. Wolltet ihr nicht ein Paar ausschicken, meinen Knaben zu suchen und meine Knechte? Ich will euch reichlich belohnen.

Hauptmann. Gern! Gern! (Heimlich) Geht hin und sucht Wolfen: ich biet ihm, er soll den Zauber aufthun.

Zigeunerin. Gib mir deine Hand! seh mich an, blanke Mueter, schöne Mueter, daß ich dir sage die Wahrheit, die gute Wahrheit.

Adelheid (reicht ihr die Hand).

Zigeunerin. Ihr seyd vom Hof — Geht an Hof! Es ehren und lieben euch Fürsten und Herrn. Blanke Mueter, schöne Mueter, ich sag die Wahrheit, die gute Wahrheit.

Adelheid. Ihr lügt nicht.

Zigeunerin. Drey Männer kriegt ihr. Den ersten habt ihr — Habt ihr den zweyten, so kriegt ihr den dritten auch. Blanke Mueter, schöne Mueter, ich sag die Wahrheit, die gute Wahrheit.

Adelheid. Ich hoff's nicht.

Zigeunerin. Kinder! Kinder! schöne Kinder seh ich, wie die Mueter, wie der Vater. Edel, schön! — Blanke Mueter, schöne Mueter, ich sag die Wahrheit, die gute Wahrheit.

Adelheid. Dießmal verfehlt ihr sie, ich hab keine Kinder.

Zigeunerin. Kinder seh ich, schöne Kinder, mit dem letzten Mann, dem schönsten Mann. Blanke Mueter, schöne Mueter, ich sag die Wahrheit, die gute Wahrheit. Viel Feind habt ihr, viel Feind kriegt ihr. Eins steht euch im Weg, setzt liebt ihr's. Blanke Mueter, schöne Mueter, ich sag die Wahrheit, die gute Wahrheit.

Adelheid. Schlimme Wahrheit!

(Sohn setzt sich nah zur Adelheid, sie rückt.)

Zigeunerin. Das ist mein Sohn! Seh ihn an! Haare wie ein Dornstrauch, Augen wie's Irrlicht auf der Haide. Meine Seel freut sich wenn ich ihn seh. Seine Zähn wie Helfenbein. Da ich ihn gebar, druckt ich ihm das Nasbein ein. Wie er stolz und wild sieht. Du gefällst ihm, blanke Mueter.

Adelheid. Ihr macht mir baug.

Zigeunerin. Er thut dir nichts. Bei Weibern ist er mild wie ein Lamm, und reißend wie ein Wolf in der Gefahr. Künste kann er wie der ältste. Er macht daß dem Jäger die Büchs versagt, daß's Wasser nit löscht, daß's Feuer nit brennt. Sieh ihn an, blanke Mueter, du gefällst ihm. Laß ab, Sohn, du ängstest sie. — Schenk uns was, blanke Mueter, wir sind arm. Schenk uns was.

Adelheid. Da habt ihr meinen Beutel.

Hauptmann. Ich mag ihn nicht, wir sind keine Räuber. Gib ihr was aus dem Beutel für die gute Wahrheit. Gib mir was für die andern, die gegangen sind. Und behalt den Beutel.

Adelheid (gibt).

Zigeunerin. Ich will dich was lernen. (Sie redet heimlich. Sohn nähert sich der Adelheid.) — Und wirf's in fließend Wasser. Wer dir im Weg steht, Mann oder Weib, er muß sich verzehren, und verzehren und sterben.

Adelheid. Mir graust.

(Sohn rückt näher. Adelheid will aufstehn, er hält sie.)

Adelheid. Um Gotteswillen! Laßt mich.

Sohn (beißt die Zähne zusammen und hält sie). Du bist schön!

Adelheid. Wehrt euerm Sohn, Mutter!

Zigeunerin. Er thut dir kein Leids.

(Adelheid will los; Zigeuner faßt sie mit beiden Armen und will sie küssen.)

Adelheid (schreit). Ai!

Franz. Sickingen. Reiter.

Zigeuner (läßt los).

Franz (springt vom Pferd). Sie ist's! Sie ist's!

(Er läuft zu ihr, fällt vor ihr nieder und küßt ihr die Hände)

Adelheid. Willkommen, Franz.

(Franz fällt in Ohnmacht, ohne daß sie's merkt.)

Sickingen. Sehr edle Frau, ich find euch in fürchter= licher Gesellschaft.

Adelheid. Sie ist menschenfreundlicher als sie aus= sieht. Und doch, edler Ritter, erscheint ihr mir wie ein Heiliger des Himmels, erwünscht wie unverhofft.

Sickingen. Und ich find euch wie einen Engel, der sich in eine Gesellschaft verdammter Geister herabließ sie zu trösten.

Adelheid. Franz! Wehe! Helft ihm! Er stirbt!

(Zigeuner eilen hinzu.)

Alte Zigeunerin. Laßt mich.

Sickingen. Eine gleiche Angst hab ich nie gesehen, als der Knab um euch hatte; der Schmerz war mit seiner Seele so vereinigt, daß plötzliche Freude, die ihn vertreiben wollte, den Geist zugleich mit ausjagte.

Franz. Wo ist sie? Sie bringen sie um! Ihr garstigen Leute! Wo ist sie?

Adelheid. Sey ruhig, ich bin da.

Franz (nimmt ihre Hand). Seyd ihr's? Liebe gnädige
Frau! ihr seht noch einmal so schön in der schrecklichen
Nacht, bei dem ängstlichen Feuer. Ach wie lieb hab ich
euch!

Sickingen (zum Hauptmann). Wer seyd ihr?

Hauptmann. Ich bin Johann von Löwenstein, aus
klein Aegypten, Hauptmann des armen Volks der Zigeuner.
Fragt die edle Frau, wie wir Verirrten begegnen. Wir
selbst irren in der Welt herum, verlangen nichts von euch
als wüste Haide, dürres Gesträuch zum Aufenthalt auf eine
Nacht, und Luft und Wasser.

Sickingen. Das begehrt ihr, und das andre nehmt ihr.

Hauptmann. Wer uns was schenkt, dem nehmen
wir nichts. Dem geizigen Bauern holen wir die Enten; er
schickt uns fort, da wir um ein Stück Brod bettelten. Wir
säubern's Land vom Ungeziefer, und löschen den Brand im
Dorf; wir geben der Kuh die Milch wieder, vertreiben
Warzen und Hühneraugen; unsre Weiber sagen die Wahrheit, die gute Wahrheit.

Sickingen. Will einer um ein Trinkgeld den Weg
nach dem nächsten Dorfe zeigen? Ihr werdet der Ruhe
nöthig haben, gnädige Frau, und euer Knab einiger Ver-
pflegung. Darf ich euch bis in die Herberge begleiten?

Adelheid. Ihr kommt meiner Bitte zuvor. Darf ich
fragen wohin euer Weg geht?

Sickingen. Nach Augsburg.

Adelheid. Das ist der meinige.

Sickingen. Ihr mögt also wollen oder nicht, so habt
ihr einen Knecht mehr in eurem Gefolge.

Adelheid. Einen erwünschten Gesellschafter an meiner
Seite.

11*

Franz (vor sich). Was will nun der!

Adelheid. Wir wollen aufsitzen, Franz. Lebt wohl, ihr fürchterliche Wandrer, ich dank euch für freundliche Bewirthung.

Hauptmann. Wenn man uns Unrecht thut, führt unser Wort; ihr seyd groß bei Hofe.

Alte. Alle gute Geister geleiten dich, blanke Mueter, denk an mich wenn dir's geht wie ich gesprochen hab.

Sickingen hält Adelheid den Steigbügel.

Franz (drängt ihn weg). Das ist meine Sache, Herr Ritter!

Sickingen (lächelt). Du machst Prätensionen?

(Er hilft Adelheiden auf's Pferd.)

Franz (heimlich). Der ist unausstehlich!

Adelheid. Adieu.

Vice versa.

Lebt wohl! Gott geleit euch! Adieu! (Ab.)

Nacht.

Eine halb verfallene Capelle auf einem Kirchhof. Anführer der Bauern-Rebellion.

Georg Metzler von Ballenberg (kommt). Wir haben sie! Ich hab sie!

Hans Link. Brav! brav! Wen alles?

Georg Metzler. Otten von Helfenstein, Nagel von Eltershofen — laßt mich die übrigen vergessen. Ich hab Otten von Helfenstein!

Jakob Kohl. Wo hast du sie?

Metzler. Ich sperrt sie in's Beinhäusel nahe hierbei,

und stellt meine Leute davor. Sie mögen sich mit den Schädeln besprechen. Es sind gewiß von denen Unglückseligen drunter, die ihre Thranney zu Tode gequält hat. Brüder! wie ich den Helfenstein in meinen Händen hatte, ich kann euch nicht sagen wie mir war! Als hätt ich die Sonn in meiner Hand und könnte Ball mit spielen.

Link. Bist du noch der Meinung, daß man sie morgen ermorden soll?

Metzler. Morgen? Heute noch! es ist schon über Mitternacht. Seht wie die Gebirge von der widerscheinenden Gluth ihrer Schlösser in glühendes Blut getaucht da herum liegen! Sonne komm, Sonne komm! Wenn dein erster gebrochener Strahl roth dämmert und sich mit dem fürchterlichen Schein der Flamme vereinigt, dann wollen wir sie hinausführen, mit blutrothen Gesichtern wollen wir dastehn, und unsre Spieße sollen aus hundert Wunden ihr Blut zapfen. Nicht ihr Blut! Unser Blut! Sie geben's nur wieder wie Blutigel. Ha! Keiner ziete nach dem Herzen. Sie sollen verbluten. Wenn ich sie ein Jahrhundert bluten sähe, meine Rache würde nicht gesättigt. O mein Bruder! mein Bruder! Er ließ dich in der Verzweiflung sterben! Armer Unglücklicher! die Flammen des Fegfeuers quälen dich ringsum. Aber du sollst Tropfen der Linderung haben, alle seine Blutstropfen. Ich will meine Hände drein tauchen und wenn die Sonne heraufgeht, soll sie zugleich sehen mich mit seinem Blut und die Felsen durch die Flamme seiner Besitzthümer gefärbt.

Wache. Ein Weib ist drauß, mit einem Kind auf dem Arme. Sie jammert und will zu den Hauptleuten.

Link. Schickt sie fort.

Metzler. Nein, Brüder, laßt sie herein. Wer sie

auch ist, ihr Jammern soll wie ein Käuzchen den schnellen
Tod ihres Mannes verkünden.

Gemahlin. Sohn.

Gemahlin. Gebt mir meinen Mann! Laßt mich ihn sehen!
(Der Knabe schreit.)
Sey ruhig, Junge! das was dir fürchterlich scheint, ist
ein Himmel gegen meine Qual. Gebt mir meinen Mann,
ihr Männer! Um Gottes Barmherzigkeit willen!

Metzler. Barmherzigkeit? Nenne das Wort nicht.
Wer ist dein Mann?

Gemahlin. Otto —

Metzler. Nenn ihn nicht aus, den verruchten Namen!
Ich möchte von Sinnen kommen, und deinen Knaben hier
wider den geheiligten Altar schmettern.

Gemahlin (zu den Andern). Sind eure Eingeweide auch
eisern wie eure Kleider? Rührt euch mein Jammer nicht?

Metzler. Barmherzigkeit? Das soll das Losungswort
seyn wenn wir sie morden.

Gemahlin. Wehe! Wehe!

Metzler. Wie der giftige Drache, dein Mann, meinen
armen Bruder und noch drey Unglückliche in den tiefsten
Thurn warf, weil sie mit hungriger Seele seinen Wald
eines Hirsches beraubt hatten, ihre arme Kinder und Weiber
zu speisen! — Wir jammerten und baten. So kniete die
arme Frau wie du kniest, und so stund der Wütrich wie
ich stehe. — Ich wollte diesen Platz nicht um einen Stuhl
im Himmel tauschen. — Da flehten wir auch Barmherzig=
keit und mehr als ein Knabe jammerte drein. — Damals
lernt ich was ich übe. Er stund, der Abscheu! wie ein
eherner Teufel stund er und grinste uns an. Verfaulen
sollen sie lebendig und verhungern im Thurn, knirscht er.

Damals war kein Gott für uns im Himmel, setzt soll auch
keiner für ihn seyn.

Gemahlin. Ich umfaß eure Knie, gebt mir ihn
wieder!

Metzler. Topp! Wenn ihr mir meinen Bruder wieder
schafft.

(Er stößt sie weg, knirscht und hält die Stirne mit beiden Händen.)

Halt es aus, o mein Gehirn! diese wüthende Freude,
bis ich sein Blut habe fließen sehen. Dann reiß! An der
Erde seine geliebte Frau — Weh! Bruder! das ist tausend
Seelmessen werth.

Gemahlin. Laßt mich sie sehn! Mein Jammer wird
mich verzehren.

Metzler. Komm! (Er nimmt sie bei der Hand und führt sie an
die Mauer.) Lege dein Ohr hier wider, du wirst sie ächzen
hören; in dem Gewölbe hierbei auf Todtengebein ist ihre
Ruhstätt. — Du hörst nichts. Ihr Jammer ist ein Früh-
lingslüftchen. — — — Er lag im tiefen Thurn und seine
Gesellen bei ihm. Ich kam des Nachts und lehnt mein
Ohr an. Da hört ich sie heulen, ich rief und sie hörten
mich nicht. Drey Nacht kam ich, zerkratzte die Mauer mit
Nägeln und zerbiß sie mit Zähnen. — Die vierte hört ich
nichts mehr. Keinen Schrei, kein Aechzen. Ich horchte
auf das Aechzen, das Schreien, wie ein Mädchen auf die
Stimme ihres Geliebten. — — Der Tod war stumm. —
Ich wälzte mich an der Erde und riß sie auf, und warf
mich in Dornsträucher und fluchte bis der Morgen kam,
heiße, höllenheiße Flüche über das Mördergeschlecht.

Gemahlin (wirft sich vor ihm an die Erde). Gib mir meinen
Mann!

Metzler tritt nach ihr.

Gemahlin. Weh mir!

Kohl. Steht auf und geht. Es ist Raserey sich in den Pfad seines Grimms zu werfen.

Gemahlin. Es hört kein Gott mehr.

Metzler. Wohl, wohl! Hätte er damals gehört, ein schneller Blitz hätte deine Thürne niedergebrannt und hätte mir die Wonne geraubt, selbst in deinen Gemächern herum zu sengen. Sieh da hinaus wie's glüht. Kleiner Junge sieh das schöne Feuerchen. — Ah!

Kohl. Geht! geht! Eure Gegenwart nährt seine Rache.

(Gemahlin ab.)

Link. Ich sinne drauf, Bruder, wenn sie todt sind, was wir weiter vornehmen.

Kohl. Wir müssen suchen der Sache einen Schein zu geben.

Link. Ich dachte, ob wir nicht Gottfrieden von Ber= lichingen zum Hauptmann machen sollten. Es fehlt uns ein Anführer von Kriegserfahrenheit und Ansehn.

Kohl. Er wird's nicht thun.

Metzler. Wir wollen's ihn lernen! Bring ihm den Dolch an die Hant, und den Feuerbrand an's Dach, er wird sich geschwind entschließen.

Link. Er würde uns von großem Nutzen seyn.

Metzler. Er soll! Wir sind einmal im Metzeln, es kommt mir auf einen mehr nicht an. Sieh! Sieh! Es dämmert, der Osten färbt sich bleich.

(Er nimmt seinen Spieß.)

Auf! Ihre Seelen sollen mit dem Morgennebel steigen. Und daun stürm, stürm, Winterwind! und zerreiß sie, und heul sie tausend Jahre um den Erdkreis herum, und noch tausend, bis die Welt in Flammen aufgeht, und daun mitten, mitten mit ihnen in's Feuer! —

(Ab.)

Adelheidens Vorzimmer.

Franz (mit einem Briefe). Sie liebt mich nicht mehr! der verdammte Sickingen hat mich verdrängt. Ich haß ihn, und soll ihm den Brief bringen. O, daß ich das Papier vergiften könnte! Ich soll ihn heute Nacht heimlich zu ihr führen. In die Hölle! — Wenn sie mir liebkost weiß ich voraus sie will mich zahm machen. Dann sagt sie hinten drein: lieber Franz, thu dieß, thu das. Ich kann's ihr nicht abschlagen, und rasend mögt ich werden indem ich ihr folge. — Ich will nicht gehen. Soll ich meinen Herren, meinen guten Herren verrathen, der mich liebt wie seinen jüngern Bruder, um eines wankelmüthigen Weibs willen?

Adelheid (kommt). Du bist noch nicht weg!

Franz. Werd auch nicht gehen. Da habt ihr euern Brief wieder.

Adelheid. Was kommt dir ein?

Franz. Soll ich ein Verräther an meinem guten Herren seyn?

Adelheid. Wo bist du dem Gewissen so geschwind begegnet? Deinen Herrn verrathen? welche Grille! Du thust ihm einen wahren Dienst. Indem Sicking und er öffentlich getrennt sind und er doch von großem Gewicht ist, bleibt keine Communicationsart mit ihm übrig als die, ihm heimlich zu schreiben und heimlich mit ihm zu reden.

Franz. Um Mitternacht in eurem Schlafzimmer! Es mag ein recht politischer Communicationspunkt seyn, der euch zusammenbringt.

Adelheid (imponirend). Franz!

Franz. Und mich zum Unterhändler zu machen!

Adelheid. Gib mir den Brief wieder. Ich hielt dich für was anders.

Franz. Gnädge Frau!

Adelheid. Gib! Gib! Du wirst unnütz. Und kannst gehn und nach Belieben meine Geheimnisse verrathen, deinem guten Herrn, und wem du willst. Ich war die Närrin dich für was zu halten was du nicht bist. Gib mir den Brief und geh.

Franz. Liebe gnädge Frau! zürnt nicht! Ihr wißt, daß ich euch liebe.

Adelheid. Und ich hielt dich — du weißt's! das hat dich übermüthig gemacht. Du warst mein Freund, meinem Herzen so nah. Geh nur, geh! gib mir den Brief, und belohne mein Vertrauen mit Verrath.

Franz. Laßt mich! ich will euch gehorchen. Eh wollt ich mir das Herz aus dem Leibe reißen, als den ersten Buchstaben eures Geheimnisses verschwatzen. Liebe Frau! — Wenn diese Ergebenheit nichts mehr verdient, als Andre sich vorgezogen zu sehen —

Adelheid. Du weißt nicht was du willst, noch weniger was du redst. Wanke nicht von deiner Lieb und Treu — und der schönste Lohn soll dir werden. (Ab.)

Franz. Der schönste Lohn? Ich fliege! — Wenn sie Wort hält! — Das würd ein Jahrtausend vergangener Höllenqualen in einem Augenblick aus meiner Seele verdrängen. (Ab.)

Jaxthausen.

Elisabeth. Lersen.

Lersen. Tröstet euch, gnädge Frau!

Elisabeth. Ach Lersen, die Thränen stunden ihm in den Augen wie er Abschied von mir nahm. Es ist grausam, grausam!

Lersen. Er wird zurückkehren.

Elisabeth. Es ist nicht das. Wenn er auszog rühmlichen Sieg zu erwerben, da war mir's nicht baug um's Herz. Ich freute mich auf seine Rückkunft, vor der mir jetzt baug ist.

Lersen. Ein so edler Mann —

Elisabeth. Nenn ihn nicht so, das macht neu Elend. Die Bösewichter! Sie drohten ihn zu ermorden und sein Schloß zu seinem Scheiterhaufen zu machen. Wenn er wiederkommen wird — ich seh ihn finster, finster. Seine Feinde werden lügenhafte Klagartikel schmieden, und er wird nicht sagen können: nein!

Lersen. Er wird, und kann.

Elisabeth. Er hat seinen Bann gebrochen. Sag nein!

Lersen. Nein! Er ward gezwungen; wo ist der Grund ihn zu verdammen?

Elisabeth. Die Bosheit sucht keine Gründe, nur Ursachen, nur Winke. Er hat sich zu Rebellen, Missethätern, Mördern gesellt, ist an ihrer Spitze gezogen. Sage nein!

Lersen. Laßt ab euch zu quälen und mich. Haden sie ihm nicht selbst feierlich zugesagt, keine Thathandlungen

mehr zu unternehmen wie die bei Weinsberg? Hörtet ihr
sie nicht selbst halb reuig sagen: wenn's nicht geschehen wär,
geschäh's vielleicht nie? Müssen nicht Fürsten und Herren
ihm Dank sagen, wenn er freiwillig Führer eines unbän-
digen Volks geworden wäre, um ihrer Raserey Einhalt zu
thun, und so viel Menschen und Besitzthümer zu schonen?

Elisabeth. Du bist ein liebevoller Advocat. — Wenn
sie ihn gefangen nähmen, als Rebell behandelten und sein
graues Haupt — Lersen, ich möchte von Sinnen kommen.

Lersen (für sich). Sende ihrem Körper Schlaf, lieber
Vater der Menschen! wenn du ihrer Seele keinen Trost
geben willst.

Elisabeth. Georg hat uns versprochen Nachricht zu
senden. Er wird auch nicht dürfen wie er will. Sie sind
ärger als gefangen. Ich weiß man bewacht sie wie Feinde.
Der gute Georg! Er wollte nicht von seinem Herrn
weichen.

Lersen. Das Herz blutete mir, wie ich ihnen vom
Thurn nachsah. Wenn ihr nicht meiner Hülfe bedürftet,
alle Strafen einer kalten, feigen Mordsucht sollten mich nicht
zurückgehalten haben.

Elisabeth. Ich weiß nicht wo Sickingen ist. Wenn
ich nur Marien einen Boten schicken könnte!

Lersen. Schreibt nur, ich will dafür sorgen.

(Elisabeth ab.)

Lersen. Wenn du nicht das Gegengewicht hältst, Gott
im Himmel! so sinkt unsre Schale unaufhaltsam in Abgrund.

(Ab.)

` Bei einem Dorf.

Gottfried. Georg.

Gottfried. Geſchwind zu Pferde, Georg! ich ſehe Mil=
tenberg brennen. Das iſt wider den Vertrag. Die Mord=
brenner! Sagt ich ihnen nicht zu: ihnen zu ihren Rechten
und Freiheiten behülflich zu ſeyn, wenn ſie von allen Thät=
lichkeiten abſtehen und ihre grundloſe unnütze Wuth in zweck=
mäßigen Zorn verkehren wollten? Reit hin, und ſag ihnen
die Meinung! Sag, ich ſey nicht an mein Verſprechen ge=
bunden, wenn ſie das ihrige ſo ſcheußlich vernachläſſigten.

(Georg ab.)

Wollt ich wär tauſend Meil davon. Wer ſich in die
Geſellſchaft des Teufels begibt, iſt ſo gut als verſengt; ſein
Element iſt das Fener. Könnt ich mit Ehren von ihnen
kommen! Ich ſag ihnen alle Tage die bitterſten Wahrheiten
und fahr ihnen durch den Sinn, daß ſie meiner ſatt werden
ſollen. Aus dem Fegfeuer wird keiner mehr nach Rettung
ſeufzen als ich aus dieſer Schlinge.

Ein Unbekannter (tritt auf). Gott grüß euch, ſehr edler
Herr!

Gottfried. Gott dank euch! Was bringt ihr? Euren
Namen?

Unbekannter. Der thut nichts zur Sache. Ich komm
euch zu ſagen, daß euer Kopf in Gefahr iſt. Die Anführer,
müde ſich von euch ſo harte Worte geben zu laſſen, haden
beſchloſſen euch aus dem Weg zu räumen. Denn ihr ſteht
ihnen im Weg. Mäßigt euch, oder ſeht zu entwiſchen, und
Gott geleit euch!

(Ab.)

Gottfried. Hört! Noch ein Wort. — Auf diese Art
mein Leben zu lassen? — Gottfried, Gottfried! du wolltest
dem jämmerlichen Tod entgehen, die Flamme löschen die deine
Burg zu verzehren drohte! Du hast dich in ein abscheuliches
Feuer gestürzt, das zugleich dich und deinen Namen ver=
zehren wird. — Wollte Gott verzehren!

Einige Bauern.

Erster Bauer. Herr! Herr! sie sind geschlagen, sie
sind gefangen.

Gottfried. Wer?

Zwehter Bauer. Die Miltenberg verbrannt haben.
Es zog sich ein bündischer Trupp hinter den Berg her und
überfiel sie auf einmal.

Gottfried. Sie erwartet ihr Lohn. — O Georg,
Georg! — Sie haben ihn mit den Bösewichtern gefangen.
— Mein Georg! Mein Georg! —

Anführer treten auf.

Link. Auf, Herr Hauptmann, auf! Es ist nicht Säu=
mens Zeit. Der Feind ist in der Nähe und mächtig.

Gottfried. Wer verbrannte Mittenberg?

Metzler. Wenn ihr Umstände machen wollt, so werden
wir euch weisen, wie man keine macht.

Kohl. Sorgt für unsre Haut und eure. Auf! auf!

Gottfried (zu Metzler). Droht ihr mir? Du Nichts=
würdiger! Glaubst du daß du mir fürchterlicher bist, weil
noch des Grafen von Helfenstein Blut an deinen Kleidern
klebt? Es ekelt mir vor dir! Ich verabscheue dich wie eine
gefleckte Kröte.

Metzler. Berlichingen!

Gottfried. Du darfst mich beim Namen nennen, und meine Kinder werden sich dessen nicht schämen; wenn deiner, du Bösewicht, wie der Name des Teufels, nur zu Flüchen und zu Verwünschungen tönen wird.

Kohl. Verderbt eure Zeit nicht mit unglücklichem Streit. Ihr arbeitet dem Feinde vor.

Gottfried. Er mir drohen! Der bellende Hund! Das schlechteste Weib würde seinen Zorn aushöhnen. Der Feige! dessen Galle wie ein bösartiges Geschwür innerlich herumfrißt, weil seine Natur nicht Kraft genug hat sie auf Einmal von sich zu stoßen. Pfuy über dich! Es stinkt, es stinkt um dich von faulen aufgebrochenen Beulen, daß die himmlische Luft sich die Nase zuhalten möchte.

Kohl. Geht, Metzler, zu euerm Trupp. Unsre halten schon hinterm Dorf. Wir müssen auf= und abziehen um es zu keiner Schlacht kommen zu lassen.

Gottfried. Wenn der Teufel ihn zu holen kommt, nehmt euch in Acht, daß er nicht einen von euch im Dunkeln erwischt. Und ihr seyd werth seine Gebrüder in der Hölle zu seyn, da ihr euch zu Gesellen seiner scheußlichen Thaten macht. Was! eure Freiheiten, eure Gerechtigkeiten wieder zu erlangen, begeht ihr Thaten, die der Gerechtigkeit so laut in die Ohren brüllen, daß sie vor euerm Flehen taub werden muß. Meine Zeit geht zu Ende. Und ich will meines Wegs.

Link. Du sollst. Denn wir sind deiner herzlich müd. Wir hielten dich für einen edlern, freiern Mann, für einen Feind der Unterdrückung. Nun sehen wir daß du ein Sclave der Fürsten bist, und kein Mann für uns. Wenn deine Zeit um ist, sollst du fort.

Gottfried. In Gottes Namen! und der mag richten und alles zum Besten kehren. Und wenn ihr durchschlüpft, so darf der Teufel Erlösung hoffen.

———

Nacht.

Adelheidens Vorzimmer.

Franz in einem Sessel, auf den Tisch gelehnt, schlafend. Das Licht brennt dunkel.

(Im Schlaf) Nein! Nein! (Er fährt auf.) Ah! — Sie sind noch beisammen! — Für Wuth möcht ich mich selbst auf- fressen. Du konntest schlafen. Sieh! deine Missethat ver- folgt dich in dem tiefsten Schlummer. Elender! Nichts- würdiger! Du machst den Wächter zu ihren Verbrechen. Ein Geräusch. Auf! auf! daß die Sonne eure ehebrecherische Stirnen nicht beleuchte.

Adelheid. Sickingen.

Adelheid. Du gehst? Ein harter Staub für mich, denn ich verlor noch nichts was ich so liebte.

Sickingen. Und ich nahm noch von keiner Adelheid Abschied.

Adelheid. Wenn ich wüßte das sollte das letztemal seyn, ich wollte dich trotz dem verrätherischen Tage in meinen Armen festhalten. Sickingen, vergiß mich nicht! Meine Liebe that zu viel für dich; rechen's ihr nicht zum Fehler an. Und wenn's ein Fehler war, so laß mich in der Folge Entschul- digung für ihn finden.

Sickingen. Ein Fehler, der mich zu einem Gott machte. Leb wohl! Du wohnest hier mitten unter den stolzesten Unternehmungen.

Adelheid. Ein edler Platz!

Sickingen. Du wärst einen Thron werth.

Adelheid. Ich würde nicht schöner ruhen als hier. (Sie legt ihre Hand auf seine Brust; er küßt sie.)

Sickingen. Wende deine Augen! sonst kann ich nicht von der Stelle.

Adelheid. Geht! Möge jeder von meinen Gedanken, die ich euch nachsende, ein Engel seyn, und euch geleiten und beistehn.

Sickingen. Lebt wohl! (Ab.)

Adelheid. Das ist ein Mann! Weisling ist ein Schat=ten gegen ihn! Schicksal, Schicksal! warum hast du mich an einen Elenden geschmiedet? — Schicksal? — Sind wir's nicht selbst? Und weissagte mir die Zigeunerin nicht den dritten Mann, den schönsten Mann? — „Es steht euch eins im Weg, ihr liebt's noch!" — Und lehrte sie mich nicht durch geheime Künste meinen Feind vom Erdboden weg=hauchen? Er ist mein Feind, er stellt sich zwischen mich und mein Glück. Du mußt nieder in den Boden hinein, mein Weg geht über dich hin.

Weislingen. Adelheid.

Adelheid. So früh?

Weislingen. Seit drey Tagen und Nächten kenn ich keinen Unterschied von früh und spat. Diesen Augenblick stirbt unser Kaiser, und große Veränderungen drohen herein. Eben krieg ich einen Brief mit der Nachricht, daß der bäu=rische Aufruhr durch eine entscheidende Schlacht gedämpft sey;

die Rädelsführer sind gefangen und Gottfried von Berlichingen unter ihnen.

Adelheid. Ah!

Weislingen. Der Bund ersucht mich, die Stelle des
ersten Commissarius in dieser Sache zu übernehmen, damit
er nicht scheine, sein eigner Richter seyn zu wollen.

Adelheid. Und du übernimmst?

Weislingen. Nicht gern. Ich wollte den reichlich belohnen, der mir die Nachricht von Gottfried's Tode brächte,
— ihn selbst zu verdammen —

Adelheid. Hast du nicht das Herz.

Weislingen. Ich hab's nicht so bös.

Adelheid. Du bist von jeher der Cleuden einer gewesen, die weder zum Bösen noch zum Guten einige Kraft
haben.

Weislingen. Und wie du gemacht wurdest wetteten
Gott und der Teufel ums Meisterstück. (Ab.)

Adelheid. Geh nur! Das fehlte noch, daß er sich zu
überheben anfängt! Wir wollen's ihm wehren. Gottfried
soll aus der Welt, da befrei ich Sickingen von einem leidigen
Bande. Und dann, Weislingen, mach dich zur Ruhe ge-
faßt! Du bist zu ein fauler Geselle, als daß ich auf der
Reise länger dich fortschleppen solle. Lieg! Lieg! Versteck dich
unter den Boden, du Feiger! Es dürfen tausend Herolde,
drey Schritte von dir, tausend Herausforderungen herab-
trompeten, und du kannst in Ehren außen bleiben. (Ab.)

Kerker.

Gottfried. Elisabeth.

Elisabeth. Ich bitte dich, rede mit mir, lieber Mann, dein Stillschweigen ängstigt mich. Du verglühst in dir selbst. Ach, ich wollte lieber die Flammen in meinen Gemächern sich begegnen, als diese tiefe Verzweiflung dein Gehirn durch= schleichen sehen. Rede mit mir, laß mich deine Wunden ver= binden; wir wollen sehen ob sie besser geworden sind, daß nur deine Seele durch die geringste Thätigkeit, durch eine dämmernde Hoffnung, und wenn's Abenddämmerung wäre, aus sich selbst herausgerissen werde.

Gottfried. Sie haben mich nach und nach verstümmelt: meine Hand, meine Freiheit, Güter, und guten Namen. Das schlechtste haben sie zuletzt aufbehalten, meinen Kopf; und was ist der ohne das andre!

Elisabeth. Welch eine muthlose Finsterniß! Ich finde dich nicht mehr.

Gottfried. Wen suchtest du? doch nicht Gottfrieden von Berlichingen? Der ist lang hin. Das Feuer des Neids hat seine Dächer verbrannt, sie sind übereinandergestürzt und haben die Mauern mit erschlagen. Das verwuchs mit Epheu, und die Bauern führten Steine davon, den Grund ihrer Häuser damit zu legen. Wölfe wohnten im Gesträuch und die Eule sitzt in der Mauer. Du findest hier nur ein ver= fallen Gewölbe eines stolzen Schlosses, worin der Geist seines alten Besitzers ächzend herumgleitet.

Elisabeth. Lieber Mann, Lersen wird bald kommen.

Gottfried. Glaubst du?

Elisabeth. Ich erzählt's euch ja gestern.

Gottfried. Ich weiß nichts davon.

Elisabeth. Du merkst nicht auf wenn ich rede. Ich ging zu einem der Kaiserlichen Regimentsräthe und bat ihn Lersens Bann aufzuthun. Du seyst arm und alt und un= glücklich, der einzige Diener sey dir blieben. Er hieß mich wieder kommen, und da sagt er mir zu: er soll los, auf Urfehde sich auf Marientag nach Augsburg zu stellen. Der Rath von Heilbronn hab den Auftrag ihn schwören zu lassen. Ich schrieb ihm.

Gottfried. Ich werde Freud haben ihn zu sehen. Auf Marie Himmelfahrt nach Augsburg? Bis dahin werd ich sein nicht mehr bedürfen.

Elisabeth. Richtet euch auf! Es kann alles sich wenden.

Gottfried. Wen Gott niederschlägt, der richtet sich selbst nicht wieder auf. Ich weiß am besten was auf meinen Schultern liegt. Es ist nicht das Unglück. Ich habe viel gelitten. Liebe Frau, wenn so von allen Seiten die Wider= wärtigkeiten hereindringen, und ohne Verbindung unter sich selbst auf einen Punkt dringen, dann, dann fühlt man den Geist der sie zusammen bewegt. Es ist nicht Weislingen allein; es sind nicht die Bauern allein; es ist nicht der Tod des Kaisers allein. Es sind sie alle zusammen. Meine Stunde ist kommen. Ich hoffte nicht, daß es eine der wintermitternächtlichsten seyn sollte.

Vorm Gefängniß.

Lersen. Elisabeth.

Lersen. Gott nehm das Elend von euch! Marie ist
hier.

Elisabeth. Marie?

Lersen. Auf euern Befehl bracht ich ihr Nachricht von
allem. Sie antwortete mir nichts als: Lersen, ich geh mit
dir. Sie ängstet sich ihren Bruder zu sehen. Ach! gnädge
Frau, ich fürcht alles. Weislingen ist erster Commissarius
und man hat schon mit unerhörten Executionen den Anfang
gemacht. Georg Metzler ist lebendig verbrannt, die andern
gerädert, enthauptet, geviertheilt. Das Land rings umher
gleicht einer Metzge wo Menschenfleisch wohlfeil ist.

Elisabeth. Weislingen Commissar! Wo ist Sickingen?

Lersen. Ihr hörtet nichts von seiner Unternehmung?
Sobald der Kaiser die Augen zugethan hatte griff er nach
den Waffen und überfiel Trier unversehens. Es ist eine
schreckliche Bewegung im Reich über das.

Elisabeth. Weislingen Commissar! Ein Strahl, ein
Strahl von Hoffnung. Wo ist Marie?

Lersen. Im Wirthshause.

Elisabeth. Führe mich zu ihr.

Weislingens Schloß.

Adelheid. Es ist gethan. Es ist gethan. Er hat Gottfriedens Todesurtheil unterschrieben, und schon trägt das fließende Wasser auch seine Lebenskräfte der Verwesung entgegen. Schwarze Mutter, wenn du mich betrogen hättest! wenn deine Sympathie leeres Gaukelspiel wäre! Gift — Gift — Du Fluch des Himmels, der du unsichtbar um Missethäter schwebst und die Luft vergiftest die sie einziehen, stehe meinen Zaubermitteln bei! Verzehre, verzehre diesen Weislingen, den Verräther an der ganzen Welt! Rette mich aus seinen todten Umarmungen, und laß meinen Sickingen seiner Wünsche theilhaftig werden, und mich des meinigen. Siege, siege, würdigster, schönster Mann, den schönsten Sieg! Und dann flieg in meine Arme! Die heißeste Brust des Ueberwinders soll an diesem Busen noch erwärmter werden.

Franz. Die Pferde sind gesattelt.

Adelheid. Gut. Ich muß noch von meinem Mann Abschied nehmen. Was hast du? du siehst so kummervoll.

Franz. Es ist euer Wille, daß ich mich todt schmachten soll. In den Jahren der Hoffnungen macht ihr mich verzweifeln.

Adelheid. Er dauert mich! Es kostet mich nichts ihn glücklich zu machen. Franz, du rechnest deine Dienste hoch an.

Franz. Meine Dienste für nichts, gnädge Frau; aber meine Liebe kann ich nicht geringer schätzen als mich selbst, denn sie füllt mich ganz, ganz.

Adelheid. Begleitst du mich?

Franz. Wenn ihr's befehlt.

Adelheid. Komm nur mit. (Ab.)

Franz. Sie lächelt. Unglücklicher Junge! so führt sie dich herum. Meine Hoffnung krümmt sich und kann nicht ersterben. Sie ist ich selbst. Ach, muß ich ihr nicht Arzney und Speisen reichen? (Ab)

Elisabeth. Maria.

Elisabeth. Ich bitte dich, Marie, thu's! Wenn's was geringers wäre als deines Bruders Leben, wollt ich dich ab= halten diesen Menschen wiederzusehn. Er ist der oberste Commissarius und kann alles.

Maria. Wie wird mir's seyn, wenn er mich verächt= lich fortschickt?

Elisabeth. Er wird's nicht thun. Er hatte von jeher ein zu weiches Herz. Und der Anblick dessen, dem wir Un= recht gethan haben, im Elend, hat so was greifendes daß die menschliche Natur ihm nicht widersteht.

Maria. Was wird Sickingen sagen?

Elisabeth. Billigen wird er's. Und thät er's nicht, so war das Leben deines Bruders wohl ein saures Wort von deinem Manne werth.

Maria. Ich habe zwey Reiter. Ich will fort. Laß mich Gottfried erst sehen.

Elisabeth. Nein! Nein! Ich fürcht jeden Augenblick. Geh, Liebe, und sieh ihn Jahre lang. Er ist der edelste unter den Menschen. (Ab.)

Adelheidens Schloß.

Adelheid. Franz in ihren Armen.

Adelheid. Verlaß mich, Franz. Der Wächter singt
auf dem Thurm, heimlich schleicht der Tag heran. Daß
niemand erwache und in den Busen unsers Geheimnisses
schaue.

Franz. Soll ich fort? Oh! das geht über alle Höl=
lenstrafen, die Glückseligkeit des Himmels nur einen kleinen
Augenblick zu genießen. Tausend Jahre sind nur eine halbe
Nacht. Wie haß ich den Tag! Lägen wir in einer uran=
fänglichen Nacht, eh das Licht geboren ward! Oh, ich würde
an deinem Busen der ewigen Götter einer seyn, die in brü=
tender Liebeswärme in sich selbst wohnten und in einem
Punkte die Keime von tausend Welten gebaren, und die
Gluth der Seligkeit von tausend Welten auf einen Punkt
fühlten.

Adelheid. Verlaß mich, kleiner Schwärmer.

Franz. Der schwärmt, wer nichts fühlt, und schlägt
mit seinen Flügeln den leeren Raum. Ich bin so in Freude
versunken, daß sich keine Nerve rühren kann.

Adelheid. Geh! Die Knechte stehen früh auf.

Franz. Laßt mich! Reißt mich nicht so auf einmal aus
der Hitze in den Frost. Die leere Erinnerung würde mich
rasend machen.

Adelheid. Wenn sich nicht Hoffnung zu ihr gesellte.

Franz. Hoffnung — du schön Wort. Ich hatt sie
ganz vergessen. Die Fülle des Genusses ließ keiner Hoff=
nung Platz. — Das ist das erstemal in meinem Leben daß

ich hoffe. Das andre waren Maulwurfs=Ahndungen. — Es tagt. — Ich will fort! — (Er umarmt sie.)

So ist kein Ort der Seligkeit im Himmel. Ich wollte meinen Vater ermorden, wenn er mir diesen Platz streitig machte. (Ab.)

Adelheid. Ich habe mich hoch in's Meer gewagt, und der Sturm fängt an fürchterlich zu brausen. Zurück ist kein Weg. Weh! weh! Ich muß eins den Wellen Preis geben um das andre zu retten. Die Leidenschaft dieses Knaben droht meinen Hoffnungen. — Könnte er mich in Sickingens Armen sehen, er, der glaubt, ich habe alles in ihm ver= gessen, weil ich ihm eine Gunst schenkte, in der er sich ganz vergaß? — Du mußt fort — du würdest deinen Vater ermorden — Du mußt fort! Eben der Zaubergift, der deinen Herrn zum Grab führt, soll dich ihm hinter drein bringen. Er soll. — Wenn's nicht fürchterlicher ist zu sterben als einem dazu zu verhelfen, so thu ich euch kein Leids. Es war eine Zeit wo mir graute. So sind alle Sachen, wenn sie in die Nähe treten, alltäglich. (Ab.)

Weislingens Schloß.

Gegen Morgen.

Weislingen. Ich bin so krank, so schwach. Alle meine Gebeine sind hohl. Ein elendes Fieber hat das Mark aus= gefressen. Keine Ruh und Rast, weder Tag noch Nacht. Im halben Schlummer giftige Träume. Die vorige Nacht begegnete ich Gottfrieden im Walde. Er zog sein Schwert

und forderte mich heraus. Ich hatte das Herz nicht, nach
meinem zu greifen, hatte nicht die Kraft. Da stieß er's in
die Scheide, sah mich verächtlich an und ging vorbei. —
Er ist gefangen und ich zittre vor ihm. Elender Mensch!
Sein Kopf hängt an meinem Wort, und ich bebte vor seiner
Traumgestalt wie ein Missethäter. Gottfried! Gottfried! —
Wir Menschen führen uns nicht selbst; bösen Geistern ist
Macht über uns gelassen, daß sie ihren höllischen Muthwillen
an unserm Verderben üben. (Er setzt sich.) — Matt! matt!
Wie sind meine Nägel so blau! Ein kalter, kalter verzehren=
der Schweiß lähmt mir jedes Glied. Es dreht mir alles
vorm Gesicht. Könnt ich schlafen! Ah! — —

(Maria tritt auf.)

Jesus Maria! — Laß mir Ruh! — Laß mir Ruh! —
Seliger Geist, quäle mich nicht! — Die Gestalt fehlte noch!
— Sie stirbt, Marie stirbt und zeigt sich mir an. — Ver=
laß mich, seliger Geist, ich bin elend genug.

Maria. Weislingen, ich bin kein Geist. Ich bin Marie.

Weislingen. Das ist ihre Stimme.

Maria. Ich komme, meines Bruders Leben von dir zu
erflehn; er ist unschuldig, so strafbar er scheint.

Weislingen. Still, Marie! Du Engel des Himmels
bringst die Qualen der Hölle mit dir. Rede nicht fort.

Maria. Und mein Bruder soll sterben? Weislingen!
es ist entsetzlich, daß ich dir zu sagen brauche: er ist un=
schuldig! daß ich jammern muß, deine Hand von dem ab=
scheulichsten Mord zurückzuhalten. Deine Seele ist bis in
ihre innerste Tiefen von feindseligen Mächten besessen. Das
ist Adelbert!

Weislingen. Du siehst, der verzehrende Athem des
Tods hat mich angehaucht, meine Kraft sinkt nach dem
Grabe. Ich stürbe als ein Elender und du kommst mich in

Verzweiflung zu stürzen. Wenn ich reden könnte! Dein höchster Haß würde in sanftesten Jammer zerschmelzen. Oh! Marie! Marie! (Er geht nach seinem Tisch.) Hier ist das Todes= urtheil deines Bruders, unterschrieben.

Maria. Heiliger Gott!

Weislingen. Und hier zerreiß ich's. Meine letzten Kräfte sollen um seine Befreiung ringen. (Er setzt sich zu schreiben.) Könnt ich, könnt ich retten, was ich in's Verderben stürzte!

Maria (vor sich). Er ist sehr krank. Sein Anblick zer= reißt mir das Herz. Wie liebt ich ihn! Und wie ich sein Angesicht sehe fühl ich wie lebhaft. Er hatte meine ganze Liebe, er hat mein volles Mitleiden.

Weislingen (zieht die Schelle).

Fräulein (kommt weinend).

Weislingen. Ein Licht. Bist du allein da? Wo ist Franz? wo die andern?

Fräulein. Ach Herr!

Maria. Wie ich herein kam sah ich niemanden, außer dem Thorwächter.

. Fräulein. Sie haben diese Nacht geraubt was sie kriegen konnten, den Thorwächter mit Dolchen genöthigt auf= zuschließen und sind davon.

Weislingen. Ich danke dir Gott! ich soll noch büßen eh ich sterbe. Und Franz?

Fräulein. Nennt ihn nicht; es dringt mir durch die Seele. Ein noch schrecklicheres Fieber, als euch ermattet, wirft ihn auf seinem Lager herum. Bald rast er an den Wänden hinauf, als wenn an der Decke seine Glückseligkeit geheftet wäre; bald wirft er sich auf den Boden mit rollen= den Augen, schrecklich, schrecklich! Dann wird er still und matt, und blickt nur mit Thränen in den Augen und seufzt — und nennt eure Gemahlin.

Weislingen. Er hing sehr an ihr.

Maria. Es ist traurig.

Fräulein. Es ist mehr als das. Eine weise Frau aus dem Dorfe, die ich herauf rief, betheuerte: seine Lebenskräfte seyen durch schreckliche Zauberformeln mit der Verwesung gepaart, er müsse sich verzehren und sterben. —

Weislingen. Aberglauben.

Fräulein. Wollte Gott! Aber mein Herz sagt mir, daß sie nicht lügt. Ich sagte ihr euern Zustand, sie schwur das Nämliche und sagte: ihr müßt verzehren und sterben.

Weislingen. Das fühle ich; es sey nun durch wunderbaren unbegreiflichen Zusammenhang der Natur, oder durch höllische Kräfte. Das ist wahr, vor weniger Zeit war ich frisch und gesund. Ein Licht! — (Fräulein ab.)

Alles was ich kann enthält dieser Brief. Gib ihn dem von Seckendorf, der Regiments=Rath, in seine Hände. Er war immer mir entgegen, ein Herz voll Liebe. Was seyn kann, wird seyn. — Du bist zu einer grausamen Scene gekommen. Verlassen von aller Welt, im Elend der jämmerlichsten Krankheit, beraubt von denen auf die ich traute — siehst du, ich bin gesunken, tief, tief.

Maria. Gott richt euch auf.

Weislingen. Der hat lang sein Antlitz von mir gewendet. Ich bin meinen eignen Weg gegangen, den Weg zum Verderben. (Fräulein mit Licht.)

Ist der Bote noch nicht zurück, den ich nach meiner Frau sendete? Gott! ich bin ganz allein mit dir armen Mädchen.

Fräulein. Ach, gnädger Herr!

Weislingen. Was hast du?

Fräulein. Ach, sie wird nicht kommen.

Weislingen. Adelheid? Woher weißt du's?

Fräulein. Laßt mich's euch verschweigen.

Weislingen. Rede! Der Tod ist nah und die Hölle mir; was kann mich tiefer stoßen?

Fräulein. Sie wartet auf euern Tod. Sie liebt euch nicht.

Weislingen. Das letzte fühlt ich lang, das erste ver= muthet ich. Marie, siegle du, ich bin zu schwach.

Fräulein. Sie haßt euch, sie wünscht euern Tod, denn sie brennt für den Edlen von Sickingen; sie liebt ihn bis zur Raserey. Und euer Tod —

Weislingen. Marie! Marie! Du bist gerächt!

Marie. Meinen Mann?

Fräulein. Ist's euer Mann? (Vor sich.) Wie lieb ist mir's, daß ich nicht mehr gesagt habe.   (Fräulein ab.)

Weislingen. Nimm deinen Brief und geh, liebe Seele. Geh aus der Nachbarschaft dieser Hölle.

Maria. Ich will bei dir bleiben, armer Verlaßner.

Weislingen. Ich bitte dich, geh. Elend! Elend! ganz allein zu sterben; von niemanden gepflegt, von nie= manden beweint! Schon die Freudenfeste nach seinem Tode vorsummen hören! Und den letzten einzigen Trost, Marie, deine Gegenwart — Ich muß dich weg bitten — Das ist mehr Qual als alles.

Maria. Laß mich. Ich will deiner warten. Denk, ich sey eine Wärterin, dieses Mädchens Schwester. Vergiß alles. Vergesse dir Gott so alles, wie ich dir alles ver= gessen.

Weislingen. Du Seele voll Liebe! bete für mich, bete für mich! Mein Herz ist verschlossen. Sogar ich fühle nur Elend in deiner Liebe.

Marie. Er wird sich deiner erbarmen — — du bist matt.

Weislingen. Ich sterbe, sterbe, und kann nicht er=
sterben. Und in dem fürchterlichen Streit des Lebens und
Todes zerrissen, schmeck ich die Qualen der Hölle alle vor.

Maria. Erbarmer! erbarme dich seiner. Nur einen
liebevollen Blick in sein Herz, daß es sich zum Trost öffne,
und sein Geist Hoffnung, Lebenshoffnung in den ewigen
Tod hinüber bringe! —

Ein kleines unterirdisches Gewölb.

Das heimliche Gericht.

Sieben Oberrichter um einen schwarzbedeckten Tisch, worauf ein Schwert und Strang,
sitzend; auf jeder Seite sieben Unterrichter stehend, alle in weißen langen Kleidern
vermummt.

Erster Oberrichter. Ihr Richter des heimlichen Ge=
richts, die ihr schwurt auf Strang und Schwert unsträflich
zu seyn und zu richten im Verborgenen, und zu strafen im
Verborgenen, Gott gleich! Sind eure Herzen rein und
eure Hände, so hebt die Arme empor und ruft über die
Missethäter: Wehe! Wehe!

Alle (mit emporgehobenen Armen). Wehe! Wehe!

Erster Oberrichter. Rufer, beginne das Gericht!

Erster Unterrichter (tritt vor). Ich, Rufer, rufe die
Klage gegen den Missethäter. Wessen Herz rein ist, und
wessen Hände rein sind zu schwören auf Strang und
Schwert, der klage bei Strang und Schwert! klage! klage!

Ein zweyter Unterrichter (tritt auf). Mein Herz ist
rein von Missethat und meine Hand von unschuldigem Blut.
Verzeih mir Gott böse Gedanken und hemme den Weg

zum Willen. Ich hebe meine Hand auf und klage! klage! klage!

Erster Oberrichter. Wen klagst du an?

Kläger. Ich klage an auf Strang und Schwert Adelheide von Weislingen. Sie hat Ehebruchs sich schuldig gemacht und ihren Mann sammt seinem Knaben durch geheime verzehrende Mittel zu Tode gesaugt. Der Mann ist todt, der Knabe stirbt.

Erster Oberrichter. Schwörst du zu dem Gott der Wahrheit, daß du Wahrheit klagst?

Kläger. Ich schwöre!

Erster Oberrichter. Würde es falsch befunden, beutst du deinen Hals der Strafe des Mords und des Ehebruchs?

Kläger. Ich biete!

Erster Oberrichter. Eure Stimmen.

(Er steht auf. Erst treten die sechs Oberrichter, darauf die sieben Unterrichter der Rechten, dann die sieben der Linken zu ihm und reden heimlich. Er setzt sich.)

Kläger. Richter des heimlichen Gerichts, was ist euer Urtheil über Adelheiden von Weislingen, bezüchtiget des Ehebruchs und Mords?

Oberrichter. Sterben soll sie! Sterben des bittern Tods. Mit Strang und Dolch. Büßen doppelt doppelte Missethat. Streckt eure Händ empor und ruft weh! über sie, wehe! weh! und übergebt sie den Händen des Rächers.

Alle. Weh! Weh! Weh!

Oberrichter. Rächer, Rächer, tritt auf!

(Der Rächer tritt auf.)

Faß hier Strang und Schwert, sie zu tilgen von dem Angesichte des Himmels, binnen acht Tage Zeit. Wo du sie findest nieder mit ihr in Staub! du oder deine Gehülfen. Richter, die ihr richtet im Verborgenen, Gott gleich, bewahrt euer Herz vor Missethat und eure Hände vor unschuldigem Blut.

Wirthshaus.

Maria. Lersen.

Maria. Endlich komm ich und bringe Trost, guter Mann. Führe mich zu meinem Bruder.

Lersen. Wenn ihr ein Engel des Himmels wäret und ein Wunderevangelium verkündigtet, dann wollt ich sagen willkommen. So lang euer Trost auf dieser Erde geboren ist, so lang ist er ein irdischer Arzt, dessen Kunst just in dem Augenblick fehlt, wo man seiner Hülfe am meisten bedarf.

Maria. Bring ich nichts, wenn ich sage: Weislingen ist todt; durch ihn und in ihm Gottfriedens Todesurtheil und Gericht zerrissen. Und wenn ich hier einen Zettel darlege, der von Seiten der Kaiserlichen Commission Gottfriedens Gefängniß erleichtert.

Lersen. Müßt ich euch nicht dagegen rufen: Georg ist todt.

Maria. Georg? der goldne Junge! Wie starb er?

Lersen. Er starb einen Reitertod. Als die Nichtswürdigen Miltenberg verbrannten, sandt ihn sein Herr ihnen Einhalt zu thun. Da fiel ein Trupp Bündischer auf sie los. Georg! Hätten sie sich alle gewehrt wie er! — Sie hätten alle das gute Gewissen haben müssen! Viele retteten sich durch die Flucht, viele wurden gesangen, einige erstochen. Und unter den letzten blieb Georg. O daß ich ihm hätte die Augen zudrücken und hören können wie sein letztes Wort euern Bruder segnete.

Maria. Weiß es Gottfried?

Lersen. Wir verbergen's vor ihm. Er fragt mich

zehnmal und schickt mich zehnmal des Tags, zu forschen was Georg macht. Ich fürchte seinem Herzen diesen letzten Stoß zu geben. Denn, ach! muß ich's euch sagen, Marie: sein alter, schwer verwundeter Körper hat nicht Kräfte genug, einem drückenden Gefängniß und dem mächtigen Kummer zu widerstehen, der ihn mit allen Otterzungen anfällt. Ich glaubte nicht, daß er eure Rückkunft erleben würde.

Maria. O Gott! sind denn die Hoffnungen dieser Erde Irrlichter, die, unsrer zu spotten und uns zu verführen, muthwillig in ängstliche Finsterniß einen freundlichen Strahl zu senden scheinen? Bring mich zu ihm.

Adelheidens Schlafzimmer.

Adelheid. Daß es Morgen wäre! Mein Blut wird wie von seltsamen Ahndungen herumgetrieben und der Sturm vertreibt den ruhigen Wandrer Schlaf. Ich bin müd daß ich weinen möchte, und meine Begierde nach Ruhe zählt jeden Augenblick der ewigen Nacht und sie wird im Fortschreiten länger. Es ist alles so dunkel! Kein Stern am Himmel! düster, stürmisch! In einer solchen Mitternacht fand ich dich, Sickingen! In einer solchen Nacht hatte ich dich in meinen Armen. Meine Lampe mangelt Oels. Es ist ängstlich, in der Finsterniß zu wachen. (Sie zieht die Schelle.) Mag ein Knecht seinen Schlaf verlassen! Ich bin so allein! Die mächtigsten Leidenschaften waren meiner Seele Gesellschaft genug, daß ich in der fürchterlichsten Höhle nicht allein gewesen wäre. Sie schlafen auf Einmal, und ich stehe nackend, wie ein Missethäter, vor Gericht. — Ich ließ mein

Mädchen — Ob Weislingen tobt ist? — (Sie zieht die Schelle.)
Es hört niemand. Der Schlaf hält ihnen die Ohren zu!
Ob Franz tobt ist? — es war ein lieber Junge. (Sie setzt
sich an Tisch.) Sickingen! Sickingen! (Sie schläft ein.)

Franz (zeigt sich an). Adelheid!

Mörder (kommt unterm Bett hervor). Endlich schläft sie, sie
hat mir die Zeit lang gemacht.

Geist. Adelheid! (Verschwindet.)

Adelheid (erwacht). Ich sah ihn! Er rang mit der
Todesangst! Er rief mir! rief mir! Seine Blicke waren
hohl und liebevoll — Mörder! Mörder!

Mörder. Rufe nicht! Du rufst dem Tod! Rache-
geister halten der Hülfe die Ohren zu.

Adelheid. Willst du mein Gold? Meine Juwelen?
Nimm sie! laß mir das Leben.

Mörder. Ich bin kein Räuber. Finsterniß hat Finsterniß gerichtet, und du mußt sterben.

Adelheid. Wehe! Wehe!

Mörder. Ueber deinen Kopf. Wenn die scheußlichen
Gestalten deiner Thaten dich nicht zur Hölle hinab schrecken,
so blick auf, blick auf zum Rächer im Himmel, und bitt,
mit dem Opfer genug zu haben, das ich ihm bringe.

Adelheid. Laß mich leben! Was hab ich dir gethan?
Ich umfaß deine Füße.

Mörder (vor sich). Ein königliches Weib! Welcher
Blick! welche Stimme! In ihren Armen würd ich Elender
ein Gott seyn. — Wenn ich sie täuschte! — Und sie bleibt
doch in meiner Gewalt! —

Adelheid. Er scheint bewegt.

Mörder. Adelheid, du erweichst mich. Willst du mir
zugestehen?

Adelheid. Was?

Mörder. Was ein Mann verlangen kann von einer schönen Frau, in tiefer Nacht!

Adelheid (vor sich). Mein Maß ist voll. Laster und Schande haben mich wie Flammen der Hölle mit teuflischen Armen umfaßt. Ich büße, büße. Umsonst suchst du Laster mit Laster, Schande mit Schande zu tilgen. Die scheuß= lichste Entehrung und der schmählichste Tod in einem Höllen= bild vor meinen Augen.

Mörder. Entschließe dich.

Adelheid (steht auf). Ein Strahl von Rettung!
(Sie geht nach dem Bette, er folgt ihr; sie zieht ein'n Dolch von Häupten und sticht ihn.)

Mörder. Bis an's Ende Verrätherin.
(Er fällt über sie her und erdrosselt sie.)

Die Schlange!
(Er gibt ihr mit dem Dolch Stiche.)

Auch ich blute. So bezahlt sich dein blutig Gelüst. — Du bist nicht der erste. — Gott! machtest du sie so schön, und konntest du sie nicht gut machen! — (Ab.)

Ein Gärtchen am Gefängnisse.

Gottfried. Elisabeth. Maria. Lersen.

Gottfried. Tragt mich hier unter diesen Baum, daß ich noch einmal die Luft der Freiheit aus voller Brust in mich sauge und sterbe.

Elisabeth. Darf ich Lersen nach deinem Sohn ins Kloster schicken, daß du ihn noch einmal sähst und segnetest?

Gottfried. Laß ihn, er ist heiliger als ich, er braucht meinen Segen nicht. — An unserm Hochzeittag, Elisabeth, ahndete mir's nicht, daß ich so sterben würde. — Mein alter Vater segnete uns, und eine Nachkommenschaft von edlen tapfern Söhnen quoll aus seinem Gebet. — Du hast ihn nicht erhört, und ich bin der Letzte. — Lersen, dein Angesicht freut mich in der Stunde des Todes, mehr als im muthigsten Gefecht. Damals führte mein Geist den eurigen, jetzt hältst du mich aufrecht. Ach! daß ich Georgen noch einmal sähe, mich an seinem Blick wärmte! — Ihr seht zur Erde und weint. — Er ist todt — Georg ist todt — Stirb, Gottfried — Du hast dich selbst überlebt, die Edlen überlebt. — Wie starb er? — Ach! fingen sie ihn unter den Mordbrennern, und er ist hingerichtet?

Elisabeth. Nein, er wurde bei Miltenberg erstochen, er wehrte sich wie ein Löw um seine Freiheit.

Gottfried. Gott sey Dank, sein Tod war Belohnung. — Auch war er der beste Junge unter der Sonne und tapfer. — Laß meine Seele nun — Arme Frau! Ich lasse dich in einer nichtswürdigen Welt. Lersen, verlaß sie nicht! — Verschließt eure Herzen sorgfältiger als eure Thüren. Es kommen die Zeiten des Betrugs; es ist ihm Freiheit gegeben. Die Schwachen werden regieren mit List und der Tapfre wird in die Netze fallen, womit die Feigheit die Pfade verwebt. Marie, gebe dir Gott deinen Mann wieder! Möge er nicht so tief fallen als er hoch gestiegen ist! Selbiz starb, und der gute Kaiser und mein Georg — Gebt mir einen Trunk Wasser. — Himmlische Luft — Freiheit! Freiheit! (Er stirbt.)

Elisabeth. Nur droben, droben bei dir! Die Welt ist ein Gefängniß.

Maria. Edler, edler Mann! Wehe dem Jahrhundert, das dich von sich stieß.

Lersen. Wehe der Nachkommenschaft, die dich verkennt.

composto dal Sigr. Dottore
Flamminio

detto Panurgo secondo.

Aufzuführen in der
Darmstädter Gemeinschafft der Heiligen.

Tempo giusto 𝄵

Die du steigst im Winterwetter
Von Olympus Heiligtuhm
Tahtenschwangerste der Götter,
Langeweile! Preis und Ruhm
Danck dir! Schobest meinen Lieben
Stumpfe Federu in die Hand
Hast zum schreiben sie getrieben
Und ein Freudenblatt gesandt.

Allegretto ³/₈

Machst Jungfrau zur Frauen
Gesellen zum Mann
Und wärs nur im Scherze
Wer anders nicht kann.
Und sind sie verehlicht
Bist wieder bald da,
Machst Weibgen zur Mutter,
Monsieur zum Papa.

Arioso

> Gekaut Papier! Sollts Junos Bildung seyn!
> Gar grosen Danck! Mag nicht Irion seyn.

Allegro con furia

> Weh! weh! Schrecken und Todt
> Es droht
> Herein der iüngste Tag im Brausen
> Des Sturmes hör ich die Noth
> Verdammter Geister sansen
> Und roth
> In Blutflamm glüht Berg und Flur
> In meinen Gebeinen wühlt ein Grausen
> Der Hölle, Nacht und Angst
> Und das Brüllen des Ungeheuren Löwen
> Des Seelenverderbers
> Umgiebt mich. Ich versincke
> In Jener Seelenquaalen Pechentflammten Schlund.

Cantabile

> Schlafe mein Kindlein und ruhe gesund
> Pfeift draus ein Windlein und bellt draus ein Hund.

Andantino

> Der Frühling brächte Rosen
> Nicht gar.
> Ihr möchtet sie wohl lieber
> Im Jannar.
> Wart nur ihr lieben Mädgen
> Den Juni ran
> Und dann wahrt eure Finger
> Sind Dornen dran.

Lamentabile

> Meine Augen roth von Tränen
> Müde meine Bruft von Stöhnen
> Nirgends, nirgends find ich Ruh
> Schliesse meine Augen zu
> Schlaf, verwiege meine Sorgen.

Ein wenig geschwinder. con speranza.

> Kommst du heut nicht so kommst du morgen.

Allegro con spirito

> Nirgends eine Welt von Nichts
> Nirgend Menschen ohne Lieb.
> Sonne kann nicht ohne Schein
> Mensch nicht ohn Liebe seyn.
> Nichts nichts ist und nichts nichts giebt
> Alles ist und alles liebt.

Choral.

> Erbarm dich unsrer Herre Gott
> In aller Noth
> In Langerweil und Grillen Noth,
> Entzieh uns lieber ein Stückgen Brodt
> Kennst deine Kinder o Herre Gott.

Capriccio con Variationi

> Und will auf der Erde
> Dumm stille nichts stehn,
> Will alles herumi
> Dibumi sich drehu.

Var. 1.

> Seiltänzer und Junfern
> Studenten Husaren

Geschwungen, gesungen
Geritten, gefahren.
In Lüften, der Erde,
Auf Wasser und Eis
Bricht eines sein Hälsli
Das auder Gott weis.

Capriccio da Capo.

V. 2.

Auf Schlitschuh wie Blize
Das Flüssli hina,
Und sind wir nun droben
So sind mir halt da.
Und muss es gleich wieder
Nach Heimä zu geh
Und tuht eim das Hüftli
Und Füesli so weh.

Capriccio da Capo.

Var. 3.

Geritten wie Teufel
Berg auf und Berg ab
Galop auf Galop
Gehn die Hund nur im Trab.
Biss Gaul wund am Crenz is
Der Ritter am Steis
Frau Wirtin ein Bett, hohl
Der Teufel die Reis.

Capricio da Capo.

Air.

Une fille
Gentille

Bien soignée par Mama
Toute echauffée
Dans· une Allée
Se promena.
Elle en gagna
Un gros rhume. et bonne Mama
S'ecria
De toute sa poitrine:
Medecin! Medicine!

Un garçon
Bell et bon
Par avanture se trouva
Et s'y preta
Et la frotta
La bien choffa
Que rhume bientot s'envola.
Le Divin! la Divine!
Medecin! Medicine!

Molto andante

Hat alles seine Zeit
Das nahe wird weit
Das Warme wird kalt
Der Junge wird alt
Das Kalte wird warm
Der Reiche wird arm
Der Narre gescheut
Alles zu seiner Zeit.

Con espressione

Ein Weiblein der Sybillenschaar
Drohte mir Gefahr Gefahr

Von schwarzen Augen im Januar
Und Februar
Und Merz und — ach durch's ganze Jahr.
Wenn Marianne du mitleidig bist
Wie schön, vergönne mir
Die arme kurze Frist.

Presto fugato

 Und Rosenblüt und Rosen Lust
    Und Kirschen Äpfel und Birnen voll!
Gejauchzt getauzt mit voller Brust
    Herbey! Herbey! Und laut und toll.
Lasst sie kommen
   Alle!
     Hier ist genug
      Hier schaumt der Most
      Die Fässer heraus.

Rum Rum
  Didli di dum
    Herdey Herbey
     Didli di dey.
       Die Laffen
       Da stehn sie und gaffen
       Der Herrlichkeit zu.

Mit! mit!
Gesprungen! gesungen!
Alten und Jungen!
Mit! Durn! Mit!

     Sind grose Geister
     Gestopelte Meister
     Verschnitten dazu!

Weiber und Kinder
Zöllner und Sünder
Kritaster Poeten
Huren Propheten
Dal dilleri du.

Da stehn sie die Laffen
Und gaffen :|:
Der Herrlichkeit zu.

Dum du dum du
Dam dim di di du
Dam dim di di du
　Huhu! Huhu!

Von Deutscher Baukunst.

D. M. Ervini a Steinbach.
1773.

Als ich auf deinem Grabe herumwandelte, edler Erwin, und den Stein suchte, der mir deuten sollte: *Anno domini 1318. XVI. Kal. Febr. obiit Magister Ervinus, Gubernator Fabricae Ecclesiae Argentinensis*, und ich ihn nicht finden, keiner deiner Landsleute mir ihn zeigen kounte, daß sich meine Verehrung deiner, an der heiligen Stätte ergossen hätte; da ward ich tief in die Seele betrübt, und mein Herz, jünger, wärmer, thöriger und besser als setzt, gelobte dir ein Denkmaal, wenn ich zum ruhigen Genuß meiner Besitzthümer gelangen würde, von Marmor oder Sandsteinen, wie ichs vermögte.

Was brauchts dir Denkmaal! Du hast dir das herrlichste errichtet; und kümmert die Ameisen, die drum krabeln, dein Name nichts, hast du gleiches Schicksal mit dem Baumeister, der Berge aufthürmte in die Wolken.

Wenigen ward es gegeben, einen Babelgedanken in der Seele zu zengen, ganz, groß, und bis in den kleinsten Theil nothwendig schön, wie Bäume Gottes; wenigern, auf tausend bietende Hände zu treffen, Felsengrund zu graben, steile Höhen drauf zu zaubern, und dann sterbend ihren Söhnen zu sagen: ich bleibe bey euch, in den Werken meines Geistes, vollendet das begonnene in die Wolken.

Was brauchts dir Denkmaal! und von mir! Wenn der
Pöbel heilige Namen ausspricht, ists Aberglaube oder Läste-
rung. Dem schwachen Geschmäckler wirds ewig schwindeln
an deinem Coloß, und ganze Seelen werden dich erkennen
ohne Deuter.

Also nur, trefflicher Manu, eh ich mein geflicktes Schiff-
chen wieder auf den Ocean wage, wahrscheinlicher dem Tod
als dem Gewinnst entgegen, siehe hier in diesem Hain, wo
ringsum die Namen meiner Geliebten grünen, schneid ich den
deinigen, in eine deinem Thurm gleich schlank aufsteigende
Buche, hänge an seinen vier Zipfeln dies Schnupftuch mit
Gaben dabey auf. Nicht ungleich jenem Tuche, das dem
heiligen Apostel aus den Wolken herab gelassen ward, voll
reiner und unreiner Thiere; so auch voll Blumen, Blüten,
Blätter, auch wohl dürres Gras und Moos und über Nacht
geschoßne Schwämme, das alles ich auf dem Spaziergang
durch unbedeutende Gegenden, kalt zu meinem Zeitvertreib
botanisirend eingesammelt, dir nun zu Ehren der Verwesung
weihe.

*

Es ist im kleinen Geschmack, sagt der Italiäner, und
geht vorbey. Kindereyen lallt der Franzose nach, und schnellt
triumphirend auf seine Dose a la Greque. Was habt ihr
gethan, daß ihr verachten dürft?

Hat nicht der, seinem Grab entsteigende Genius der
Alten den deinen gefesselt, Welscher! Krochst an den mäch-
tigen Resten Verhältnisse zu betteln, flicktest aus den heiligen
Trümmern dir Lusthäuser zusammen, und hältst dich für
Verwahrer der Kunstgeheimnisse, weil du auf Zoll und
Linien von Riesengebäuden Rechenschaft geben kannst. Hättest
du mehr gefühlt als gemessen, wäre der Geist der Massen

über dich gekommen, die du anstauntest, du hättest nicht so
nur nachgeahmt, weil sie's thaten und es schön ist; noth=
wendig und wahr hättest du deine Plane geschaffen, und
lebendige Schönheit wäre bildend aus ihnen gequollen.

So hast du deinen Bedürfnissen einen Schein von Wahr=
heit und Schönheit aufgetüncht. Die herrliche Wirkung der
Säulen traf dich, du wolltest auch ihrer brauchen und
mauertest sie ein, wolltest auch Säulenreihen haben, und
umzirkeltest den Vorhof der Peterskirche mit Marmorgängen,
die nirgends hin noch her führen, daß Mutter Natur, die
das ungehörige und unnöthige verachtet und haßt, deinen
Pöbel trieb, ihre Herrlichkeit zu öffentlichen Kloacken zu pro=
stituiren, daß ihr die Augen wegwendet und die Nasen zu=
haltet vorm Wunder der Welt.

Das geht nun so alles seinen Gang, die Grille des
Künstlers dient dem Eigensinne des Reichen, der Reisebe=
schreiber gafft, und unsre schöne Geister, genannt Philosophen,
erdrechseln aus protoplastischen Mährchen, Principien und
Geschichte der Künste bis auf den heutigen Tag, und ächte
Menschen ermordet der böse Genius im Vorhof der Ge=
heimnisse.

Schädlicher als Beyspiele sind dem Genius Principien.
Vor ihm mögen einzelne Menschen einzelne Theile bearbeitet
haben. Er ist der erste, aus dessen Seele die Theile, in
Ein ewiges Ganze zusammen gewachsen, hervortreten. Aber
Schule und Principium fesselt alle Kraft der Erkenntniß und
Thätigkeit. Was soll uns das, du neufranzösischer philoso=
phirender Kenner, daß der erste zum Bedürfniß erfindsame
Mensch, vier Stämme einrammelte, vier Stangen drüber
verband, und Aeste und Moos drauf deckte? Daraus ent=
scheidest du das gehörige unsrer heurigen Bedürfnisse, eben

als wenn du dein neues Babylon mit einfältigem Patriar=
chalischem Hausvaterſinn regieren wollteſt.

Und es iſt noch dazu falſch, daß deine Hütte die erſt=
gebohrne der Welt iſt. Zwey an ihrem Gipfel ſich kreuzende
Stangen vornen, zwey hinten und eine Stange queer über
zum Forſt, iſt und bleibt, wie du alltäglich, an Hütern der
Felder und Weinberge erkennen kannſt, eine weit primävere
Erfindung, von der du doch nicht einmal Principium für
deine Schweinſtälle abſtrahiren könnteſt.

So vermag keiner deiner Schlüſſe ſich zur Region der
Wahrheit zu erheben, ſie ſchweben alle in der Atmoſphäre
deines Syſtems. Du willſt uns lehren, was wir brauchen
ſollen, weil das, was wir brauchen, ſich nach deinen Grund=
ſätzen nicht rechtfertigen läßt.

Die Säule liegt dir ſehr am Herzen, und in andrer
Weltgegend wärſt du Prophet. Du ſagſt: Die Säule iſt
der erſte, weſentliche Beſtandtheil des Gebäudes, und der
ſchönſte. Welche erhadene Eleganz der Form, welche reine
mannigſaltige Größe, wenn ſie in Reihen da ſtehn! Nur
hütet euch ſie ungehörig zu brauchen; ihre Natur iſt, frey=
zuſtehn. Wehe den Elenden, die ihren ſchlanken Wuchs an
plumpe Mauern geſchmiedet haben!

Und doch dünkt mich, lieber Abt, hätte die öftere Wieder=
hohlung dieſer Unſchicklichkeit des Säuleneinmauerns, daß die
Neuern ſogar antifer Tempel Interkolumnia mit Mauerwerk
ausſtopften, dir einiges Nachdenken erregen können. Wäre
dein Ohr nicht für Wahrheit taub, dieſe Steine würden ſie
dir gepredigt haben.

Säule iſt mit nichten ein Beſtandtheil unſrer Wohnungen;
ſie widerſpricht vielmehr dem Weſen all unſrer Gebäude.
Unſre Häuſer entſtehen nicht aus vier Säulen in vier Ecken;
ſie entſtehen aus vier Mauern fau vier Seiten, die ſtatt

aller Säulen sind, alle Säulen ausschließen, und wo ihr sie anflickt, sind sie belastender Ueberfluß. Eben das gilt von unsern Pallästen und Kirchen. Wenige Fälle ausgenommen, auf die ich nicht zu achten brauche.

Eure Gebäude stellen euch also Flächen dar, die, je weiter sie sich ausbreiten, je kühner sie gen Himmel steigen, mit desto unerträglicherer Einförmigkeit die Seele unterdrücken müssen! Wohl! wenn uns der Genius nicht zu Hülfe käme, der Erwinen von Steinbach eingab: vermannigfaltige die ungeheure Mauer, die du gen Himmel führen sollst, daß sie aufsteige gleich einem hocherhabnen, weitverbreiteten Baume Gottes, der mit tausend Aesten, Millionen Zweigen, und Blättern wie der Sand am Meer, rings um, der Gegend verkündet, die Herrlichkeit des Herrn, seines Meisters.

*   *

Als ich das erstemal nach dem Münster gieng, hatt ich den Kopf voll allgemeiner Erkenntniß guten Geschmacks. Auf Hörensagen ehrt ich die Harmonie der Massen, die Reinheit der Formen, war ein abgesagter Feind der verworrnen Willkürlichkeiten gothischer Verzierungen. Unter die Rubrik Gothisch, gleich dem Artikel eines Wörterbuchs, häufte ich alle synonimische Mißverständnisse, die mir von unbestimmtem, ungeordnetem, unnatürlichem, zusammengestoppeltem, aufgeflicktem, überladenem, jemals durch den Kopf gezogen waren. Nicht gescheiter als ein Volk, das die ganze fremde Welt barbarisch nennt, hieß alles gothisch, was nicht in mein System paßte, von dem gedrechselten, bunten, Puppen- und Bilderwerk an, womit unsre bürgerliche Edelleute ihre Häuser schmücken, bis zu den ernsten Resten der älteren deutschen Baukunst, über die ich, auf Anlaß einiger abenteuerlichen Schnörkel, in den allgemeinen Gesang stimmte: „Ganz von

Zierrath erdrückt!" und so graute mirs im Gehen vorm
Anblick eines mißgeformten krausborstigen Ungeheuers.

Mit welcher unerwarteten Empfindung überraschte mich
der Anblick, als ich davor trat. Ein, ganzer, großer Ein=
druck füllte meine Seele, den, weil er aus tausend harmo=
nirenden Einzelnheiten bestand, ich wohl schmecken und ge=
nießen, keineswegs aber erkennen und erklären kounte. Sie
sagen, daß es also mit den Freuden des Himmels sey, und
wie oft bin ich zurückgekehrt, diese himmlisch=irrdische Freude
zu genießen, den Riesengeist unsrer ältern Brüder, in ihren
Werken zu umfassen. Wie oft bin ich zurückgekehrt, von
allen Seiten, aus allen Entfernungen in jedem Lichte des
Tags, zu schauen seine Würde und Herrlichkeit. Schwer ist's
dem Menschengeist, wenn seines Bruders Werk so hoch er=
haben ist, daß er nur beugen, und anbeten muß. Wie oft
hat die Abenddämmerung mein durch forschendes Schauen
ermattetes Aug, mit freundlicher Ruhe gelezt, wenn durch sie
die unzähligen Theile, zu ganzen Massen schmolzen, und nun
diese, einfach und groß, vor meiner Seele standen, und meine
Kraft sich wonnevoll entfaltete, zugleich zu genießen und zu
erkennen. Da offenbarte sich mir, in leisen Ahndungen, der
Genius des großen Werkmeisters. Was staunst du, lispelt
er mir entgegen. Alle diese Massen waren nothwendig, und
siehst du sie nicht an allen älteren Kirchen meiner Stadt?
Nur ihre willkürliche Größen hab ich zum stimmenden Ver=
hältniß erhoben. Wie über dem Haupteingang, der zwey
kleinere zu'n Seiten beherrscht, sich der weite Kreis des Fen=
sters öffnet, der dem Schiffe der Kirche antwortet, und sonst
nur Tageloch war, wie, hoch drüber der Glockenplatz die
kleineren Fenster forderte! das all war nothwendig, und
ich bildete es schön. Aber ach, wenn ich durch die düstern
erhabnen Oeffnungen hier zur Seite schwebe, die leer und

vergebens da zu stehn scheinen. In ihre kühne schlanke Ge=
stalt hab ich die geheimnißvollen Kräfte verborgen, die jene
beyden Thürme hoch in die Luft heben sollten, deren, ach,
nur einer traurig da steht, ohne den fünfgethürmten Haupt=
schmuck, den ich ihm bestimmte, daß ihm und seinem könig=
lichen Bruder die Provinzen umher huldigten. Und so schied
er von mir, und ich versank in theilnehmende Traurigkeit.
Bis die Vögel des Morgens, die in seinen tausend Oeff=
nungen wohnen, der Sonne entgegen jauchzten, und mich aus
dem Schlummer weckten. Wie frisch leuchtet er im Morgen=
duftglanz mir entgegen, wie froh konnt ich ihm meine Arme
entgegen strecken, schauen die großen, harmonischen Massen,
zu unzählig kleinen Theilen belebt; wie in Werken der ewigen
Natur, bis aufs geringste Zäserchen, alles Gestalt, und alles
zweckend zum Ganzen; wie das festgegründete ungeheure Ge=
bäude sich leicht in die Luft hebt; wie durchbrochen alles und
doch für die Ewigkeit. Deinem Unterricht dauk ich's, Genius,
daß mirs nicht mehr schwindelt an deinen Tiefen, daß in
meine Seele ein Tropfen sich senkt, der Wonneruh des Geistes,
der auf solch eine Schöpfung herabschauen, und gottgleich
sprechen kann, es ist gut!

* * *

Und nun soll ich nicht ergrimmen, heiliger Erwin, wenn
der deutsche Kunstgelehrte, auf Hörensagen neidischer Nach=
barn, seinen Vorzug verkennt, dein Werk mit dem unver=
standnen Worte gothisch verkleinert. Da er Gott danken
sollte, laut verkündigen zu können: das ist deutsche Baukunst,
unsre Baukunst, da der Italiäner sich keiner eignen rühmen
darf, vielweniger der Franzos. Und wenn du dir selbst
diesen Vorzug nicht zugestehen willst, so erweis uns, daß die
Gothen schon wirklich so gebaut haben, wo sich einige Schwü=
rigkeiten finden werden. Und, ganz am Ende, wenn du nicht

darthuſt, ein Homer ſey ſchon vor dem Homer geweſen, ſo laſſen wir dir gerne die Geſchichte kleiner gelungner und miß= lungner Verſuche, und treten anbetend vor das Werk des Meiſters, der zuerſt die zerſtreuten Elemente, in Ein leben= diges Ganze zuſammen ſchuf. Und du, mein lieber Bruder im Geiſte des Forſchens nach Wahrheit und Schönheit, ver= ſchließ dein Ohr vor allem Wortgeprahle über bildende Kunſt, komm, genieße und ſchaue. Hüte dich, den Namen deines edelſten Künſtlers zu entheiligen, und eile herbey, daß du ſchaueſt ſein treffliches Werk. Macht es dir einen widrigen Eindruck, oder keinen, ſo gehab dich wohl, laß einſpannen, und ſo weiter nach Paris.

Aber zu dir, theurer Jüngling, geſell ich mich, der du bewegt daſtehſt, und die Widerſprüche nicht vereinigen kannſt, die ſich in deiner Seele kreuzen, bald die unwiderſtehliche Macht des großen Ganzen fühlſt, bald mich einen Träumer ſchiltſt, daß ich da Schönheit ſehe, wo du nur Stärke und Rauheit ſiehſt. Laß einen Mißverſtand uns nicht trennen, laß die weiche Lehre neuerer Schönheiteley, dich für das be= deutende Rauhe nicht verzärteln, daß nicht zuletzt deine kränkelnde Empfindung, nur eine unbedeutende Glätte ertragen könne. Sie wollen euch glauben machen, die ſchönen Künſte ſeyen entſtanden aus dem Hang, den wir haben ſollen, die Dinge rings um uns zu verſchönern. Das iſt nicht wahr! Denn in dem Sinne, darin es wahr ſeyn könnte, braucht wohl der Bürger und Handwerker die Worte, kein Philoſoph.

Die Kunſt iſt lange bildend, eh ſie ſchön iſt, und doch, ſo wahre, große Kunſt, ja, oft wahrer und größer, als die Schöne ſelbſt. Denn in dem Menſchen iſt eine bildende Natur, die gleich ſich thätig beweiſt, wann ſeine Exiſtenz geſichert iſt. Sobald er nichts zu ſorgen und zu fürchten hat, greift der Halbgott, wirkſam in ſeiner Ruhe, umher nach Stoff,

14*

ihm seinen Geist einzuhauchen. Und so modelt der Wilde
mit abenteuerlichen Zügen, gräßlichen Gestalten, hohen Far=
ben, seine Cocos, seine Federn, und seinen Körper. Und
laßt diese Bildnerey aus den willkürlichsten Formen bestehn,
sie wird ohne Gestaltsverhältniß zusammenstimmen, denn Eine
Empfindung schuf sie zum karackteristischen Ganzen.

Diese karackteristische Kunst, ist nun die einzige wahre.
Wenn sie aus inniger, einiger, eigner, selbstständiger Em=
pfindung um sich wirkt, unbekümmert, ja unwissend alles
Fremden, da mag sie aus rauher Wildheit, oder aus ge=
bildeter Empfindsamkeit geboren werden, sie ist ganz und
lebendig. Da seht ihr bey Nationen und einzelnen Menschen
dann unzählige Grade. Jemehr sich die Seele erhebt zu
dem Gefühl der Verhältnisse, die allein schön und von Ewig=
keit sind, deren Hauptakkorde man beweisen, deren Geheim=
nisse man nur fühlen kann, in denen sich allein das Leben
des gottgleichen Genius in seeligen Melodien herumwälzt;
jemehr diese Schönheit in das Wesen eines Geistes eindringt,
daß sie mit ihm entstanden zu seyn scheint, daß ihm nichts
genugthut als sie, daß er nichts aus sich wirkt als sie, desto
glücklicher ist der Künstler, desto herrlicher ist er, desto tief=
gebeugter stehen wir da und beten an den Gesalbten Gottes.

Und von der Stufe, auf welche Erwin gestiegen ist,
wird ihn keiner herabstoßen. Hier steht sein Werk, tretet
hin, und erkennt das tiefste Gefühl von Wahrheit und Schön=
heit der Verhältnisse, würkend aus starker, rauher, deutscher
Seele, auf dem eingeschränkten düstern Pfaffenschauplatz des
medii aevi.

* * * *

Und unser aevum? hat auf seinen Genius verziehen, hat
seine Söhne umher geschickt, fremde Gewächse zu ihrem Ver=
derben einzusammeln. Der leichte Franzose, der noch weit

ärger stoppelt, hat wenigstens eine Art von Witz, seine Beute
zu Einem Ganzen zu fügen, er baut jetzt aus griechischen
Säulen und deutschen Gewölbern seiner Magdalene einen
Wundertempel. Von einem unsrer Künstler, als er ersucht
ward, zu einer alt deutschen Kirche ein Portal zu erfinden,
hab ich gesehen ein Model fertigen, stattlichen antiken Säulen=
werks.

Wie sehr unsre geschminkte Puppenmahler mir verhaßt
sind, mag ich nicht deklamiren. Sie haben durch theatralische
Stellungen, erlogne Teints, und bunte Kleider die Augen
der Weiber gefangen. Männlicher Albrecht Dürer, den die
Neulinge anspötteln, deine holzgeschnitzteste Gestalt ist mir
willkommner.

Und ihr selbst, treffliche Menschen, denen die höchste
Schönheit zu genießen gegeben ward, und nunmehr herab=
tretet, zu verkünden eure Seeligkeit, ihr schadet dem Genius.
Er will auf keinen fremden Flügeln, und wären's die Flügel
der Morgenröthe, empor gehoben und fortgerückt werden.
Seine eigne Kräfte sind's, die sich im Kindertraum entfalten,
im Jünglingsleben bearbeiten, bis er stark und behend, wie
der Löwe des Gebürges auseilt auf Raub. Drum erzieht
sie meist die Natur, weil ihr Pädagogen ihm nimmer den
mannigfaltigen Schauplatz erkünsteln könnt, stets im gegen=
wärtigen Maas seiner Kräfte zu handeln und zu genießen.

Heil dir, Knabe! der du mit einem scharfen Aug für
Verhältnisse geboren wirst, dich mit Leichtigkeit an allen
Gestalten zu üben. Wenn denn nach und nach die Freude
des Lebens um dich erwacht, und du jauchzenden Menschen=
genuß nach Arbeit, Furcht und Hoffnung fühlst; das muthige
Geschrey des Winzers, wenn die Fülte des Herbsts seine
Gefäße anschwellt, den belebten Tanz des Schnitters, wenn
er die müßige Sichel hoch in den Balken geheftet hat; wenn

daun männlicher, die gewaltige Nerve der Begierden und
Leiden in deinem Pinsel lebt, du gestrebt und gelitten genug
hast, und genug genossen, und satt bist irrdischer Schönheit,
und werth bist auszuruhen in dem Arme der Göttinn, werth
an ihrem Busen zu fühlen, was den vergötterten Herkules
neu gebahr; nimm ihn auf, himmlische Schönheit, du Mitt=
lerinn zwischen Göttern und Menschen, und mehr als Pro=
metheus leit er die Seeligkeit der Götter auf die Erde.

Brief des Paſtors zu ***

an den
neuen Paſtor zu ***

Aus dem Franzöſiſchen.

———

Lieber Herr Amtsbruder,

Da die Veränderung in meiner Nachbarſchaft vorging,
daß der alte Paſtor ſtarb, an deſſen Stelle Ihr kommt,
freute ich mich von ganzem Herzen. Denn ob ich gleich
kein unleidſamer Mann bin, und meinem Nächſten nichts
mehr gönne als ſein bißgen Leben, das bey manchen, wie
beym Vieh, das einzige iſt was ſie haben; ſo muß ich doch
aufrichtig geſtehen, daß Eures Vorfahren Todtengeläut mir
eben ſo eine freudige Wallung ins Blut brachte, als das
Geläute Sonntags früh, wenn es mich zur Kirche ruft, da
mein Herz vor Liebe und Neigung gegen meine Zuhörer
überfließt. Er kounte niemanden leiden, Euer Vorfahr, und
Gott wird mir vergeben, daß ich ihn auch nicht leiden
kounte; ich hoffe, Ihr ſollt mir ſo viel Freude machen als
er mir Verdruß gemacht hat; denn ich höre ſo viel guts
von Euch als man von einem Geiſtlichen ſagen kann, das
heißt: Ihr treibt euer Amt ſtill, und mit nicht mehr Eifer
als nötig iſt, und ſeyd ein Feind von Controverſen. Ich
weiß nicht obs Euerm Verſtand oder Euerm Herzen mehr
Ehre macht, daß Ihr ſo jung und ſo friedfertig ſeyd, ohne

deßwegen schwach zu seyn; denn freilich ists auch kein Vor=
teil für die Heerde, wenn der Schäfer ein Schaaf ist.

Ihr glaubt nicht, lieber Herr Amtsbruder, was mir
Euer Vorfahr für Noth gemacht hat. Unsre Sprengel
liegen so nah beysammen, und da steckten seine Leute meine
Leute an, daß die zuletzt haben wollten, ich sollte mehr
Menschen verdammen als ich nicht thäte; es wäre keine
Freude, meynten sie, ein Christ zu seyn, wenn nicht alle
Heiden ewig gebraten würden. Ich versichre lieber Bruder,
ich wurde manchmal ganz muthlos, denn es giebt gewisse
Materien, von denen anzufangen ich so entfernt bin, daß
ich vielmehr jedesmal am Ende der Woche meinem Gott
von ganzem Herzen danke, wenn mich niemand darum ge=
fragt hat, und wenns geschehen ist, ihn bitte, daß ers ins=
künftige abwenden möge; und so wirds jedem rechtschaffnen
Geistlichen seyn, der gutdenkende Gemüther nicht mit Worten
bezahlen will, und doch weiß wie gefährlich es ist, sie halb=
befriedigt wegzuschicken, oder sie gar abzuweisen. Ich muß
Euch gestehen, daß die Lehre von Verdammung der Heiden
eine von denen ist, über die ich wie über glühendes Eisen
eile. Ich bin alt geworden, und habe die Wege des Herrn
betrachtet, so viel ein Sterblicher in ehrfurchtsvoller Stille
darf; wenn Ihr eben so alt seyn werdet als ich, sollt Ihr
auch bekennen, daß Gott und Liebe Synonymen sind,
wenigstens wünsche ichs Euch. Zwar müßt Ihr nicht
deulen, daß meine Toleranz mich indifferent gemacht habe.
Das ist bey allen Eiserern vor ihre Sekte ein mächtiger
Behuf der Redekunst, daß sie mit Worten um sich werfen
die sie nicht verstehen. So wenig die ewige einzige Quelle
der Wahrheit indifferent seyn kann, so tolerant sie auch ist,
so wenig kann ein Herz, das sich seiner Seligkeit versichern
will, von der Gleichgültigkeit Profeßion machen. Die Nach=

folger des Pyrrho waren Elende. Wer mögte zeitlebens
auf dem Meer von Stürmen getrieben werden? Unsere
Seele ist einfach und zur Ruhe gebohren; so lang sie zwischen
Gegenständen getheilt ist, so fühlt sie was, das jeder am
besten weiß wer zweifelt.

Also lieber Bruder danke ich Gott für nichts mehr, als
die Gewißheit meines Glaubens; denn darauf sterb ich, daß
ich kein Glück besitze, und keine Seligkeit zu hoffen habe,
als die mir von der ewigen Liebe Gottes mitgetheilt wird,
die sich in das Elend der Welt mischte und auch elend ward,
damit das Elend der Welt mit ihr herrlich gemacht werde.
Und so lieb ich Jesum Christum, und so glaub ich an ihn,
und danke Gott daß ich an ihn glaube, denn wahrhaftig es
ist meine Schuld nicht daß ich glaube. Es war eine Zeit
da ich Saulus war, gottlob daß ich Paulus geworden bin;
gewiß ich war sehr erwischt, da ich nicht mehr läugnen
konnte. Man fühlt Einen Augenblick, und der Augenblick
ist entscheidend für das ganze Leben, und der Geist Gottes
hat sich vorbehalten ihn zu bestimmen. So wenig bin ich
indifferent, darf ich deßwegen nicht tolerant seyn? Um wie
viel Millionen Meilen verrechnet sich der Astronom? Wer
der Liebe Gottes Gränzen bestimmen wollte, würde sich
noch mehr verrechnen. Weiß ich wie mancherley seine Wege
sind? so viel weiß ich, daß ich auf meinem Weg gewiß in
den Himmel komme, und ich hoffe, daß er andern auch auf
dem ihrigen hinein helfen wird. Unsre Kirche behauptet,
daß Glauben und nicht Werke selig machen, und Christus
und seine Apostel lehren das ohngefähr auch. Das zeigt
nun von der großen Liebe Gottes, denn für die Erbsünde
können wir nichts, und für die würkliche auch nichts, das
ist so natürlich, als daß einer geht der Füße hat; und
darum verlangt Gott zur Seligkeit keine Thaten, keine

Tugenden, sondern den einfältigsten Glauben, und durch
den Glauben allein wird uns das Verdienst Christi mit=
getheilt, so daß wir die Herrschaft der Sünde einigermaßen
los werden hier im Leben; und nach unserm Tode, Gott
weiß wie, auch das eingebohrne Verderben im Grabe bleibt.
Wenn nun der Glaube das einzige ist wodurch wir Christi
Verdienst uns zueignen, so sagt mir, wie ists denn mit den
Kindern? Die sprecht ihr selig? Nicht wahr? Warum
denn? Weil sie nicht gesündigt haben! Das ist ein
schöner Satz, man wird ja nicht verdammet weil man sün=
digt. Und das eingebohrne Verderben haben sie ja doch
an sich, und werden also nicht aus Verdienst selig; nun so
sagt mir die Art, wie die Gerechtigkeit der menschgewordenen
Liebe sich den Kindern mittheilt. Seht, ich finde in dem
Beyspiel einen Beweis, daß wir nicht wissen was Gott thut,
und daß wir nicht Ursache haben an jemands Seligkeit zu
verzweifeln. Ihr wißt, lieber Herr Amtsbruder, daß viele
Leute, die so barmherzig waren wie ich, auf die Wieder=
bringung gefallen sind, und ich versichre Euch, es ist die
Lehre womit ich mich insgeheim tröste; aber das weis ich
wohl, es ist keine Sache davon zu predigen. Uebers Grab
geht unser Amt nicht, und wenn ich ja einmal sagen muß,
daß es eine Hölle giebt, so red ich davon, wie die Schrift
davon redet, und sage immerhin Ewig! Wenn man von
Dingen spricht die niemand begreift, so ists einerley was
für Worte man braucht. Uebrigens hab ich gefunden, daß
ein rechtschaffner Geistlicher in dieser Zeitlichkeit so viel zu
thun hat, daß er gern Gott überläßt, was in der Ewigkeit
zu thun seyn mögte.

So mein lieber Herr Confrater sind meine Gesinnungen
über diesen Punkt: Ich halte den Glauben an die göttliche
Liebe, die vor so viel hundert Jahren, unter dem Namen

Jesus Christus, auf einem kleinen Stückgen Welt, eine
kleine Zeit als Mensch herumzog, für den einzigen Grund
meiner Seligkeit, und das sage ich meiner Gemeinde so oft
Gelegenheit dazu ist; ich subtilisire die Materie nicht; denn
da Gott Mensch geworden ist, damit wir arme sinnliche
Creaturen ihn mögten fassen und begreiffen können, so muß
man sich vor nichts mehr hüten, als ihn wieder zu Gott
zu machen.

Ihr habt in Eurer vorigen Pfarre, wie ich höre, viel
von denen Leuten um Euch gehabt, die sich Philosophen
nennen, und eine sehr lächerliche Person in der Welt spielen.
Es ist nichts jämmerlicher, als Leute unaufhörlich von Vernunft reden zu hören, mitlerweile sie allein nach Vorurteilen
handeln. Es liegt ihnen nichts so sehr am Herzen als die
Toleranz, und ihr Spott über alles was nicht ihre Meynung ist, beweist wie wenig Friede man von ihnen zu
hoffen hat. Ich war recht erfreut lieber Herr Bruder, zu
hören, daß Ihr Euch niemals mit ihnen gezankt, noch Euch
Mühe gegeben habt sie eines bessern zu überweisen. Man
hält einen Aal am Schwanze fester, als einen Lacher mit
Gründen. Es geschah dem Portugiesischen Juden recht, der
den Spötter von Ferney Vernunft hören machen wollte,
seine Gründe mußten einer Sotise weichen, und anstatt
seinen Gegner übersührt zu sehen, fertigte ihn dieser sehr
tolerant ab und sagte: Bleibt denn Jude weil ihr es einmal seyd.

Bleibt denn Philosoph weil ihrs einmal seyd, und Gott
habe Mitleiden mit euch! So pflege ich zu sagen, wenn
ich mit so einem zu thun habe.

Ich weiß nicht, ob man die Göttlichkeit der Bibel einem
beweisen kann der sie nicht fühlt, wenigstens halte ich es
für unnötig. Denn wenn ihr fertig seyd, und es antwortet

euch einer wie der Savoyische Vikar, es ist meine Schuld
nicht, daß ich keine Gnade am Herzen fühle, so seyd ihr
geschlagen und könnt nichts antworten, wenn ihr euch nicht
in Weitläufigkeiten vom freyen Willen, und von der Gnaden=
wahl einlassen wollt, wovon ihr doch alles zusammen ge=
nommen zu wenig wißt, um davon disputiren zu können.

Wer die Süßigkeit des Evangelii schmecken kann, der
mag so was herrliches niemanden aufdringen. Und giebt
uns unser Herr nicht das exzellenteste Beyspiel selbst? Ging
er nicht gleich von Gergesa ohne böse zu werden, so bald
man ihn darum bat. Und vielleicht wars ihm selbst um
die Leute nicht zu thun, die ihre Schweine nicht drum geben
wollten, um den Teufel loß zu werden. Denn man mag
ihnen vorsagen was man will, so bleiben sie auf ihrem
Kopfe. Was wir thun können, ist die Heilsbegierigen zu=
recht zu weisen, und den andern läßt man, weil sies nicht
besser haben wollen, ihre Teufel und ihre Schweine.

Da habt ihr also die eine Ursache, warum und wie
tolerant ich bin, ich überlasse, wie ihr seht, alle Ungläubigen
der ewigen wiederbringenden Liebe, und habe das Zutrauen
zu ihr, daß sie am besten wissen wird, den unsterblichen
und unbeflecklichen Funken, unsre Seele, aus dem Leide des
Todes auszuführen und mit einem neuen und unsterblich
reinen Kleide zu umgeben. Und diese Seligkeit meiner fried=
fertigen Empfindung vertauschte ich nicht mit dem höchsten
Ansehn der Infallibilität. Welche Wonne ist es zu denken,
daß der Türke der mich für einen Hund, und der Jude
der mich für ein Schwein hält, sich einst freuen werden
meine Brüder zu sehn.

So weit davon, mein lieber Bruder! und gleichsam im
Vorbeygehen; denn das Hauptelend der Intoleranz offen=
bart sich doch am meisten in den Uneinigkeiten der Christen

selbst, und das ist was trauriges. Nicht daß ich meyne,
man sollte eine Vereinigung suchen, das ist eine Sotise wie
die Republik Heinrichs des Vierten. Wir sind alle Christen,
und Augsburg und Dortrecht machen so wenig einen wesent=
lichen Unterschied der Religion, als Frankreich und Deutsch=
laud in dem Wesen des Menschen. Ein Franzose ist von
Kopf bis auf die Füße eben ein Mensch wie ein Deutscher,
das andre sind politische Considerationen, die fürtreflich sind,
und die niemand unbestraft einreissen soll.

Wer die Geschichte des Wortes Gottes unter den
Menschen mit liebevollem Herzen betrachtet, der wird die
Wege der ewigen Weisheit andeten. Aber wahrhaftig,
weder Bellarmin noch Seckendorf wird euch eine reine Ge=
schichte erzählen. Warum sollte ich läugnen, daß der An=
fang der Reformation eine Mönchszänkerey war, und daß
es Luthers Intention im Anfang gar nicht war, das aus=
zurichten was er ausrichtete. Was sollte mich antreiben
die Augsburgische Confeßion für was anders als eine
Formel auszugeben, die damals nötig war und noch nötig
ist etwas fest zu setzen, das mich aber nur äusserlich ver=
bindet, und mir übrigens meine Bibel läßt. Kommt aber
ein Glaubensbekenntniß dem Worte Gottes näher als das
andre, so sind die Bekenner desto besser dran, aber das
bekümmert niemand anders.

Luther arbeitete uns von der geistlichen Knechtschaft zu
befreyen, möchten doch alle seine Nachfolger so viel Abscheu
vor der Hierarchie behalten haben, als der große Mann
empfand.

Er arbeitete sich durch verjährte Vorurteile durch, und
schied das göttliche vom menschlichen, so viel ein Mensch
scheiden kann, und was noch mehr war, er gab dem Herzen
seine Freyheit wieder, und machte es der Liebe fähiger;

aber man laſſe ſich nicht blenden, als hätte er das Reich erworben, davon er einen andern herunter warf; man bilde ſich nicht ein, die alte Kirche ſey deswegen ein Gegenſtand des Abſcheus und der Verachtung; hat ſie doch wenige menſchliche Satzungen die nicht auf etwas göttlich Wahres gegründet wären; laßt ſie, leidet ſie, und ſegnet ſie. Warum läſtert ihr ihre Meſſe? Sie thun zuviel, das weiß ich, aber laßt ſie thun was ſie wollen, verflucht ſey der, der einen Dienſt Abgötterey nennt, deſſen Gegenſtand Chriſtus iſt. Lieber Bruder, es wird täglich lichter in der römiſchen Kirche, obs aber Gottes Werk iſt, wird die Zeit ausweiſen. Vielleicht proteſtirt ſie bald mehr als gut iſt. Luther hatte die Schwärmerey zur Empfindung gemacht, Calvin machte die Empfindung zu Verſtand. Dieſe Trennung war unver= meidlich, und daß ſie politiſch geworden iſt, lag in den Um= ſtänden. Ich bin ſo fern, eine Vereinigung zu wünſchen, daß ich ſie vielmehr äuſſerſt gefährlich halte, jeder Theil, der ſich ein Haar vergäbe, hätte Unrecht. Doch es iſt gut, daß politiſche Betrachtungen der Sache im Wege ſtehen, ſonſt würde man vielleicht den Gewiſſen ihre Freyheit rauben. Beydes lauſt auf eins hinaus, ob ein Sacrament ein Zeichen, oder mehr iſt, und wie könte ich böſe ſeyn, daß ein andrer nicht empfinden kann, wie ich. Ich kenne die Seligkeit zu gut, es für mehr zu halten, als ein Zeichen, und doch habe ich unter meiner Gemeinde eine große An= zahl Menſchen, die die Gnade nicht haben, es auch zu fühlen, es ſind Lente wo der Kopf das Herz überwiegt, mit dieſen leb ich in ſo zärtlicher Eintracht, und bitte Gott, daß er jedem Freude und Seligkeit gebe nach ſeinem Maas; denn der Geiſt Gottes weiß am beſten was einer faſſen kann. Eben ſo iſts mit der Gnadenwahl, davon verſtehen wir ja alle nichts, und ſo iſts mit tauſend Dingen. Denn wenu mans beym Lichte besieht, so hat jeder seine eigene Religion, und Gott muß mit unserm armseligen Dienste zufrieden seyn, aus übergroßer Güte, denn das müßte mir ein rechter Mann seyn, der Gott diente wie sich gehört.

Ach, es ist unwidersprechlich, lieber Bruder, daß keine Lehre uns von Vorurteilen reinigt, als die vorher unsern Stolz zu erniedrigen weiß; und welche Lehre ists, die auf Demuth baut, als die aus der Höhe. Wenn wir das immer bedächten, und recht im Herzen sühlten was das sey Religion, und jeden auch sühlen ließen wie er könnte, und dann mit brüderlicher Liebe unter alle Sekten und Partenen träten, wie würde es uns freuen, den göttlichen Saamen auf so vielerley Weise Frucht bringen zu sehen. Dann würden wir ausrufen: Gott Lob, daß das Reich Gottes auch da zu finden ist wo ichs nicht suchte.

Unser lieber Herr wollte nicht, daß es ein Ohr losten sollte, dieses Reich auszubreiten, er wußte, daß es damit nicht ausgerichtet wäre, er wollte anklopfen an der Thüre und sie nicht einschmeissen. Wenn wir das nur recht be= dächten und Gott dankten daß wir in diesen schlimmen Zeiten noch ungestört lehren dürfen. Und einmal vor alle= mal, eine Hierarchie ist ganz und gar wider den Begriff einer ächten Kirche. Denn mein lieber Bruder, detrachtet nur selbst die Zeiten der Apostel gleich nach Christi Tod, und ihr werdet bekennen müssen, es war nie eine sichtbare Kirche auf Erden. Es sind wunderliche Leute die Theo= logen, da prätendiren sie was nicht möglich ist. Die Christ= liche Religion in ein Glaubensbekenntniß dringen, o ihr guten Leute! Petrus meynte schon, in Bruder Pauli Briefen wäre viel schwer zu verstehen, und Petrus war doch ein audrer Mann als unsre Superintendenten; aber er hatte Recht, Paulus hat Dinge geschrieben die die ganze Christ=

liche Kirche in corpore bis auf den heutigen Tag nicht ver=
steht. Da siehts denn schon gewaltig scheu um unsre Lehre
aus, wenn wir alles was in der Bibel steht in Ein
System zerren wollen, und mit dem Wandel läßt sich eben
so wenig gewisses bestimmen. Peter thate schon Sachen
die Paulen nicht gesielen, und ich möchte wissen mit was
für Titeln der große Apostel unsre Geistlichen beehren
würde, die noch eine weit ungegründetere und verwerflichere
Prädilektion für ihre Sekte haben, als Petrus für die
Juden.

Daß bey der Einsetzung des Abendmals die Jünger das
Brod und Wein genossen wie die reformirte Kirche, ist
unläugbar, denn ihr Meister, den sie viel kannten, der saß
bey ihnen, sie versprachens gleichsam zu seinem Gedächtniß
zu wiederholen, weil sie ihn liebten, und mehr prätendirte
er auch nicht. Wahrhaftig, Johannes, der an seinem Busen
lag, brauchte nicht erst das Brod um sich von der Existenz
seines Herren lebendig zu überzeugen, genug, es mag den
Jüngern dabey der Kopf gedreht haben, wie selbigen ganzen
Abend, denn sie verstunden nicht eine Sylbe von dem was
der Herr sagte.

Kaum war der Herr von der Erde weg, als zärtliche,
liebesgesinnte Leute sich nach einer innigen Vereinigung mit
ihm sehnten, und weil wir immer nur halb befriedigt sind,
wenn unsere Seele genossen hat, so verlangten sie auch was
für den Körper, und hatten nicht unrecht, denn der Körper
bleibt immer ein merkwürdiger Theil des Menschen, und
dazu gaben ihnen die Sakramente die erwünschteste Gelegen=
heit. Durch die sinnliche Handlung der Taufe, oder des
Händeauflegens gerührt, gab vielleicht ihr Körper der Seele
eben denjenigen Ton, der nötig ist um mit dem Wehen
des heiligen Geistes zu sympathisiren, das uns unaufhörlich

umgiebt. Ich sage vielleicht, und ich darf gewiß sagen. Eben das fühlten sie beym Abendmal, und glaubten durch die Worte Christi geleitet, es für das halten zu können was sie so sehr wünschten. Besonders da die Unarten ihres Körpers sich durch diese Heiligung am besten heilen liessen, so blieb ihnen kein Zweifel übrig, daß ihr verherrlichter Bruder ihnen von dem Wesen seiner göttlichen Menschheit durch diese sinnliche Zeichen mittheile. Aber das waren unaussprechliche Empfindungen, die sie wohl im Anfang zur gemeinschaftlichen Erbauung einander communicirten, die aber leider nachher zum Gesetz gemacht wurden. Und da konnte es nicht fehlen, daß die, deren Herz keiner solchen Empfindung fähig war, und die mit einer bedächtigen geistlichen Vereinigung sich genügten, daß die sich trennten und sich zu behaupten getrauten, eine Empfindung die nicht allgemein sey, könne kein allgemein verbindendes Gesetz werden.

Ich denke, daß das der ehrlichste Status causae ist, den man erwarten kann, und wenn man wohl thun will, so verfährt man mit seiner Gemeinde so billig von der Seite als möglich. Einem Meynungen aufzwingen, ist schon grausam, aber von einem verlangen, er müsse empfinden was er nicht empfinden kann, das ist tyrannischer Unsinn.

Noch was lieber Bruder, unsre Kirche hat sich nicht allein mit der reformirten gezankt, weil die zu wenig empfindet, sondern auch mit andern ehrlichen Leuten, weil sie zu viel empfanden. Die Schwärmer und Inspiranten haben sich oft unglücklicher Weise ihrer Erleuchtung überhoben, man hat ihnen ihre eingebildete Offenbarung vorgeworfen; aber weh uns, daß unsre Geistlichen nichts mehr von einer unmittelbaren Eingebung wissen, und wehe dem Christen der aus Commentaren die Schrift verstehen lernen will. Wollt ihr die Würkungen des heiligen Geistes schmälern?

Beſtimmet mir die Zeit, wenn er aufgehöret hat an die
Herzen zu predigen, und euern ſchaalen Diskurſen das Amt
überlaſſen hat, von dem Reiche Gottes zu zeugen. Unver=
ſtändlich nennt ihr unnütz! was ſah der Apoſtel im dritten
Himmel? Nicht wahr, unausſprechliche Dinge? Und was
waren denn das für Leute die in der Gemeine Sachen
redeten, die einer Auslegung bedurften? O meine Herren,
eure Dogmatik hat noch viel Lücken. Lieber Bruder, der
heilige Geiſt giedt allen Weisheit die ihn darum bitten,
und ich habe Schneider gelaunt, die Mosheimen zu rathen
aufgegeden hätten.

Genung, die Wahrheit ſey uns lieb wo wir ſie finden.
Laßt uns unſer Gewiſſen nicht beflecken, daß wir an jenem
Tage rein ſeyn mögen, wenn an das Licht kommen wird,
daß die Lehre von Chriſto nirgends gedruckter war als in
der chriſtlichen Kirche. Und wem darum zu thun iſt, die
Wahrheit dieſes Satzes noch bey ſeinem Leben zu erfahren,
der wage, ein Nachfolger Chriſti öffentlich zu ſeyn, der
wage ſichs merken zu laſſen, daß ihm um ſeine Seeligkeit
zu thun iſt! Er wird einen Unnamen am Halſe haden,
eh er ſichs verſieht, und eine chriſtliche Gemeine macht ein
Crenz vor ihm.

Laßt uns alſo darauf arbeiten, lieber Bruder, nicht daß
unſere, ſondern daß Chriſti Lehre lauter gepredigt werde.
Laßt uns unbekümmert über andere Reiche ſeyn, nur laßt
uns für unſer Reich ſorgen, und beſonders hütet euch vor
den falſchen Propheten. Dieſe nichtswürdige Schmeichler
nennen ſich Chriſten, und unter ihrem Schaafspelz ſind ſie
reiſſende Wölfe, ſie predigen eine glänzende Sittenlehre und
einen tugendhaften Wandel, und ſchmälern das Verdienſt
Chriſti wo ſie können. Wahrhaftig alle Religionsſpötter
ſind wenigſtens ehrliche Leute, die über das lachen was ſie

nicht fühlen, und einen öffentlichen Feind hat man wenig zu fürchten; aber diese heimlichen sucht aus eurer Gemeinde zu scheiden, nicht daß ihr sie in eurem Sprengel nicht leiden wollt, sondern nur daß ihr sie als ehrliche Leute verlangt, die bekennen was sie sind.

Der liebe Johannes lehrt uns ganz kurz allen Religions= unterschied; das sey der einzige den wir kennen. Ich habe in meinem Amt Jesum so laut geprediget, daß sich die Widerchristen geschieden haben, und weiter brauchts keine Scheidung. Wer Jesum einen Herrn heißt, der sey uns willkommen, können die andren auf ihre eigene Hand leben und sterben, wohl bekomme es ihnen. Wenn der Geistliche ein Mann ist der nicht vom Hauptpunkte abweicht, so wird unter der Gemeine auch kein Zwist entstehen, hier habt ihr mein und meiner ganzen Gemeine Glaubensbekenntniß.

Wir sind elend! Wie wirs sind und warum wirs sind, das kann uns sehr einerley seyn, wir sehnen uns nur nach einem Weg auf dem uns geholfen werden könnte. Wir glauben, daß die ewige Liebe darum Mensch geworden ist, um uns das zu verschaffen wornach wir uns sehnen, und alles was uns dient uns mit ihr näher zu vereinigen, ist uns liebenswürdig, was zu diesem Zwecke nicht zielt, gleich= gültig, und was davon entfernt, verhaßt. Ihr könnet Euch denken Herr Confrater, in was für einem Credit die Contro= versen bey uns stehen.

Laßt uns Friede halten lieber Herr Amtsbruder, ich weiß nicht wie ein Pastor sich unterstehen kann, mit Haß im Her= zen auf einen Stuhl zu treten, wo nur Liebe erschallen sollte, und um keinem Zwist Gelegenheit zu geben, laßt uns alle Kleinigkeiten fliehen, wo man Grillen für Wahrheit, und Hypothesen für Grundlehren verkauft. Es ist immer lächer=

lich, wenn ein Pastor seine Gemeine belehrt, daß die Sonne
nicht um die Erde geht, und doch kommt so was vor.

Noch Eins Herr Bruder, laßt Eure Gemeine ja die
Bibel leseu so viel sie wollen, wenn sie sie gleich nicht ver=
stehn, das thut nichts; es kommt doch immer viel guts
dabey heraus; und wenn Eure Leute Respeckt für der Bibel
haben, so habt ihr viel gewonnen. Doch bitte ich Euch nichts
vorzubringen, was ihr nicht jedem an seinem Herzen beweisen
könnt, und wenns hundertmal geschrieben stünde. Ich habe
sonst auch gesorgt, die Leute mögten Anstos an Dingen
nehmen, die hier und da in der Bibel fürkommen, aber ich
habe gefunden, daß der Geist Gottes sie gerade über die
Stellen wegführt, die ihnen nichts nützen dürften. Ich weiß
zum Exempel kein zärtliches Herz das an Salomons Dis=
cursen, die freylich herzlich trocken sind, einigen Geschmack
hätte finden können.

Ueberhaupt ist es ein eignes Ding um die Erdauung.
Es ist oft nicht die Sache die einen erdaut; sondern die Lage
des Herzens worinn sie uns überrascht, ist das, was einer
Kleinigkeit den Werth giebt.

Darum kann ich die Liederverbesserungen nicht leiden,
das mögte für Leute seyn die dem Verstand viel und dem
Herzen wenig geben; was ist dran gelegen was man singt,
wenn sich nur meine Seele hebt, und in den Flug kömmt,
in dem der Geist des Dichters war; aber wahrhaftig das
wird einem bey denen gedrechselten Liedern sehr einerley blei=
ben, die mit aller kritisch richtigen Kälte hinter dem Schreibe=
pulte mühsam polirt worden sind.

Adieu, lieber Herr Confrater, Gott gede Eurem Amte
Segen. Prediget Liebe, so werdet Ihr Liebe haben. Segnet
alles was Christi ist, und seyd übrigens in Gottes Namen
indifferent, wenn man Euch so schelten will. So oft ich an

Euerm Geläute höre, daß Ihr auf die Canzel geht, so oft
will ich für Euch beten. Und wenn Euer allgemeiner Vor=
trag nach Aller Maas eingerichtet ist, und Ihr die Seelen
die sich Euch besonders vertrauen, insbesondere belehret, so
daß Ihr sie doch alle auf den großen Mittelpunct unsres
Glaubens, die ewige Liebe hinweiset, wenn Ihr dem
Starken genug, und dem Schwachen so viel gebet als er
braucht, wenn Ihr die Gewissensscrupel vermindert, und
allen die Süßigkeit des Friedens wünschenswerth macht, so
werdet Ihr dereinst mit der Ueberzeugung Euer Amt wohl
geführt zu haben, vor den Richterstuhl des Herrn treten
können, der über Hirten und Schaafe, als Oberhirt allein
zu richten das Recht hat. Ich bin mit aller Zärtlichkeit

Euer Bruder

* * *

Pastor zu * * *

Zwo wichtige

bisher unerörterte

Biblische Fragen

zum erstenmal

gründlich beantwortet,

von einem Landgeistlichen in Schwaben.

———

M. den 6. Febr. 1773.

Es ist betrübt die langen Winterabende so allein zu seyn.
Mein Sohn der Magister ist in der Stadt; ich kanns ihm
nicht verdenken, er findet bey mir so wenig Unterhaltung für
seine Gelehrsamkeit, als ich an ihm Liebeswärme für meine
Empfindung; und die Collegen um mich her sind und bleiben
meine letzte Gesellschaft. Wer nach einem kurzen Benedicite
von Gewissensfragen und andern Pastoralkleinigkeiten sich
nicht zur ausgelaßnen Spiel= und Trinkcollation hinsetzen,
und das Gratias gegen Mitternacht mit Zoten intoniren
mag, der muß wegbleiben, wissen Sie lieber Herr Bruder.

Unsre letzte wichtige Unterredung, als ich das Vergnügen
hatte, in so guter Gesellschaft bey Jhnen zu seyn, hat mich
auf allerley Gedanken, und endlich gar zu dem Entschlusse
gebracht, Jhnen beyliegendes zu senden.

Ich hatte damals noch viel zu sagen, aber das Gespräch
wurd auf einmal zu gelehrt, und da ich niemals ein Freund
von Büchern, am wenigsten von Exegetischen war, bleib ich

meistentheils zurück, wenn meine Gesellen einen Ausritt in
das so verwachsene Dickigt wagen.

Was kann einem Geistlichen zwar angelegener seyn als
die Auslegung der Sammlung Schriften, woran sein zwie=
faches Leben hängt; mit allem dem hab ich mich nie genug
über Männer wundern können, die sich hinsetzen ein ganzes
Buch, ja viele Bücher unsrer Bibel, an einem Faden weg zu
exegesiren, da ich Gott danke, wenn mir hier und da ein
brauchbarer Spruch aufgeht, und das ist wahrhaftig alles
was man nöthig hat.

Der Magister mein Sohn, wie er vor anderthalb Jahren
von Akademien zurückkam, verstund er gewisse Bücher des
alten und neuen Testaments, über die er hatte Collegia lesen
hören, aus dem Fundament, und zu den übrigen sagte er,
habe er einen Universalschlüssel, daß es ihm bey Gelegenheit,
meynt er, nicht fehlen könnte.

Meine Wissensbegierde wurde reg, und ich bat ihn mich
in die Schule zu nehmen. Das that er gerne, denn er sticht
gewaltig auf einen Professor, consultirte hier und da seine
Hefte, und das Dociren stund ihm gar gravitätisch an. Nur
merkt ich bald, daß die ganze Kunst auf eine kalte Re=
duction hinaus lief, das that mir leid, und ich wollt ihn
überzeugen: allein im Lebens= und Amtsgange lerne man
Kernbücher verstehen; gelehrte Prediger seyen just nicht die
besten, weil sie niemals fragen: was brauchen meine Zu=
hörer? sondern: was könnt ich ihnen aus der Fülle meiner
Weisheit, doch ohnbeschadet der geheimen Spaarbüchse (die
nun freylich einer wie der andre bey Seite verwahrt) noch
alles mittheilen? Ferner sagt ich ihm: die einzige brauchbare
Religion muß einfach und warm seyn, von der einzigen
Wahren haben wir nicht zu urtheilen, wer will das ächte

Verhältniß der Seele gegen Gott bestimmen als Gott
selbst.

Darüber wurd er murrisch, und ich merkte ganz deutlich,
daß er von meiner Urtheilskraft nicht das Beste dachte. Mag
er! bis er selbst gescheuter wird. Die Erkenntniß wächst in
jedem Menschen nach Graden, die ein Lehrer weder über=
treiben soll noch kann; und den hielt ich für den geschicktesten
Gärtner, der für jede Epoche jeder Pflanze die erforderliche
Wartung verstünde.

Doch alles das wollt ich nicht sagen. Beykommende Aus=
legungen fodern einen Vorbericht.

Zur Zeit da ich studirte, erklärte man die Bibel zu uni=
versal, die ganze Welt sollte an jedem Spruche Theil
haben. Dieser Meynung war ich immer feind, weil sie so
viele Inconvenienzien und Anstöse in den Weg legte. Nun,
wie mein Magister zurückkam, wunderte ich mich, ihn von
denen schweren Vorurtheilen so frey zu sehn, mein Herz ging
mir recht auf, wie ich grad mit ihm reden konnte, wie er
meine Ahndungen durch gelehrte Beweise bestätigte. Doch
die Freude dauerte nicht lang, ich sah ihn mit der entgegen
gesetzten Thorheit behaftet, alle dunkle, alle seinem System
widrige Stellen zu Lokalkleinigkeiten zu drechseln. Darüber
kamen wir abermals auseinander.

Ich glaube die Mittelstraße getroffen zu haben. Hier ist
der Deutpfal dahin.

Das jüdische Volk seh ich für einen wilden unfruchtbaren
Stamm an, der in einem Krais von wilden unfruchtbaren
Bäumen stund, auf den pflanzte der ewige Gärtner das edle
Reis Jesum Christum, daß es, darauf bekleibend, des Stam=
mes Natur veredelte, und von dannen Pfropfreiser zur Be=
fruchtung aller übrigen Bäume geholt würden.

Die Geschichte und Lehre dieses Volks, von seinem ersten

Keime bis zur Pfropfung ist allerdings particular, und das wenige universelle, das etwa in Rücksicht der zukünftigen großen Handlung mit ihm möchte vorgegangen seyn, ist schwer und vielleicht unnöthig aufzusuchen.

Von der Pfropfung an wendet sich die ganze Sache. Lehre und Geschichte werden universell. Und obgleich jeder von daher veredelte Baum seine Spezialgeschichte, und nach Beschaffenheit der Umstände seine Speziallehre hat, so ist doch meine Meynung: hier sey so wenig particulares als dort universelles zu vermuthen und zu deuten.

Beykommende zwey Erklärungen die mir schon vor langer Zeit vom guten Geiste zugewinkt worden, und die je länger ich sie umschaue, je wahrer ich sie finde, werden Ihnen Tiefen der Erkenntniß und Empfindung eröfnen.

Erste Frage.

Was stund auf den Tafeln des Bunds?

Antwort:

Nicht die zehen Gebote, das erste Stück unsers Katechismus!

Laßt es euch Mosen selbst sagen. Hier liefre ich einen Auszug seines zweyten Buchs.

Die Gesetzgebung beginnt majestätisch fürchterlich, und der Herr spricht von Sinai den Eingang von meist allgemeinen Wahrheiten, die er bey ihnen wie bey andern Völkern gleichsam voraus setzt (2. B. Mos. 20, 1—17), das Volk erschrickt und überträgt Mosi den weiteren Willen des Herrn zu ver=

nehmen, dem denn Gott fortfährt (Vom 22. V. des 20. Cap. bis zu Ende des 23.) seine Gesetze vorzulegen. Moses kehrt zum Volke zurück (24, 3. 2c.) ohne daß der Tafeln Erwähnung geschehen, schreibt alle die Worte des Herren in ein Buch, das das Buch des Bundes genannt wird, und liest es ihnen vor. Dann erst spricht der Herr zu Mose (24, 12) komm herauf zu mir auf den Berg, daß ich dir gebe steinerne Tafeln und (mit) Gesetz und Gebot die ich geschrieben habe. Er begiebt sich hinauf, und ihm wird die Einrichtung der Stiftshütte vorgelegt (25—31); ganz zuletzt (31, 18) aber erst gemeldet: und da der Herr ausgeredt hatte — gab er ihm die Tafeln. Was drauf gestanden, erfährt niemand. Das Unwesen mit dem Kalb entsteht, und Moses zerschlägt sie, ehe wir ihren Inhalt nur muthmasen können (32, 19).

Nach Reinigung des reuigen Volks, spricht der versöhnte Herr zum Propheten (34, 1): haue dir zwo steinerne Tafeln wie die ersten waren, daß ich die Worte drauf schreibe die in den ersten waren.

Moses gehorchend tritt vor den Herrn, preißt dessen Barmherzigkeit und ruft sie an. Der Herr spricht (34, 10. 2c.): Siehe ich will einen Bund machen vor alle deinem Volk.

Halt was ich dir heute gebiete!

1.

Du sollst keinen andern Gott anbeten.

Darum hüte dich, daß du nicht einen Bund mit den Einwohnern des Lands machst; noch deinen Söhnen ihre Töchter zu Weibern nehmest, sie würden dich zu falschen Göttern kehren. Eben so wenig sollst du mit irgend einem Bilde was zu thun haben.

2.

Das Feſt der ungeſäuerten Brod ſollſt du halten.

Sieben Tage ſollſt du ungeſäuert Brod eſſen um die
Zeit des Monats Abid, zur Erinnerung, daß ich dich um
dieſe Zeit aus Egypten geführt habe.

3.

Alles was ſeine Mutter am erſten bricht, iſt mein, was
männlich ſeyn wird in deinem Vieh es ſey Ochſe oder Schaaf.

Aber ſtatt dem Erſtling des Eſels ſollſt du ein Schaaf
erlegen ꝛc. Die Erſtgeburt deiner Söhne ſollſt du löſen,
und daß niemand vor mir leer erſcheine.

4.

Sechs Tage ſollſt du arbeiten, am ſiebenten Tage ſollſt
du ſeyern beydes mit Pflügen und Erndten.

5.

Das Feſt der Wochen ſollſt du halten mit den Erſt=
lingen der Waizenerndte, und das Feſt der Einſammlung
wenn das Jahr um iſt.

6.

Dreymal im Jahr ſollen alle Mannsnamen erſcheinen
vor dem Herrn.

Und es ſoll niemand deines Lands begehren, ſo lang
du dieſem Gebote gehorchſt.

7.

Du ſollſt das Blut meines Opfers nicht opfern auf dem
geſäuerten Brod.

8.

Das Opfer des Osterfests soll nicht über Nacht bleiben.

9.

Das Erstling der Früchte deines Ackers sollst du in das Haus des Herren bringen.

10.

Du sollst das Böcklein nicht kochen, wenns noch an seiner Mutter Milch ist.

Und der Herr sprach zu Mose: schreibe diese Worte, denn nach diesen Worten hab ich mit dir und mit Israel einen Bund gemacht. Und er war allda bey dem Herren vierzig Tag und vierzig Nächte und as kein Brod und trauk kein Wasser. Und er schrieb auf die Tafeln solchen Bund, die zehen Worte.

Mit den deutlichsten Worten steht es hier verzeichnet, und der Menschenverstand freut sich darüber. Die Tafeln waren ein Zeugniß des Bunds mit dem sich Gott ganz besonders Israel verpflichtete. Wie gehörig lesen wir also die Gesetze darauf, die sie von allen Völkern auszeichnen, die Vorschriften wornach sie die Epochen ihrer Geschichte theils feyern, theils die Grundgesetze ihrer Verfassung als heilig ehren sollten. Wie gerne wirft man den beschwerlichen alten Irrthum weg: es habe der partikularste Bund auf Universalverbindlichkeiten (denn das sind doch die meisten der sogenannten zehen Gebote) gegründet werden können.

Kurz! das Proömium der Gesetzgebung enthält, wie ich schon oben, obgleich unbestimmter gesagt, Lehren, die Gott bey seinem Volke als Menschen und als Israeliten voraussetzte. Als Menschen, dahin gehören die allgemeinen moralischen; als Israeliten, die Erkenntniß eines einzigen Gottes, und die Sabbathfeyer.

Wenn es aber so evident ist, warum hat die Kirche so viel Jahrhunderte in der entgegengesetzten Meynung gestanden?

Das wird niemanden wundern wer ihre Geschichte nur einigermaßen kennt.

Der Verfasser des fünften Buchs Mosis verfiel zu erst in den Irrthum. Es ist wahrscheinlich, und ich glaube es irgendwo einmal gelesen zu haben, daß dieses Buch in der Babylonischen Gefangenschaft aus der Tradition zusammengestoppelt worden sey. Die Unordnung desselben macht es fast gewiß. Und unter solchen Umständen ist ein Mißgriff wie gegenwärtiger sehr natürlich. Die Tafeln waren sammt der Lade verlohren, die ächten Abschriften der heiligen Bücher in wenig Händen, die zehen Gesetze schliefen und wurden vergessen, die Lebensregeln hatte jeder im Herzen, wenigstens im Gedächtniß. Und wer weiß, was noch alles zu dieser ungeschickten Combination Gelegenheit gegeben.

Es ließ sich noch viel sagen, das will ich aber Gelehrtern hinterlassen, und nur das ansügen. Nicht weiß ich ob jemand diese Wahrheit vor mir gefunden oder gelehrt; so viel kann ich sagen, daß die Kirche den Irrthum über dieser Stelle heilig bewahrt, und viele fatale Consequenzen draus gezogen hat.

Andere Frage.

Was heißt mit Zungen reden (γλωσσαις λαλειν)?

Vom Geist erfüllt, in der Sprache des Geists, des Geists Geheimnisse verkündigen.

Το γαρ ενθεαζειν, κατα γλωσσαν υπαρχειν, σιβυλλαινειν.

Diodorus quidam.*)

*) Ich weiß nicht wer eigentlich der Diodorus war. Im ersten Theil von Fabricii Bibl. Gr. findet ihr die Stelle mit ein Paar gelehrten schlechten Erklärungen derselben.

Wer Ohren hat zu hören der höre.

Fragt ihr: wer ist der Geist? So sag ich euch der Wind bläset, du fühlest sein Sausen, aber von wannen er kommt und wohin er geht, weissest du nicht. Was willst du uns von der Sprache des Geistes sagen, wenn du den Geist nicht kennst, ist dir gegeben worden mit Zungen zu reden? Darauf antwort ich: Ihr habt Mosen und die Propheten! Ich will euch nur hindeuten, wo von dieser Sprache geschrieben steht.

Der verheissene Geist erfüllt die versammelten Jünger mit der Kraft seiner Weisheit (A. G. 2, 1). Die göttlichste Empfindung strömt aus der Seel in die Zunge, und flammeud verkündigt sie die großen Thaten Gottes in einer neuen Sprache (ετεραις γλωσσαις) und das war die Sprache des Geistes (καϑως το πνευμα εδιδου αυτοις αποφϑεγγεσϑαι).

Das war jene einfache, allgemeine Sprache, die aufzufinden mancher große Kopf vergebens gerungen. In der Einschränkung unsrer Menschlichkeit ist nicht mehr als eine Ahndung davon zu tappen.

Hier tönt sie in ihrer vollen Herrlichkeit! Parter, Meder und Elamiter entsetzen sich, seder glaubt seine Sprache zu hören, weil er die Wundermänner versteht, er hört die großen Thaten Gottes verkündigen, und weiß nicht wie ihm geschieht.

Es waren aber nicht allen die Ohren geöffnet zu hören, nur fühlbare Seelen (ανδρες ευλαβεις) nahmen an dieser Glückseligkeit theil; schlechte Menschen, kalte Herzen, stunden spottend dabey und sprachen: sie sind voll süßen Weins!

Kam in der Folge der Geist über eine Seele, so war das Aushauchen seiner Fülle, das erste nothwendigste Athmen eines so gewürdigten Herzens (A. G. 19, 6). Es floß vom Geiste selbst über, der so einfach wie das Licht, auch so allgemein ist, und nur wenn die Wogen verbraust hatten,

floß aus diesem Meere der sanfte Lehrstrom (das προφητευειν) zur Erweckung und Aenderung der Menschen.

Wie aber jede Quelle, wenn sie von ihrem reinen Ursprung weg durch allerley Gänge zieht, und vermischt mit
irdischen Theilen zwar ihre selbstständige innerliche Reinigkeit
erhält, doch dem Auge trüber scheint, und sich wohl gar zuletzt in einen Sumpf verliert. So giengs hier auch.

Schon zu Paulus Zeiten ward diese Gabe in der Gemeine gemißbraucht.

Die Fülle der heiligsten tiefsten Empfindung drängte für
einen Augenblick den Menschen zum überirdischen Wesen, er
redete die Sprache der Geister, und aus den Tiefen der
Gottheit flammte seine Zunge Leben und Licht. Auf der
Höhe der Empfindung erhält sich kein Sterblicher. Und doch
mußte denen Jüngern die Erinnerung jenes Augenblicks
Wonne durch ein ganzes Leben nachvibriren. Wer fühlt
nicht in seinem Busen, daß er sich unaufhörlich wieder dahin
sehnen würde? Auch thaten sie das. Sie verschlossen sich
in sich selbst, hemmten den reinen Fluß der Lebenslehre (το
προφητευειν) um die Wasser zu ihrer ersten Höhe zu däm-
men, brüteten dann mit ihrem eignen Geiste über der Finsterniß und bewegten die Tiefe. Vergebens! Es konnte
diese geschraubte Kraft nichts als dunkle Ahndungen hervor-
drängen, sie lallten sie aus, niemand verstund sie, und so
verdarben sie die beste Zeit der Versammlung.

Gegen dieses arbeitet Paulus mit allem Ernst in dem
vierzehnten Kapitel der ersten Epistel an die Korinthische
Gemeinde.

Abtreten könnt ich nun, jeden sich selbst dieses Kapitel
auslegen, jeden empfinden lassen daß es nimmer eine andre
Erklärung annimmt. Auch will ich nur einige Blicke hinwerfen.

Mehr als Pantomime doch unartikulirt muß die

Sprache gewesen seyn. Paulus setzt die zur Empfindung des
Geists bewegte Seele (πνευμα) dem ruhigen Sinn (νους)
entgegen, nebeneinander vielmehr, nacheinander! Wie ihr
wollt! Es ist Vater und Sohn, Keim und Pflanze. πνευμα!
πνευμα! was wäre νους ohne dich!

Genug! Wie gern, ohne paraphrastische Foltern geben
die Sprüche ihren Sinn!

„Der wie ihr mit der Geistssprache redet, redet nicht
„den Menschen, sondern Gott; denn ihn vernimmt niemand;
„er redet im Geist Geheimnisse. So ich mit der tiefen
„Sprache bete, betet mein Geist, mein Sinn bringt nie=
„manden Frucht. Dieses Reden ist nur ein auffallendes,
„Aufmerksamkeit erregendes Zeichen (σημειον) für Ungläubige,
„keine Unterweisung für sie, keine Unterhaltung in der Ge=
„sellschaft der Gläubigen.“

Sucht ihr nach diesem Bache; Ihr werdet ihn nicht
finden, er ist in Sümpfe verlaufen, die von allen wohlge=
kleideten Personen vermieden werden. Hier und da wässert
er eine Wiese ins Geheim, dafür danke einer Gott in der
Stille. Denn unsre theologische Kameralisten haben das
Prinzipium, man müßte dergleichen Flecke all einteichen,
Landstraßen durchführen und Spaziergänge darauf anlegen.
Mögen sie denn! Ihnen ist Macht gegeben! Für uns Haus=
halter im Verborgnen bleibt doch der wahre Trost: Dämmt
ihr! Drängt ihr! Ihr drängt nur die Kraft des Wassers
zusammen, daß es von euch weg auf uns desto lebendiger
fliesse.

*　*　*

Und wir, lieber Herr Bruder, lassen Sie uns in der
Fühlbarkeit gegen das schwache Menschengeschlecht, dem
einzigen Glück der Erde, und der einzigen wahren Theologie,

gelaſſen fortwandeln, und den Sinn des Apoſtels fleißig be=
herzigen: Trachtet ihr, daß ihr Lebenskenntniß erlanget
euch und eure Brüder aufzubauen, das iſt euer Weinberg,
und jeder Abend reicht dem Tage ſeinen Lohn. Wirft aber
der ewige Geiſt einen Blick ſeiner Weisheit, einen Funken
ſeiner Liebe einem Erwählten zu, der trete auf, und lalle
ſein Gefühl.

Er tret auf! und wir wollen ihn ehren! Geſeegnet ſeyſt
du, woher du auch kommſt! Der du die Heiden erleuchteſt!
Der du die Völker erwärmſt!

———————

Göz von Berlichingen
mit der eisernen Hand.

Ein Schauspiel.

Erster Act.

Schwarzenberg in Franken. Herberge.

Mezler, Sievers, Bauern am Tische, **zwey Reuters-knechte** beym Feuer, **Wirth.**

Sievers. Hänsel, noch ein Glas Brandtewein, und meß christlich.

Wirth. Du bist der Nimmersatt.

Mezler leise. Erzähl das noch einmal, vom Ber-lichingen, die Bamberger dort ärgern sich sie mögten schwarz werden.

Sievers. Bamberger? Was thun die hier?

Mezler. Der Weislingen ist oben aufm Schloß beym Herrn Grafen schon zwey Tage, dem haben sie das Gleit geben, ich weiß nicht wo er herkommt, sie warten auf ihn, er geht zurück nach Bamberg.

Sievers. Wer ist der Weislingen?

Mezler. Des Bischofs rechte Hand, ein gewaltiger Herr, der dem Götz auch anf'u Dienst lauert.

Sievers. Er mag sich in Acht nehmen.

Metzler. Ich bitt dich erzähls doch noch einmal! laut Seit wann hat denn der Götz wieder Händel mit dem Bischof von Bamberg? Es hies ja, alles wäre vertragen und geschlichtet.

Sievers. Ja, vertrag du mit den Pfaffen. Wie der Bischof sah, er richt nichts aus, und zieht immer den kürzern, kroch er zum Kreuz, und war geschäftig daß der Vergleich zu Staud käm. Und der getreuherzige Berlichingen gab unerhört nach, wie er immer thut wenn er im Vortheil ist.

Metzler. Gott erhalt ihn! Ein rechtschaffner Herr!

Sievers. Nun denk, ist das nicht schändlich? Da werfen sie ihm einen Buben nieder, da er sich nichts weniger versieht. Wird sie aber schon wieder dafür lausen.

Metzler. Es ist doch dumm, daß ihm der letzte Streich mißglückt ist! Er wird sich garstig erbost haben.

Sievers. Ich glaub nicht, daß ihn lang was so verdrossen hat. Denk auch, alles war aufs genauste verkundschaft, wann der Bischof aus dem Bad käm, mit wie viel Reutern, welchen Weg; und wenns nicht wär durch falsche Leut verrathen worden, wolt er ihm das Bad gesegnet und ihn ausgerieben haben.

Erster Reuter. Was raisonnirt ihr von unserm Bischof? Ich glaub ihr sucht Händel.

Sievers. Kümmert euch um eure Sachen. Ihr habt an unserm Tisch nichts zu suchen.

Zweyter Reuter. Wer heißt euch von unserm Bischof despecktirlich reden?

Sievers. Hab ich euch Red und Antwort zu geben? Seht doch den Fratzen!

Erster Reuter schlägt ihm hinter die Ohren.

Metzler. Schlag den Hund todt.

Sie fallen über einander her.

Zweyter Reuter. Komm her, wenn du's Herz hast.

Wirth reißt sie von einander. Wollen ihr Ruh haben! Tausend Schwerenoth! Schert euch naus, wenn ihr was auszumachen habt. In meiner Stub solls ehrlich und ordentlich zugehen. Schiebt die Reuter zur Thür hinaus. Und ihr Esel was fangen ihr an?

Metzler. Nur nit viel geschimpft Hänsel, sonst kommen wir dir über die Glazze. Komm Kamerad wollen die draus plauen.

Zwey Berlichingische Reuter kommen.

Erster Reuter. Was giebts da?

Sievers. Ey guten Tag Peter! Veit, guten Tag! Woher?

Zweyter Reuter. Daß du dich nit unterstehst zu verrathen, wem wir dienen.

Sievers leise. Da ist euer Herr Götz wohl auch nit weit.

Erster Reuter. Halt dein Maul! Habt ihr Häudel?

Sievers. Ihr seyd den Kerls begegnet draus, sind Bamberger.

Erster Reuter. Was thuu die hier?

Metzler. Der Weislingen ist droben aufm Schloß, beym gnädigen Herrn, den haben sie geleit.

Erster Reuter. Der Weislingen?

Zweyter Reuter leise. Peter! das ist ein gefunden Fressen! Wie lang ist er da?

Metzler. Schou zwey Tage. Aber er will heut noch fort, hört ich einen von den Kerls sagen.

Erster Reuter leise. Sagt ich dir nicht er wär daher? Hätten wir dort drüben eine Weile passen können. Komm Veit.

Sievers. Helft uns doch erst die Bamberger ausprügeln.

Zweyter Reuter. Ihr seyd ja auch zu zwey. Wir müssen fort. Adies. ab.

Sievers. Scheißkerle die Reuter, wann man sie nit bezahlt, thun sie dir keinen Streich.

Metzler. Ich wollt schwören sie haben einen Anschlag. Wem dienen sie?

Sievers. Ich solls nit sagen. Sie dienen dem Götz.

Metzler. So! Nun wollen wir über die draus. Komm, so lang ich einen Bengel hab, fürcht ich ihre Brat= spieße nicht.

Metzler. Dürften wir nur so einmal an die Fürsten, die uns die Haut über die Ohren ziehen.

Herberge im Wald.

Götz vor der Thüre unter der Linde.

Wo meine Knechte bleiben! Auf und ab muß ich gehen, sonst übermannt mich der Schlaf. Fünf Tag und Nächte schon auf der Lauer. Es wird einem saner gemacht, das bißgen Leben und Freyheit. Dafür, wenn ich dich habe Weislingen, will ich mirs wohl seyn lassen. schenkt ein. Wieder leer! Georg! So langs daran nicht mangelt, und an frischem Muth, lach ich der Fürsten Herrschsucht und Ränke. Georg! Schickt ihr nur euren gefälligen Weislingen herum zu Vettern und Gevattern, laßt mich anschwärzen. Nur immerzu. Ich bin wach. Du warst mir entwischt Bischof! So mag denn dein lieber Weislingen die Zeche bezahlen. Georg! hört der Junge nicht! Georg! Georg!

Der Bub im Panzer eines Erwachsenen. Gestrenger Herr!

Götz. Wo stickst du! Hast du geschlafen? Was zum Henker treibst du für Mummerey. Komm her du siehst gut aus. Schäm dich nicht Junge. Du bist brav! ja, wenn du ihn ausfülltest! Es ist Hannsens Küras?

Georg. Er wollt ein wenig schlafen, und schnallt ihn aus.

Götz. Er ist bequemer als sein Herr.

Georg. Zürnt nicht. Ich nahm ihn leise weg, und legt ihn an, und hohlt meines Vaters altes Schwerdt von der Wand, lief auf die Wiese und zogs aus.

Götz. Und hiebst um dich herum? Da wirds den Hecken und Dornen gut gegangen seyn. Schläft Hanns?

Georg. Auf euer Rufen sprang er auf und schrie mir, daß ihr rieft. Ich wollt ihn ausschnallen, da hört ich euch zwey dreymal.

Götz. Geh! bring ihm seinen Panzer wieder, und sag ihm, er soll bereit seyn, soll nach den Pferden sehen.

Georg. Die hab ich recht ausgefüttert, und wieder aufgezäumt. Ihr könnt aufsitzen wann ihr wollt.

Götz. Bring mir einen Krug Wein, gieb Hannsen auch ein Glas, sag ihm, er soll munter seyn, es gilt. Ich hoffe jeden Augenblick meine Kundschafter sollen zurück kommen.

Georg. Ach gestrenger Herr!

Götz. Was hast du?

Georg. Darf ich nicht mit?

Götz. Ein andermal Georg, wann wir Kaufleute fangen und Fuhren wegnehmen.

Georg. Ein andermal, das habt ihr schon oft gesagt, o diesmal! diesmal! Ich will nur hinten drein laufen, nur auf der Seite lauren. Ich will euch die verschossene Bolzen wieder holen.

Götz. Das nächste mal Georg. Du sollst erst einen Wams haben, eine Blechhaube, und einen Spies.

Georg. Nehmt mich mit. Wär ich letzt dabey ge=
wesen, ihr hättet die Armbrust nicht verlohren.

Götz. Weißt du das?

Georg. Ihr warst sie dem Feind an Kopf, und einer
von den Fußknechten hub sie auf, weg war sie. Gelt ich
weiß.

Götz. Erzählen dir das meine Knechte?

Georg. Wohl. Dafür pfeif ich ihnen auch, wenn wir
die Pferde striegeln, allerley Weisen, und lerne sie allerley
lustige Lieder.

Götz. Du bist ein braver Junge.

Georg. Nehmt mich mit, daß ich's zeigen kann.

Götz. Das nächstemal, auf mein Wort. Unbewafnet
wie du bist, sollst du nicht in Streit. Die künftigen Zeiten
brauchen auch Männer. Ich sage dir Knabe, es wird eine
theure Zeit werden. Fürsten werden ihre Schätze dieten
um einen Mann den sie jetzt hassen. Geh Georg, gieb
Hannsen seinen Küras wieder, und bring mir Wein. Georg
ab. Wo meine Knechte bleiben! Es ist unbegreiflich. Ein
Mönch! Wo kommt der noch her?

Bruder Martin kommt.

Götz. Ehrwürdiger Vater, guten Abend! woher so
spät? Mann der heiligen Ruhe, ihr beschämt viel Ritter.

Martin. Dank euch edler Herr! Und bin vor der
Hand nur demüthiger Bruder, wenns ja Titul seyn soll.
Augustin mit meinem Klosternamen, doch hör ich am liebsten
Martin meinen Taufnamen.

Götz. Ihr seyd müd Bruder Martin, und ohne
Zweifel durstig! Der Bub kommt.

Götz. Da kommt der Wein eben recht.

Martin. Für mich einen Trunk Wasser. Ich darf
keinen Wein trinken.

Göz. Ist das euer Gelübde?

Martin. Nein gnädiger Herr, es ist nicht wider mein Gelübde Wein zu trinken; weil aber der Wein wider mein Gelübde ist, so triuke ich keinen Wein.

Göz. Wie versteht ihr das?

Martin. Wohl euch, daß ihr's nicht versteht. Essen und trinken meyn ich, ist des Menschen Leben.

Göz. Wohl!

Martin. Wenn ihr gessen und trunken habt, seyd ihr wie neu gebohren. Seyd stärker, muthiger, geschickter zu eurem Geschäft. Der Wein erfreut des Menschen Herz, und die Freudigkeit ist die Mutter aller Tugenden. Wenn ihr Wein getrunken habt, seyd ihr alles doppelt, was ihr seyn sollt, noch einmal so leicht denkend, noch einmal so unternehmend, noch einmal so schnell ausführend.

Göz. Wie ich ihn triuke, ist es wahr.

Martin. Davon red ich auch. Aber wir —

Georg mit Wasser.

Göz zu Georg heimlich. Geh auf den Weg nach Dachs=bach, und leg dich mit dem Ohr auf die Erde, ob du nicht Pferde kommen hörst, und sey gleich wieder hier.

Martin. Aber wir, wenn gessen und trunken haben, sind wir grad das Gegentheil von dem, was wir seyn sollen. Unsere schläfrige Verdauung stimmt den Kopf nach dem Magen, und in der Schwäche einer übersüllten Ruhe er=zengen sich Begierden, die ihrer Mutter leicht über den Kopf wachsen.

Göz. Ein Glas, Bruder Martin, wird euch nicht im Schlaf stören. Ihr seyd heute viel gegangen. bringts ihm. Alle Streiter!

Martin. In Gottes Namen, sie stosen an ich kann die müßige Leut nicht ausstehen, und doch kann ich nicht sagen,

daß alle Mönche müßig sind, sie thun was sie können. Da
komm ich von St. Veit, wo ich die letzte Nacht schlief.
Der Prior führte mich in Garten, das ist nun ihr Bienen=
korb. Fürtreflicher Salat! Kohl nach Herzens Lust! Und
besonders Blumenkohl und Artischocken, wie keine in Europa!

Götz. Das ist also eure Sache nicht. Er steht auf sieht nach
dem Jungen und kommt wieder.

Martin. Wollte, Gott hätte mich zum Gärtner oder
Laboranten gemacht, ich könnte glücklich seyn. Mein Abt
liebt mich, mein Kloster ist Erfurt in Sachsen, er weis ich
kann nicht ruhn, da schickt er mich herum, wo was zu be=
treiben ist. Ich geh zum Bischof von Constanz.

Götz. Noch eins! Gute Verrichtung!

Martin. Gleichfalls!

Götz. Was seht ihr mich so an, Bruder?

Martin. Daß ich in euren Harnisch verliebt bin.

Götz. Hättet ihr Lust zu einem? Es ist schwer und
beschwerlich ihn zu tragen.

Martin. Was ist nicht beschwerlich auf dieser Welt!
und mir kommt nichts beschwerlicher vor, als nicht Mensch
seyn dürfen. Armuth, Keuschheit und Gehorsam. Drey
Gelübde, deren jedes, einzeln betrachtet, der Natur das
unausstehlichste scheint, so unerträglich sind sie alle. Und
sein ganzes Leben unter dieser Last, oder der weit drücken=
dern Bürde des Gewissens muthlos zu keichen! O Herr!
was sind die Mühseligkeiten eures Lebens, gegen die
Jämmerlichkeiten eines Stands, der die besten Triebe, durch
die wir werden, wachsen und gedeyen, aus mißverstandner
Begierde Gott näher zu rücken, verdammt.

Götz. Wäre euer Gelübde nicht so heilig, ich wollte
euch bereden einen Harnisch anzulegen, wollt euch ein Pferd
geben, und wir zögen mit einander.

Martin. Wollte Gott, meine Schultern fühlten sich Kraft, den Harnisch zu ertragen, und mein Arm die Stärke, einen Feind vom Pferd zu stechen! — Arme schwache Hand, von je her gewöhnt Kreuze und Friedensfahnen zu führen, und Rauchfässer zu schwingen, wie wolltest du Lanze und Schwerdt regieren? Meine Stimme, nur zu Ave und Halleluja gestimmt, würde dem Feind ein Herold meiner Schwäche seyn, wenn ihn die eurige überwältigte. Kein Gelübde sollte mich abhalten, wieder in den Orden zu treten, den mein Schöpfer selbst gestiftet hat.

Götz. Glückliche Retour!

Martin. Das trinke ich nur für euch. Wiederkehr in meinen Käfig, ist allemal unglücklich. Wenn ihr wiederkehrt Herr, in eure Mauern, mit dem Bewußtseyn eurer Tapfer= keit und Stärke, der keine Müdigkeit etwas anhaben kann, euch zum erstenmal nach langer Zeit, sicher für feindlichem Ueberfall, entwafnet auf euer Bette streckt, und euch nach dem Schlaf dehnt, der euch besser schmeckt, als mir der Trunk, nach langem Durst; da könnt ihr von Glück sagen!

Götz. Davor kommts auch selten.

Martin feuriger. Und ist wenns kommt, ein Vorschmack des Himmels. — Wenn ihr zurück kehrt mit der Bente eurer Feinde beladen, und euch erinnert: den stach ich vom Pferd, eh er schiesen kounte, und den rannt ich samt dem Pferd nieder, und dann reitet ihr zu eurem Schloß hinauf, und —

Götz. Was meynet ihr?

Martin. Und eure Weiber! er schenkt ein. Auf Gesund= heit eurer Frau! er wischt sich die Augen. Ihr habt doch eine?

Götz. Ein edles fürtrefliches Weib!

Martin. Wohl dem, der ein tugendsam Weib hat! des lebet er noch eins so lang. Ich kenne keine Weiber, und doch war die Frau die Krone der Schöpfung.

Götz vor. ſich Er dauert mich! Das Gefühl ſeines Standes frißt ihm das Herz.

Georg geſprungen. Herr! ich höre Pferde im Galopp! Zwey! Es ſind ſie gewiß.

Götz. Führ mein Pferd heraus, Hanns ſoll aufſitzen. Lebt wohl theurer Bruder, Gott geleit euch. Seyd muthig und gedultig. Gott wird euch Raum geben.

Martin. Ich bitt um euren Namen.

Götz. Verzeiht mir. Lebt wohl. Er reicht ihm die linke Hand.

Martin. Warum reicht ihr mir die Linke? Bin ich die ritterliche Rechte nicht werth.

Götz. Und wenn ihr der Kayſer wärt, ihr müßtet mit dieſer vorlieb nehmen. Meine Rechte, obgleich im Kriege nicht unbrauchbar, iſt gegen den Druck der Liebe unempfind= lich, ſie iſt eins mit ihrem Handſchuh, ihr ſeht, er iſt Eiſen.

Martin. So ſeyd ihr Götz von Berlichingen! Ich danke dir Gott, daß du mich ihn haſt ſehen laſſen, dieſen Mann den die Fürſten haſſen, und zu dem die Bedrängten ſich wenden. Er nimmt ihm die rechte Hand. Laßt mir dieſe Hand, laßt mich ſie küſſen.

Götz. Ihr ſollt nicht.

Martin. Laßt mich. Du mehr werth als Reliquien= haud, durch die das heiligſte Blut gefloſſen iſt, todtes Werkzeug, belebt durch des edelſten Geiſtes Vertrauen auf Gott!

Götz ſetzt den Helm auf und nimmt die Lanze.

Martin. Es war ein Mönch bey uns vor Jahr und Tag, der euch beſuchte, wie ſie euch abgeſchoſſen ward vor Landshut, wie er uns erzählte, was ihr littet, und wie ſehr es euch ſchmerzte, zu eurem Beruf verſtümmelt zu ſeyn, und wie euch einfiel, von einem gehört zu haben, der auch nur eine Hand hatte, und als tapferer Reutersmann doch noch lange diente. Ich werde das nie vergessen.

Die zwey Knechte kommen.

Götz zu ihnen. Sie reden heimlich.

Martin fährt inzwischen fort. Ich werde das nie ver= gessen, wie er im edelsten einfältigsten Vertrauen auf Gott sprach: und wenn ich zwölf Händ hätte, und deine Gnad wollt mir nicht, was würden sie mir fruchten, so kann ich mit Einer —

Götz. In den Haslacher Wald also. kehrt sich zu Martin. Lebt wohl werther Bruder Martin. er küßt ihn.

Martin. Vergeßt mein nicht, wie ich euer nicht vergesse.

Götz ab.

Martin. Wie mir's so eng um's Herz ward, da ich ihn sah. Er redete nichts, und mein Geist konnte doch den Seinigen unterscheiden. Es ist eine Wollust einen großen Mann zu sehn.

Georg. Ehrwürdiger Herr, ihr schlaft doch bey uns?

Martin. Kann ich ein Bett haben?

Georg. Nein Herr! Ich kenne Better nur vom Hören= sagen, in unsrer Herberg ist nichts als Stroh.

Martin. Auch gut. Wie heißt du?

Georg. Georg, ehrwürdiger Herr!

Martin. Georg! da hast du einen tapfern Patron.

Georg. Sie sagen er wäre ein Renter gewesen, das will ich auch seyn.

Martin. Warte. er zieht ein Gebetbuch hervor, und giebt dem Buben einen Heiligen. Da hast du ihn. Folge seinem Beyspiel, sey brav und fürchte Gott. Martin geht.

Georg. Ach ein schöner Schimmel, wenn ich einmal so einen hätte! — und die goldene Rüstung! — Das ist ein garstiger Drach — Jetzt schies ich nach Sperlingen —

Heiliger Georg! mach mich groß und stark, gieb mir so eine Lanze, Rüstung und Pferd, dann laß mir die Drachen kommen!

Jaxthaussen. Götzens Burg.

Elisabeth, seine Frau, **Maria,** seine Schwester, **Carl,** sein Söhngen.

Carl. Ich bitte dich, liebe Tante, erzähl mir das noch einmal vom frommen Kind, 's is gar zu schön.

Maria. Erzähl du mirs kleiner Schelm, da will ich hören ob du Acht giebst.

Carl. Wart e dis, ich will mich bedenken — Es war einmal — ja — es war einmal ein Kind, und sein Mutter war krank, da gieng das Kind hin.

Maria. Nicht doch. Da sagte die Mutter: liebes Kind —

Carl. Ich bin krank.

Maria. Und kann nicht ausgehn.

Carl. Und gab ihm Geld und sagte: geh hin, und hol dir ein Frühstück. Da kam ein armer Mann.

Maria. Das Kind ging, da begegnet ihm ein alter Mann der war — nun Carl!

Carl. Der war — alt.

Maria. Freylich! Der kaum mehr gehen konnte, und sagte: liebes Kind —

Carl. Schenk mir was, ich hab kein Brod gessen gestern und heut, da gab ihm's Kind das Geld.

Maria. Das für sein Frühstück seyn sollte.

Carl. Da sagte der alte Mann —

Maria. Da nahm der alte Mann, das Kind —.

Carl. Bey der Hand, und sagte, und ward ein schöner glänziger Heiliger, und sagte: Liebes Kind —

Maria. Für deine Wohlthätigkeit, belohnt dich die Mutter Gottes durch mich, welchen Kranken du anrührst —

Carl. Mit der Hand — es war die rechte glaub ich.

Maria. Ja.

Carl. Der wird gleich gesund.

Maria. Da lief's Kind nach Haus, und konnt für Freuden nichts reden.

Carl. Und fiel seiner Mutter um den Hals, und weinte für Freuden —

Maria. Da rief die Mutter, wie ist mir! und war — nun Carl.

Carl. Und war — und war —

Maria. Du giebst schon nicht Acht — und war ge= sund. Und das Kind kurirte König und Kayser, und wurde so reich, daß es ein großes Kloster bauete.

Elisabeth. Ich kann nicht begreifen wo mein Herr bleibt. Schon fünf Tag und Nächte daß er weg ist, und er hofte so bald seinen Streich auszuführen.

Maria. Mich ängstigts lang. Wenn ich so einen Mann haben sollte, der sich immer Gefahren aussetzte, ich stürbe im ersten Jahr.

Elisabeth. Dafür dank ich Gott, daß er mich härter zusammen gesetzt hat.

Carl. Aber muß dann der Papa ausreiten, wenn's so gefährlich ist?

Maria. Es ist sein guter Wille so.

Elisabeth. Wohl muß er lieber Carl.

Carl. Warum?

Elisabeth. Weißt du noch, wie er das letzte mal ausritt, da er dir Weck mitbrachte.

Carl. Bringt er mir wieder mit?

Elisabeth. Ich glaub wohl. Siehst du, da war ein Schneider von Stuttgard, der war ein treflicher Bogenschütz, und hatte zu Cölln aufm Schießen das Beste gewonnen.

Carl. Wars viel?

Elisabeth. Hundert Thaler. Und darnach wollten sie's ihm nicht geben.

Maria. Gelt, das ist garstig Carl.

Carl. Garstige Leut!

Elisabeth. Da kam der Schneider zu deinem Vater und bat ihn, er mögte ihm zu seinem Geld verhelfen. Und da ritt er aus und nahm den Cöllnern ein paar Kaufleute weg und plagte sie so lang bis sie das Geld heraus gaben. Wärst du nicht auch ausgeritten?

Carl. Nein, da muß man durch einen dicken dicken Wald, sind Zigeuner und Hexen drinn.

Elisabeth. Is ein rechter Pursch, fürcht sich vor Hexen.

Maria. Du thust besser Carl, leb du einmal auf deinem Schloß, als ein frommer christlicher Ritter. Auf seinen eigenen Gütern findet man zum Wohlthun Gelegenheit genug. Die rechtschaffensten Ritter begehen mehr Ungerechtigkeit als Gerechtigkeit auf ihren Zügen.

Elisabeth. Schwester du weißt nicht was du redst. Gebe nur Gott daß unser Junge mit der Zeit draver wird, und dem Weislingen nicht nachschlägt, der so treulos an meinem Mann handelt.

Maria. Wir wollen nicht richten Elisabeth. Mein

Bruder ist ſehr erbittert, du auch). Ich bin bey der ganzen Sache mehr Zuſchauer, und kann billiger ſeyn.

Eliſabeth. Er ist nicht zu entſchuldigen.

Maria. Was ich von ihm gehört, hat mich eingenom= men. Erzählte nicht ſelbſt dein Mann ſo viel Liebs und Guts von ihm! Wie glücklich war ihre Jugend als ſie zuſammen Edelknaben des Marggrafen waren.

Eliſabeth. Das mag ſeyn. Nur ſag, was kann der Menſch je Gutes gehabt haben, der ſeinem beſten treuſten Freunde nachſtellt, ſeine Dienſte den Feinden meines Manns verkauft, und unſern treflichen Kayſer, der uns ſo gnädig iſt, mit falſchen widrigen Vorſtellungen einzunehmen ſucht.

Carl. Der Papa! Der Papa! Der Thürner bläſt's Liedel: Heyſa machs Thor auf.

Eliſabeth. Da kommt er mit Beute.

Ein Reuter kommt.

Reuter. Wir haben gejagt! wir haben gefangen! Gott grüß euch edle Frauen.

Eliſabeth. Habt ihr den Weislingen?

Renter. Ihn und drey Reuter.

Eliſabeth. Wie giengs zu, daß ihr ſo lang bleibt?

Renter. Wir laureten auf ihn zwiſchen Nürnberg und Bamberg, er wollte nicht kommen, und wir wußten doch er war auf dem Wege. Endlich kundſchaften wir ihn aus, er war ſeitwärts gezogen, und ſaß geruhig beym Grafen auf Schwarzenberg.

Eliſabeth. Den möchten ſie auch gern meinem Mann feind haben.

Reuter. Ich ſagts gleich dem Herrn. Auf! und wir ritten in Haslacher Wald. Und da wars kurios, wie wir ſo in die Nacht reiten, hütt' juſt ein Schäfer da, und ſallen fünf Wölf in die Heerd, und packten weidlich an. Da

lachte unſer Herr und ſagte: Glück zu lieben Geſellen, Glück
überall und uns auch. Und es frenet' uns all das gute
Zeichen. Indem ſo kommt der Weislingen hergeritten mit
vier Knechten.

Maria. Das Herz zittert mir im Leibe.

Reuter. Ich und mein Kamerad, wie's der Herr be=
ſohlen hatte, niſtelten uns an ihn, als wären wir zuſammen
gewachſen, daß er ſich nicht regen noch rühren konnte, und
der Herr und der Hanns ſielen über die Knechte her und
nahmen ſie in Pflicht. Einer iſt entwiſcht.

Eliſabeth. Ich bin neugierig ihn zu ſehn. Kommen
ſie bald?

Reuter. Sie reiten das Thal herauf, in einer viertel
Stund ſind ſie hier.

Maria. Er wird niedergeſchlagen ſehn.

Reuter. Finſter guug ſieht er aus.

Maria. Sein Anblick wird mir im Herzen weh thun.

Eliſabeth. Ah! — Ich will gleich's Eſſen zu recht
machen. Hungrig werdet ihr doch all ſehn.

Renter. Rechtſchaffen.

Eliſabeth. Nimm die Kellerſchlüſſel und hol vom
beſten Wein, ſie haben ihn verdient. *Eliſabeth ab.*

Carl. Ich will mit Tante.

Maria. Komm Burſch. *ab.*

Reuter. Der wird nicht ſein Vater, ſonſt gieng er
mit in Stall.

Götz. Weislingen. Reutersknechte.

Götz *Helm und Schwerdt auf den Tiſch legend.* Schnallt mir den
Harniſch auf, und gebt mir meinen Wamms. Die Bequem=
lichkeit wird mir wohl thun, Bruder Martin du ſagteſt recht.
Ihr habt uns im Athem erhalten Weislingen.

Weislingen antwortet nichts, auf und abgehend.

Göß. Seyd guten Muths. Kommt entwaffnet euch. Wo sind eure Kleider? ich hoffe, es soll nichts verlohren gangen seyn. zum Knecht. Fragt seine Knechte und öfnet das Gepäcke, und seht zu, daß nichts abhanden komme. Ich könnt euch auch von den meinigen borgen.

Weislingen. Laßt mich so, es ist all eins.

Göß. Könnt euch ein hübsches saubres Kleid geben, ist zwar nur leinen. Mir ist's zu eng worden. Ich hats auf der Hochzeit meines gnädigen Herrn des Pfalzgrafen an, eben damals als euer Bischoff so giftig über mich wurde. Ich hatt' ihm vierzehn Tag vorher, zwey Schiff auf dem Mayn nieder geworfen. Und ich geh mit Franzen von Sickingen im Wirthshauß zum Hirsch in Haidelberg die Trepp hinauf. Eh' man noch ganz droben ist, ist ein Absatz und ein eisern Geländerlein, da stund der Bischoff und gab Franzen die Hand, wie er vorbey gieng, und gab sie mir auch, wie ich hinten drein kam. Ich lacht in meinem Herzen, und gieng zum Landgrafen von Hanau, der mir ein gar lieber Herr war, und sagte: Der Bischoff hat mir die Hand geben, ich wett er hat mich nicht gekannt. Das hört der Bischoff, denn ich redt laut mit Fleis, und kam zu uns trotzig — und sagte: Wohl, weil ich euch nicht kannt hab, gab ich euch die Hand. Da sagt ich: Herre ich merkts wohl, daß ihr mich nicht kanntet, und hiermit habt ihr eure Hand wieder. Da wurd's Männlin so roth am Hals wie ein Krebs vor Zorn, und lief in die Stube zu Pfalzgraf Ludwig und dem Fürsten von Nassau und klagt's ihnen. Wir haben nachher uns oft was drüber zu gute gethan.

Weislingen. Ich wollt ihr ließt mich allein.

Göß. Warum das? Ich bitt euch seyd aufgeräumt.

Ihr seyd in meiner Gewalt, und ich werd sie nicht miß=
brauchen.

Weislingen. Dafür war mirs noch nicht bange.
Das ist eure Ritterpflicht.

Götz. Und ihr wißt, daß die mir heilig ist.

Weislingen. Ich bin gefangen und das übrige ist
eins.

Götz. Ihr solltet nicht so reden. Wenn ihr's mit
Fürsten zu thun hättet, und sie euch in tiefen Turn an
Ketten aufhiengen, und der Wächter euch den Schlaf weg=
pfeifen müßte.

Die Knechte mit den Kleidern.

Weislingen legt sich aus und an.
Carl kommt.

Carl. Guten Morgen Papa.

Götz küßt ihn. Guten Morgen Junge. Wie habt ihr die
Zeit gelebt?

Carl. Recht geschickt Papa! Die Tante sagt: ich sey
recht geschickt.

Götz. So!

Carl. Hast du mir was mit gebracht?

Götz. Diesmal nicht.

Carl. Ich hab viel gelernt.

Götz Ey!

Carl. Soll ich dir vom frommen Kind erzählen?

Götz. Nach Tisch.

Carl. Ich weis noch was.

Götz. Was wird das seyn?

Carl. Jaxthaussen ist ein Dorf und Schloß an der
Jaxt, gehört seit zwey hundert Jahren denen Herrn von
Berlichingen erb und eigenthümlich zu.

17*

Göz. Kennst du den Herrn von Berlichingen.

Carl sieht ihn starr an.

Göz vor sich. Er kennt wohl für lauter Gelehrsamkeit seinen Vater nicht! Wem gehört Jaxthaussen?

Carl. Jaxthaussen ist ein Dorf und Schloß an der Jaxt.

Göz. Das frag ich nicht. — Ich kanute alle Pfade, Weg und Furthen, eh' ich wust wie Fluß, Dorf und Burg hies. — Die Mutter ist in der Küch?

Carl. Ja Papa! Sie kocht weise Rüben und ein Lammsbraten.

Göz. Weißt du's auch, Hanns Küchenmeister?

Carl. Und vor mich zum Nachtisch, hat die Tante einen Apfel gebraten.

Göz. Kannst du sie nicht roh essen?

Carl. Schmeckt so besser.

Göz. Du mußt immer was apartes haben. — Weis=lingen! ich bin gleich wieder bey euch. Ich muß meine Frau doch sehn. Komm mit Carl.

Carl. Wer ist der Mann?

Göz. Grüs' ihn. Bitt ihn er soll lustig seyn.

Carl. Da Mann! Hast du eine Hand, sey lustig, das Essen ist bald fertig.

Weislingen hebt ihn in die Höh und küßt ihn. Glückliches Kind! Das kein Uebel kennt, als wenn die Suppe lang aus=bleibt. Gott laß euch viel Freud am Knaben erleben, Ber=lichingen!

Göz. Wo viel Licht ist, ist starker Schatten — doch wär mirs willkommen. Wollen sehn was es giebt.

Sie gehn.

Weislingen. O daß ich aufwachte! Und das alles wäre ein Traum! In Berlichingens Gewalt! von dem ich mich kaum los gearbeitet hatte, dessen Andenken ich mied wie Feuer, den ich hoffte zu überwältigen! Und er — der alte treuherzige Götz! Heiliger Gott, was will aus dem allen werden! Rückgeführt Adelbert in den Saal! wo wir als Buden unsere Jagd trieben. Da du ihn liebtest, an ihm hiengst wie an deiner Seele. Wer kann ihm nahen und ihn hassen? Ach! Ich bin so ganz nichts hier. Glückselige Zeiten seyd vorbey, da noch der alte Berlichingen hier am Camin saß, da wir um ihn durch einander spielten, und uns liebten wie die Engel. Wie wird sich der Bischoff ängstigen, und meine Freunde. Ich weis, das ganze Land nimmt Theil an meinem Unfall. Was ist's! Können sie mir geben wornach ich strebe.

Götz mit einer Flasche Wein und Becher.

Götz. Biß das Essen fertig wird, wollen wir eins trinken. Kommt setzt euch, thut als wenn ihr zu Hause wärt. Denkt, ihr seyd wieder einmal beym Götz. Haben doch lange nicht beysammen gesessen, lang keine Flasche mit einander ausgestochen. bringts ihm. Ein frölich Herz!

Weislingen. Die Zeiten sind vorbey.

Götz. Behüte Gott! Zwar vergnügtere Tage werden wir wohl nicht wieder finden, als an des Marggrafens Hof, da wir noch beysammen schliefen, und mit einander herum zogen. Ich erinnere mich mit Freuden meiner Jugend. Wißt ihr noch, wie ich mit dem Polacken Händel kriegte, dem ich sein gepicht und gekräuselt Haar von ohngefähr mit dem Ermel verwischte?

Weislingen. Es war bey Tische, und er stach nach euch mit dem Messer.

Götz. Den schlug ich wacker aus dazumal, und darüber wurdet ihr mit seinem Kamerad zu Unfried. Wir hielten immer redlich zusammen als gute brave Jungens, dafür er=

kennte uns auch jedermann. ſchenkt ein und bringts Caſtor und
Pollux! Mir thats immer im Herzen wohl, wenn uns der
Marggraf ſo zutrank.

Weislingen. Der Biſchoff von Würzburg hatte es
aufgebracht.

Götz. Das war ein gelehrter Herr, und dabey ſo leut=
ſelig. Ich erinnere mich ſeiner ſo lange ich lebe, wie er
uns liebkoſte, unſere Eintracht lobte, und den Menſchen
glücklich pries der ein Zwillingsbruder ſeines Freund's wäre.

Weislingen. Nichts mehr davon.

Götz. Warum nicht? Nach der Arbeit wüßt ich nichts
angenehmers, als mich des Vergangenen zu erinnern. Frey=
lich, wenn ich wieder ſo bedenke, wie wir Liebs und Leids
zuſammen trugen, einander alles waren, und wie ich damals
wähnte, ſo ſollts unſer ganzes Leben ſeyn. War das nicht
all mein Troſt wie mir dieſe Hand weggeſchoſſen ward vor
Landshut, und du mein pflegteſt, und mehr als Bruder für
mich ſorgteſt, ich hofte Adelbert wird künftig meine rechte
Hand ſeyn. Und nun —

Weislingen. Oh!

Götz. Wenn du mir damals geſolgt hätteſt, da ich dir
anlag mit nach Brabant zu ziehen, es wäre alles gut ge=
blieben. Da hielt dich das unglückliche Hofleben, und das
Schlenzen und Scharwenzen mit den Weibern. Ich ſagt
es dir immer, wenn du dich mit den eitlen garſtigen Vet=
teln abgabſt, und ihnen erzählteſt von mißvergnügten Ehen,
verführten Mädgen, der rauhen Haut einer dritten, oder
was ſie ſonſt gerne hören, du wirſt ein Spitzbub, ſagt ich,
Adelbert.

Weislingen. Wozu ſoll das alles.

Götz. Wollte Gott ich könnts vergeſſen, oder es wär
anders. Biſt du nicht eben ſo frey, ſo edel gebohren als

einer in Deutſchland, unabhängig, nur dem Kayſer unterthan, und du ſchmiegſt dich unter Vaſallen. Was haſt du
von dem Biſchoff? Weil er dein Nachbar iſt? Dich necken
könnte? Haſt du nicht Arme und Freunde, ihn wieder zu
necken? Verkennſt den Werth eines freyen Rittersmanns,
der nur abhängt von Gott, ſeinem Kayſer und ſich ſelbſt,
verkriechſt dich zum erſten Hoffſchranzen eines eigenſinnigen
neidiſchen Pfaffen.

Weislingen. Laßt mich reden.

Götz. Was haſt du zu ſagen?

Weislingen. Du ſiehſt die Fürſten an, wie der Wolf
den Hirten. Und doch, darfſt du ſie ſchelten, daß ſie ihrer
Leut und Länder Beſtes wahren? Sind ſie denn einen
Augenblick vor den ungerechten Rittern ſicher, die ihre Unterthanen auf allen Straßen anfallen, ihre Dörfer und Schlöſſer
verheeren? Wenn nun auf der andern Seite unſers theuren
Kayſers Länder der Gewalt des Erbfeindes ausgeſetzt ſind,
er von den Ständen Hülfe begehrt, und ſie ſich kaum ihres
Lebens erwehren; iſt's nicht ein guter Geiſt der ihnen ein-
räth auf Mittel zu deulen Deutſchland zu beruhigen, die
Staatsverhältniſſe näher zu beſtimmen, um einem jeden,
Großen und Kleinen die Vortheile des Friedens genießen zu
machen. Und uns verdenkſt du's Berlichingen, daß wir uns
in ihren Schutz begeben, deren Hülfe uns nah iſt, ſtatt daß
die entfernte Majeſtät ſich ſelbſt nicht beſchützen kann.

Götz. Ja! Ja! Ich verſteh! Weislingen, wären die
Fürſten wie ihr ſie ſchildert, wir hätten alle was wir begehren. Ruh und Frieden! Ich glaubs wohl! Den wünſcht
jeder Raubvogel, die Beute nach Bequemlichkeit zu verzehren.
Wohlſeyn eines jeden! Daß ſie ſich nur darum graue Haare
wachſen ließen. Und mit unſerm Kayſer ſpielen ſie auf eine
unanſtändige Art. Er meynts gut, und möcht gern beſſern.

Da kommt denn alle Tage ein neuer Pfannenflicker, und meynt so und so. Und weil der Herr geschwind was begreift, und nur reden darf um tausend Händ in Bewegung zu setzen, so meynt er, es wär auch alles so geschwind und leicht ausgeführt. Nun ergehn Verordnungen über Verordnungen, und wird eine über die andere vergessen, und was den Fürsten in ihren Kram dient, da sind sie hinter her, und gloriiren von Ruh und Sicherheit des Staats, bis sie die Kleinen unterm Fuß haben. Ich will darauf schwören, es dankt mancher in seinem Herzen Gott, daß der Türk dem Kayser die Waage hält.

Weislingen. Ihr sehts von eurer Seite.

Götz. Das thut jeder. Es ist die Frage auf welcher Licht und Recht ist, und eure Gäuge scheuen wenigstens den Tag.

Weislingen. Ihr dürft reden, ich bin der Gefangne.

Götz. Wenn euer Gewissen rein ist, so seyd ihr frey. Aber wie wars mit dem Landfrieden? Ich weiß noch als ein Bub von sechzehn Jahren, war ich mit dem Marggraf auf dem Reichstag. Was die Fürsten da für weite Mäuler machten, und die Geistlichen am ärgsten. Euer Bischoff lärmte dem Kayser die Ohren voll, als wenn ihm wunder die Gerechtigkeit an's Herz gewachsen wäre, und setzt wirft er mir selbst einen Buben nieder, zur Zeit da unsere Händel vertragen sind, ich an nichts böses denke. Ist nicht alles zwischen uns geschlichtet? Was hat er mit dem Buben?

Weislingen. Es geschah ohne sein Wissen.

Götz. Warum giebt er ihn nicht wieder los?

Weislingen. Er hat sich nicht aufgeführt wie er sollte.

Götz. Nicht wie er sollte! Bey meinem Eyd, er hat gethan, wie er sollte, so gewiß er mit eurer und des Bi-

schoffs Kundschaft gefangen ist. Meynt ihr, ich komme erst
heut auf die Welt, um nicht zu sehen, wo alles hinaus will.

Weislingen. Ihr seyd argwöhnisch und thut uns
Unrecht.

Götz. Weislingen, soll ich von der Leder weg reden?
Ich bin euch ein Dorn in den Augen, so klein ich bin, und
der Sickingen und Selbitz nicht weniger, weil wir fest ent=
schlossen sind zu sterben eh, als die Luft jemanden zu ver=
danken, ausser Gott, und unsere Tren und Dienst zu leisten,
als dem Kayser. Da ziehen sie nun um mich herum, ver=
schwärzen mich bey Ihro Majestät und ihren Freunden, und
meinen Nachbarn, und spioniren nach Vortheil über mich.
Aus dem Weg wollen sie mich haben, wie's wäre. Darum
nahmt ihr meinen Buben gefangen, weil ihr wußtet, ich
hatte ihn auf Kundschaft ausgeschickt, und darum that er
nicht was er sollte, weil er mich nicht an euch verrieth.
Und du Weislingen bist ihr Werkzeug!

Weislingen. Berlichingen!

Götz. Kein Wort mehr davon, ich bin ein Feind von
Explicationen, man betrügt sich oder den andern, und meist
beyde.

Carl. Zu Tisch Papa!

Götz. Fröhliche Bottschaft! Kommt, ich hoffe meine
Weibsleute sollen euch munter machen. Ihr war't sonst
ein Liebhaber, die Fräuleins wußten von euch zu erzählen.
Kommt! ab.

Im Bischöflichen Pallast zu Bamberg.

Der Speißesaal.

Bischoff von Bamberg, Abt von Fulda, Olearius beyder Rechten Doctor, Liebetraut, Hofleute, an Tafel, der Nachtisch und die große Pokale werden aufgetragen.

Bischoff. Studieren jetzt viele Deutsche von Adel zu Bologna?

Olearius. Vom Adel- und Bürgerstand. Und ohne Ruhm zu melden, tragen sie das größte Lob davon. Man pflegt im Sprichwort auf der Akademie zu sagen: So fleißig wie ein Deutscher von Adel. Denn indem die Bürgerliche einen rühmlichen Fleiß anwenden, durch Talente den Mangel der Geburt zu ersetzen, so bestreben sich jene, mit rühmlicher Wetteiferung, ihre angebohrne Würde, durch die glänzendste Verdienste zu erhöhen.

Abt. Ey!

Liebetraut. Sag einer! was man nicht erlebt. So fleißig wie ein Deutscher von Adel! das hab ich mein Tage nicht gehört.

Olearius. Ja, sie sind die Bewunderung der ganzen Academie. Es werden ehestens einige von den ältesten und geschicktesten als Doctores zurückkommen. Der Kayser wird glücklich seyn, seine Gerichte damit besetzen zu können.

Bischoff. Das kann nicht fehlen.

Abt. Kennen sie nicht zum Exempel einen Junker? — er ist aus Hessen —

Olearius. Es sind viel Hessen da.

Abt. Er heißt — Er ist — Weiß es keiner von

euch? — Seine Mutter war eine von — Oh! Sein
Vater hatte nur ein Aug — und war Marschall.

Liebetraut. Von Wildenholz.

Abt. Recht — von Wildenholz.

Olearius. Den kenn ich wohl, ein junger Herr von
vielen Fähigkeiten. Besonders rühmt man ihn wegen seiner
Stärke im Disputiren.

Abt. Das hat er von seiner Mutter.

Liebetraut. Nur wollte sie ihr Mann niemals drum
rühmen.

Bischoff. Wie sagtet ihr, daß der Kayser hieß, der
euer Corpus Juris geschrieben hat.

Olearius. Justinianus.

Bischoff. Ein treflicher Herr! Er soll leben!

Olearius. Sein Andenken!   sie trinken.

Abt. Es mag ein schön Buch seyn.

Olearius. Man mögts wohl ein Buch aller Bücher
nennen. Eine Sammlung aller Gesetze, bey jedem Fall der
Urtheilsspruch bereit, oder was ja noch abgängig oder
dunkel wäre, ersetzen die Glossen, womit die gelehrtesten
Männer das fürtreflichste Werk geschmückt haben.

Abt. Eine Sammlung aller Gesetze! potz! Da müssen
auch wohl die zehen Gebote drinn seyn.

Olearius. Implicite wohl, nicht explicite.

Abt. Das meyn ich auch, an und vor sich, ohne
weitere Explication.

Bischoff. Und was das schönste ist, so könnte, wie
ihr sagt, ein Reich in sicherster Ruhe und Frieden leben, wo
es völlig eingeführt, und recht gehandhabt würde.

Olearius. Ohne Frage.

Bischoff. Alle Doctores Juris!

Olearius. Ich werd's zu rühmen wissen. sie trinken.
Wollte Gott man spräche so in meinem Vaterland.

Abt. Wo seyd ihr her? Hochgelahrter Herr.

Olearius. Von Frankfurt am Mayn. Ihro Eminenz
zu dienen.

Bischoff. Steht ihr Herrn da nicht wohl angeschrieben!
Wie kommt das?

Olearius. Sonderbar genug. Ich war da meines Vaters
Erbschaft abzuholen, der Pöbel hätte mich fast gesteinigt,
wie er hörte ich sey ein Jurist.

Abt. Behüte Gott!

Olearius. Daher kommts. Der Schöppenstul, der
in großem Ansehen weit umher steht, ist mit lauter Leuten
besetzt, die der Römischen Rechte unkundig sind. Es gelangt
niemand zur Würde eines Richters, als der durch Alter
und Erfahrung eine genaue Kenntniß des innern und äu=
ßern Zustandes der Stadt, und eine starke Urtheilskraft sich
erworben hat, das Vergangene auf das Gegenwärtige anzu=
wenden. So sind die Schöffen lebendige Archive, Chro=
nicken, Gesetzbücher, alles in Einem, und richten nach altem
Herkommen und wenigen Statuten ihre Bürger, und die
Nachbarschaft.

Abt. Das ist wohl gut.

Olearius. Aber lange nicht genug. Der Menschen
Leben ist kurz, und in Einer Generation kommen nicht alle
Casus vor. Eine Sammlung solcher Fälle von vielen Jahr=
hunderten ist unser Gesetzbuch. Und dann ist der Wille und
die Meynung der Menschen schwankend, dem deucht heute
das recht, was der andere morgen mißbilliget. Und so ist
Verwirrung und Ungerechtigkeit unvermeidlich. Das alles
bestimmen die Gesetze; und die Gesetze sind unveränderlich.

Abt. Das ist freylich besser.

Olearius. Das erkennt der Pöbel nicht, der, so gierig er auf Neuigkeiten ist, das Neue höchst verabscheuet, das ihn aus seinem Gleise leiten will, und wenn er sich noch so sehr dadurch verbessert. Sie halten den Juristen so arg als einen Verwirrer des Staats, einen Beutelschneider, und sind wie rasend, daß sich dort keine anbauen.

Liebetraut. Ihr seyd von Frankfurt! Ich bin wohl da bekannt. Bey Kayser Maximilians Krönung haben wir euren Bräutigams was vorgeschmaußt. Euer Name ist Olearius? Ich kenne so niemanden.

Olearius. Mein Vater hies Oehlmann. Nur den Mißstand auf dem Titel meiner lateinischen Schriften zu vermeiden, nenne ich mich, nach dem Beyspiel und auf An=rathen würdiger Rechtslehrer, Olearius.

Liebetraut. Ihr thatet wohl, daß Ihr euch übersetztet. Ein Prophet gilt nichts in seinem Vaterlande, es hätt' euch in eurer Muttersprach auch so gehen können.

Olearius. Es war nicht darum.

Liebetraut. Alle Dinge haben ein Paar Ursachen.

Abt. Ein Prophet gilt nichts in seinem Vaterlande.

Liebetraut. Wißt ihr auch warum, Hochwürdiger Herr?

Abt. Weil er da gebohren und erzogen ist.

Liebetraut. Wohl! Das mag die Eine Ursache seyn. Die andere ist: Weil bey einer näheren Bekanntschaft mit denen Herrn, der Nimbus von Ehrwürdigkeit und Heiligkeit wegschwindet, den uns eine neblichte Ferne um sie herum lügt, und dann sind sie ganz kleine Stümpfgen Unschlitt.

Olearius. Es scheint ihr seyd dazn bestellt Wahr=heiten zu sagen.

Liebetraut. Weil ich's Herz dazn hab, so fehlt mirs nicht am Maul.

Olearius. Aber doch an Geschicklichkeit sie wohl anzubringen.

Liebetraut. Schröpfköpfe sind wohl angebracht, wo sie ziehen.

Olearius. Bader erkennt man an der Schürze, und nimmt in ihrem Amt ihnen nichts übel. Zur Vorsorge thätet ihr wohl, wenn ihr eine Schellenkappe trügt.

Liebetraut. Wo habt ihr promovirt? Es ist nur zur Nachfrage, wenn mir einmal der Einfalt käme, daß ich gleich vor die rechte Schmiede gienge.

Olearius. Ihr seyd verwegen.

Liebetraut. Und ihr sehr dreit. Bischoff und Abt lachen.

Bischoff. Von was anders — Nicht so hitzig ihr Herrn. Bey Tisch geht alles drein. — Einen andern Discours, Liebetraut.

Liebetraut. Gegen Frankfurt liegt ein Ding über, heißt Sachsenhaußen —

Olearius zum Bischoff. Was spricht man vom Türkenzug, Ihro Bischöffliche Gnaden?

Bischoff. Der Kayser hat nichts angelegners, als vor erst das Reich zu beruhigen, die Vehden abzuschaffen, und das Ansehn der Gerichte zu befestigen. Dann, sagt man, wird er persönlich gegen die Feinde des Reichs und der Christenheit ziehen. Jetzt machen ihm seine Privathändel noch zu thun, und das Reich ist, trotz ein vierzig Landfriedens, noch immer eine Mördergrube. Franken, Schwaben, der Oberrhein und die angränzende Länder, werden von übermüthigen und kühnen Rittern verheeret. Sickingen, Selbiz mit dem einen Fuß, Berlichingen mit der eisernen Hand, spotten in diesen Gegenden des Kayserlichen Ansehens —

Abt. Ja, wenn Ihro Majestät nicht bald darzu thun; so stecken einen die Kerl am End in Sack.

Liebetraut. Das müßt ein Kerl seyn, der das Wein=
faß von Fuld in den Sack schieben wollte.

Bischoff. Besonders ist dieser letztere seit vielen Jahren
mein unversöhnlicher Feind, und molestirt mich unsäglich,
aber es soll nicht lang mehr währen, hoff ich. Der Kayser hält
jetzt seinen Hof zu Augspurg. Wir haben unsere Maas=
regeln genommen, es kann uns nicht fehlen. — Herr Doktor
kennt ihr Adelberten von Weislingen?

Olearius. Nein, Ihro Eminenz.

Bischoff. Wenn ihr die Ankunft dieses Mann's er=
wartet, werdet ihr euch freuen, den edelsten, verständigsten
und angenehmsten Ritter in einer Person zu sehen.

Olearius. Es muß ein fürtreflicher Mann seyn, der
solche Lobeserhebungen aus solch einem Munde verdient.

Liebetraut. Er ist auf keiner Akademie gewesen.

Bischoff. Das wissen wir.

Die Bedienten laufen ans Fenster.

Bischoff. Was giebts?

Ein Bedienter. Eben reit Färber Weislingens Knecht
zum Schloßthor herein.

Bischoff. Seht was er bringt, er wird ihn melden.

Liebetraut geht. Sie stehn auf und trinken noch eins.

Liebetraut kommt zurück.

Bischoff. Was vor Nachrichten?

Liebetraut. Ich wollt es müßt sie euch ein andrer
sagen. Weislingen ist gefangen.

Bischoff. O!

Liebetraut. Berlichingen hat ihn und drey Knechte bey
Haslach weggenommen. Einer ist entronnen euch's anzusagen.

Abt. Eine Hiobs Post!

Olearius. Es thut mir von Herzen leid.

Bischoff. Ich will den Knecht sehn, bringt ihn her=

auf — Ich will ihn selbst sprechen. Bringt ihn in mein Cabinet. ab.

Abt setzt sich. Noch einen Schluck. Die Knechte schenken ein.

Olearius. Belieben Ihro Hochwürden nicht eine kleine Promenade in den Garten zu machen? Post coenam stabis seu passus mille meabis.

Liebetraut. Wahrhaftig, das Sizen ist ihnen nicht gesund. Sie kriegen noch ein Schlagfluß.

Abt hebt sich auf.

Liebetraut vor sich. Wann ich ihn nur draussen hab, will ich ihm vors Exercitium sorgen. gehn ab.

Jaxthaussen.

Maria. Weislingen.

Maria. Ihr liebt mich, sagt ihr. Ich glaub es gerne, und hoffe mit euch glücklich zu seyn, und euch glücklich zu machen.

Weislingen. Ich fühle nichts, als nur daß ich ganz dein bin. er umarmt sie.

Maria. Ich bitte euch laßt mich. Einen Kuß hab ich euch zum Gott'spfennig erlaubt, ihr scheinet aber schon von dem Besiz nehmen zu wollen, was nur unter Bedingungen euer ist.

Weislingen. Ihr seyd zu streng Maria! Unschuldige Liebe erfreut die Gottheit, statt sie zu beleidigen.

Maria. Es sey! Aber ich bin nicht dadurch erbaut. Man lehrte mich: Liebkosungen seyen wie Ketten stark durch ihre Verwandschaft, und Mädgen, wenn sie liebten, sehen schwächer als Simson nach dem Verlust seiner Locken.

Weislingen. Wer lehrte euch das?

Maria. Die Abtißin meines Klosters. Bis in mein sechzehnt Jahr war ich bey ihr, und nur mit euch empfind ich das Glück das ich in ihrem Umgang genoß. Sie hatte geliebt, und durfte reden. Sie hatte ein Herz voll Empfindung! Sie war eine fürtrefliche Frau.

Weislingen. Da glich sie dir! er nimmt ihre Hand. Wie wird mirs werden, wenn ich euch verlassen soll!

Maria zieht ihre Hand zurück. Ein bißgen eng, hoff ich, denn ich weiß wie mir's sehn wird. Aber ihr sollt fort.

Weislingen. Ja, meine Theuerste und ich will. Denn ich fühle, welche Seeligkeiten ich mir durch dieses Opfer er= werbe. Gesegnet sey dein Bruder, und der Tag an dem er auszog mich zu fangen.

Maria. Sein Herz war voll Hoffnung für ihn und dich. Lebt wohl! sagt er bey'm Abschied, ich will sehen daß ich ihn wieder finde.

Weislingen. Er hats. Wie wünscht ich die Verwal= tung meiner Güter und ihre Sicherheit, nicht durch das lei= dige Hofleben so versäumt zu haben. Du könntest gleich die meinige sehn.

Maria. Auch der Aufschub hat seine Freuden.

Weislingen. Sage das nicht Maria, ich muß sonst fürchten du empfindest weniger stark als ich. Doch ich büse verdient, und schwindet nicht alle Entsagung gegen den Him= mel voll Aussichten. Ganz der deine zu sehn, nur in dir und dem Kreis von Guten zu leben, von der Welt entfernt, getrennt, alle Wonne zu genießen die so zwey Herzen ein= ander gewähren! Was ist die Gnade des Fürsten, was der Beyfall der Welt gegen diese einsache einzige Glückseligkeit.

Ich habe viel gehofft und gewünscht, das wiederfährt mir über alles Hoffen und Wünschen.

Göz kommt.

Göz. Euer Knab ist wieder da. Er konnte vor Mü=
digkeit und Hunger kaum etwas vorbringen. Meine Frau
giebt ihm zu essen. So viel hab ich verstanden, der Bi=
schoff will den Knaben nicht heraus geben, es sollen Kayser=
liche Commissarien ernannt, und ein Tag ausgesetzt werden, wo
die Sache denn verglichen werden mag. Dem sey wie ihm
wolle, Adelbert, ihr seyd frey, ich verlange weiter nichts als
eure Hand, daß ihr inskünftige meinen Feinden weder öffent=
lich noch heimlich Vorschub thuu wollt.

Weislingen. Hier faß ich eure Hand. Laßt von diesem
Augenblick an Freundschaft und Vertrauen gleich einem ewi=
gen Gesez der Natur unveränderlich unter uns seyn. Erlaubt
mir zugleich diese Hand zu fassen. Er nimmt Mariens Hand; Und
den Besiz des edelsten Fräuleins.

Göz. Darf ich ja für euch sagen?

Maria. Bestimmt meine Antwort nach dem Werthe
seiner Verbindung mit euch.

Göz. Es ist ein Glück, daß unsere Vortheile diesmal mit
einander gehn. Du brauchst nicht roth zu werden. Deine Blicke
sind Beweis genug. Ja denn Weislingen! Gebt. euch die
Hände, und so sprech ich Amen! Mein Freund und Bruder!
Ich danke dir Schwester! Du kannst mehr als Hans
spinnen. Du hast einen Faden gedreht diesen Paradiesvogel
zu fesseln. Du siehst nicht ganz frey Adelbert! Was fehlt dir?
Ich — bin ganz glücklich; was ich nur träumend hofte,
seh ich, und bin wie träumend. Ach! nun ist mein Traum
aus. Mir wars heute Nacht, ich gäb dir meine rechte
eiserne Hand, und du hieltest mich so fest, daß sie aus den

Armschienen gieng wie abgebrochen. Ich erschrack und wachte drüber auf. Ich hätte nur fort träumen sollen, da würd ich gesehen haben, wie du mir eine neue lebendige Hand ansetztest. — Du sollt mir jetzo fort, dein Schloß und deine Güter in vollkommenen Stand' zu setzen. Der verdammte Hof hat dich beydes versäumen machen. Ich muß meiner Frau rufen. Elisabeth!

Maria. Mein Bruder ist in voller Freude.

Weislingen. Und doch darf ich ihm den Rang streitig machen.

Götz. Du wirst anmuthig wohnen.

Maria. Franken ist ein gesegnetes Land.

Weislingen. Und ich darf wohl sagen, mein Schloß liegt in der gesegnetsten und anmuthigsten Gegend.

Götz. Das dürft ihr, und ich wills behaupten. Hier fließt der Mayn, und allmählich hebt der Berg an, der mit Aeckern und Weinbergen bekleidet von eurem Schloß gekrönt wird, dann biegt sich der Fluß schnell um die Ecke hinter dem Felsen eures Schlosses hin. Die Fenster des großen Saals gehen steil herab auf's Wasser, eine Aussicht viel Stunden weit.

Elisabeth kommt.

Elisabeth. Was schafft ihr?

Götz. Du sollst deine Hand auch darzu geben, und sagen: Gott segne euch. Sie sind ein Paar.

Elisabeth. So geschwind!

Götz. Aber nicht unvermuthet.

Elisabeth. Möget ihr euch so immer nach ihr sehnen, als bisher da ihr um sie warbt. Und dann! Mögtet ihr so glücklich seyn, als ihr sie lieb behaltet.

Weislingen. Amen! Ich begehre kein Glück, als unter diesem Titel.

Götz. Der Bräutigam, meine liebe Frau, thut eine kleine Reise, denn die große Veränderung zieht viel geringe nach sich. Er entfernt sich zuerst vom Bischöflichen Hof, um diese Freundschaft nach und nach erkalten zu lassen. Dann reißt er seine Güter eigennützigen Pachtern aus den Häuden. Und — kommt Schwester, komm Elisabeth! Wir wollen ihn allein lassen. Sein Knab hat ohne Zweifel geheime Aufträge an ihn.

Weislingen. Nichts als was ihr wissen dürft.

Götz. Brauchts nicht. Franken und Schwaben! Ihr seyd nun verschwisterter als jemals. Wie wollen wir denen Fürsten den Daumen auf dem Aug halten! *Die drey gehn.*

Weislingen. Gott im Himmel! konntest du mir Unwürdigen solch eine Seeligkeit bereiten. Es ist zu viel für mein Herz. Wie ich von den elenden Menschen abhieng die ich zu beherrschen glaubte, von den Blicken des Fürsten, von dem ehrerbietigen Beyfall umher. Götz theurer Götz hast mich mir selbst wieder gegeden, und Maria du vollendest meine Sinnesänderung. Ich fühle mich so frey wie in heiterer Luft. Bamberg will ich nicht mehr sehen, will alle die schändliche Verbindungen durchschneiden, die mich unter mir selbst hielten. Mein Herz erweitert sich, hier ist kein beschwerliches Streden nach versagter Größe. So gewiß ist der allein glücklich und groß, der weder zu herrschen noch zu gehorchen braucht um etwas zu seyn.

Franz tritt auf.

Franz. Gott grüs euch gestrenger Herr! Ich dring euch so viel Grüse, daß ich nicht weiß wo anzufangen. Bamberg, und zehn Meilen in die Runde entbieten euch ein tausendfaches: Gott rüs eu .

Weislingen. Willkommen Franz! Was bringst du mehr?

Franz. Ihr steht in einem Andenken bey Hof und überall, daß nicht zu sagen ist.

Weislingen. Das wird nicht lang dauren.

Franz. So lang ihr lebt! und nach eurem Tod wird's heller blinken, als die meßingene Buchstaben auf einem Grabstein. Wie man sich euern Unfall zu Herzen nahm!

Weislingen. Was sagte der Bischoff?

Franz. Er war so begierig zu wissen, daß er mit der geschäftigsten Geschwindigkeit von Fragen meine Antwort verhinderte. Er mußte es zwar schon, denn Färber, der von Haslach entrann, brachte ihm die Bottschaft. Aber er wollte alles wissen. Er fragte so ängstlich, ob ihr nicht versehrt wäret? Ich sagte: er ist ganz, von der äußersten Haarspitze bis zum Nagel des kleinen Zehs.

Weislingen. Was sagte er zu den Vorschlägen?

Franz. Er wollte gleich alles heraus geben, den Knaben und noch Geld darauf, nur euch zu befreyen. Da er aber hörte, ihr solltet ohne das loskommen, und nur euer Wort das Equivalent gegen den Buben seyn; da wollte er absolut den Berlichingen vertagt haben. Er sagte mir hundert Sachen an euch, ich hab sie vergessen. Es war eine lange Predigt über die Worte: Ich kann Weislingen nicht entbehren.

Weislingen. Er wirds lernen müssen!

Franz. Wie meynt ihr? Er sagte: mach ihn eilen, es wartet alles auf ihn.

Weislingen. Es kann warten. Ich gehe nicht an Hof.

Franz. Nicht an Hof? Herr! Wie kommt euch das? Wenn ihr wüßtet was ich weiß. Wenn ihr nur träumen könntet, was ich gesehen habe.

Weislingen. Wie wird dir's?

Franz. Nur von der bloßen Erinnerung komm ich auffer mir. Bamberg ist nicht mehr Bamberg, ein Engel in Weibergestalt macht es zum Vorhof des Himmels.

Weislingen. Nichts weiter?

Franz. Ich will ein Pfaff werden, wenn ihr sie seht, und nicht auffer euch kommt.

Weislingen. Wer ist's denn?

Franz. Adelheid von Walldorf.

Weislingen. Die! Ich hab viel von ihrer Schönheit gehört.

Franz. Gehört? Das ist eben als wenn ihr sagtet, ich hab die Musik gesehen. Es ist der Zunge so wenig möglich eine Linie ihrer Vollkommenheiten auszudrucken, da das Aug sogar in ihrer Gegenwart sich nicht selbst genug ist.

Weislingen. Du bist nicht gescheidt.

Franz. Das kann wohl seyn. Das letztema, daß ich sie sahe, hatte ich nicht mehr Sinne als ein Trunkener. Oder vielmehr, kann ich sagen, ich fühlte in dem Augenblick, wie's den Heiligen bey himmlischen Erscheinungen seyn mag. Alle Sinne stärker, höher, vollkommener, und doch den Gebrauch von keinem.

Weislingen. Das ist seltsam.

Franz. Wie ich von dem Bischoff Abschied nahm, saß sie bey ihm. Sie spielten Schach. Er war sehr gnädig, reichte mir seine Hand zu küssen und sagte mir viel vieles, davon ich nichts vernahm. Denn ich sah seine Nachbarinn, sie hatte ihr Auge auf's Bret geheftet, als wenn sie einem großen Streich nachsänne. Ein feiner laurender Zug um Mund und Wange! Ich hätte der elfenbeinerne König seyn mögen. Adel und Freundlichkeit herrschten auf ihrer Stirne. Und das blendende Licht des Angesichts und des Busens wie es von den finstern Haaren erhoben ward!

Weislingen. Du bist gar drüber zum Dichter ge=
worden.

Franz. So. fühl ich denn in dem Augenblick, was den
Dichter macht, ein volles, ganz von Einer Empfindung volles
Herz. Wie der Bischoff endigte und ich mich neigte, sah sie mich
an, und sagte: auch von mir einen Grus unbekannter weis!
Sag ihm, er mag ja bald kommen. Es warten neue Freunde
auf ihn, er soll sie nicht verachten wenn er schon an alten
so reich ist. — Ich wollte was antworten, aber der Paß vom
Herzen nach der Zunge war versperrt, ich neigte mich. Ich
hätte mein Vermögen gegeben die Spitze ihres kleinen Fingers
küssen zu dürfen! Wie ich so stund wurf der Bischoff einen
Bauren herunter, ich fuhr darnach und berührte im Auf=
heben den Saum ihres Kleides, das fuhr mir durch alle
Glieder, und ich weis nicht wie ich zur Thüre hinaus ge=
kommen bin.

Weislingen. Ist ihr Mann bey Hofe?

Franz. Sie ist schon vier Monath Wittwe. Um sich zu
zerstreuen hält sie sich in Bamberg auf. Ihr werdet sie
sehen. Wenn sie einen ansieht, ists als wenn man in der
Frühlings=Sonne stünde.

Weislingen. Es würde eine schwächere Würkung auf
mich machen.

Franz. Ich höre, ihr seyd so gut als verheyrathet.

Weislingen. Wollte ich wärs. Meine sanfte Marie wird
das Glück meines Lebens machen. Ihre süße Seele bildet
sich in ihren blauen Augen. Und weis wie ein Engel des
Himmels, gebildet aus Unschuld und Liebe, leitet sie mein
Herz zur Ruhe und Glückseligkeit. Pack zusammen! Und
dann auf mein Schloß! Ich will Bamberg nicht sehen, und
wenn Sankt Veit in Person meiner begehrte. Geht ab.

Franz. Da sey Gott für, wollen das beste hoffen.

Maria ist liebreich und schön, und einem Gefangenen und
Kranken kann ich nicht übel nehmen der sich in sie verliebt.
In ihren Augen ist Trost, gesellschaftliche Melancholie. —
Aber um dich Adelheid ist Leben, Feuer, Muth — Ich
würde! — Ich bin ein Narr — dazu machte mich Ein
Blick von ihr. Mein Herr muß hin! Ich muß hin! Und
da will ich mich wieder gescheid oder völlig rasend gassen.

Zweyter Act.

Bamberg.

Ein Saal.

Bischoff, Adelheid spielen Schach, **Liebetraut** mit einer Zitter.
Hofdamen, Hofleute um ihn herum am Camin.

Liebetraut spielt und singt.

> Mit Pfeilen und Bogen
> Cupido geflogen
> Mit Fackel im Brand,
> Wollt mutilich kriegen
> Und männilich siegen
> Mit stürmender Hand.
> Auf! Auf!
> An! An!
> Die Waffen erklirrten
> Die Flügelein schwirrten
> Die Augen entbrannt.

Da faud er die Bufen
Ach leider ſo blos,
Sie nahmen ſo willig
Jhn all auf den Schoos.
Er ſchüttet die Pfeile
Zum Feuer hinein,
Sie herzten und drückten
Und wiegten ihn ein.
                    Hey ey o! Popeyo!

Adelheid. Jhr ſeyd nicht bey eurem Spiel. Schach dem König!

Biſchoff. Es iſt noch Auskunft.

Adelheid. Lang werdet ihrs nicht mehr treiben. Schach dem König!

Liebetraut. Das Spiel ſpielt ich nicht wenn ich ein großer Herr wär, und verböts am Hof und im ganzen Land.

Adelheid. Es iſt wahr, das Spiel iſt ein Probierſtein des Gehirns.

Liebetraut. Es iſt nicht darum. Jch wollte lieber das Geheul der Todtenglocke und ominöſer Vögel, lieber das Gebell des knurriſchen Hofhunds Gewiſſen, lieber wollt ich ſie durch den tiefſten Schlaf hören, als von Laufern, Springern, und andern Beſtien das Ewige: Schach dem König!

Biſchoff. Wem wird auch das einfallen!

Liebetraut. Einem zum Exempel, der ſchwach wäre und ein ſtark Gewiſſen hätte, wie denn das meiſtentheils bey= ſammen iſt. Sie nennens ein königlich Spiel, und ſagen, es ſey für einen König erfunden worden, der den Erfinder mit einem Meer von Ueberfluß belohnte. Wenn's wahr iſt, ſo iſt mirs als wenn ich ihn ſähe. Er war minorenn an Verſtand oder an Jahren, unter der Vormundſchaft ſeiner Mutter oder ſeiner Frau, hatte Milchhaare im Bart und

Flachshaare um die Schläfe, er war so gefällig wie ein
Weidenschößling, und spielte gern mit den Damen und auf
der Dame, nicht aus Leidenschaft, behüte Gott, nur zum
Zeitvertreib. Sein Hofmeister zu thätig ein Gelehrter, zu
unlenksam ein Weltmann zu seyn, erfand das Spiel in
usum Delphini, das so homogen mit seiner Majestät war
— und so ferner.

Adelheid. Schach dem König, und nun ist's aus! Ihr
solltet die Lücken unsrer Geschichtsbücher ausfüllen Liebetraut.

Liebetraut. Die Lücken unsrer Geschlechtsregister, das
wäre profitabler. Seit dem die Verdienste unserer Vorfahren
mit ihren Portraits zu einerley Gebrauch dienen, die leeren
Seiten nemlich unsrer Zimmer und unsres Charakters zu
tappezieren; da wäre was zu verdienen.

Bischoff. Er will nicht kommen, sagtet ihr!

Adelheid. Ich bitt euch schlagts euch aus dem Sinn.

Bischoff. Was das seyn mag?

Liebetraut. Was? Die Ursachen lassen sich herunter
beten wie ein Rosenkranz. Er ist in eine Art von Zer=
knirschung gefallen, von der ich ihn leicht curiren wollt.

Bischoff. Thut das, reitet zu ihm.

Liebetraut. Meine Commißion!

Bischoff. Sie soll unumschränkt seyn. Spare nichts
wenn du ihn zurückbringst.

Liebetraut. Darf ich euch auch hinein mischen, gnädige
Frau?

Adelheid. Mit Bescheidenheit.

Liebetraut. Das ist eine weitläufige Commission.

Adelheid. Kennt ihr mich so wenig, oder seyd ihr so
jung, um nicht zu wissen in welchem Ton ihr mit Weis=
lingen von mir zu reden habt.

Liebetraut. Im Ton einer Wachtelpfeife, denk ich.

Adelheid. Ihr werdet nie gescheid werden!

Liebetraut. Wird man das, gnädige Frau?

Bischoff. Geht, geht. Nehmt das beste Pferd aus meinem Stall, wählt euch Knechte, und schafft mir ihn her.

Liebetraut. Wenn ich ihn nicht herbanne, so sagt: ein altes Weib das Warzen und Sommerflecken vertreibt, verstehe mehr von der Sympathie als ich.

Bischoff. Was wird das helfen! Berlichingen hat ihn ganz eingenommen. Wenn er herkommt wird er wieder fort wollen.

Liebetraut. Wollen, das ist keine Frage, aber ob er kann. Der Händedruck eines Fürsten, und das Lächeln einer schönen Frau! Da reißt sich kein Weisling los. Ich eile und empfehle mich zu Gnaden.

Bischoff. Reißt wohl.

Adelheid. Adieu. Er geht.

Bischoff. Wenn er einmal hier ist, verlaß ich mich auf euch.

Adelheid. Wollt ihr mich zur Leimstange brauchen?

Bischoff. Nicht doch.

Adelheid. Zum Lockvogel denn.

Bischoff. Nein, den spielt Liebetraut. Ich bitt euch versagt mir nicht, was mir sonst niemand gewähren kann.

Adelheid. Wollen sehn.

Jaxthaussen.

Hanns von Selbitz. Götz.

Selbitz. Jedermann wird euch loben, daß ihr denen von Nürnberg Vehd angekündigt habt.

Götz. Es hätte mir das Herz abgefressen, wenn ich's ihnen hätte lang schuldig bleiben sollen. Es ist am Tag, sie haben den Bambergern meinen Buben verrathen. Sie sollen an mich denken!

Selbitz. Sie haben einen alten Groll gegen euch.

Götz. Und ich wider sie, mir ist gar recht daß sie angefangen haben.

Selbitz. Die Reichsstädte und Pfaffen halten doch von jeher zusammen.

Götz. Sie habens Ursach.

Selbitz. Wir wollen ihnen die Höll heis machen.

Götz. Ich zählte auf euch. Wollte Gott der Burgemeister von Nürnberg mit der guldenen Kett um den Hals, käm uns in Wurf, er sollt sich mit all seinem Witz verwundern.

Selbitz. Ich höre, Weislingen ist wieder auf eurer Seit. Tritt er zu uns?

Götz. Noch nicht, es hat seine Ursachen warum er uns noch nicht öffentlich Vorschub thun darf; doch ists eine Weile genug daß er nicht wider uns ist. Der Pfaff ist ohne ihn, was das Meßgewand ohne den Pfaffen.

Selbitz. Wann ziehen wir aus?

Götz. Morgen oder übermorgen. Es kommen nun bald Kaufleute von Bamberg und Nürnberg aus der Frankfurter Messe. Wir werden einen guten Fang thuu.

Selbitz. Wills Gott.   ab.

Bamberg.

Zimmer der Adelheid.

Adelheid. Kammerfräulein.

Adelheid. Er ist da! Sagst du. Ich glaubs kaum.

Fräulein. Wenn ich ihn nicht selbst gesehn hätte, würd ich sagen: ich zweifle.

Adelheid. Den Liebetraut mag der Bischoff in Gold einfassen, er hat ein Meisterstück gemacht.

Fräulein. Ich sah ihn wie er zum Schloß herein reiten wollte, er saß auf einem Schimmel. Das Pferd scheute wie's an die Brücke kam, und wollte nicht von der Stelle. Das Volk war aus allen Straßen gelaufen ihn zu sehn. Sie freuten sich über des Pferds Unart. Von allen Seiten ward er gegrüßt, und er dankte allen. Mit einer angeneh=men Gleichgültigkeit saß er droben, und mit Schmeichlen und Drohen bracht er es endlich zum Thor herein, der Liebetraut mit, und wenig Knechte.

Adelheid. Wie gefällt er dir?

Fräulein. Als mir nicht leicht ein Mann gefallen hat. Er glich dem Kayser hier, deutet auf Maximilians Portrait, als wenn er sein Sohn wäre. Die Nase nur etwas kleiner, eben so freundliche lichtbraune Augen, eben so ein blondes schönes Haar, und gewachsen wie eine Puppe. Ein halb trauriger Zug auf seinem Gesicht war so interessant.

Adelheid. Ich bin neugierig ihn zu sehen.

Fräulein. Das wär ein Herr für euch.

Adelheid. Närrin.

Fräulein. Kinder und Narren —

Liebetraut kommt.

Liebetraut. Nun gnädige Frau, was verdien ich?

Adelheid. Hörner von deinem Weibe. Denn nach
dem zu rechnen, habt ihr schon manches Nachbars ehrliches
Hausweib aus ihrer Pflicht hinaus geschwazt.

Liebetraut. Nicht doch gnädige Frau! Auf ihre
Pflicht wollen sie sagen; denn wenns ja geschah, schwäzt
ich sie auf ihres Mannes Bette.

Adelheid. Wie habt ihrs gemacht ihn herzubringen?

Liebetraut. Ihr wißt zu gut wie man Schnepfen
fängt; soll ich euch meine Kunststückgen noch darzu lernen.
— Erst that ich, als wüßt ich nichts, verstünd nichts von
seiner Aufführung, und sezt ihn dadurch in *Desavantage*
die ganze Historie zu erzählen. Die sah ich nun gleich von
einer ganz andern Seite an als er, kounte nicht finden —
nicht einsehen — Und so weiter. Dann redete ich von Bam=
berg und gieng sehr ins Detail, erweckte gewisse alte Ideen,
und wie ich seine Einbildungskraft beschäftigt hatte, knüpfte
ich würklich eine Menge Fädger wieder an, die ich zerrissen
saud. Er wußte nicht wie ihm geschah, er fühlte sich einen
neuen Zug nach Bamberg, er wollte — ohne zu wollen.
Wie er nun in sein Herz gieng, und das zu entwickeln
suchte, und viel zu sehr mit sich beschäftigt war um auf
sich Acht zu geben, warf ich ihm ein Seil um den Hals,
aus drey mächtigen Stricken, Weiber=, Fürstengunst und
Schmeicheley gedreht, und so hab ich ihn hergeschleppt.

Adelheid. Was sagtet ihr von mir?

Liebetraut. Die lautre Wahrheit. Ihr hättet wegen
eurer Güter Verdrüßlichkeiten, hättet gehofft da er beym
Kayser so viel gelte, werde er das leicht euden können.

Adelheid. Wohl.

Liebetraut. Der Bischoff wird ihn euch bringen.

Adelheid. Ich erwarte sie.

Liebetraut ab.

Adelheid. Mit einem Herzen wie ich selten Besuch erwarte.

———

Im Spessart.

Berlichingen, Selbitz, Georg als Reuters Knecht.

Götz. Du hast ihn nicht angetroffen Georg!

Georg. Er war Tags vorher mit Liebetraut nach Bamberg geritten, und zwey Knechte mit.

Götz. Ich seh nicht ein was das geben soll.

Selbitz. Ich wohl. Eure Versöhnung war ein wenig zu schnell, als daß sie dauerhaft hätte seyn sollen. Der Liebetraut ist ein pfiffiger Kerl, von dem hat er sich be= schwätzen lassen.

Götz. Glaubst du daß er bundbrüchig werden wird.

Selbitz. Der erste Schritt ist gethan.

Götz. Ich glaubs nicht. Wer weiß wie nöthig es war an Hof zu gehen, man ist ihm noch schuldig, wir wollen das beste hoffen.

Selbitz. Wollte Gott, er verdient es, und thäte das beste.

Götz. Mir fällt eine List ein, wir wollen Georgen des Bamberger Reuters erbeuteten Küttel anziehen, und ihm das Geleitzeichen geben, er mag nach Bamberg reiten, und sehen wie's steht.

Georg. Da hab ich lang drauf gehofft.

Götz. Es ist dein erster Ritt. Sey fürsichtig Knabe, mir wäre leid wenn dir ein Unfall begegnen sollt.

Georg. Laßts nur, mich irrts nicht wenn noch so viel um mich herum krabeln, mir ists als wenns Ratten und Mäus wären. ab.

————

Bamberg.

Bischoff. Weislingen.

Bischoff. Du willst dich nicht länger halten lassen!

Weislingen. Ihr werdet nicht verlangen daß ich meinen Eyd brechen soll.

Bischoff. Ich hätte verlangen können du solltest ihn nicht schwören. Was für ein Geist regierte dich? Konnt ich dich ohne das nicht befreyen? Gelt ich so wenig am Kayserlichen Hose.

Weislingen. Es ist geschehen, verzeiht mir wenn ihr könnt.

Bischoff. Ich begreif nicht, was nur im geringsten dich nöthigte den Schritt zu thun! Mir zu entsagen? Waren denn nicht hundert andere Bedingungen los zu kommen? Haben wir nicht seinen Buben? Hätt ich nicht Gelds genug gegeben, und ihn wieder beruhigt? Unsere Anschläge auf ihn und seine Gesellen wären fortgegangen — Ach ich denke nicht, daß ich mit seinem Freund rede, der nun wider mich arbeitet und die Minen leicht entkräften kann, die er selbst gegraben hat.

Weislingen. Gnädiger Herr.

Bischoff. Und doch — wenn ich wieder dein An= gesicht sehe, deine Stimme höre. Es ist nicht möglich, nicht möglich.

Weislingen. Lebt wohl gnädiger Herr.

Bischoff. Ich geb dir meinen Seegen. Sonst wenn du giengst, sagt ich: auf Wiedersehn. Jetzt — Wollte Gott, wir sähn einander nie wieder.

Weislingen. Es kann sich vieles ändern.

Bischoff. Es hat sich leider nur schon zuviel geändert. Vielleicht seh ich dich noch einmal als Feind vor meinen Mauern, die Felder verheeren, die ihren blühenden Zustand dir jetzo danken.

Weislingen. Nein, gnädiger Herr.-

Bischoff. Du kannst nicht nein sagen. Die weltliche Stäude, meine Nachbaaren, haben alle einen Zahn auf mich. So lang ich dich hatte. — Geht Weisling! Ich habe euch nichts mehr zu sagen. Ihr habt vieles zu nichte gemacht. Geht!

Weislingen. Und ich weiß nicht was ich sagen soll.

Bischoff ab.

Franz tritt auf.

Franz. Adelheid erwartet euch. Sie ist nicht wohl. Und doch will sie euch ohne Abschied nicht lassen.

Weislingen. Komm.

Franz. Gehn wir denn gewiß.

Weislingen. Noch diesen Abend.

Franz. Mir ist als wenn ich aus der Welt sollte.

Weislingen. Mir auch, und noch darzu als wüßt ich nicht wohin.

―――

Adelheidens Zimmer.

Adelheid. Fräulein.

Fräulein. Ihr seht blaß gnädige Frau.

Adelheid. — Ich lieb ihn nicht, und ich wollt doch daß er bliebe. Siehst du, ich könnte mit ihm leben, ob ich ihn gleich nicht zum Mann haben mögte.

Fräulein. Glaubt ihr, er geht?

Adelheid. Er ist zum Bischoff um Lebewohl zu sagen.

Fräulein. Er hat darnach noch einen schweren Stand.

Adelheid. Wie meynst du?

Fräulein. Was fragt ihr gnädige Frau. Ihr habt sein Herz geangelt, und wenn er sich losreissen will, ver= blutet er.

Adelheid. Weislingen.

Weislingen. Ihr seyd nicht wohl, gnädge Frau?

Adelheid. Das kann euch einerley seyn. Ihr verlaßt uns, verlaßt uns auf immer. Was fragt ihr ob wir leben oder sterben.

Weislingen. Ihr verkennt mich.

Adelheid. Ich nehme euch wie ihr euch gebt.

Weislingen. Das Ansehn trügt.

Adelheid. So seyd ihr Camäleon.

Weislingen. Wenn ihr mein Herz sehen könntet.

Adelheid. Schöne Sachen würden mir vor die Augen kommen.

Weislingen. Gewiß! Ihr würdet euer Bild drinn finden.

Adelheid. In irgend einem Winkel bey den Portraits ausgestorbener Familien. Ich bitt euch Weislingen, bedenkt ihr redet mit mir. Falsche Worte gelten zum höchsten wenn sie Masken unserer Thaten sind. Ein Vermummter der kenntlich ist, spielt eine armselige Rolle. Ihr läugnet eure Handlungen nicht, und redet das Gegentheil, was soll man von euch halten.

Weislingen. Was ihr wollt. Ich bin so geplagt mit dem was ich bin, daß mir wenig baug ist für was man mich nehmen mag.

Adelheid. Ihr kommt um Abschied zu nehmen.

Weislingen. Erlaubt mir eure Hand zu küssen, und ich will sagen, lebt wohl. Ihr erinnert mich! Ich bedachte nicht. Ich bin beschwerlich gnädige Frau.

Adelheid. Ihr legts falsch aus; ich wollte euch fort helfen. Denn ihr wollt fort.

Weislingen. O sagt ich muß. Zöge mich nicht die Ritterpflicht, der heilige Handschlag —

Adelheid. Geht! Geht! Erzählt das Mädgen die den Teuerdank lesen, und sich so einen Mann wünschen. Ritterpflicht! Kinderspiel!

Weislingen. Ihr deukt nicht so.

Adelheid. Bey meinem Eyd, ihr verstellt euch! Was habt ihr versprochen? Und wem? Einem Mann, der seine Pflicht gegen den Kayser und das Reich verkennt, in eben dem Augenblick Pflicht zu leisten, da er durch eure Gefangennehmung in die Strafe der Acht verfällt. Pflicht zu leisten! die nicht gültiger seyn kann, als ein ungerechter gezwungener Eyd. Entbinden nicht unsere Gesetze von solchen Schwüren? Macht das Kindern weiß die den Rübezahl glauben. Es

19*

stecken andere Sachen dahinter. Ein Feind des Reichs zu werden, ein Feind der Bürgerlichen Ruh und Glückseligkeit! Ein Feind des Kaysers! Geselle eines Räubers, du Weis= lingen mit deiner sanften Seele.

Weislingen. Wenn ihr ihn kenntet.

Adelheid. Ich wollt ihm Gerechtigkeit wiederfahren lassen. Er hat eine hohe, unbändige Seele. Eben darum wehe dir Weislingen. Geh und bilde dir ein ein Geselle von ihm zu seyn. Geh! und laß dich beherrschen. Du bist freundlich, gefällig —

Weislingen. Er ist's auch.

Adelheid. Aber du bist nachgebend und er nicht! Unversehens wird er dich wegreissen, wirst ein Sklave eines Edelmanns werden, da du Herr von Fürsten seyn könntest. — Doch es ist Unbarmherzigkeit dir deinen zukünftigen Stand zu verleiten.

Weislingen. Hättest du gefühlt wie liebreich er mir begegnete.

Adelheid. Liebreich! Das rechnest du ihm an? Es war seine Schuldigkeit, und was hättest du verlohren wenn er widerwärtig gewesen wäre? Mir hätte das willkommner seyn sollen. Ein übermüthiger Mensch wie der —

Weislingen. Ihr redet von euerm Feind.

Adelheid. Ich redete für eure Freyheit — Und weiß überhaupt nicht, was ich für ein Interesse dran nahm. Lebt wohl.

Weislingen. Erlaudt noch einen Augenblick.

Er nimmt ihre Hand und schweigt.

Adelheid. Habt ihr mir noch was zu sagen?

Weislingen. — — Ich muß fort.

Adelheid. So geht.

Weislingen. Gnädige Frau! — Ich kann nicht.

Adelheid. Ihr müßt.

Weislingen. Soll das euer letzter Blick seyn!

Adelheid. Geht! Ich bin krank, sehr zur ungelegnen Zeit.

Weislingen. Seht mich nicht so an.

Adelheid. Willst du unser Feind seyn, und wir sollen dir lächeln. Geh!

Weislingen. Adelheid!

Adelheid. Ich hasse euch!

Franz kommt.

Franz. Gnädiger Herr! Der Bischoff läßt euch rufen.

Adelheid. Geht! Geht!

Franz. Er bittet euch eilend zu kommen.

Adelheid. Geht! Geht!

Weislingen. Ich nehme nicht Abschied, ich sehe euch wieder! ab.

Adelheid. Mich wieder. Wir wollen dafür seyn. Margrethe wenn er kommt weis ihn ab. Ich bin krank, hab Kopfweh, ich schlafe — Weis ihn ab. Wenn er noch zu gewinnen ist, so ist's auf diesen Weg. ab.

Vorzimmer.

Weislingen. Franz.

Weislingen. Sie will mich nicht sehn?

Franz. Es wird Nacht, soll ich die Pferde satteln?

Weislingen. Sie will mich nicht sehn!

Franz. Wann befehlen Ihro Gnaden die Pferde?

Weislingen. Es ist zu spät! Wir bleiben hier.

Franz. Gott sey Dank. Franz ab.

Weislingen. Du bleibst! Sey auf deiner Hut, die Versuchung ist groß. Mein Pferd scheute wie ich zum Schloßthor herein wollte, mein guter Geist stellte sich ihm entgegen, er kannte die Gefahren die mein hier warteten. Doch ist's nicht recht, die vielen Geschäfte die ich dem Bischoff unvollendet liegen ließ, nicht wenigstens so zu ordnen daß ein Nachfolger da anfangen kann, wo ich's gelassen habe. Das kann ich doch alle thun, unbeschadet Berlichingens und unserer Verbindung. Denn halten sollen sie mich hier nicht — Wäre doch besser gewesen, wenn ich nicht gekommen wäre. Aber ich will fort — morgen oder übermorgen.

gehn ab.

Im Spessart.

Götz. Selbitz. Georg.

Selbitz. Ihr seht, es ist gegangen wie ich gesagt habe.

Götz. Nein. Nein. Nein.

Georg. Glaubt, ich berichte euch mit der Wahrheit. Ich that wie ihr befahlt, nahm den Küttel des Bambergischen und sein Zeichen, und damit ich doch mein Essen und Trinken verdiente, geleitete ich Reinekische Bauren hinauf nach Bamberg.

Selbitz. In der Verkappung. Das hätte dir übel gerathen können.

Georg. So denk ich auch hinten drein. Ein Reutersmann der das voraus denkt, wird keine weite Sprünge

machen. Ich kam nach Bamberg, und gleich im Wirths=
haus hörte ich erzählen: Weislingen und der Bischoff seyen
ausgesöhnt, und man redte viel von einer Heyrath mit
der Wittwe des von Walldorf.

Götz. Gespräche.

Georg. Ich sah ihn wie er sie zur Tafel führte. Sie
ist schön, bey meinem Eyd, sie ist schön. Wir bückten uns
alle, sie daukte uns allen, er nickte mit dem Kopf, sah
sehr vergnügt, sie giengen vorbey, und das Volk murmelte:
ein schönes Paar!

Götz. Das kann seyn.

Georg. Hört weiter. Da er des andern Tags in die
Messe gieng, paßte ich meine Zeit ab. Er war allein mit
einem Knaben. Ich stund unten an der Treppe und sagte
leise zu ihm: ein Paar Worte von eurem Berlichingen. Er
ward bestürzt, ich sahe das Geständniß seines Lasters in seinem
Gesicht, er hatte kaum das Herz mich anzusehen, mich, einen
schlechten Reutersjungen.

Selbitz. Das macht, sein Gewissen war schlechter als
dein Staub.

Georg. Du bist Bambergisch! sagt er. Ich bring
einen Grus vom Ritter Berlichingen, sagt ich, und soll fragen
— komm morgen früh, sagt er, an mein Zimmer, wir
wollen weiter reden.

Götz. Kamst du.

Georg. Wohl kam ich, und mußt im Vorsaal stehn,
lang lang. Und die seidne Buben beguckten mich von vorn
und hinten. Ich dachte guckt ihr — endlich führte man
mich hinein, er schien böse, mir war's einerley. Ich tratt
zu ihm und sagte meine Commißion. Er that feindlich böse,
wie einer der kein Herz hat und 's nit will merken lassen.
Er verwunderte sich, daß ihr ihn durch einen Reutersjungen

zur Rede setzen ließt. Das verdroß mich. Ich sagte, es gäbe nur zweyerley Leut, brave und Schurken, und ich diente Götzen von Berlichingen. Nun fieng er an, schwäzte allerley verkehrtes Zeug, das darauf hinaus gieng: Ihr hättet ihn übereilt, er sey euch keine Pflicht schuldig, und wolle nichts mit euch zu thuu haben.

Götz. Hast du das aus seinem Munde.

Georg. Das und noch mehr. — Er drohte mir —

Götz. Es ist genug! Der wäre nun auch verlohren! Treu und Glaube du hast mich wieder betrogen. Arme Marie! Wie werd ich dirs beybringen.

Selbitz. Ich wollte lieber mein ander Bein darzu ver= lieren als so ein Hundsfutt seyn. ab.

Bamberg.

Adelheid. Weislingen.

Adelheid. Die Zeit fängt mir an unerträglich lang zu werden, reden mag ich nicht, und ich schäme mich mit euch zu spielen. Langeweile, du bist ärger als ein kaltes Fieder.

Weislingen. Seyd ihr mich schon müde?

Adelheid. Euch nicht so wohl als euren Umgang. Ich wollte ihr wärt wo ihr hin wolltet, und wir hätten euch nicht gehalten.

Weislingen. Das ist Weibergunst! Erst brütet sie mit Mutterwärme unsere liebsten Hoffnungen an, dann gleich einer unbeständigen Henne, verläßt sie das Nest, und übergiebt ihre schon keimende Nachkommenschaft dem Tod und der Verwesung.

Adelheid. ·Deklamirt wider die Weiber! Der unbesonnene Spieler zerbeißt und zerstampft die Karten, die ihn unschuldiger Weis verlieren machten. Aber laßt mich euch was von Mannsleuten erzählen. Was seyd denn ihr, um von Wankelmuth zu sprechen? Ihr die ihr selten seyd was ihr seyn wollt, niemals was ihr seyn solltet. Könige im Festtagsornat, vom Pöbel beneidet. Was gäb eine Schneidersfrau drum, eine Schnur Perlen um ihren Hals zu haben, von dem Saum eures Kleids, den eure Absätze verächtlich zurück stoßen!

Weislingen. Ihr seyd bitter.

Adelheid. Es ist die Antistrophe von eurem Gesang. Eh ich euch kannte Weislingen, gieng mir's wie der Schneidersfrau. Der Ruf hundertzüngig, ohne Metapher gesprochen, hatte euch so zahnarztmäßig heraus gestrichen, daß ich mich überreden ließ zu wünschen: möchtest du doch diese Quintessenz des männlichen Geschlechts, den Phönix Weislingen zu Gesicht kriegen! Ich ward meines Wunsches gewährt.

Weislingen. Und der Phönix präsentirte sich als ein ordinairer Haushahn.

Adelheid. Nein Weislingen, ich nahm Antheil an euch.

Weislingen. Es schien so.

Adelheid. Und war. Denn würklich ihr übertraft euren Ruf. Die Menge schäzt nur den Widerschein des Verdienstes. Wie mir's denn nun geht daß ich über die Leute nicht deulen mag die mich intereßiren; so lebten wir eine zeitlang neben einander, es fehlte mir was, und ich wußte nicht was ich an euch vermißte. Endlich giengen mir

die Augen auf. Ich sah statt des aktiven Manns der die
Geschäfte eines Fürstenthums belebte, der sich und seinen
Ruhm dabey nicht vergaß, der auf hundert großen Unter=
nehmungen wie auf übereinander gewälzten Bergen zu den
Wolken hinauf gestiegen war; den seh ich auf einmal,
jammernd wie einen kranken Poeten, melankolisch wie ein
gesundes Mädgen, und müßiger als einen alten Jung=
gesellen. Anfangs schrieb ich's eurem Unfall zu, der euch
noch neu auf dem Herzen lag, und entschuldigte euch so gut
ich konnte. Izt, da es von Tag zu Tag schlimmer mit
euch zu werden scheint, müßt ihr mir verzeihen wenn ich
euch meine Gunst entreisse; ihr besitzt sie ohne Recht, ich
schenkte sie einem andern auf lebenslang, der sie euch nicht
übertragen konnte.

Weislingen. So laßt mich los.

Adelheid. Nicht biß alle Hoffnung verlohren ist. Die
Einsamkeit ist in diesen Umständen gefährlich. Armer
Mensch. Ihr seyd so mißmuthig wie einer dem sein erstes
Mädgen untreu wird, und eben darum geb ich euch nicht
auf. Gebt mir die Hand, verzeiht mir was ich aus Liebe
gesagt habe.

Weislingen. Könntest du mich lieben, könntest du
meiner heissen Leidenschaft einen Tropfen Linderung gewäh=
ren. Adelheid! deine Vorwürfe sind höchst ungerecht.
Könntest du den hundertsten Theil ahnden von dem was
die Zeit her in mir arbeitet, du würdest mich nicht mit
Gefälligkeit, Gleichgültigkeit und Verachtung so unbarmherzig
hin und her zerrissen haben — Du lächelst! — Nach dem
übereilten Schritt wieder mit mir selbst einig zu werden,
kostete mehr als einen Tag. Wider den Menschen zu ar=
beiten, dessen Andenken so lebhaft neu in Liebe bey mir ist.

Adelheid. Wunderlicher Mann, der du den lieben

kannst, den du beneideſt! Das iſt als wenn ich meinem
Feinde Proviant zuführte.

Weislingen. Ich fühls wohl es gilt hier kein Säumen.
Er iſt berichtet, daß ich wieder Weislingen bin, und er
wird ſich ſeines Vortheils über uns erſehen. Auch Adelheid
ſind wir nicht ſo träg als du meynſt. Unſere Reuter ſind
verſtärkt und wachſam, unſere Unterhandlungen gehen fort,
und der Reichstag zu Augsburg ſoll hoffentlich unſere Pro=
jekte zur Reife bringen.

Adelheid. Ihr geht ihn?

Weislingen. Wenn ich Eine Hoffnung mitnehmen
könnte! Er küßt ihre Hand.

Adelheid. O ihr Unglaubigen. Immer Zeichen und
Wunder! Geh Weislingen und vollende das Werk. Der
Vortheil des Biſchoffs, der Deinige, der Meinige, ſie ſind
ſo verwebt, daß, wäre es auch nur der Politik willen —

Weislingen. Du kannſt ſcherzen.

Adelheid. Ich ſcherze nicht. Meine Güter hat der
ſtolze Herzog inne, die deinigen wird Götz nicht lange un=
geneckt laſſen; und wenn wir nicht zuſammen halten wie
unſere Feinde, und den Kayſer auf unſere Seite lenken, ſind
wir verlohren.

Weislingen. Mir iſt's nicht bange. Der größte
Theil der Fürſten iſt unſerer Geſinnung, der Kayſer ver=
langt Hülfe gegen die Türken, und dafür iſt's billig daß
er uns wieder beyſteht. Welche Wolluſt wird mir's ſeyn
deine Güter von übermüthigen Feinden zu befreyen, die un=
ruhigen Köpfe in Schwaben auf's Küſſen zu bringen, die
Ruhe des Bisthums, unſrer aller herzuſtellen. Und dann —?

Adelheid. Ein Tag bringt den andern, und deym
Schickſaal ſteht das Zukünftige.

Weislingen. Aber wir müſſen wollen.

Adelheid. Wir wollen ja.

Weislingen. Gewiß?

Adelheid. Nun ja. Geht nur.

Weislingen. Zauberin!

Herberge. Bauern Hochzeit.

Mufik und Tanz drauffen.

Der Braut Vater, Götz, Selbitz am Tische, **Bräutigam** tritt zu ihnen.

Götz. Das gescheidste war, daß ihr euern Zwist so glücklich und fröhlich durch eine Heyrath endigt.

Braut Vater. Besser als ich mir's hätte traumen lassen. In Ruh und Fried mit meinem Nachbar, und eine Tochter wohl versorgt dazu!

Bräutigam. Und ich in Besitz des strittigen Stücks, und drüber den hübschen Backfisch im ganzen Dorf. Wollte Gott ihr hättet euch eher drein geben.

Selbitz. Wie lange habt ihr prozeßirt?

Braut Vater. An die acht Jahre. Ich wollte lieber noch einmal so lang das Frieren haben, als von vorne anfangen. Das ist ein Gezerre ihr glaubts nicht, bis man den Perrucken ein Urtheil vom Herzen reißt, und was hat man darnach. Der Teufel hohl den Assessor Sapupi, 's is ein verfluchter schwarzer Italiäner.

Bräutigam. Ja, das ist ein toller Kerl. Zweymal war ich dort.

Braut Vater. Und ich dreymal. Und seht ihr Herrn, kriegen wir ein Urtheil endlich, wo ich so viel Recht hab als er, und er ſo viel als ich, und wir eben ſtunden wie die Maulaffen, bis mir unſer Herr Gott eingab, ihm meine Tochter zu geben und das Zeug dazu.

Götz trinkt. Gut Vernehmen künftig.

Brant Vater. Gebs Gott. Geh aber wie's will, prozeßiren thu ich mein Tag nit mehr. Was das ein Geldſpiel koſt. Jeden Reverenz den euch ein Prokurator macht, müßt ihr bezahlen.

Selbitz. Sind ja jährlich Kayſerliche Viſitationen da.

Braut Vater. Hab nichts davon geſpürt. Iſt mir mancher ſchöner Thaler nebenausgangen. Das unerhörte Blechen!

Götz. Wie meynt ihr?

Braut Vater. Ach, da macht alles hohle Pfötgen. Der Aſſeſſor allein, Gott verzeihs ihm, hat mir achtzehn Goldgulden abgenommen.

Bräutigam. Wer?

Braut Vater. Wer anders als der Sapupi.

Götz. Das iſt ſchändlich.

Braut Vater. Wohl, ich mußt ihm zwanzig erlegen. Und da ich ſie ihm hingezahlt hatte, in ſeinem Gartenhaus, das fürtreflich iſt, im großen Saal, wollt mir vor Weh= muth faſt das Herz brechen. Denn ſeht, eines Haus und Hof ſteht gut, aber wo ſoll baar Geld herkommen. Ich ſtund da, Gott weiß wie mir's war. Ich hatte keinen rothen Heller Reiſegeld im Sack. Endlich nahm ich mir's Herz und ſtellts ihm vor. Nun er ſah daß mir's Waſſer an die Seele gieng, da warf er mir zwey davon zurück, und ſchickt mich fort.

Bräutigam. Es iſt nicht möglich! Der Sapupi.

Braut Vater. Wie ſtellſt du dich! Freylich! Kein audrer!

Bräutigam. Den soll der Teufel hohlen, er hat mir auch fünfzehn Goldgülden abgenommen.

Braut Vater. Verflucht!

Selbitz. Götz! Wir sind Räuber!

Braut Vater. Drum fiel das Urtheil so scheel aus. Du Hund!

Götz. Das müßt ihr nicht ungerügt lassen.

Brant Vater. Was sollen wir thuu?

Götz. Macht euch auf nach Speyer, es ist eben Visitationszeit, zeigts an, sie müssens untersuchen und euch zu dem eurigen helfen.

Bräutigam. Denkt ihr, wir treibens durch?

Götz. Wenn ich ihm über die Ohren dürfte, wollt ich's euch versprechen.

Selbitz. Die Summe ist wohl einen Versuch werth.

Götz. Bin ich wohl eher um des vierten Theils willen ausgeritten.

Braut Vater. Wie meynst du?

Bräutigam. Wir wollen, gehs wie's geh.

Georg kommt.

Georg. Die Nürnberger sind im Anzug.

Götz. Wo?

Georg. Wenn wir ganz sachte reiten, packen wir sie zwischen Beerheim und Mühlbach im Wald.

Selbitz. Trefflich!

Götz. Kommt Kinder. Gott grüs euch. Helf uns allen zum unsrigen.

Bauer. Großen Dank, ihr wollen nicht zum Nacht Jms bleiden.

Götz. Können nicht. Adies.

Dritter Act.

Augsburg.

Ein Garten.

Zwey Nürnberger Kaufleute.

Erster Kaufmann. Hier wollen wir stehn, denn da muß der Kayser vorbey. Er kommt eben die lange Allee herauf.

Zweyter Kaufmann. Wer ist bey ihm?

Erster Kaufmann. Adelbert von Weislingen.

Zweyter Kaufmann. Bambergs Freund! das ist gut.

Erster Kaufmann. Wir wollen einen Fusfall thun, und ich will reden.

Zweyter Kaufmann. Wohl, da kommen sie.

Kayser. Weislingen.

Erster Kaufmann. Er sieht verdrüßlich aus.

Kayser. Ich bin unmuthig Weislingen, und wenn ich auf mein vergangenes Leben zurück sehe, möcht ich verzagt werden, so viel halbe, so viel verunglückte Unternehmungen! und das alles, weil kein Fürst im Reich so klein ist, dem nicht mehr an seinen Grillen gelegen wäre als an meinen Gedanken.

Die Kaufleute werfen sich ihm zu Füßen.

Kaufmann. Allerdurchlauchtigster! Großmächtigster!

Kayser. Wer seyd ihr? Was giebts?

Kaufmann. Arme Kaufleute von Nürnberg, Euer Majestät Knechte, und flehen um Hülfe. Götz von Berlichingen und Hanns von Selbitz haben unserer dreyßig, die von der Frankfurter Meß kamen, im Bambergischen Geleite niedergeworfen und beraubt, wir bitten Eure Kayserliche Majestät um Hülfe, um Beystand, sonst sind wir alle verdorbene Leute, genöthigt unser Brod zu betteln.

Kayser. Heiliger Gott! Heiliger Gott! Was ist das? Der eine hat eine Hand, der andere nur ein Bein, wenn sie denn erst zwo Hände hätten, und zwo Beine, was wolltet ihr daun thuu?

Kaufmann. Wir bitten Eure Majestät unterthänigst, auf unsere bedrängte Umstände ein mitleidiges Auge zu werfen.

Kayser. Wie gehts zu! Wenn ein Kaufmann einen Pfeffersack verliert, soll man das ganze Reich aufmahnen, und wenn Händel vorhanden sind, daran Kayserliche Majestät und dem Reich viel gelegen ist, daß es Königreich, Fürstenthum, Herzogthum und anders betrift, so kann euch kein Mensch zusammen bringen.

Weislingen. Ihr kommt zur ungelegnen Zeit. Geht und verweilt einige Tage hier.

Kaufleute. Wir empfehlen uns zu Gnaden. *ab.*

Kayser. Wieder neue Händel. Sie wachsen nach wie die Köpfe der Hydra.

Weislingen. Und sind nicht auszurotten als mit Feuer und Schwerdt. und einer muthigen Unternehmung.

Kayser. Glaubt ihr?

Weislingen. Ich halte nichts für thulicher, wenn Eure Majestät und die Fürsten sich über andern undebeutenden Zwist vereinigen könnten. Es ist mit nichten ganz Deutschland das über Beunruhigung klagt. Franken

und Schwaben allein glimmt noch von den Resten des
innerlichen verderblichen Burgerkriegs. Und auch da sind
viele der Edlen und Freyen die sich nach Ruhe sehnen.
Hätten wir einmal diesen Sickingen, Selbitz — Berlichingen
auf die Seite geschafft, das übrige würde bald von sich
selbsten zerfallen. Denn sie sind's deren Geist die aufrührische Menge belebt.

Kayser. Ich mögte die Leute gerne schonen, sie sind
tapfer und edel. Wenn ich Krieg führte, müßt ich sie unter
meiner Armee haben.

Weislingen. Es wäre zu wünschen daß sie von jeher
gelernt hätten ihrer Pflicht zu gehorchen. Und daun wär
es höchst gefährlich ihre aufrührische Unternehmungen durch
Ehrenstellen zu belohnen. Denn eben diese Kayserliche Mild
und Gnade ist's, die sie bisher so ungeheuer mißbrauchen,
und ihr Anhang der sein Vertrauen und Hoffnung darauf
setzt, wird nicht ehe zu bändigen seyn, bis wir sie ganz vor
den Augen der Welt zu nichte gemacht, und alle Aussichten
auf die Zukunft ihnen abgeschnitten haben.

Kayser. Ihr rathet also zur Strenge.

Weislingen. Ich sehe kein ander Mittel den Schwindel-
geist, der ganze Landschaften ergreift, zu bannen. Hören
wir nicht schon hier und da die bittersten Klagen der Edlen,
daß ihre Unterthanen, ihre Leibeigne sich gegen sie auflehnen
und mit ihnen rechten, ihnen die hergebrachte Oberherrschaft
zu schmälern drohen, und die gefährlichste Folgen zu fürchten
sind.

Kayser. Jetzt wäre eine schöne Gelegenheit wider den
Berlichingen und Selbitz, nur wollt ich nicht daß ihnen was
zu leid geschehe. Gefangen mögt ich sie haben, und daun
müßten sie Urphede schwören, auf ihren Schlössern ruhig

zu bleiben, und nicht aus ihrem Bann zu gehen. Bey der nächsten Seßion will ich's vortragen.

Weislingen. Ein freudiger beystimmender Zuruf wird Eurer Majestät das Ende der Rede ersparen. ab.

Jaxthaussen.

Sickingen. Berlichingen.

Sickingen. Ja, ich komme eure edle Schwester um ihr Herz und ihre Hand zu bitten.

Götz. So wollt ich ihr wärt eher kommen. Ich muß euch sagen, Weislingen hat während seiner Gefangenschaft ihre Liebe gewonnen, um sie angehalten, und ich sagt sie ihm zu. Ich hab ihn los gelassen den Vogel, und er verachtet die gütige Hand, die ihm in der Noth Futter reichte. Er schwiret herum, weiß Gott auf welcher Hecke seine Nahrung zu suchen.

Sickingen. Ist das so?

Götz. Wie ich sage.

Sickingen. Er hat ein doppeltes Band zerrissen. Wohl euch daß ihr mit dem Verräther nicht näher verwandt worden.

Götz. Sie sitzt, das arme Mädgen, und verjammert und verbetet ihr Leben.

Sickingen. Wir wollen sie zu Singen machen.

Götz. Wie! Entschließt ihr euch eine Verlaßne zu heurathen.

Sickingen. Es macht euch beyden Ehre, von ihm betrogen worden zu seyn. Soll darum das arme Mädgen

in ein Kloster gehn, weil der erste Mann den sie kannte ein
Nichtswürdiger war. Nein doch! ich bleibe darauf, sie soll
Königin von meinen Schlössern werden.

Götz. Ich sage euch sie war nicht gleichgültig gegen ihn.

Sickingen. Traust du mir nicht zu daß ich den
Schatten eines Elenden sollte verjagen können. Laßt uns
zu ihr.   ab.

- - - - - - -

Lager der Reichsexekution.

Hauptmann. Offiziere.

Hauptmann. Wir müssen behutsam gehn, und unsere
Leute so viel möglich schonen. Auch ist unsere gemessene Order
ihn in die Enge zu treiben, und lebendig gefangen zu neh=
men. Es wird schwer halten, denn wer mag sich an ihn
machen.

Erster Offizier. Freylich! Und er wird sich wehren
wie ein wildes Schwein. Ueberhaupt hat er uns sein leben=
lang nichts zu leid gethan, und jeder wirds von sich schie=
ben Kayser und Reich zu gefallen Arm und Bein dran zu
setzen.

Zweyter Offizier. Es wäre eine Schande wenn wir
ihn nicht kriegten. Wenn ich ihn nur einmal beym Lippen
habe, er soll nicht los kommen.

Erster Offizier. Faßt ihn nur nicht mit Zähnen,
er möchte euch die Kinbacken ausziehen. Guter junger
Herr, dergleichen Leut packen sich nicht wie ein flüchtiger
Dieb.

Zweyter Offizier. Wollen sehn.

Hauptmann. Unsern Brief muß er nun haben. Wir wollen nicht säumen, und einen Trupp ausschicken, der ihn beobachten soll.

Zweyter Offizier. Laßt mich ihn führen.

Hauptmann. Ihr seyd der Gegend unkundig.

Zweyter Offizier. Ich habe einen Knecht der hier gebohren und erzogen ist.

Hauptmann. Ich bins zufrieden.

Jaxthaussen.

Sickingen.

Sickingen. Es geht alles nach Wunsch, sie war etwas bestürzt über meinen Antrag, und sah mich vom Kopf bis auf die Füße an, ich wette sie verglich mich mit ihrem Weisfisch. Gott sey Dank daß ich mich stellen darf. Sie antwortete wenig, und durcheinander, desto besser! Es mag eine Zeit kochen. Bey Mädgen die durch Liebesunglück gebeizt sind, wird ein Heyrathsvorschlag bald gar.

Götz kommt.

Sickingen. Was bringt ihr Schwager?

Götz. In die Acht erklärt!

Sickingen. Was?

Götz. Da leßt den erbaulichen Brief. Der Kayser hat Exekution gegen mich verordnet, die mein Fleisch den Vögeln unter dem Himmel, und den Thieren auf dem Felde zu fressen vorschneiden soll.

Sickingen. Erst sollen sie dran. Just zur gelegenen Zeit bin ich hier.

Götz. Nein Sickingen ihr sollt fort. Euere großen Anschläge könnten drüber zu Grunde gehn, wenn ihr zu so ungelegener Zeit des Reichs Feind werden wolltet. Auch mir werdet ihr weit mehr nutzen, wenn ihr neutral zu seyn scheint. Der Kayser liebt euch, und das schlimmste das mir begegnen kann, ist gefangen zu werden, dann braucht euer Vorwort, und reißt mich aus einem Elend, in das un= zeitige Hülfe uns beyde stürzen konnte. Denn was wär's, jetzo geht der Zug gegen mich, erfahren sie du bist bey mir, so schicken sie mehr, und wir sind um nichts gebessert. Der Kayser sitzt an der Quelle, und ich wär schon jetzt unwiederbringlich verlohren, wenn man Tapferkeit so ge= schwind einblasen könnte, als man einen Haufen zusammen blasen kann.

Sickingen. Doch kann ich heimlich ein zwanzig Reuter zu euch stoßen lassen.

Götz. Gut. Ich hab schon Georgen nach dem Selbitz geschickt, und meine Knechte in der Nachbarschaft herum. Lieber Schwager, wenn meine Leute beysammen sind, es wird ein Häufgen seyn .dergleichen wenig Fürsten beysammen ge= sehen haben.

Sickingen. Ihr werdet gegen der Menge wenig seyn.

Götz. Ein Wolf ist einer ganzen Heerde Schaafe zu viel.

Sickingen. Wenn sie aber einen guten Hirten haben.

Götz. Sorg du. Und es sind lauter Miethlinge. Und dann kann der beste Ritter nichts machen, wenn er nicht Herr von seinen Handlungen ist. So kamen sie mir auch einmal, wie ich dem Pfalzgraf zugesagt hatte gegen Conrad Schotten zu dienen, da legt er mir einen Zettel aus der Canzley vor, wie ich reiten und mich halten sollt, da wurf ich den Räthen das Papier wieder dar, und sagt: ich wüßt nicht darnach zu handeln; ich weiß nicht was mir begegnen mag, das steht nicht im Zettel; ich muß die Augen selbst aufthun, und sehn was ich zu schaffen hab.

Sickingen. Glück zu Bruder! Ich will gleich fort und dir schicken was ich in der Eil zusammen treiben kann.

Götz. Komm noch zu den Frauen, ich ließ sie beysammen. Ich wollte daß du ihr Wort hättest, ehe du giengst. Dann schick mir die Reuter, und komm heimlich wieder Marien abzuholen, denn mein Schloß, fürcht ich, wird bald kein Aufenthalt für Weiber mehr seyn.

Sickingen. Wollen das beste hoffen.   ab.

Bamberg.

Adelheidens Zimmer.

Adelheid. Franz.

Adelheid. So sind die beyde Exekutionen schon aufgebrochen?

Franz. Ja, und mein Herr hat die Freude, gegen eure Feinde zu ziehen. Ich wollte gleich mit, so gern ich zu euch gehe. Auch will ich jetzt wieder fort, um bald mit fröhlicher Bottschaft wieder zu kehren. Mein Herr hat mirs erlaubt.

Adelheid. Wie stehts mit ihm?

Franz. Er ist munter. Mir befahl er eure Hand zu küssen.

Adelheid. Da — deine Lippen sind warm.

Franz vor sich auf die Brust deutend. Hier ist's noch wärmer! laut gnädige Frau, eure Diener sind die glücklichsten Menschen unter der Sonne.

Adelheid. Wer führt gegen Berlichingen.

Franz. Baron von Sirau. Lebt wohl, beste gnädige Frau. Ich will wieder fort. Vergeßt mich nicht.

Adelheid. Du mußt was essen, trinken, und rasten.

Franz. Wozu das? Ich hab euch ja gesehen. Ich bin nicht müd noch hungrig.

Adelheid. Ich kenne deine Treu.

Franz. Ach gnäd'ge Frau!

Adelheid. Du hälst's nicht aus, gieb dich zur Ruh, und nimm was zu dir.

Franz. Eure Sorgfalt für einen armen Jungen. ab.

Adelheid. Die Thränen stehn ihm in den Augen. Ich lieb ihn von Herzen. So wahr und warm hat noch niemand an mir gehangen. ab.

Jaxthaussen.

Götz. Georg.

Georg. Er will selbst mit euch sprechen. Ich kenn ihn nicht, es ist ein stattlicher Mann mit schwarzen feurigen Augen.

Götz. Bring ihn herein.

Lerse kommt.

Götz. Gott grüs euch. Was bringt ihr?

Lerse. Mich selbst, das ist nicht viel, doch alles was es ist biet ich euch an.

Götz. Ihr seyd mir willkommen, doppelt willkommen, ein braver Mann, und zu dieser Zeit, da ich nicht hofte neue Freunde zu gewinnen, vielmehr den Verlust der Alten stündlich fürchtete. Gebt mir euren Namen.

Lerse. Franz Lerse.

Götz. Ich danke euch Franz, daß ihr mich mit einem braven Mann bekannt gemacht habt.

Lerse. Ich machte euch schon einmal mit mir bekannt, aber damals danktet ihr mir nicht dafür.

Götz. Ich erinnere mich eurer nicht.

Lerse. Es wäre mir leyd. Wißt ihr noch, wie ihr um des Pfalzgrafen willen Conrad Schotten feind wart, und nach Haßfurth auf die Faßnacht reiten wolltet.

Götz. Wohl weiß ich es.

Lerse. Wißt ihr wie ihr unterweges bey einem Dorf fünf und zwanzig Reutern entgegen kamt.

Götz. Richtig. Ich hielt sie anfangs nur für zwölfe, und theilt meinen Haufen, waren unserer sechzehn, und hielt am Dorf hinter der Schener, in willens sie sollten bey mir vorbey ziehen. Dann wollt ich ihnen nachrucken, wie ich's mit dem andern Hauffen abgeredt hatte.

Lerse. Aber wir sahn euch, und zogen auf eine Höhe am Dorf. Ihr zogt herbey und hieltet unten. Wie wir sahen ihr wolltet nicht herauf kommen, ritten wir herab.

Götz. Da sah ich erst daß ich mit der Hand in die Kohlen geschlagen hatte. Fünf und zwanzig gegen acht! Da galts kein sehren. Erhard Truchjes durchstach mir einen Knecht, dafür raunt ich ihn vom Pferde. Hätten sie sich alle gehalten wie er und ein Knecht, es wäre mein und meines kleinen Häufgens übel gewart gewesen.

Lerse. Der Knecht wovon ihr sagtet.

Götz. Es war der bravste den ich gesehen habe. Er

ſetzte mir heiß zu. Wenn ich dachte ich hätt ihn von mir gebracht, wollte mit andern zu ſchaffen haben, war er wieder an mir, und ſchlug feindlich zu. Er hieb mir auch durch den Panzerermel hindurch, daß es ein wenig gefleiſcht hatte.

Lerſe. Habt ihr's ihm verziehen.

Götz. Er gefiel mir mehr als zu wohl.

Lerſe. Nun ſo hoff ich daß ihr mit mir zufrieden ſeyn werdet, ich hab mein Probſtück an euch ſelbſt abgelegt.

Götz. Biſt du's? O willkommen, willkommen. Kannſt du ſagen Maximilian, du haſt unter deinen Dienern Einen ſo geworben!

Lerſe. Mich wundert, daß ihr nicht eh auf mich ge- fallen ſeyd.

Götz. Wie ſollte mir einkommen, daß der mir ſeine Dienſte anbieten würde, der auf das feindſeligſte mich zu überwältigen trachtete.

Lerſe. Eben das Herr! Von Jugend auf dien ich als Reuters Knecht, und habs mit manchem Ritter aufgenom- men. Da wir auf euch ſtießen freut ich mich. Ich kannte euren Namen, und da lernt ich euch kennen. Ihr wißt ich hielt nicht Stand, ihr ſaht, es war nicht Furcht, denn ich kam wieder. Kurz ich lernt euch kennen, und von Stund an beſchloß ich euch zu dienen.

Götz. Wie lange wollt ihr bey mir aushalten?

Lerſe. Auf ein Jahr. Ohne Entgeld.

Götz. Nein, ihr ſollt gehalten werden wie ein anderer, und drüber wie der, der mir bey Remlin zu ſchaffen machte.

Georg kommt.

Georg. Hanns von Selbitz läßt euch grüſen. Morgen iſt er hier mit funfzig Mann.

Götz. Wohl.

Georg. Es zieht am Kocher ein Trupp Reichsvölker herunter, ohne Zweifel euch zu beobachten.

Götz. Wie viel?

Georg. Ihrer funfzig.

Götz. Nicht mehr! Komm Lerse wir wollen sie zusammenschmeissen, wenn Selbitz kommt daß er schon ein Stück Arbeit gethan findet.

Lerse. Das soll eine reichliche Vorlese werden.

Götz. Zu Pferde! *ab.*

Wald an einem Moraſt.

Zwey Reichsknechte begegnen einander.

Erſter Knecht. Was machſt du hier?

Zweyter Knecht. Ich hab Urlaub gebeten meine Nothdurft zu verrichten. Seit dem blinden Lärmen geſtern Abends, iſt mirs in die Gedärme geſchlagen, daß ich alle Augenblicke vom Pferd muß.

Erſter Kuecht. Hält der Trupp hier in der Nähe?

Zweyter Knecht. Wohl eine Stunde den Wald hinauf.

Erſter Knecht. Wie verlaufſt du dich daun hieher?

Zweyter Knecht. Ich bitt dich verrath mich nicht. Ich will auf's nächſte Dorf, und ſehn ob ich nit mit warmen Ueberſchlägen meinem Uebel abhelfen kann. Wo kommſt du her?

Erſter Kuecht. Vom nächſten Dorf. Ich hab unſerm Offizier Wein und Brod geholt.

Zweyter Knecht. So, er thut sich was zu guts vor unserm Angesicht, und wir sollen fasten! Schön Exempel!

Erster Knecht. Komm mit zurück, Schurke.

Zweyter Knecht. Wär ich ein Narr. Es sind noch viele unterm Haufen, die gern fasteten wenn sie so weit davon wären als ich.

Erster Knecht. Hörst du! Pferde!

Zweyter Knecht. O Weh!

Erster Knecht. Ich klettere auf den Baum.

Zweyter Knecht. Ich steck mich in's Rohr.

Götz. Lerse. Georg. Knechte zu Pferde.

Götz. Hier am Teiche weg und linker Hand in den Wald, so kommen wir ihnen im Rücken. ziehen vorbey.

Erster Knecht. Steigt vom Baum. Da ist nicht gut seyn. Michel! Er antwortet nicht? Michel sie sind fort! Er geht nach dem Sumpf. Michel! O weh er ist versunken. Michel! er hört mich nicht, er ist erstickt. Bist doch krepirt du Memme. — Wir sind geschlagen. Feinde überall Feinde.

Götz. Georg. zu Pferde.

Götz. Halt Kerl oder du bist des Todts.

Knecht. Schont meines Lebens.

Götz. Dein Schwerdt! Georg führ ihn zu den andern Gefangenen, die Lerse dort unten am Wald hat. Ich muß ihren flüchtigen Führer erreichen. ab.

Knecht. Was ist aus unserm Ritter geworden, der uns führte?

Georg. Unterst zu oberst stürzt ihn mein Herr vom Pferd daß der Federbusch im Koth stack. Seine Reuter huben ihn auf's Pferd und fort wie besessen. ab.

Lager.

Hauptmann. Erster Ritter.

Erster Ritter. Sie fliehen von weitem dem Lager zu.

Hauptmann. Er wird ihnen an den Ferſen ſehn. Laßt ein funfzig ausrucken bis an die Mühle, wenn er ſich zu weit verliert erwiſcht ihr ihn vielleicht.   Ritter ab.

Zweyter Ritter geführt.

Hauptmann. Wie gehts junger Herr! Habt ihr ein paar Zinken abgerennt?

Ritter. Daß dich die Peſt! Wenn ich Hörner gehabt hätte wie ein Daunhirſch, ſie wären geſplittert wie Glas. Du Teufel! Er rannt auf mich los, es war mir als wenn mich der Donner in die Erde 'nein ſchlüg.

Hauptmann. Dankt Gott daß ihr noch davon gekommen ſeyd.

Ritter. Es iſt nichts zu danken, ein paar Rippen ſind entzwey. Wo iſt der Feldſcheer.   ab.

––––––––

Jaxthauſſen.

Götz. Selbitz.

Götz. Was ſagſt du zu der Achtserklärung Selbitz?

Selbitz. Es iſt ein Streich von Weislingen.

Götz. Meynst du!

Selbitz. Ich meyne nicht, ich weiß.

Götz. Woher?

Selbitz. Er war auf dem Reichstag sag ich dir, er war um den Kayser.

Götz. Wohl, so machen wir ihm wieder einen Anschlag zu nichte.

Selbitz. Hoff's.

Götz. Wir wollen fort! und soll die Haasenjagd angehn.

Lager.

Hauptmann. Ritter.

Hauptmann. Dabey kommt nichts heraus ihr Herrn. Er schlägt uns ein Detaschement nach dem andern, und was nicht umkommt und gefangen wird das lauft in Gottes Namen lieber nach der Türkey als ins Lager zurück, so werden wir alle Tag schwächer. Wir müssen einmal für allemal ihm zu Leid gehen, und das mit Ernst, ich will selbst dabey seyn und er soll sehn mit wem er zu thuu hat.

Ritter. Wir sinds all zufrieden, nur ist er der Lands-art so kundig, weiß alle Gänge und Schliche im Gebürg, daß er so wenig zu fangen ist wie ein Maus auf dem Kornboden.

Hauptmann. Wollen ihn schon kriegen. Erst auf Jaxthauffen zu. Mag er wollen oder nicht er muß herbey sein Schloß zu vertheidigen.

Ritter. Soll unser ganzer Hauf marschieren?

Hauptmann. Freylich! Wißt ihr daß wir schon um hundert geschmolzen sind.

Ritter. Drum geschwind, eh der ganze Eisklumpen auftaut, es macht warm in der Nähe, und wir stehn da wie Butter an der Sonne. ab.

Gebürg und Wald.

Götz. Selbitz. Trupp.

Götz. Sie kommen mit hellem Hauf. Es war hohe Zeit daß Sickingens Reuter zu uns stießen.

Selbitz. Wir wollen uns theilen. Ich will linker Hand um die Höhe ziehen.

Götz. Gut. Und du Franz führe mir die funfzig rechts durch den Wald hinauf, sie kommen über die Haide, ich will gegen ihnen halten. Georg du bleibst um mich. Und wenn ihr seht daß sie mich angreifen, so fallt ungesäumt in die Seiten. Wir wollen sie patschen. Sie denken nicht daß wir ihnen die Spitze dieten können. ab.

Haide auf der einen Seite eine Höhe, auf der andern Wald.

Hauptmann. Exekutionszug.

Hauptmann. Er hält auf der Haide! Das ist impertinent. Er solls düßen. Was! Den Strohm nicht zu fürchten der auf ihn los braust.

Ritter. Ich wollt nicht daß ihr an der Spitze rittet, er hat das Ansehn als ob er den erſten der ihn anſtoßen mögte umgekehrt in die Erde pflanzen wollte. Reitet hin= ten drein.

Hauptmann. Nicht gern.

Ritter. Ich bitt euch. Ihr ſeyd noch der Knoten von dieſem Bündel Haſelruthen, lößt ihn auf, ſo knickt er ſie euch einzeln wie Riethgras.

Hauptmann. Trompeter blas! Und ihr blaſt ihn weg. ab.

Selbitz hinter der Höhe hervor im Galopp.

Selbitz. Mir nach! Sie ſollen zu ihren Häuben rufen: multiplicirt euch. ab.

Lerſe aus dem Wald.

Lerſe. Götzen zu Hülf! Er iſt faſt umringt. Braver Selbitz, du haſt ſchon Luſt gemacht. Wir wollen die Haide mit ihren Diſtelköpfen beſäen. vorbey.

Getümmel.

Eine Höhe mit einem Wartthurn.

Selbitz verwundet. **Knechte.**

Selbitz. Legt mich hieher und kehrt zu Götzen.

Erſter Knecht. Laßt uns bleiben Herr, ihr braucht unſer.

Selbitz. Steig einer auf die Warte und ſeh wie's geht.

Erſter Knecht. Wie will ich hinauf kommen?

Zweyter Knecht. Steig auf meine Schultern da kannſt

du die Lücke reichen, und dir bis zur Defnung hinauf helfen. *steigt hinauf.*

Zweyter Knecht. Ach Herr!

Selbitz. Was siehest du?

Zweyter Knecht. Eure Renter fliehen. Der Höhe zu.

Selbitz. Höllische Schurken! Ich wollt sie stünden und ich hätt eine Kugel vorm Kopf. Reit einer hin, und fluch und wetter sie zurück. *Knecht ab.*

Selbitz. Siehest du Götzen?

Knecht. Die drey schwarze Federn seh ich mitten im Getümmel.

Selbitz. Schwimm braver Schwimmer. Ich liege hier!

Knecht. Ein weiser Federbusch, wer ist das?

Selbitz. Der Hauptmann.

Knecht. Götz drängt sich an ihn — Bau! Er stürzt.

Selbitz. Der Hauptmann?

Knecht. Ja Herr.

Selbitz. Wohl! Wohl!

Knecht. Weh! Weh! Götzen seh ich nicht mehr.

Selbitz. So stirb Selbitz.

Knecht. Ein fürchterlich Gedräng wo er stund. Georgs blauer Busch verschwindt auch.

Selbitz. Komm herunter. Siehst du Lersen nicht?

Knecht. Nichts. Es geht alles drunter und drüber.

Selbitz. Nichts mehr. Komm! Wie halten sich Sickingens Renter?

Knecht. Gut. — Da flieht einer nach dem Wald. Noch einer! Ein ganzer Trupp. Götz ist hin.

Selbitz. Komm herab.

Knecht. Ich kann nicht. — Wohl! Wohl! Ich sehe Götzen! Ich sehe Georgen!

Selbitz. Zu Pferd?

Knecht. Hoch zu Pferd! Sieg! Sieg! Sie fliehn.

Selbitz. Die Reichstruppen.

Knecht. Die Fahne mitten drinn, Götz hinten drein. Sie zerstreuen sich. Götz erreicht den Fähndrich — Er hat die Fahn — Er hält. Eine handvoll Menschen um ihn herum. Mein Kamerad erreicht ihn — Sie ziehn herauf.

Götz. Georg. Lerse. Ein Trupp.

Selbitz. Glück zu! Götz. Sieg! Sieg!

Götz steigt vom Pferd. Theuer! Theuer! Du bist verwundt Selbitz.

Selbitz. Du lebst und siegst! Ich hab wenig gethan. Und meine Hunde von Reutern! Wie bist du davon ge= kommen?

Götz. Diesmal galts! Und hier Georgen dank ich das Leben und hier Lersen dank ichs. Ich warf den Haupt= mann vom Gaul. Sie stachen mein Pferd nieder und drangen auf mich ein, Georg hieb sich zu mir und sprang ab, ich wie der Blitz auf seinem Gaul, wie der Donner saß er auch wieder. Wie kamst du zum Pferd?

Georg. Einem der nach euch hieb, stieß ich meinen Dolch in die Gedärme, wie sich sein Harnisch in die Höhe zog. Er stürzt, und ich half euch von einem Feind und mir zu einem Pferde.

Götz. Nun stacken wir, bis Franz sich zu uns herein schlug, und da mähten wir von innen heraus.

Lerse. Die Hunde die ich führte sollten von aussen hinein mähen bis sich unsere Sensen begegnet hätten, aber sie flohen wie Reichsknechte.

Götz. Es flohe Freund und Feind. Nur du kleiner

Hauf hielſt mir den Rücken frey, ich hatte mit den Kerls
vor mir gung zu thuu. Der Fall ihres Hauptmanns half
mir ſie ſchütteln, und ſie flohen. Ich habe ihre Fahne und
wenig Gefangene.

Selbitz. Der Hauptmann iſt euch entwiſcht?

Götz. Sie hatten ihn inzwiſchen gerettet. Kommt ihr
Kinder kommt! Selbitz! — Macht eine Bahre von Aeſten,
du kannſt nicht auf's Pferd. Kommt in mein Schloß. Sie
ſind zerſtreut. Aber unſerer ſind wenig, und ich weiß nicht
ob ſie Truppen nachzuſchicken haben. Ich will euch bewirthen meine Freunde. Ein Glas Wein ſchmeckt auf ſo
einen Strauß.

Lager.

Hauptmann.

Hauptmann. Ich mögt euch alle mit eigener Hand
umbringen, ihr tauſend ſakerment! Was, fortzulaufen! Er
hatte keine handvoll Lente mehr! Fortzulaufen wie die
Scheißkerle! Vor Einem Mann. Es wirds niemand
glauben, als wer über uns zu lachen Luſt hat. — Reit
herum, ihr, und ihr, und ihr. Wo ihr von unſern zerſtreuten Knechten find't, bringt ſie zurück oder ſtecht ſie nieder. Wir müſſen dieſe Scharten auswetzen, und wenn die
Klingen drüber zu Grund gehen ſollten.

Jarthauſſen.

Götz. Lerſe. Georg.

Götz. Wir dürfen keinen Augenblick ſäumen! Arme Jungens, ich darf euch keine Raſt gönnen. Jagt geſchwind herum und ſucht noch Renter aufzutreiben. Beſtellt ſie alle nach Weilern, da ſind ſie am ſicherſten. Wenn wir zögern ſo ziehen ſie mir vors Schloß. Die zwey ab. Ich muß einen auf Kundſchaft ausjagen. Es fängt an heiß zu werden, und wann es nur noch brave Kerls wären, aber ſo iſt's die Menge. ab.

Sickingen. Maria.

Maria. Ich bitte euch lieber Sickingen, geht nicht von meinem Bruder! Seine Reuter, Selbitzens, eure, ſind zer= ſtrent, er iſt allein, Selbitz iſt verwundet auf ſein Schloß gebracht, und ich fürchte alles.

Sickingen. Seyd ruhig ich gehe nicht weg.

Götz kommt.

Götz. Kommt in die Kirch, der Pater wartet. Ihr ſollt mir in einer viertel Stund ein Paar ſeyn.

Sickingen. Laßt mich hier.

Götz. In die Kirch ſollt ihr jetzt.

Sickingen. Gern — und darnach?

Götz. Darnach ſollt ihr eurer Wege gehn.

Sickingen. Götz!

Götz. Wollt ihr nicht in die Kirche?

Sickingen. Kommt kommt.

Lager.

Hauptmann.

Hauptmann. Wie viel sind's in allem?

Ritter. Hundert und funfzig.

Hauptmann. Von vier hunderten! Das ist arg. Jetzt gleich auf und grad gegen Jaxthaussen zu, eh er sich erholt und sich uns wieder in Weg stellt.

Jaxthaussen.

Götz. Elisabeth. Maria. Sickingen.

Götz. Gott seegne euch, geb euch glückliche Tage, und behalte die die er euch abzieht für eure Kinder.

Elisabeth. Und die laß er seyn wie ihr seyd: Rechtschaffen! Und dann laßt sie werden was sie wollen.

Sickingen. Ich dank euch. Und dank euch Maria. Ich führte euch an den Altar, und ihr sollt mich zur Glückseligkeit führen.

Maria. Wir wollen zusammen eine Pilgrimschaft nach diesem fremden gelobten Lande antretten.

Götz. Glück auf die Reise.

Maria. So ist's nicht gemeynt, wir verlassen euch nicht.

Götz. Ihr sollt Schwester.

Maria. Du bist sehr unbarmherzig, Bruder.

Götz. Und ihr zärtlicher als vorsehend.

Georg kommt.

Georg heimlich. Ich kann niemand auftreiben. Ein einziger war geneigt, darnach veränderte er sich und wollte nicht.

Götz. Gut Georg. Das Glück fängt mir an wetter= wendisch zu werden. Ich ahndet 's aber. Laut. Sickingen ich bitte euch geht noch diesen Abend. Beredet Marie. Sie ist eure Frau. Laßt sie's fühlen. Wenn Weiber queer in unsere Unternehmungen tretten, ist unser Feind im freyen Feld sicher als sonst in der Burg.

Knecht kommt.

Knecht leise. Herr, das Reichsfähnlein ist auf dem Marsch, grad hieher, sehr schnell.

Götz. Ich hab sie mit Ruthenstreichen geweckt! Wie viel sind ihrer?

Knecht. Ohngefehr zweyhundert. Sie können nicht zwey Stunden mehr von hier seyn.

Götz. Noch überm Fluß?

Knecht. Ja Herr.

Götz. Wenn ich nur funfzig Mann hätte, sie sollten mir nicht herüder. Hast du Lersen nicht gesehen.

Knecht. Nein Herr.

Götz. Biet allen sie sollen sich bereit halten. — Es muß geschieden seyn meine Lieben. Weine meine gute Marie, es werden Augenblicke kommen wo du dich freuen wirst. Es ist besser du weinst deinen Hochzeittag, als daß übergroße Freude der Vorbote künftigen Elends wäre. Lebt wohl Marie. Lebt wohl Bruder.

Maria. Ich kann nicht von euch Schwester. Lieber Bruder laß uns. Achtest du meinen Mann so wenig, daß du in dieser Extremität seine Hülfe verschmähst.

Göz. Ja, es ist weit mit mir kommen. Vielleicht bin ich meinem Sturze nahe. Ihr beginnt heut zu leben, und ihr sollt euch von meinem Schicksal trennen. Ich hab eure Pferde zu satteln befohlen. Ihr müßt gleich fort.

Maria. Bruder! Bruder!

Elisabeth zu Sickingen. Gebt ihm nach! Geht.

Sickingen. Liebe Marie, laßt uns gehen.

Maria. Du auch. Mein Herz wird brechen.

Göz. So bleib denn. In wenigen Stunden wird meine Burg umringt seyn.

Maria. Weh! Weh!

Göz. Wir werden uns vertheidigen so gut wir können.

Maria. Mutter Gottes hab Erbarmen mit uns!

Göz. Und am Ende werden wir sterben, oder uns ergeben. — Du wirst deinen edlen Mann mit mir in ein Schicksal geweint haben.

Maria. Du marterst mich.

Göz. Bleib! Bleib! Wir werden zusammen gefangen werden. Sickingen, du wirst mit mir in die Grube fallen! Ich hoffte du solltest mir heraushelfen.

Maria. Wir wollen fort. Schwester! Schwester!

Göz. Bringt sie in Sicherheit, und dann erinnert euch meiner.

Sickingen. Ich will ihr Bett nicht besteigen, bis ich euch auffer Gefahr weiß.

Göz. Schwester — liebe Schwester! er küßt sie.

Sickingen. Fort fort!

Göz. Noch einen Augenblick. — Ich seh euch wieder. Tröstet euch. Wir sehn uns wieder. Sickingen, Maria ab.

Göz. Ich trieb sie, und da sie geht mögt ich sie halten. Elisabeth du bleibst bey mir!

Elisabeth. Bis in den Todt. ab.

Göß. Wen Gott lieb hat, dem geb er so eine Frau.

Georg kommt.

Georg. Sie sind in der Nähe, ich habe sie vom Thurm gesehen. Die Sonne ging auf und ich sah ihre Picken blinken. Wie ich sie sah, wollt mir's nicht bänger werden, als einer Katze vor einer Armee Mäuse. Zwar wir spielen die Ratten.

Göß. Seht nach den Thorriegeln. Verrammelts inwendig mit Balken und Steinen. Georg ab. Wir wollen ihre Gedult für'n Narren halten. Und ihre Tapferkeit sollen sie mir an ihren eigenen Nägeln verkäuen. Trompeter von aussen. Aha! ein rothröckiger Schurke, der uns die Frage vorlegen wird, ob wir Hundsfütter seyn wollen. er geht ans Fenster. Was solls? Man hört in der Ferne reden.

Göß in seinen Bart. Einen Strick um deinen Hals.

Trompeter redet fort.

Göß. Beleidiger der Majestät! Die Aufforderung hat ein Pfaff gemacht. Trompeter endet.

Göß antwortet Mich ergeben! Auf Gnad und Ungnad! Mit wem redet ihr! Bin ich ein Räuber! Sag deinem Hauptmann: Vor Ihro Kayserliche Majestät, hab ich, wie immer schuldigen Respect. Er aber, sags ihm, er kann mich im A— lecken. schmeißt das Fenster zu.

Belagerung.

Küche.

Elifabeth. Götz zu ihr.

Götz. Du haft viel Arbeit arme Frau.

Elifabeth. Ich wollt ich hätte fie lang. Wir werden
fchwerlich lang aushalten können.

Götz. Wir hatten nicht Zeit uns zu verfehen.

Elifabeth. Und die vielen Leute die ihr zeither ge=
fpeißt habt. Mit dem Wein find wir auch fchon auf der
Neige.

Götz. Wenn wir nur auf einen gewiffen Punct halten,
daß fie Kapitulation vorfchlagen. Wir thun ihnen brav Ab=
bruch. Sie fchießen den ganzen Tag und verwunden unfere
Mauern und knicken unfere Scheiben. Lerfe ift ein braver
Kerl, er fchleicht mit feiner Büchfe herum, wo fich einer zu
nahe wagt blaf liegt er.

Knecht. Kohlen gnädige Frau.

Götz. Was giebts.

Knecht. Die Kugeln find all, wir wollen neue gießen.

Götz. Wie ftehts Pulver?

Knecht. So ziemlich. Wir fparen unfere Schüffe
wohl aus.

Saal.

Lerse mit einer Kugelform.

Knecht mit Kohlen.

Lerse. Stell sie daher, und seht wo ihr im Haus Bley kriegt. Inzwischen will ich hier zugreifen. hebt ein Fenster aus und schlägt die Scheiben ein Alle Vortheile gelten. — So gehts in der Welt, weiß kein Mensch was aus den Dingen werden kann. Der Glaser der die Scheiben saßte, dachte gewiß nicht daß das Bley einem seiner Urenkel garstiges Kopfweh machen könnte, und da mich mein Vater machte, dachte er nicht welcher Vogel unter dem Himmel, welcher Wurm auf der Erde mich fressen mögte.

Georg kommt mit einer Dachrinne.

Georg. Da hast du Bley. Wenn du nur mit der Hälfte triffst, so entgeht keiner der Jhro Majestät ansagen kann: Herr wir haben uns prostituirt.

Lerse haut davon. Ein brav Stück.

Georg. Der Regen mag sich einen andern Weg suchen, ich bin nicht baug davor, ein braver Reuter und ein rechter Regen kommen überall durch.

Lerse. er gießt. Halt den Löffel er geht ans Fenster. Da zieht so ein Reichsmusje mit der Büchse herum, sie denken wir haben uns verschossen. Er soll die Kugel versuchen warm, wie sie aus der Pfanne kommt. er ladt.

Georg lehnt den Löffel an. Laß mich sehn.

Lerse schießt. Da liegt der Spatz.

Georg. Der schoß vorhin nach mir, <small>sie gießen,</small> wie ich zum Dachfenster hinaus stieg, und die Rinne holen wollte. Er traff eine Taube die nicht weit von mir saß, sie stürzt in die Rinne, ich dankt ihm für den Braten und stieg mit der doppelten Beute wieder herein.

Lerse. Nun wollen wir wohl laden, und im ganzen Schloß herum gehen, unser Mittagessen verdienen.

Götz <small>kommt.</small>

Götz. Bleib Lerse. Ich hab mit dir zu reden! Dich Georg will ich nicht von der Jagd abhalten. <small>Georg ab.</small>

Götz. Sie entdieten mir einen Vertrag.

Lerse. Ich will zu ihnen hinaus, und hören was es soll.

Götz. Es wird seyn: ich soll mich auf Bedingungen in ritterlich Gefängniß stellen.

Lerse. Das ist nichts. Wie wärs, wenn sie uns freyen Abzug eingestünden, da ihr doch von Sickingen keinen Entsatz erwartet. Wir vergrüben Geld und Silber, wo sie's mit keinen Wünschelruthen finden sollten, überliesen ihnen das Schloß, und kämen mit Manier davon.

Götz. Sie lassen uns nicht.

Lerse. Es kommt auf eine Prob an. Wir wollen um sicher Geleit rufen, und ich will hinaus. <small>ab.</small>

Saal.

Göz. Elisabeth. Georg. Knechte.

bey Tisch.

Göz. So bringt uns die Gefahr zusammen. Laßts euch schmecken meine Freunde! Vergeßt das trinken nicht. Die Flasche ist leer. Noch eine, liebe Frau.

Elisabeth zückt die Achsel.

Göz. Ist keine mehr da?

Elisabeth leise. Noch eine, ich hab sie für dich bey Seit gesetzt.

Göz. Nicht doch Liebe! Gib sie heraus. Sie brauchen Stärkung, nicht ich, es ist ja meine Sache.

Elisabeth. Holt sie draussen im Schrank!

Göz. Es ist die letzte. Und mir ist's als ob wir nicht zu sparen Ursach hätten. Ich bin lang nicht so vergnügt gewesen. er schenkt ein. Es lebe der Kayser!

Alle. Er lebe.

Göz. Das soll unser vorletztes Wort seyn, wenn wir sterben. Ich lieb ihn, denn wir haben einerley Schicksal. Und ich bin noch glücklicher als er. Er muß den Reichsständen die Mäuse fangen, inzwischen die Ratten seine Besitzthümer annagen. Ich weiß er wünscht sich manchmal lieber todt, als länger die Seele eines so krüplichen Cörpers zu seyn. schenkt ein. Es geht just noch einmal herum. Und wenn unser Blut anfängt auf die Neige zu gehen, wie der Wein in dieser Flasche erst schwach, dann tropfenweise rinnt er tröpfelt das letzte in sein Glas. Was soll unser letztes Wort seyn?

Georg. Es lebe die Freyheit!

Göz. Es lebe die Freyheit!

Alle. Es lebe die Freyheit!

Göz. Und wenn die uns überlebt können wir ruhig sterben. Denn wir sehen im Geist unsere Enkel glücklich, und die Kayser unsrer Enkel glücklich. Wenn die Diener der Fürsten so edel und frey dienen wie ihr mir, wenn die Fürsten dem Kayser dienen wie ich ihm dienen mögte.

Georg. Da müßts viel anders werden.

Göz. So viel nicht als es scheinen mögte. Hab ich nicht unter den Fürsten trefliche Menschen gekannt, und sollte das Geschlecht ausgestorben seyn! Gute Menschen, die in sich und ihren Unterthanen glücklich waren. Die einen edlen freyen Nachbar neben sich leiden konnten, und ihn weder fürchteten noch beneideten. Denen das Herz aufging, wenn sie viel ihres Gleichen bey sich zu Tisch sahen, und nicht erst die Ritter zu Hofschranzen umzuschaffen brauchten um mit ihnen zu leben.

Georg. Habt ihr solche Herrn gekannt?

Göz. Wohl. Ich erinnere mich zeitlebens, wie der Landgraf von Hanau eine Jagd gab, und die Fürsten und Herrn die zugegen waren unter freyem Himmel speißten, und das Landvolk all herbey lief sie zu sehen. Das war keine Maskerade die er sich selbst zu Ehren angestellt hatte. Aber die vollen runden Köpfe der Burschen und Mädels die rothen Backen alle, und die wohlhäbigen Männer und stattlichen Greise, und alles fröhliche Gesichter, und wie sie Theil nahmen an der Herrlichkeit ihres Herrn, der auf Gottes Boden unter ihnen sich ergötzte.

Georg. Das war ein Herr, vollkommen wie ihr.

Göz. Sollten wir nicht hoffen, daß mehr solcher Fürsten auf einmal herrschen können, und Verehrung des Kaysers, Fried und Freundschaft der Nachbarn, und der

Unterthanen Lied, der koſtbarſte Familien Schatz ſeyn wird
der auf Enkel und Urenkel erbt. Jeder würde das Seinige
erhalten und in ſich ſelbſt vermehren, ſtatt daß ſie jetzo
nicht zuzunehmen glauben, wenn ſie nicht andere verderben.

Georg. Würden wir hernach auch reiten?

Götz. Wollte Gott es gäde keine unruhige Köpfe in
ganz Deutſchland, wir würden deswegen noch zu thun genug
finden. Wir wollten die Gebürge von Wölfen ſäubern,
wollten unſerm ruhig ackernden Nachbar einen Braten aus
dem Wald holen, und dafür die Suppe mit ihm eſſen.
Wär uns das nicht genug, wir wollten uns mit unſern
Brüdern gleich Cherubs mit flammenden Schwerdten, vor
die Gränzen des Reichs gegen die Wölfe die Türken, gegen
die Füchſe die Franzoſen lagern, und zugleich unſers theuern
Kayſers ſehr ausgeſetzte Länder und die Ruhe des Ganzen
beſchützen. Das wäre ein Leben Georg! wenn man ſeine
Haut vor die allgemeine Glückſeligkeit ſetzte.

Georg ſpringt auf.

Götz. Wo willſt du hin?

Georg. Ach ich vergaß daß wir eingeſperrt ſind. —
Und der Kayſer hat uns eingeſperrt — und unſere Haut
davon zu bringen, ſetzen wir unſere Haut dran!

Götz. Sey gutes Muths.

Lerſe kommt.

Lerſe. Freyheit! Freyheit! Das ſind ſchlechte Menſchen,
unſchlüſſige bedächtige Eſel. Ihr ſollt abziehen, mit Gewehr,
Pferden und Rüſtung. Proviant ſollt ihr dahinten laſſen.

Götz. Sie werden ſich kein Zahnweh dran kauen.

Lerſe heimlich. Habt ihr das Silber verſteckt?

Götz. Nein! Frau geh mit Franzen er hat dir was
zu ſagen.

alle ab.

Schloßhof.

Georg im Stall singt.

Es fing ein Knab ein Vögelein.
Hm! Hm!
Da lacht er in den Käfig 'nein.
Hm! Hm!
So! So!
Hm! Hm!

Der freut sich traun so läppisch
Hm! Hm!
Und griff hinein so täppisch,
Hm! Hm!
So! So!
Hm! Hm!

Da flog das Meislein auf ein Haus
Hm! Hm!
Und lacht den dummen Buben aus
Hm! Hm!
So! So!
Hm! Hm.

Götz. Wie stehts?
Georg führt sein Pferd heraus. Sie sind gesattelt.
Götz. Du bist fix.
Georg. Wie der Vogel aus dem Käfig.

Alle die Belagerte.

Götz. Ihr habt eure Büchsen. Nicht doch! Geht hinauf und nehmt die besten aus dem Rüstschrank, es geht in einem hin. Wir wollen voraus reiten.

Georg.　　　Hm! Hm!

　　　　　　So! So!

　　　　　　Hm! Hm!　　　　　　　　　　ab.

———

Saal.

Zwey Knechte am Rüstschrank.

Erster Knecht. Ich nehm' die.

Zweyter Knecht. Ich die. Da ist noch eine schönere.

Erster Knecht. Nicht doch. Mach daß du fort kommst.

Zweyter Knecht. Horch!

Erster Knecht springt ans Fenster. Hilf heiliger Gott! sie ermorden unsern Herrn. Er liegt vom Pferd! Georg stürzt!

Zweyter Knecht. Wo retten wir uns! An der Mauer den Nußbaum hinunter ins Feld.　　　ab.

Erster Knecht. Franz hält sich noch, ich will zu ihm. Wenn sie sterben mag ich nicht leben.　　　ab.

Vierter Act.

Wirthshaus zu Heilbronn.

Götz.

Götz. Ich komme mir vor wie der böse Geist, den der Capuciner in einen Sack beschwur. Ich arbeite mich ab und fruchte mir nichts. Die Meyneidigen!

Elisabeth kommt.

Götz. Was für Nachrichten Elisabeth von meinen lieben Getreuen.

Elisabeth. Nichts gewisses. Einige sind erstochen, einige liegen im Thurn. Es konnte oder wollte niemand mir sie näher bezeichnen.

Götz. Ist das Belohnung der Treue! Der kindlichsten Ergebenheit? — Auf daß dir's wohl gehe, und du lang lebest auf Erden!

Elisabeth. Lieber Mann, schilt unsern himmlischen Vater nicht. Sie haben ihren Lohn, er ward mit ihnen gebohren, ein freyes edles Herz. Laß sie gefangen seyn, sie sind frey! Gib auf die deputirten Räthe acht, die grosen goldnen Ketten stehen ihnen zu Gesicht —

Götz. Wie dem Schwein das Halsband. Ich mögte Georgen und Franzen geschlossen sehn!

Elisabeth. Es wäre ein Anblick um Engel weinen zu machen.

Götz. Ich wollt nicht weinen. Ich wollte die Zähne zusammen beissen, und an meinem Grimm kauen. In Ketten meine Augäpfel! Ihr lieben Jungen hättet ihr mich

nicht geliebt! — Ich würde mich nicht satt an ihnen sehen
können. — Im Nahmen des Kaysers ihr Wort nicht zu
halten!

Elisabeth. Entschlagt euch dieser Gedanken. Bedenkt
daß ihr vor den Räthen erscheinen sollt. Ihr seyd nicht
gestellt ihnen wohl zu begegnen, und ich fürchte alles.

Götz. Was wollen sie mir anhaben?

Elisabeth. Der Gerichtsbote!

Götz. Esel der Gerechtigkeit! Schleppt ihre Säcke zur
Mühle, und ihren Kehrig aufs Feld. Was gibts?

Gerichtsdiener kommt.

Gerichtsdiener. Die Herrn Commissarii sind auf
dem Rathhause versammlet, und schicken nach euch.

Götz. Ich komme.

Gerichtsdiener. Ich werde euch begleiten.

Götz. Viel Ehre.

Elisabeth. Mäßigt euch.

Götz. Sey ausser Sorgen.   ab.

Rathhaus.

Kayserliche Räthe. Hauptmann. Rathsherrn von
Heilbronn.

Rathsherr. Wir haben auf euern Befehl die stärksten
und tapfersten Bürger versammlet, sie warten hier in der
Nähe auf euern Wink um sich Berlichingens zu bemeistern.

Erster Rath. Wir werden Ihro Kayserliche Majestät
eure Bereitwilligkeit ihrem hohen Befehl zu gehorchen, mit

vielem Vergnügen zu rühmen wissen. — Es sind Hand=
werker?

Rathsherr. Schmiede, Weinschröter, Zimmerleute,
Männer mit geübten Fäusten und hier wohl beschlagen. auf
die Brust deutend.

Rath. Wohl.

Gerichtsdiener kommt.

Gerichtsdiener. Götz von Berlichingen wartet vor
der Thür.

Rath. Laßt ihn herein.

Götz kommt.

Götz. Gott grüs euch ihr Herrn, was wollt ihr mit
mir?

Rath. Zuerst daß ihr bedenkt: wo ihr seyd? und vor
wem?

Götz. Bey meinem Eyd, ich verkenn euch nicht meine
Herrn.

Rath. Ihr thut eure Schuldigkeit.

Götz. Von ganzem Herzen.

Rath. Setzt euch.

Götz. Da unten hin! Ich kann stehn. Das Stülgen
riecht so nach armen Sündern, wie überhaupt die ganze
Stube.

Rath. So stcht!

Götz. Zur Sache wenn's gefällig ist.

Rath. Wir werden in der Ordnung verfahren.

Götz. Binn's wohl zufrieden, wollt es wär von jeher
geschehen.

Rath. Ihr wißt wie ihr auf Gnad und Ungnad in
unsere Hände kamt.

Götz. Was gebt ihr mir? wenn ich's vergesse.

Rath. Wenn ich euch Bescheidenheit geben könnte, würd ich eure Sache gut machen.

Götz. Gut machen! Wenn ihr das könntet! Darzu gehört freylich mehr als zum verderben.

Schreiber. Soll ich das all protokolliren.

Rath. Was zur Handlung gehört.

Götz. Meinetwegen dürft ihr's drucken lassen.

Rath. Ihr wart in der Gewalt des Kaysers, dessen väterliche Gnade an den Platz der Majestätischen Gerechtigkeit trat, euch anstatt eines Kerkers Heilbronn eine seiner geliebten Städte zum Aufenthalt anwies. Ihr verspracht mit einem Eyd euch wie es einem Ritter geziemt zu stellen, und das weitere demüthig zu erwarten.

Götz. Wohl, und ich bin hier und warte.

Rath. Und wir sind hier euch Jhro Kayserlichen Majestät Gnade und Huld zu verkündigen. Sie verzeiht euch eure Uebertretungen, spricht euch von der Acht und aller wohlverdienten Strafe los, welches ihr mit unterthänigem Dank erkennen, und dagegen die Urphede abschwören werdet, welche euch hiermit vorgelesen werden soll.

Götz. Ich bin Jhro Majestät treuer Knecht wie immer. Noch ein Wort eh ihr weiter geht. Meine Leute, wo sind die? Was soll mit ihnen werden?

Rath. Das geht euch nichts an.

Götz. So wende der Kayser sein Angesicht von euch wenn ihr in Noth steckt. Sie waren meine Gesellen, und sind's. Wo habt ihr sie hingebracht?

Rath. Wir sind euch davon keine Rechnung schuldig.

Götz. Ah! Ich dachte nicht, daß ihr nicht einmal zu dem verbunden seyd was ihr versprecht, geschweige —

Rath. Unsere Commißion ist euch die Urphede vor-

zulegen. Unterwerft euch dem Kayser, und ihr werdet einen
Weg finden um eurer Gesellen Leben und Freyheit zu flehen.

Götz. Euern Zettel!

Rath. Schreiber lest.

Schreiber. Ich Götz von Berlichingen bekenne öffent=
lich durch diesen Brief. Daß da ich mich neulich gegen
Kayser und Reich rebellischer Weise aufgelehnt —

Götz. Das ist nicht wahr. Ich bin kein Rebell, habe
gegen Ihro Kayserliche Majestät nichts verbrochen, und das
Reich geht mich nichts an.

Rath. Mäßigt euch und hört weiter.

Götz. Ich will nichts weiter hören. Trett einer auf,
und zeug! Hab ich wider den Kayser, wider das Haus
Oesterreich nur einen Schritt gethan! Hab ich nicht von
jeher durch alle Handlungen gewiesen, daß ich besser als einer
fühle was Deutschland seinem Regenten schuldig ist, und
besonders was die Kleinen, die Ritter und Freyen ihrem
Kayser schuldig sind. Ich müßte ein Schurke seyn wenn ich
mich könnte überreden lassen das zu unterschreiben.

Rath. Und doch haben wir gemessene Ordre euch in
der Güte zu überreden, oder im Entstehungs=Fall euch in den
Thurn zu werfen.

Götz. In Thurn! Mich!

Rath. Und daselbst könnt ihr euer Schicksal von der
Gerechtigkeit erwarten, wenn ihr es nicht aus den Händen
der Gnade empfangen wollt.

Götz. In Thurn! Ihr mißbraucht die Kayserliche
Gewalt. In Thurn! Das ist sein Befehl nicht. Was!
mir erst, die Verräther! eine Falle stellen, und ihren Eyd,
ihr ritterlich Wort zum Speck drinn aufzuhängen! Mir
dann ritterlich Gefängniß zuzusagen, und die Zusage wieder
brechen.

Rath. Einem Räuber sind wir keine Treue schuldig.

Götz. Trügst du nicht das Ebenbild des Kaysers, das ich in dem gesudeltsten Conterfey verehre, du solltest mir den Räuber fressen oder dran erwürgen. Ich bin in einer ehrlichen Fehd begriffen. Du könntest Gott danken und dich vor der Welt groß machen, wenn du in deinem Leben eine so edle That gethan hättest, wie die ist, um welcher willen ich gefangen sitze.

Rath. Winkt dem Rathsherrn, der zieht die Schelle.

Götz. Nicht um des leidigen Gewinnsts willen, nicht um Laud und Leute unbewehrten Kleinen wegzukapern bin ich ausgezogen. Meinen Jungen zu befreyen, und mich meiner Haut zu wehren! seht ihr was unrechtes dran? Kayser und Reich hätten unsere Noth nicht in ihrem Kopfküssen gefühlt. Ich habe Gott sey Dank noch eine Hand, und habe wohl gethan sie zu brauchen.

Bürger treten herein, Stangen in der Hand, Wehren an der Seite.

Götz. Was soll das!

Rath. Ihr wollt nicht hören. Fangt ihn.

Götz. Ist das die Meynung! Wer kein ungrischer Ochs ist, komm mir nicht zu nah. Er soll von dieser meiner rechten eisernen Hand eine solche Ohrfeige kriegen, die ihm Kopfweh, Zahnweh und alles Weh der Erden aus dem Grund kuriren soll. Sie machen sich an ihn, er schlägt den einen zu Boden, und reißt einem andern die Wehr von der Seite, sie weichen. Kommt! Kommt! Es wäre mir angenehm den tapfersten unter euch kennen zu lernen.

Rath. Gebt euch.

Götz. Mit dem Schwerdt in der Hand! Wißt ihr daß es jetzt nur an mir läge mich durch alle diese Haasenjäger durchzuschlagen, und das weite Feld zu gewinnen. Aber ich

will euch lehren wie man Wort hält. Versprecht mir ritter=
lich Gefängniß, und ich gebe mein Schwerdt weg und bin
wie vorher euer Gefangener.

Rath. Mit dem Schwerdt in der Hand, wollt ihr
mit dem Kayser rechten?

Götz. Behüte Gott! Nur mit euch und eurer edlen Com=
pagnie. Ihr könnt nach Haus gehn, gute Leute. Vor die
Versäumniß kriegt ihr nichts, und zu holen ist hier nichts
als Bäulen.

Rath. Greift ihn. Gibt euch eure Liebe zu eurem
Kayser nicht mehr Muth?

Götz. Nicht mehr als ihnen der Kayser Pflaster gibt
die Wunden zu heilen, die sich ihr Muth holen könnte.

Gerichtsdiener kommt.

Gerichtsdiener. Eben ruft der Thürner: es zieht ein
Trupp von mehr als zweyhunderten nach der Stadt zu.
Unversehens sind sie hinter der Weinhöhe hervorgedrungen,
und drohen unsern Mauern.

Rathsherr. Weh uns was ist das?

Wache kommt.

Wache. Franz von Sickingen hält vor dem Schlag
und läßt euch sagen: er habe gehört wie unwürdig man an
seinem Schwager bundbrüchig geworden seye, wie die Herrn
von Heilbronn allen Vorschub thäten. Er verlange Rechen=
schaft, sonst wolle er binnen einer Stunde die Stadt an
vier Ecken anzünden, und sie der Plünderung Preis geben.

Götz. Braver Schwager!

Rath. Tretet ab, Götz. — Was ist zu thun?

Rathsherr. Habt Mitleiden mit uns und unserer
Bürgerschaft, Sickingen ist unbändig in seinem Zorn, er ist
Mann es zu halten.

Rath. Sollen wir uns und dem Kayser die Gerechtsame vergeben.

Hauptmann. Wenn wir nur Leute hätten sie zu halten. So aber könnten wir umkommen, und die Sache wär nur desto schlimmer. Wir gewinnen im Nachgeben.

Rathsherr. Wir wollen Götzen ansprechen für uns ein gut Wort einzulegen. Mir ist's als wenn ich die Stadt schon in Flammen sähe.

Rath. Laßt Götz herein.

Götz. Was soll's?

Rath. Du würdest wohl thun, deinen Schwager von seinem rebellischen Vorhaben abzumahnen. Anstatt dich vom Verderben zu retten, stürzt er dich tiefer hinein indem er sich zu deinem Falle gesellt.

Götz. sieht Elisabeth an der Thür, heimlich zu ihr Geh hin! Sag ihm: er soll unverzüglich herein brechen, soll hierher kommen, nur der Stadt kein leids thun. Wenn sich die Schurken hier widersetzen, soll er Gewalt brauchen. Es liegt mir nichts dran umzukommen, wenn sie nur all mit erstochen werden.

Ein groser Saal auf dem Rathhaus.

Sickingen. Götz.

Das ganze Rathhaus ist mit Sickingens Reutern besetzt.

Götz. Das war Hülfe vom Himmel. Wie kommst du so erwünscht und unvermuthet, Schwager.

Sickingen. Ohne Zauberey. Ich hatte zwey drey Boten ausgeschickt zu hören wie dirs ging. Auf die Nach=

richt von ihrem Meyneid mach ich mich auf die Wege. Nun haben wir die Kerls.

Göt. Ich verlange nichts als ritterliche Haft.

Sickingen. Du bist zu ehrlich. Dich nicht einmal des Vortheils zu bedienen, den der Rechtschaffene über den Meyneidigen hat. Sie sitzen im Unrecht, und wir wollen ihnen keine Küssen unterlegen. Sie haben die Befehle des Kaysers schändlich mißbraucht. Und wie ich Ihro Majestät kenne, darfst du sicher auf mehr bringen. Es ist zu wenig.

Göt. Ich bin von jeher mit wenigem zufrieden gewesen.

Sickingen. Und bist von jeher zu kurz kommen. Meine Meynung ist: sie sollen deine Knechte aus dem Gefängniß, und dich zusamt ihnen auf deinen Eyd nach deiner Burg ziehen lassen. Du magst versprechen nicht aus deiner Terminey zu gehen, und wirst immer besser seyn als hier.

Göt. Sie werden sagen: Meine Güter seyn dem Kayser heimgefallen.

Sickingen. So sagen wir: Du wolltest zur Miethe drinn wohnen bis sie dir der Kayser wieder zu Lehn gäde. Laß sie sich wenden wie Aele in der Reusse, sie sollen uns nicht entschlüpfen. Sie werden von Kayserlicher Majestät reden, von ihrem Auftrag. Das kann uns einerley seyn. Ich kenn den Kayser auch und gelte was bey ihm. Er hat von jeher gewünscht dich unter seiner Armee zu haben. Du wirst nicht lang auf deinem Schloß sitzen, so wirst du aufgeruffen werden.

Göt. Wollte Gott bald, eh ich's fechten verlerne.

Sickingen. Der Muth verlernt sich nicht, wie er sich nicht lernt. Sorge vor nichts, wenn deine Sachen in der Ordnung sind geh ich an Hof, denn meine Unternehmung fängt an reif zu werden. Günstige Aspekten deuten mir,

drich auf! Es ist mir nichts übrig als die Gesinnung des
Kaysers zu sondiren. Trier und Pfalz vermuthen eher des
Himmels Einfall, als daß ich ihnen übern Kopf kommen
werde. Und ich will kommen wie ein Hagelwetter! Und
wenn wir unser Schicksal machen können, so sollst du bald
der Schwager eines Churfürsten seyn. Ich hoffte auf deine
Faust bey dieser Unternehmung.

Götz besieht seine Hand. O! das deutete der Traum den ich
hatte, als ich Tags drauf Marien an Weislingen versprach.
Er sagte mir Treu zu, und hielt meine rechte Hand so fest
daß sie aus den Armschienen gieng, wie abgebrochen. Ach!
Ich bin in diesem Augenblick wehrloser als ich war da sie
mir abgeschossen wurde. Weisling! Weisling!

Sickingen. Vergiß einen Verräther. Wir wollen seine
Anschläge vernichten, sein Ansehn untergraben, und Gewissen
und Schande sollen ihn zu todt fressen. Ich seh, ich seh im
Geiste meine Feinde, deine Feinde niedergestürzt. Götz nur
noch ein halb Jahr!

Götz. Deine Seele fliegt hoch. Ich weiß nicht, seit
einiger Zeit wollen sich in der meinigen keine fröhliche Aus=
sichten eröffnen — Ich war schon mehr in Unglück, schon
einmal gefangen, und so wie mir's jetzt ist war mir's nie=
mals.

Sickingen. Glück macht Muth. Kommt zu denen
Perücken, sie haben lang genug den Vortrag gehabt, laß uns
einmal die Müh übernehmen. ab.

Adelheidens Schloß.

Adelheid. Weislingen.

Adelheid. Das ist verhaßt.

Weislingen. Ich hab die Zähne zusammen gebissen.
Ein so schöner Anschlag, so glücklich vollführt, und am Ende
ihn auf sein Schloß zu lassen! Der verdammte Sickingen.

Adelheid. Sie hätten's nicht thun sollen.

Weislingen. Sie saßen fest. Was konnten sie machen?
Sickingen drohte mit Feuer und Schwerdt, der hochmüthige
jähzornige Mann. Ich haß ihn. Sein Ansehn nimmt zu
wie ein Strom, der nur einmal ein Paar Bäche gefressen
hat, die übrigen geben sich von selbst.

Adelheid. Hatten sie keinen Kayser?

Weislingen. Liebe Frau! Er ist nur der Schatten
davon, er wird alt und mißmuthig. Wie er hörte was geschehen war, und ich, nebst den übrigen Regimentsräthen
eiferte, sagt er: Laßt ihnen Ruh! Ich kann dem alten Götz
wohl das Plätzgen gönnen, und wenn er da still ist, was
habt ihr über ihn zu klagen? Wir redeten vom Wohl des
Staats. O! sagt er: hätt ich von jeher Räthe gehabt,
die meinen unruhigen Geist mehr auf das Glück einzelner
Menschen gewiesen hätten.

Adelheid. Er verliert den Geist eines Regenten.

Weislingen. Wir zogen auf Sickingen los. — Er ist
mein treuer Diener, sagt er, hat er's nicht auf meinen Befehl gethan, so that er doch besser meinen Willen als
meine Bevollmächtigte, und ich kann's gut heissen, vor oder
nach.

Adelheid. Man mögte sich zerreissen.

Weislingen. Ich habe deßwegen noch nicht alle Hof=
nung aufgegeben. Er ist auf sein ritterlich Wort auf sein
Schloß gelassen, sich da still zu halten. Das ist ihm un=
möglich, wir wollen bald eine Ursach wider ihn haben.

Adelheid. Und desto eher, da wir hoffen können der
Kayser werde bald aus der Welt gehn, und Carl sein
treflicher Nachfolger majestätischere Gesinnungen verspricht.

Weislingen. Carl! Du hast eine große Idee von
seinen Eigenschaften, fast sollte man denken du sähst sie mit
andern Augen.

Adelheid. Du beleidigst mich Weislingen. Kennst du
mich für das?

Weislingen. Ich sagte nichts dich zu beleidigen.
Aber schweigen kann ich nicht dazu. Carls ungewöhnliche
Aufmerksamkeit für dich beunruhigt mich.

Adelheid. Und mein Betragen?

Weislingen. Du bist ein Weib. Ihr haßt keinen
der euch hofirt.

Adelheid. Aber ihr!

Weislingen. Es frißt mich am Herzen der fürchter=
liche Gedanke! Adelheid!

Adelheid. Kann ich deine Thorheit kuriren.

Weislingen. Wenn du wolltest! Du könntest dich
vom Hof entfernen.

Adelheid. Sag Mittel und Art. Bist du nicht bey
Hof? Soll ich dich lassen und meine Freunde um auf
meinem Schloß mich mit den Uhus zu unterhalten? Nein
Weislingen daraus wird nichts. Beruhige dich, du weißt
wie ich dich liebe.

Weislingen. Der heilige Anker in diesem Sturm, so
lang der Strick nicht reißt. ab.

Adelheid. Fängst du's so an! Das fehlte noch. Die
Unternehmungen meines Busens sind zu groß, als daß du
ihnen im Weg stehen solltest. Carl großer treflicher Mensch,
und Kayser dereinst, und sollte er 'der einzige seyn unter
den Männern den der Titel meines Gemahls nicht schmei=
chelte. Weislingen denke nicht mich zu hindern, sonst mußt
du in den Boden, mein Weg geht über dich hin.

Franz kommt mit einem Brief.

Franz. Hier gnädige Frau.

Adelheid. Gab dir Carl ihn selbst?

Franz. Ja.

Adelheid. Was hast du? du siehst so kummervoll.

Franz. Es ist euer Wille daß ich mich todt schmach=
ten soll, in den Jahren der Hofnung macht ihr mich ver=
zweifeln.

Adelheid. Er dauert mich, — und wie wenig kostets
mich ihn glücklich zu machen. Sey gutes Muths Junge.
Ich fühle deine Lieb und Treu, und werde nie unerkenntlich
seyn.

Franz beklemmt. Wenn ihr das fähig wärt, ich müßte
vergehn. Mein Gott, ich habe keine andere Faser an mir,
keinen Sinn als euch zu lieben und zu thun was euch ge=
fällt.

Adelheid. Lieber Junge.

Franz. Ihr schmeichelt mir. In Thränen ausbrechend. Wenn
diese Ergedenheit nichts mehr verdient als andere sich vor=
gezogen zu sehn, als eure Gedanken alle nach dem Carl
gerichtet zu sehn.

Adelheid. Du weißt nicht was du willst, noch weniger
was du redst.

Franz mit Verdruß und Zorn mit dem Fuß stampfend. Ich will

auch nicht mehr. Will nicht mehr den Unterhändler ab=
geben.

Adelheid. Franz! Du vergißt dich.

Franz. Mich aufzuopfern! Meinen lieben Herrn.

Adelheid. Geh mir aus dem Gesicht.

Franz. Gnädige Frau!

Adelheid. Geh entdecke deinem lieben Herrn mein
Geheimniß. Ich war die Närrin dich für was zu halten
das du nicht bist.

Franz. Liebe gnädige Frau ihr wißt daß ich euch
liebe.

Adelheid. Und du warst mein Freund, meinem Herzen
so nahe. Geh verrath mich!

Franz. Ich wollt mir ehe das Herz aus dem Leibe
reissen. Verzeiht mir gnädige Frau. Mein Herz ist zu
voll, meine Sinnen haltens nicht aus.

Adelheid. Lieber warmer Junge. Sie faßt ihn bey den
Händen, zieht ihn zu sich, und ihre Küsse begegnen einander, er fällt ihr weinend
an den Hals.

Adelheid. Laß mich.

Franz erstickend in Thränen an ihrem Hals. Gott! Gott!

Adelheid. Laß mich, die Mauern sind Verräther.
Laß mich. Sie macht sich los. Wanke nicht von deiner Lieb und
Treu, und der schönste Lohn soll dir werden. ab.

Franz. Der schönste Lohn! Nur diß dahin laß mich
leben! Ich wollte meinen Vater ermorden, der mir diesen
Platz streitig machte.

Jaxthaussen.

Götz. an einem Tisch. **Elisabeth.** bey ihm mit der Arbeit, es steht ein Licht auf dem Tisch und Schreibzeug.

Götz. Der Müssiggang will mir gar nicht schmecken, und meine Beschränkung wird mir von Tag zu Tag enger, ich wollt ich könnt schlafen, oder mir nur einbilden die Ruh sey was angenehmes.

Elisabeth. So schreib doch deine Geschichte aus die du angefangen hast. Gieb deinen Freunden ein Zeugniß in die Hand deine Feinde zu beschämen, verschaff einer edlen Nachkommenschaft die Freude dich nicht zu verkennen.

Götz. Ach! Schreiben ist geschäftiger Müssiggang, es kommt mir saner an. Indem ich schreibe was ich gethan habe, ärgere ich mich über den Verlust der Zeit in der ich etwas thun könnte.

Elisabeth. nimmt die Schrift. Sey nicht wunderlich. Du bist eben an deiner ersten Gefangenschaft in Heilbronn.

Götz. Das war mir von jeher ein fataler Ort.

Elisabeth. liest: „Da waren selbst einige von den Bündischen, die zu mir sagten: Ich habe thörig gethan mich meinen ärgsten Feinden zu stellen, da ich doch vermuthen tounte sie würden nicht glimpflich mit mir umgehn, da antwortet ich:" Nun was antwortetest du? schreibe weiter.

Götz. Ich sagte: setz ich so oft meine Haut an anderer Gut und Geld, sollt ich sie nicht an mein Wort setzen.

Elisabeth. Diesen Ruf hast du.

Götz. Den sollen sie mir nicht nehmen! Sie haben mir alles genommen, Gut, Freyheit —

Elisabeth. Es fällt in die Zeiten wie ich die von Miltenberg und Singlingen in der Wirthstube fand, die mich nicht kannten. Da hat ich eine Freude als wenn ich einen Sohn gebohren hätte. Sie rühmten dich unter einander, und sagten: Er ist das Muster eines Ritters, tapfer und edel in seiner Freyheit, und gelassen und treu im Unglück.

Götz. Sie sollen mir einen stellen dem ich mein Wort gebrochen. Und Gott weiß, daß ich mehr geschwitzt hab meinem Nächsten zu dienen als mir, daß ich um den Nahmen eines tapfern und treuen Ritters gearbeitet habe, nicht um hohe Reichthümer und Rang zu gewinnen. Und Gott sey dank worum ich warb ist mir worden.

Lerse. Georg. mit Wildbret.

Götz. Glück zu brave Jäger!

Georg. Das sind wir aus braven Reutern geworden. Aus Stiefeln machen sich leicht Pantoffeln.

Lerse. Die Jagd ist doch immer was, und eine Art von Krieg.

Georg. Wenn man nur hier zu Land nicht immer mit Reichsknechten zu thun hätte. Wißt ihr gnädiger Herr, wie ihr uns prophezeihet: wenn sich die Welt umkehrte würden wir Jäger werden. Da sind wir's ohne das.

Götz. Es kommt auf eins hinaus, wir sind aus unserm Kraise geruckt.

Georg. Es sind bedenkliche Zeiten. Schon seit acht Tagen läßt sich ein fürchterlicher Comet sehen, und ganz Deutschland ist in Angst es bedeute den Todt des Kaysers der sehr krank ist.

Götz. Sehr krank! Unsere Bahn geht zu Ende.

Lerse. Und hier in der Nähe gibts noch schrecklichere

Veränderungen. Die Bauern haben einen entſetzlichen Auf=
ſtand erregt.

Götz. Wo?

Lerſe. Im Herzen von Schwaben. Sie ſengen,
brennen und morden. Ich fürchte ſie verheeren das ganze
Land.

Georg. Einen fürchterlichen Krieg gibts. Es ſind
ſchon an die hundert Ortſchaften aufgeſtanden und täglich
mehr. Der Sturmwind neulich hat ganze Wälder aus=
geriſſen, und kurz darauf hat man in der Gegend wo der
Aufſtand begonnen zwey feurige Schwerdter kreuzweis in
der Luft geſehen.

Götz. Da leiden von meinen guten Herrn und Freunden
gewiß unſchuldig mit.

Georg. Schade daß wir nicht reiten dürfen.

Fünfter Act.

Bauernkrieg.

Tumult in einem Dorf und Plünderung.

Weiber und Alte mit Kindern und Gepäcke, Flucht.

Alter. Fort, fort, daß wir den Mordhunden ent=
gehen.

Weib. Heiliger Gott, wie blutroth der Himmel iſt,
die untergehende Sonne blutroth.

Mutter. Das bedent Fener.

Weib. Mein Mann! Mein Mann!

Alter. Fort! sort! in Wald. ziehen vorbey.

Link. Anführer.

Link. Was sich widersetzt niedergestochen. Das Dorf ist unser. Daß von Früchten nichts umkommt, nichts zurück bleibt. Plündert rein aus und schnell. Wir zünden gleich an.

Metzler vom Hügel herunter gelauffen.

Metzler. Wie gehts euch Link?

Link. Drunter und drüber siehst du, du kommst zum Kehraus. Woher?

Metzler. Von Weinsperg. Da war ein Fest.

Link. Wie?

Metzler. Wir haben sie zusammen gestochen, daß eine Lust war.

Link. Wen alles?

Metzler. Ditrich von Weiler tanzte vor. Der Fratz! Wir waren mit hellem wütigem Hauf herum, und er oben auf'm Kirchthurn wollt gütlich mit uns handeln. Plaff! Schoß ihm einer vorn Kopf. Wir hinauf wie Wetter und zum Fenster herunter mit dem Kerl.

Link. Ah!

Metzler. zu den Bauern. Ihr Hund soll ich euch Bein machen, wie sie haudern und trenteln die Esel.

Link. Brennt an! sie mögen drinnen braten. Fort! Fahrt zu ihr Schlingel.

Metzler. Darnach führten wir heraus den Helfenstein, den Eltershofen, an die dreyzehn von Adel, zusammen auf achtzig. Herausgeführt auf die Ebne gegen Heilbronn.

Das war ein Jubilirens und ein Tumultuirens von unsrigen
wie die lange Reih arme reiche Sünder daher zog, einander
ansturten, und die Erd und Himmel. Umringt waren sie
ehe sie sichs versahen, und all mit Spiesen niedergestochen.

Link. Daß ich nicht dabey war!

Metzler. Hab mein Tag so kein Gaudium gehabt.

Link. Fahrt zu! Heraus!

Bauer. Alles ist leer.

Link. So brennt an allen Ecken.

Metzler. Wird ein hübsch Feuergen geben. Siehst
du wie die Kerls übereinander purzelten und quickten wie
die Frösch! Es lief mir so warm übers Herz wie ein
Glas Brandtewein. Da war ein Rixinger, wenn der
Kerl sonst auf die Jagd ritt, mit dem Federbusch und
weiten Naslöchern, und uns vor sich hertrieb mit den
Hunden und wie die Hunde. Ich hat ihn die Zeit nicht
gesehen, sein Fratzengesicht fiel mir recht auf. Hasch! den
Spies dem Kerl zwischen die Rippen, da lag er, streckt alle
Vier über seine Gesellen. Wie die Haasen beym Treib=
jagen zuckten die Kerls über einander.

Link. Raucht schon drav.

Metzler. Dort hinten brennts. Laß uns mit der
Beute gelassen zu dem grosen Hausen ziehen.

Link. Wo hält er?

Metzler. Von Heilbronn hierher zu. Sie deliberiren
einen zum Hauptmann, vor dem das Volk all Respect
hätt. Denn wir sind doch nur ihres gleichen, das fühlen
sie und werden schwürig.

Link. Wen meynen sie?

Metzler. Max Stumpf oder Götz von Berlichingen.

Link. Das wär gut · gäb auch der Sache einen Schein,
wenn's der Götz thät, er ist immer für einen rechtschafnen

Ritter paſſirt. Auf! Auf! wir ziehen nach Heilbronn zu! rufts herum.

Metzler. Das Fener leucht uns noch eine gute Strecke. Haſt du den groſen Cometen geſehen?

Link. Ja. Das iſt ein grauſam erſchrecklich Zeichen. Wenn wir die Nacht durchziehen können wir'u recht ſehn. Er geht gegen Eins auf.

Metzler. Und bleibt nur fünfviertel Stunden. Wie ein gebogner Arm mit einem Schwerdt ſieht er aus, ſo blut gelb roth.

Link. Haſt du die drey Stern geſehen an des Schwerdts Spitze und Seite?

Metzler. Und der breite wolkenfärbige Streif, mit tau=ſend und tauſend Striemen wie Spies, und dazwiſchen wie kleine Schwerdter.

Link. Mir hats graußt. Wie das alles ſo bleich=roth, und darunter viel ſeurige helle Flammen und da=zwiſchen die grauſame Geſichter mit rauchen Häuptern und Bärten.

Metzler. Haſt du die auch geſehen. Und das zwitſert alles ſo durcheinander, als läg's in einem blutigen Meere und arbeitet durcheinander, daß einem die Sinne vergehn.

Link. Auf! Auf! ab.

———

Feld, man sieht in der Ferne zwey Dörfer brennen und ein Kloster.

Kohl. Wild. Anführer, **Max Stumpf. Haufen.**

Max Stumpf. Ihr könnt nicht verlangen, daß ich euer Hauptmann seyn soll. Für mich und euch wärs nichts nütze. Ich bin Pfalzgräfischer Diener, wie sollt ich gegen meinen Herrn führen. Würdet immer wähnen ich thät nicht von Herzen.

Kohl. Wußten wohl du würdest Entschuldigung finden.

Götz. Lerse. Georg. kommen.

Götz. Was wollt ihr mit mir?

Kohl. Ihr sollt unser Hauptmann seyn.

Götz. Soll ich mein ritterlich Wort dem Kayser brechen, und aus meinem Bann gehen.

Wild. Das ist keine Entschuldigung.

Götz. Und wenn ich ganz frey wäre, und ihr wollt handeln wie bey Weinsperg an den Edlen und Herrn, und so fort hanssen wie rings herum das Land brennet und blutet, und ich sollt euch behülflich seyn zu eurem schändlichen rasenden Wesen, eher sollt ihr mich todt schlagen wie einen wütigen Hund, als daß ich euer Haupt würde.

Kohl. Wäre das nicht geschehen es geschähe vielleicht nimmermehr.

Stumpf. Das war eben das Unglück daß sie keinen Führer hatten den sie geehrt, und er ihrer Wuth Einhalt thun können. Nimm die Hauptmannschaft an, ich bitte dich Götz. Die Fürsten werden dir Dank wissen, ganz Deutsch=

laub. Es wird zum Besten und Frommen aller seyn, Men=
schen und Länder werden geschont werden.

Götz. Warum übernimmst du's nicht?

Stumpf. Ich hab mich von ihnen losgesagt.

Kohl. Wir haben nicht Sattelhenkenszeit, und langer
unnöthiger Diskurse. Kurz und gut. Götz sey unser Haupt=
mann, oder sieh zu deinem Schloß, und deiner Haut. Und
hiermit zwey Stunden Bedenkzeit. Bewacht ihn.

Götz. Was brauchts das. Ich bin so gut entschlossen
— jetzt als darnach. Warum seyd ihr ausgezogen? Eure
Rechte und Freyheiten wieder zu erlangen! Was wütet ihr
und verderbt das Land! Wollt ihr abstehen von allen Uebel=
thaten, und handeln als wackere Leute, und die wissen was
sie wollen, so will ich euch behülflich seyn zu euren Forde=
rungen, und auf acht Tag euer Hauptmann seyn.

Wild. Was geschehen ist ist in der ersten Hitz geschehen,
und brauchts deiner nicht uns künftig zu hindern.

Kohl. Auf ein viertel Jahr wenigstens mußt du uns
zusagen.

Stumpf. Macht vier Wochen, damit könnt ihr beyde
zufrieden seyn.

Götz. Meinetwegen.

Kohl. Eure Hand.

Götz. Und gelobt mir den Vertrag den ihr mit mir
gemacht, schriftlich an alle Haufen zu senden, bey Strafe ihm
streng nachzukommen.

Wild. Nun ja! Soll geschehen.

Götz. So verbind ich mich euch auf vier Wochen.

Stumpf. Glück zu. Was du thust, schon unsern gnä=
digen Herrn den Pfalzgrafen.

Kohl. leise. Bewacht ihn. Daß niemand mit ihm rede
ausser eurer Gegenwart.

Götz. Lerse! Kehr zu meiner Frau. Steh ihr bey. Sie soll bald Nachricht von mir haben. <small>Götz. Stumpf. Georg. Lerse. einige Bauern ab.</small>

Metzler. Link. kommen.

Metzler. Was hören wir von einem Vertrag! Was soll der Vertrag!

Link. Es ist schändlich so einen Vertrag einzugehen.

Kohl. Wir wissen so gut was wir wollen als ihr, und haben zu thun und zu lassen.

Wild. Das Rasen und Brennen und Morden mußte doch einmal aufhören, heut oder morgen, so haben wir noch einen braven Hauptmann dazu gewonnen.

Metzler. Was aufhören! Du Verräther! Warum sind wir da? Uns an unsern Feinden zu rächen, uns empor zu helfen! — Das hat euch ein Fürstenknecht gerathen.

Kohl. Komm Wild, er ist wie ein Vieh. <small>ab.</small>

Metzler. Geht nur! Wird euch kein Haufen zustehn. Die Schurken! Link, wir wollen die andern aufhetzen, Miltenberg dort drüben anzünden, und wenns Händel setzt wegen des Vertrags, schlagen wir den Verträgern zusammen die Köpf ab.

Link. Wir haben doch den großen Haufen auf unsrer Seite.

Berg und Thal.

Eine Mühle in der Tiefe.

Ein Trupp Reuter. Weislingen kommt aus der Mühle mit Franzen und einem Boten.

Weislingen. Mein Pferd! — Ihr habts den andern Herrn auch angesagt?

Bote. Wenigstens sieben Fähnlein werden mit euch eintreffen, im Wald hinter Miltenberg. Die Bauern ziehen unten herum. Ueberall sind Boten ausgeschickt, der ganze Bund wird in kurzem beysammen seyn. Fehlen kanns nicht, man sagt: es sey Zwist unter ihnen.

Weislingen. Desto besser. Franz!

Franz. Gnädiger Herr.

Weislingen. Richt es pünktlich aus. Ich bind es dir auf deine Seele. Gieb ihr den Brief. Sie soll von Hof auf mein Schloß! Sogleich! Du sollst sie abreisen sehn, und mirs daun melden.

Franz. Soll geschehen, wie ihr befehlt.

Weislingen. Sag ihr sie soll wollen. zum Boten. Führt uns nun den nächsten und besten Weg.

Bote. Wir müssen umziehen. Die Wasser sind von den entsetzlichen Regen alle ausgetreten.

Jaxthaussen.

Elisabeth. Lerse.

Lerse. Tröstet euch gnäd'ge Frau!

Elisabeth. Ach Lerse, die Thränen stunden ihm in den Augen wie er Abschied von mir nahm. Es ist grausam grausam.

Lerse. Er wird zurück kehren.

Elisabeth. Es ist nicht das. Wenn er auszog rühmlichen Sieg zu erwerben, da war mir's nicht weh ums Herz. Ich freute mich auf seine Rückkunft vor der mir setzt bang ist.

Lerse. Ein so edler Mann. —

Elisabeth. Nenn ihn nicht so, das macht neu Elend. Die Bösewichter. Sie drohten ihn zu ermorden und sein Schloß anzuzünden. Wenn er wieder kommen wird. Ich seh ihn finster finster. Seine Feinde werden lügenhafte Klagartikel schmieden und er wird nicht sagen können: nein!

Lerse. Er wird und kann.

Elisabeth. Er hat seinen Bann gebrochen. Sag nein!

Lerse. Nein, er ward gezwungen, wo ist der Grund ihn zu verdammen.

Elisabeth. Die Bosheit sucht keine Gründe, nur Ursachen. Er hat sich zu Rebellen, Missethätern, Mördern gesellt, an ihrer Spitze gezogen. Sage nein!

Lerse. Laßt ab euch zu quälen, und mich. Haben sie ihm nicht selbst feyerlich zugesagt keine Thathandlung mehr zu unternehmen, wie die bey Weinsberg. Hört ich sie nicht selbst halbreuig sagen: wenn's nicht geschehen wär, geschähs vielleicht nie. Müßten nicht Fürsten und Herrn ihm Dank wissen, wenn er freywillig Führer eines unbän= digen Volks geworden wäre, um ihrer Raserey Einhalt zu thun und so viel Menschen und Besitzthümer zu schonen.

Elisabeth. Du bist ein liebevoller Advocat. — Wenn sie ihn gefangen nähmen, als Rebell behandelten, und sein graues Haupt — Lerse ich möchte von Sinnen kommen.

Lerse. Sende ihrem Körper Schlaf lieber Vater der Menschen, wenn du ihrer Seele keinen Trost geben willst.

Elisabeth. Georg hat versprochen Nachricht zu bringen. Er wird auch nicht dürfen wie er will. Sie sind ärger als gefangen. Ich weiß man bewacht sie wie Feinde. Der gute Georg! Er wollte nicht von seinem Herrn weichen.

Lerse. Das Herz blutete mir wie er mich von sich schickte. Wenn ihr nicht meiner Hülf bedürftet, alle Ge= fahren des schmählichsten Tods sollten mich nicht von ihm getrennt haben.

Elisabeth. Ich weiß nicht wo Sickingen ist. Wenn ich nur Marien einen Boten schicken könnte.

Lerse. Schreibt nur, ich will dafür sorgen. ab

Bey einem Dorf.

Götz. Georg.

Götz. Geschwind zu Pferde Georg, ich sehe Milten= berg brennen. Halten sie so den Vertrag! Reit hin, sag ihnen die Meynung. Die Mordbrenner! Ich sage mich von ihnen los. Sie sollen einen Zigeuner zum Hauptmann machen, mich nicht. Geschwind Georg. Georg ab.

Götz. Wollt, ich wäre tausend Meilen davon, und läg im tiefsten Thurn der in der Türkey steht. Könnt ich mit Ehren von ihnen kommen! Ich fahr ihnen alle Tag durch den Sinn, sag ihnen die bittersten Wahrheiten, daß sie mein müde werden und mich erlassen sollen.

Ein Unbekannter.

Unbekannter. Gott grüs euch sehr edler Herr.

Götz. Gott dank euch. Was bringt ihr? Euren Namen?

Unbekannter. Der thut nichts zur Sache. Ich komme euch zu sagen daß euer Kopf in Gefahr ist. Die Anführer sind müde sich von euch so harte Worte geben zu lassen, haben beschlossen euch aus dem Weg zu räumen. Mäßigt euch oder seht zu entwischen und Gott gleit euch. ab.

Götz. Auf diese Art dein Leben zu lassen Götz und so zu enden! Es sey drum! So ist mein Tod der Welt das sicherste Zeichen, daß ich nichts gemeines mit den Hunden gehabt habe.

Einige Bauern.

Erster Bauer. Herr! Herr! Sie sind geschlagen, sie sind gefangen.

Götz. Wer?

Zweyter Bauer. Die Miltenberg verbrannt haben. Es zog sich ein Bündischer Trupp hinter dem Berg hervor, und überfiel sie auf einmal.

Götz. Sie erwartet ihr Lohn. — O Georg! Georg — Sie haben ihn mit den Bösewichtern gefangen — Mein Georg! Mein Georg! —

Anführer kommen.

Link. Auf Herr Hauptmann auf! Es ist nicht säumens Zeit. Der Feind ist in der Nähe und mächtig.

Götz. Wer verbrannte Miltenberg?

Metzler. Wenn ihr Umstände machen wollt, so wird man euch weisen wie man keine macht.

Kohl. Sorgt für unsere Haut und eure. Auf! Auf!

Götz. zu Metzler. Drohst du mir. Du Nichtswürdiger. Glaubst du daß du mir fürchterlicher bist weil des Grafen von Helfenstein Blut an deinen Kleidern klebt.

Metzler. Berlichingen!

Götz. Du darfst meinen Namen nennen und meine Kleider werden sich dessen nicht schämen.

Metzler. Mit dir feigen Kerl! Fürstendiener.

Götz haut ihm über den Kopf daß er stürzt. Die andern treten darzwischen.

Kohl. Ihr seyd rasend. Der Feind bricht auf allen Seiten 'rein, und ihr hadert.

Link. Auf! Auf! Tumult und Schlacht.

Weislingen. Reuter.

Weislingen. Nach! Nach! Sie fliehen. Laßt euch Regen und Nacht nicht abhalten. Götz ist unter ihnen, hör ich. Wendet Fleiß zu daß ihr ihn erwischt. Er ist schwer verwundet, sagen die unsrigen. die Reuter ab. Und wenn ich dich habe! — Es ist noch Gnade wenn wir heimlich im Gefängniß dein Todesurtheil vollstrecken. — So verlischt er vor dem Andenken der Menschen, und du kannst freyer athmen thöriges Herz. ab.

Nacht, im wilden Wald.

Zigeunerlager.

Zigeunermutter am Feuer.

Mutter. Flick das Strohdach über der Grube Tochter, gibt hint Nacht noch Regen genug.

Knab kommt.

Knab. Ein Hamster Mutter. Da! Zwey Feldmäus.

Mutter. Will sie dir abziehen und braten, und sollst eine Kapp haben von den Fellgen. — Du blutst?

Knab. Hamster hat mich bissen.

Mutter. Hohl mir dürr Holz, daß das Fener loh brennt wenn dein Vater kommt, wird naß seyn durch und durch.

Andre Zigeunerinn ein Kind auf dem Rücken.

Erste Zigeunerinn. Hast du brav geheischen.

Zweyte Zigeunerinn. Wenig genug. Das Land ist voll Tumult herum daß man seines Lebens nicht sicher ist. Brennen zwey Dörfer lichterloh.

Erste Zigeunerinn. Ist das dort drunten Brand, der Schein? Seh ihm schon lang zu. Man ist der Feuerzeichen am Himmel zeither so gewohne worden.

Zigeunerhauptmann, drey Gesellen kommen.

Hauptmann. Hört ihr den wilden Jäger?

Erste Zigeunerinn. Er zieht grad über uns hin.

Hauptmann. Wie die Hunde bellen! Wau! Wau!

Zweyter Zigeuner. Die Peitschen knallen.

Dritter Zigeuner. Die Jäger jauchzen holla ho!

Mutter. Bringt ja des Teufels sein Gepäck.

Hauptmann. Haben im trüben gefischt, die Bauern rauben selbst, ist's uns wohl vergönnt.

Zweyte Zigeuerinn. Was hast du Wolf.

Wolf. Einen Haasen, da, und einen Hahn. Ein Brat= spies. Ein Bündel Leinwand. Drey Kochlöffel und ein Pferdzaum.

Sticks. Ein wullen Deck hab ich, ein Paar Stiefeln, und Zunder und Schwefel.

Mutter. Ist alles pudelnaß, wollens trocknen, gebt her.

Hauptmann. Horch ein Pferd! Geht seht was ist.

Götz zu Pferd.

Götz. Gott sey Dank dort seh ich Feuer, sind Zigeuner. Meine Wunden verbluten, die Feinde hinter her. Heiliger Gott, du endigst gräßlich mit mir.

Hauptmann. Ist's Friede daß du kommst? ·

Götz. Ich flehe Hülfe von euch. Meine Wunden er= matten mich. Helft mir vom Pferd.

Hauptmann. Helf ihm. Ein edler Mann, an Gestalt und Wort.

Wolf. leise. Es ist Götz von Berlichingen.

Hauptmann. Seyd willkommen. Alles ist euer was wir haben. ·

Götz. Dank euch.

Hauptmann. Kommt in mein Zelt.

Hauptmanns Zelt.

Hauptmann. Götz.

Hauptmann. Ruft der Mutter, sie soll Blutwurzel bringen und Pflaster.

Götz. legt den Harnisch ab.

Hauptmann. Hier ist mein Feyertagswamms.

Götz. Gott lohns.

Mutter. verbind ihn.

Hauptmann. Ist mir herzlich lieb euch zu haben.

Götz. Kennt ihr mich?

Hauptmann. Wer sollte euch nicht kennen. Götz unser Leben und Blut lassen wir vor euch.

Schricks.

Schricks. Kommen durch den Wald Renter. 'Sind Bündische.

Hauptmann. Eure Verfolger! Sie sollen nit bis zu euch kommen. Auf Schricks! Biete den andern. Wir kennen die Schliche besser als sie, wir schiessen sie nieder ehe sie uns gewahr werden. ab.

Götz. allein. O Kayser! Kayser! Räuber beschützen deine Kinder. man hört scharf schiessen. Die wilden Kerls, starr und treu!

Zigeunerinn.

Zigeunerinn. Rettet euch. Die Feinde überwältigen.

Götz. Wo ist mein Pferd?

Zigeunerinn. Hierbey.

Göz. gürtet sich, und sitzt auf ohne Harnisch. Zum letztenmal sollen sie meinen Arm fühlen. Ich bin so schwach noch nicht. ab.

Zigeunerinn. Er sprengt zu den unsrigen. Flucht.

Wolf. Fort fort! Alles verlohren. Unser Hauptmann erschossen. Göz gefangen. Geheul der Weiber und Flucht.

————————

Adelheidens Schlafzimmer.

Adelheid. mit einem Brief.

Adelheid. Er, oder ich! Der Uebermüthige! Mir drohn. — Wir wollen dir vorkommen. Was schleicht durch den Saal. es klopft. Wer draus?

Franz. leise.

Franz. Macht mir auf gnädige Frau.

Adelheid. Franz! Er verdient wohl daß ich ihm auf=mache. sie läßt ihn ein.

Franz. fällt ihr um den Hals. Liebe gnädige Frau.

Adelheid. Unverschämter! Wenn dich jemand gehört hätte.

Franz. O es schläft alles alles.

Adelheid. Was willst du?

Franz. Mich läßt's nicht ruhen. Die Drohungen meines Herrn, euer Schicksal, mein Herz.

Adelheid. Er war sehr zornig als du Abschied nahmst?

Franz. Als ich ihn nie gesehen. Auf ihre Güter soll sie, sagt·er, sie soll wollen.

Adelheid. Und wir folgen?

Franz. Ich weiß nichts gnädige Frau.

Adelheid. Betrogener thöriger Junge, du siehst nicht wo das hinaus will. Hier weiß er mich in Sicherheit. Denn lange steht's ihm schon nach meiner Freyheit. Er will mich auf seine Güter. Dort hat er Gewalt mich zu behandeln, wie sein Haß ihm eingiebt.

Franz. Er soll nicht.

Adelheid. Wirst du ihn hindern.

Franz. Er soll nicht.

Adelheid. Ich seh mein ganzes Elend voraus. Von seinem Schloß wird er mich mit Gewalt reissen, wird mich in ein Kloster versperren.

Franz. Hölle und Todt!

Adelheid. Wirst du mich retten?

Franz. Eh alles! Alles!

Adelheid die weinend ihn umhalst. Franz, ach uns zu retten!

Franz. Er soll nieder, ich will ihm den Fuß auf den Nacken setzen.

Adelheid. Keine Wuth. Du sollst einen Brief an ihn haben, voll Demuth daß ich gehorche. Und dieses Fläschgen gieß ihm unter das Getränk.

Franz. Gebt. Ihr sollt frey seyn.

Adelheid. Frey! Wenn du nicht mehr zitternd auf deinen Zehen zu mir schleichen wirst. Nicht mehr ich ängstlich zu dir sage, drich auf Franz der Morgen kommt.

Heilbronn vorm Thurn.

Elisabeth. Lerse.

Lerse. Gott nehm das Elend von euch gnädige Frau.
Marie ist hier.

Elisabeth. Gott sey Dank. Lerse wir sind in ent=
setzliches Elend versunken. Da ist's nun wie mir alles
ahndete, gefangen, als Menter Missethäter in den tiefsten
Thurn geworfen.

Lerse. Ich weis alles.

Elisabeth. Nichts nichts weißt du, der Jammer ist
zu gros! Sein Alter, seine Wunden, ein schleichend Fieber,
und mehr als alles das, die Finsterniß seiner Seelen, daß
es so mit ihm enden soll.

Lerse. Auch, und daß der Weislingen Commissar ist.

Elisabeth. Weislingen!

Lerse. Man hat mit unerhörten Exekutionen verfahren.
Metzler ist lebendig verbrannt, zu hunderten gerädert, ge=
spießt, geköpft, geviertelt. Das Land umher gleicht einer
Metzge wo Menschenfleisch wohlfeil ist.

Elisabeth. Weislingen Commissar! O Gott ein Stral
von Hofnung. Marie soll mir zu ihm, er kann ihr nichts
abschlagen. Er hatte immer ein weiches Herz, und wenn er
sie sehen wird, die er so liebte, die so elend durch ihn ist.
Wo ist sie?

Lerse. Noch im Wirthshaus.

Elisabeth. Führe mich zu ihr. Sie muß gleich fort.
Ich fürchte alles.

Weislingens Schloß.

Weislingen.

Weislingen. Ich bin so krank, so schwach. Alle meine Gebeine sind hohl. Ein elendes Fieber hat das Mark ausgefressen. Keine Ruh und Rast, weder Tag noch Nacht. Im halben Schlummer giftige Träume. Die vorige Nacht begegnete ich Götzen im Wald. Er zog sein Schwerdt und forderte mich heraus. Ich faßte nach meinem, die Hand versagte mir. Da stieß ers in die Scheide, sah mich verächtlich an und gieng hinter mich. — Er ist gefangen und ich zittere vor ihm. Elender Mensch! Dein Wort hat ihn zum Tode verurtheilt und du bebst vor seiner Traumgestalt wie ein Missethäter. — Und soll er sterben? — Götz! Götz! — Wir Menschen führen uns nicht selbst, bösen Geistern ist Macht über uns gelassen, daß sie ihren höllischen Muthwillen an unserm Verderben üben. Er setzt sich. — Matt! Matt! Wie sind meine Nägel so blau. — Ein kalter kalter verzehrender Schweis lähmt mir jedes Glied. Es dreht mir alles vorm Gesicht. Könnt ich schlafen. Ach —

Maria tritt auf.

Weislingen. Jesus Marie! — Laß mir Ruh! Laß mir Ruh! — Die Gestalt fehlte noch! — Sie stirbt, Marie stirbt und zeigt sich mir an. — Verlaß mich seeliger Geist, ich bin elend gnug.

Maria. Weislingen ich bin kein Geist. Ich bin Marie.

Weislingen. Das ist ihre Stimme.

Maria. Ich komme meines Bruders Leben von dir zu erflehen, er ist unschuldig so strafbar er scheint.

Weislingen. Still Marie. Du Engel des Himmels bringst die Quaalen der Hölle mit dir. Rede nicht fort.

Maria. Und mein Bruder soll sterben? Weislingen es ist entsetzlich daß ich dir zu sagen brauche: er ist unschuldig, daß ich jammern muß dich von dem abscheulichsten Mord zurück zu halten. Deine Seele ist bis in ihre innerste Tiefen von feindseligen Mächten besessen. Das ist Adelbert!

Weislingen. Du siehst der verzehrende Athem des Tods hat mich angehaucht, meine Kraft sinkt nach dem Grabe. Ich stürbe als ein Elender, und du kommst mich in Verzweiflung zu stürzen. Wenn ich reden könnte, dein höchster Haß würde in Mitleyd und Jammer zerschmelzen. Oh! Marie! Marie!

Maria. Mein Bruder, Weislingen, verkrankt im Gefängniß. Seine schwere Wunden, sein Alter. Und wenn du fähig wärst sein graues Haupt — Weislingen wir würden verzweifeln.

Weislingen. Genug. Er zieht die Schelle.

Franz in äufferfter Bewegung.

Franz. Gnädiger Herr.

Weislingen. Die Papiere dort Franz!

Franz bringt fie.

Weislingen reißt ein Packet auf und zeigt Marie ein Papier. Hier ist deines Bruders Todtesurtheil unterschrieben.

Maria. Gott im Himmel!

Weislingen. Und so zerreiß ich's. Er lebt. Aber kann ich wieder schaffen was ich zerstört habe! Weine nicht so Franz! Guter Junge dir geht mein Elend tief zu Herzen.

Franz wirft sich vor ihm nieder und faßt seine Knie.

Maria vor sich. Er ist sehr krank. Sein Anblick zer=
reißt mir das Herz. Wie liebt ich ihn, und nun ich ihm
nahe, fühl ich wie lebhaft.

Weislingen. Franz steh auf und laß das Weinen.
Ich kann wieder aufkommen. Hofnung ist bey den Lebenden.

Franz. Ihr werdet nicht. Ihr müßt sterben.

Weislingen. Ich muß?

Franz ausser sich. Gift. Gift. Von eurem Weibe. Ich.
Ich. Er rennt davon.

Weislingen. Marie geh ihm nach. Er verzweifelt.
Maria ab.

Weislingen. Gift von meinem Weibe! Weh! Weh!
Ich fühls. Marter und Tod.

Maria inwendig. Hülfe! Hülfe!

Weislingen will aufstehn. Gott, vermag ich das nicht.

Maria kommt. Er ist hin. Zum Saalfenster hinaus,
stürzt er wütend in den Mayn hinunter.

Weislingen. Ihm ist wohl. Dein Bruder ist ausser
Gefahr. Die andere Commissarien, Seckendorf besonders
sind seine Freunde. Ritterlich Gefängniß werden sie ihm
auf sein Wort gleich gewähren. Leb wohl Marie und geh.

Maria. Ich will bey dir bleiben, armer Verlaßner.

Weislingen. Wohl verlassen und arm. Du bist ein
furchtbarer Rächer Gott! Mein Weib. —

Maria. Entschlage dich dieser Gedanken. Kehr dein
Herz zu dem Barmherzigen.

Weislingen. Geh liebe Seele, überlaß mich meinem
Elend. Entsetzlich! Auch deine Gegenwart Marie der letzte
Trost ist Quaal.

Maria vor sich. Stärke mich Gott, meine Seele erliegt
mit der Seinigen.

Weislingen. Weh! Weh! Gift von meinem Weibe. Mein Franz verführt durch die Abscheuliche. Wie sie wartet, horcht auf den Boten, der ihr die Nachricht brächte: er ist todt. Und du Marie. Marie warum bist du gekommen? daß du jede schlafende Erinnerung meiner Sünden wecktest. Verlaß mich! Verlaß mich! Daß ich sterbe.

Maria. Laß mich bleiben. Du bist allein. Denk ich sey deine Wärterinn. Vergiß alles. Vergesse dir Gott so alles, wie ich dir alles vergesse.

Weislingen. Du Seele voll Liebe bete- für mich, bete für mich. Mein Herz ist verschlossen.

Maria. Er wird sich deiner erbarmen. — Du bist matt.

Weislingen. Ich sterbe, sterbe und kann nicht er= sterben. Und in dem .fürchterlichen Streit des Lebens und Tods sind die Quaalen der Hölle.

Maria. Erbarmer erbarme dich seiner. Nur Einen Blick deiner Liebe an sein Herz, daß es sich zum Trost öffne, und sein Geist Hofnung, Lebenshofnung in den Tod hin= über bringe.

In einem finstern engen Gewölb.

Die Richter des heimlichen Gerichts.

Alle vermummt.

Aeltester. Richter des heimlichen Gerichts, schwurt auf Strang und Schwerdt unsträflich zu seyn, zu richten im Verborgenen, zu strafen im Verborgenen Gott gleich. Sind eure Herzen rein und eure Hände, hebt die Arme empor, ruft über die Missethäter: Wehe! Wehe!

Alle. Wehe! Wehe!

Aeltester. Rufer beginne das Gericht.

Rufer. Ich Rufer rufe die Klag gegen den Misse= thäter. Des Herz rein ist, dessen Hände rein sind zu schwö= ren auf Strang und Schwerdt, der klage bey Strang und Schwerdt! klage! klage!

Kläger tritt vor. Mein Herz ist rein von Missethat, meine Hände von unschuldigem Blut. Verzeih mir Gott böse Gedanken und hemme den Weg zum Willen. Ich hebe meine Hand auf und klage! klage! klage!

Aeltester. Wen klagst du an?

Kläger. Klage an auf Strang und Schwerdt Adel= heiden von Weislingen. Sie hat Ehebruchs sich schuldig ge= macht, ihren Mann vergiftet durch ihren Knaben. Der Knab hat sich selbst gerichtet, der Mann ist todt.

Aeltester. Schwörst du zu dem Gott der Wahrheit, daß du Wahrheit klagst?

Kläger. Ich schwöre.

Aeltester. Würde es falsch befunden, beutst du deinen Hals der Strafe des Mords und des Ehebruchs?

Kläger. Ich biete.

Aeltester. Eure Stimmen. Sie reden heimlich zu ihm.

Kläger. Richter des heimlichen Gerichts, was ist euer Urtheil über Adelheiden von Weislingen, bezüchtigt des Ehebruchs und Mords.

Aeltester. Sterben soll sie! Sterben des bittern dop= pelten Todts. Mit Strang und Dolch, düßen doppelt dop= pelte Missethat. Streckt eure Hände empor und rufet Weh über sie! Weh! Weh! In die Hände des Rächers.

Alle. Weh! Weh! Weh!

Aeltester. Rächer! Rächer tritt auf.

Rächer tritt vor.

Aeltester. Faß hier Strang und Schwerdt. Sie zu tilgen von dem Angesicht des Himmels, binnen acht Tage Zeit. Wo du sie findest nieder mit ihr in Staub. Richter die ihr richtet im Verborgenen und strafet im Verborgenen Gott gleich, bewahrt euer Herz für Missethat und eure Hände vor unschuldigem Blut.

Hof einer Herberge.

Maria. Lerse.

Maria. Die Pferde haben gnug gerastet. Wir wollen fort Lerse.

Lerse. Ruht doch bis an Morgen. Die Nacht ist gar zu unfreundlich.

Maria. Lerse ich habe keine Ruh bis ich meinen Bruder gesehen habe. Laß uns fort. Das Wetter hellt sich aus, wir haben einen schönen Tag zu gewarten.

Lerse. Wie ihr befehlt.

Heilbronn im Thurn.

Götz. Elisabeth.

Elisabeth. Ich bitte dich lieber Mann rede mit mir. Dein Stillschweigen ängstet mich. Du verglühst in dir selbst.

Komm laß uns nach deinen Wunden sehen, sie bessern sich um vieles. In der muthlosen Finsterniß erkenn ich dich nicht mehr.

Götz. Suchtest du den Götz? Der ist lang hin. Sie haben mich nach und nach verstümmelt, meine Hand, meine Freyheit, Güter und guten Namen. Mein Kopf was ist an dem? — Was hört ihr von Georgen? Ist Lerse nach Georgen?

Elisabeth. Ja Lieber! Richtet euch auf, es kann sich vieles wenden.

Götz. Wen Gott niederschlägt, der richtet sich selbst nicht auf. Ich weiß am besten was auf meinen Schuldern liegt. Unglück bin ich gewohnt zu dulden. Und jetzt ist's nicht Weislingen allein, nicht die Bauern allein, nicht der Todt des Kaysers und meine Wunden. — Es ist alles zusammen. Meine Stunde ist kommen. Ich hoffte sie sollte seyn wie mein Leben. Sein Will geschehe.

Elisabeth. Willt du nicht was essen?

Götz. Nichts meine Frau. Sieh wie die Sonne draussen scheint.

Elisabeth. Ein schöner Frühlingstag.

Götz. Meine Liebe, wenn du den Wächter bereden könntest mich in sein klein Gärtgen zu lassen auf eine halbe Stunde, daß ich der lieben Sonne genösse, des heitern Himmels und der reinen Luft.

Elisabeth. Gleich! und er wirds wohl thuu.

. Gärtgen am Thurn.

Maria. Lerſe.

Maria. Geh hinein und ſieh wie's ſteht. Lerſe ab.

Eliſabeth. Wächter.

Eliſabeth. Gott vergelt euch die Lieb und Treu an meinem Herrn. Wächter ab. Maria was bringſt du.

Maria. Meines Bruders Sicherheit. Ach aber mein Herz iſt zerriſſen. Weislingen iſt todt, vergiftet von ſeinem Weibe. Mein Mann iſt in Gefahr. Die Fürſten werden ihm zu mächtig, man ſagt er ſey eingeſchloſſen und belagert.

Eliſabeth. Glaubt dem Gerüchte nicht. Und laßt Götzen nichts merken.

Maria. Wie ſtehts um ihn?

Eliſabeth. Ich fürchtete er würde deine Rückkunft nicht erleben. Die Hand des Herrn liegt ſchwer auf ihm. Und Georg iſt todt.

Maria. Georg! der goldne Junge!

Eliſabeth. Als die Nichtswürdigen Miltenberg verbrannten, ſandte ihn ſein Herr ihnen Einhalt zu thun, da fiel ein Trupp Bündiſcher auf ſie los. Georg! hätten ſie ſich alle gehalten wie er, ſie hätten all das gute Gewiſſen haben müſſen. Viel wurden erſtochen, und Georg mit, er ſtarb einen Reuterstodt.

Maria. Weiß es Götz?

Eliſabeth. Wir verbergens vor ihm. Er fragt mich zehnmal des Tags, und ſchickt mich zehnmal des Tags zu forſchen was Georg macht. Ich fürchte, ſeinem Herzen dieſen letzten Stoß zu geben.

Maria. O Gott, was sind die Hoffnungen dieser
Erden.

Göz. Lerse. Wächter.

Göz. Allmächtiger Gott. Wie wohl ist's einem unter
deinem Himmel. Wie frey! Die Bäume treiben Knoßpen
und alle Welt hofft. Lebt wohl meine Lieben meine Wurzeln
sind abgehauen, meine Kraft sinkt nach dem Grabe.

Elisabeth. Darf ich Lersen nach deinem Sohn ins
Kloster schicken, daß du ihn noch einmal siehst und seegnest.

Göz. Laß ihn er ist heiliger als ich, er braucht
meinen Seegen nicht. — An unserm Hochzeittag Elisabeth
ahndete mirs nicht, daß ich so sterben würde. — Mein
alter Vater seegnete uns, und eine Nachkommenschaft von
edlen tapfern Söhnen, quoll aus seinem Gebet. — Du hast
ihn nicht erhört, und ich bin der lezte. — Lerse dein
Angesicht freut mich in der Stunde des Tods mehr als
im muthigsten Gefecht. Damals führte mein Geist den
eurigen, jezt hälst du mich aufrecht. Ach daß ich Georgen
noch einmal sähe, mich an seinem Blick wärmte! — Ihr
seht zur Erden und weint — Er ist todt — Georg ist todt.
— Stirb Göz — Du hast dich selbst überlebt, die Edlen
überlebt. — Wie starb er? — Ach fingen sie ihn unter den
Mordbrennern, und er ist hingerichtet?

Elisabeth. Nein er wurde bey Miltenberg erstochen.
Er wehrte sich wie ein Löw um seine Freyheit.

Göz. Gott sey Dank. — er war der beste Junge
unter der Sonne und tapfer. — Löse meine Seele nun. —
Arme Frau. Ich lasse dich in einer verderbten Welt. Lerse
verlaß sie nicht — Schließt eure Herzen sorgfältiger als eure
Thore. Es kommen die Zeiten des Betrugs, es ist ihm
Freyheit gegeben. Die Nichtswürdigen werden regieren mit

List, und der Edle wird in ihre Netze fallen. Maria gebe dir Gott deinen Mann wieder. Möge er nicht so tief fallen als er hoch gestiegen ist. Selbitz starb, und der gute Kayser, und mein Georg. — Gebt mir einen Trunk Wasser. — Himmlische Luft. — Freyheit! Freyheit! er stirbt.

Elisabeth. Nur droben droben bey dir. Die Welt ist ein Gefängniß.

Maria. Edler Mann! Edler Mann! Wehe dem Jahr= hundert das dich von sich stieß.

Lerse. Wehe der Nachkommenschaft die dich verkennt.

Prolog

zu den neusten

Offenbarungen Gottes

verdeutscht

durch

Dr. Carl Friedrich Bahrdt.

Die Frau Professorn tritt auf im Puz, den Mantel umwerfend.
Bahrdt sizt am Pulten ganz angezogen und schreibt.

Frau Bahrdt.

So komm denn Kind, die Gesellschaft im Garten
Wird gewiß auf uns mit dem Caffee warten.

Bahrdt.

Da kam mir ein Einfall von ohngefähr,

(sein geschrieben Blat ansehend.)

So redt' ich wenn ich Christus wär.

Frau Bahrdt.

Was kommt ein Getrappel die Trepp herauf?

Bahrdt.

's ist ärger als ein Studentenhauf.
Das ist ein Besuch auf allen Vieren.

Frau Bahrdt.

Gott behüt! 's ist der Tritt von Thieren.

Die vier Evangelisten mit ihrem Gefolg treten herein. Die Frau Doktorn thut einen Schrey. **Matthäus** mit dem **Engel**, **Markus** begleitet vom **Löwen**, **Lukas** vom **Ochsen**, **Johannes** über ihm der **Adler**.

Matthäus.

Wir hören du bist ein Biedermann
Und nimmst dich unsers Herren an.
Uns wird die Christenheit zu enge,
Wir sind jezt überall im Gedränge.

Bahrdt.

Willkomm ihr Herrn! Doch thut mirs leid,
Ihr kommt zur ungelegnen Zeit
'Muß eben in Gesellschaft 'nein.

Johannes.

Das werden Kinder Gottes seyn.
Wir wollen uns mit dir ergözen.

Bahrdt.

Die Leute würden sich entsezen.
Sie sind nicht gewohnt solche Bärte breit,
Und Röcke so lang und Falten so weit,
Und eure Bestien muß ich sagen,
Würde jeder andre zur Thür naus jagen.

Matthäus.

Das galt doch alles auf der Welt
Seitdem uns unser Herr bestellt.

Bahrdt.

Das kann mir weiter nichts bedeuten.
Gnug so nehm ich euch nicht zu Leuten.

Markus.

Und wie und was verlangst denn du?

Bahrdt.

Daß ichs euch kürzlich sagen thu.
Es ist mit eurer Schriften Art
Mit euren Falten und eurem Bart,
Wie mit den alten Thalern schwer,
Das Silber sein geprobet sehr,
Und gelten dennoch sezt nicht mehr.
Ein kluger Fürst der münzt sie ein
Und thut ein tüchtigs Kupfer drein,
Da mags denn wieder fort kursiren!
So müßt ihr auch, wollt ihr ruliren,
Euch in Gesellschaft produziren,
So müßt ihr werden wie unser einer,
Gepuzt, gestuzt, glatt, — 's gilt sonst keiner.
Im seidnen Mantel und Kräglein flink
Das ist doch gar ein ander Ding.

Lukas der Mahler.

'Möcht mich in dem Kostume sehn!

Bahrdt.

Da draucht ihr gar nicht weit zu gehn,
'Hab iust noch einen ganzen Ornat.

Der Engel Matthäi.

Das wär mir ein Evangelisten Staat.
Kommt —

Matthäus.

Johannes ist schon weggeschlichen
Und Bruder Markus mit entwichen.

Des Lukas Ochs kommt Bahrdten zu nah, er tritt nach ihm.

Schafft ab zuerst das garstig Thier,
Nehm ich doch kaum ein Hündlein mit mir.

Lukas.
Mögen gar nichts weiter verkehren mit dir.

(Die Evangelisten mit ihrem Gefolg ab.)

Frau Bahrdt.
Die Kerls nehmen keine Lebensart an.

Bahrdt.
Komm, 's sollen ihre Schriften dran.

Götter Helden

und

Wieland.

Eine Farce.

Mercurius am Ufer des Cozytus
mit zwey Schatten.

Mercurius.

Charon! he Charon! Mach daß du rüber kommst. Geschwinde! Meine Leutgen da beklagen sich zum erbarmen, wie ihnen das Gras die Füsse netzt und sie den Schnuppen kriegen.

Charon.

Saubere Nation! Woher? Das ist einmal wieder von der rechten Race. Die könnten immer leben.

Mercurius.

Droben reden sie umgekehrt. Doch mit alledem war das Paar nicht unangesehen auf der Oberwelt. Dem Herrn Litterator hier fehlt nichts als seine Perücke und seine Bücher, und der Megäre da nur Schminke und Dneaten. Wie stehts drüben?

Charon.

Nimm dich in acht. Sie haben dirs geschworen, wenn du hinüber kommst.

Mercurius.

Wie so?

Charon.

Admet und Alceste sind übel auf dich zu sprechen, am ärgsten Euripides. Und Hercules hat dich im Anfall seiner Hitze einen dummen Buben geheissen, der nie gescheidt werden würde.

Mercurius.

Ich versteh kein Wort davon.

Charon.

Ich auch nicht. Du hast in Deutschland jetzt ein Geträtsch mit einem gewissen Wieland.

Mercurius.

Ich kenne so keinen.

Charon.

Was schierts mich? Genug sie sind Fuchswild.

Mercurius.

Laß mich in Kahn, ich will mit hinüber, muß doch sehen was giebt.

Sie fahren über.

Euripides.

Es ist nicht sein, daß du's uns so spielst, alten guten Freunden und deinen Brüdern und Kindern. Dich mit Kerls zu gesellen, die keine Ader griechisch Blut im Leibe haben und an uns zu necken und zu neidschen, als wenn uns noch was übrig wäre ausser dem bisgen Ruhm und dem Respect, den die Kinder droben für unsern Bart haben.

Mercurius.

Beym Jupiter, ich versteh euch nicht.

Litterator.

Sollte etwa die Rede vom deutschen Mercur seyn?

Euripides.

Komm ihr daher? Ihr bezeugts also?

Litterator.

O ja, das ist itzo die Wonne und Hoffnung von ganz
Deutschland, was der Götterbote für goldne Papiergen der
Aristarchen und Aoiden herum trägt.

Euripides.

Da hört ihrs. Und mir ist übel mitgespielt in denen
goldnen Blättgens.

Litterator.

Das nicht sowohl, Herr W. zeigt nur, daß er nach
ihnen habe wagen dürfen eine Alceste zu schreiben. Und
daß, wenn er ihre Fehler vermieden und grössere Schönheiten aufempfunden, man die Schuld ihrem Jahrhunderte
und dessen Gesinnungen zuschreiben müsse.

Euripides.

Fehler! Schuld! Jahrhundert! O du hohes herrliches
Gewölbe des unendlichen Himmels! was ist aus uns geworden? Mercur, und du trägst dich damit?

Mercurius.

Ich stehe versteinert.

Alceste kommt.

Du bist in übler Gesellschaft, Mercur! und ich werde
sie nicht verbessern. Pfuy!

Admet kommt.

Mercur, das hätt ich dir nicht zugetraut.

Mercurius.

Redt deutlich, oder ich gehe fort. Was hab' ich mit
Rasenden zu thun?

Alceste.

Du scheinst betroffen? So höre dann. Wir giengen neulich mein Gemahl und ich in dem Hayn jenseits des Cozytus, wo wie du weißt die Gestalten der Träume sich lebhaft darstellen und hören lassen. Wir hatten uns eine Weile an den phantastischen Gestalten ergötzt, als ich auf einmal meinen Namen mit einem unleidlichen Tone ausrufen hörte. Wir wandten uns. Da erschienen zwey abgeschmackte, gezierte, hagere, blasse Püppgens, die sich einander Alceste! Admet! nannten, vor einander sterben wollten, ein Geklingel mit ihren Stimmen machten als die Vögel und zuletzt mit einem traurigen Gekrächz verschwanden.

Admet.

Es war lächerlich anzusehen. Wir verstunden das nicht, bis erst kurz ein junger Studiosus herunter kam, der uns die grosse Neuigkeit brachte, ein gewisser Wieland habe uns ungebeten wie Euripides die Ehre angethan, dem Volke unsere Masken zu prostituiren. Und der sagte das Stück auswendig von Anfang bis zu Ende her, es hats aber niemand ausgehalten als Euripides, der neugierig und Autor genug dazu war.

Euripides.

Ja und was das schlimmste ist, so soll er in eben den Wischen die du herum trägst, seine Alceste vor der meinigen herausgestrichen, mich herunter und lächerlich gemacht haben.

Mercurius.

Wer ist der Wieland?

Litterator.

Hofrath und Prinzen-Hofmeister zu Weimar.

Mercurius.

Und wenn er Ganymeds Hofmeister wäre, sollt er mir

25*

her. Es ist just Schlafenszeit und mein Stab führt eine Seele leicht aus ihrem Cörper.

Litterator.

Mir wirds angenehm seyn, solch einen grossen Mann bey dieser Gelegenheit kennen zu lernen.

Wielands Schatten in der Nachtmütze tritt auf.

Wieland.

Lassen sie uns, mein lieber Jacobi.

Alceste.

Er spricht im Traum.

Euripides.

Man sieht aber doch mit was für Leuten er umgeht.

Mercurius.

Ermuntert euch. Es ist hier von keinen Jacobis die Rede. Wie ists mit dem Mercur? eurem Mercur? Dem deutschen Mercur?

Wieland kläglich.

Sie haben mir ihn nachgedruckt.

Mercurius.

Was thut uns das? So hört denn und seht.

Wieland.

Wo bin ich? Wohin führt mich der Traum?

Alceste.

Ich bin Alceste.

Admet.

Und ich Admet.

Euripides.

Solltet ihr mich wohl kennen?

Mercurius.

Woher? — Das ist Euripides und ich bin Mercur. Was steht ihr so verwundert?

Wieland.

Ist das Traum, was ich wie wachend fühle? Und doch hat mir meine Einbildungskraft niemals solche Bilder hervorgebracht. Ihr Alceste? Mit dieser Taille? Verzeiht! Ich weiß nicht was ich sagen soll.

Mercurius.

Die eigentliche Frage ist, warum ihr meinen Namen prostituirt und diesen ehrlichen Leuten zusammen so übel begegnet.

Wieland.

Ich bin mir nichts bewust. Was euch betrift, ihr könntet, dünkt mich, wissen, daß wir eurem Namen keine Achtung schuldig sind. Unsere Religion verbietet uns, irgend eine Wahrheit, Größe, Güte, Schönheit, anzuerkennen und anzubeten, ausser ihr. Daher sind eure Namen wie eure Bildsäulen zerstümmelt und Preis gegeben. Und ich versichere euch, nicht einmal der griechische Hermes, wie ihn uns die Mythologen geben, ist mir je dabey in Sinn gekommen. Man denkt gar nichts dabey. Es ist als wenn einer sagte: Recueil, Portefeuille.

Mercurius.

Es ist doch immer mein Name.

Wieland.

Haben sie niemals ihre Gestalt mit Flügeln an Haupt und Füssen, den Schlangenstab in der Hand, sitzend auf Waarenballen und Tonnen im vorbeygehn auf einer Tobacksbüchse figuriren sehn?

Mercurius.

Das läßt sich hören. Ich sprech euch los. Und ihr andern werdet mich künftig ungeplagt lassen. So weiß ich, war auf dem letzten Maskenballe ein gnädiger Herr, der über seine Hosen und Weste noch einen fleischfarbenen Jobs gezogen hatte, und vermittelst Flügeln an Haupt und Sohlen seine Molchsgestalt für einen Mercurius an Mann bringen wollte.

Wieland.

Das ist die Meynung. So wenig mein Vignetten= schneider auf eure Statue Rücksicht nahm, die Florenz auf= bewahrt; so wenig auch ich —

Mercurius.

So gehabt euch wohl. Und so seyd ihr überzeugt, daß der Sohn Jupiters noch nicht so bankerut gemacht hat, um sich mit allerley Leuten zu associiren.   Mercurius ab.

Wieland.

So empfehl ich mich denn.

Euripides.

Nicht uns so. Wir haben noch ein Glas zusammen zu leeren.

Wieland.

Ihr seyd Euripides und meine Hochachtung für euch hab ich öffentlich gestanden.

Euripides.

Viel Ehre. Es fragt sich in wiefern euch eure Arbeit berechtigt von der meinigen übels zu reden. Fünf Briefe zu schreiben, um euer Drama, das so mittelmäßig ist, daß ich als compromittirter Nebenbuhler fast darüber eingeschlafen bin, euren Herren und Damen nicht allein vorzustreichen,

das man euch verzeihen könnte; sondern den guten Euripides
als einen verunglückten Mitstreiter hinzustellen, dem ihr auf
alle Weise den Rang abgelaufen habt.

Admet.

Ich wills euch gestehn, Euripides ist auch ein Poet und
ich habe mein Tage die Poeten für nichts mehr gehalten
als sie sind. Aber ein braver Mensch ist er, und unser
Landsmann. Es hätte euch doch sollen bedenklich scheinen,
ob der Mann, der geboren wurde, da Griechenland den
Xerxes bemeisterte, der ein Freund des Socrates war,
dessen Stücke eine Wirkung auf sein Jahrhundert hatten
wie eure wohl schwerlich, ob der Mann nicht, eher die
Schatten von Alceste und Admet habe herbeybeschwören
können als ihr? Das verdiente einige ahndungsvolle Ehr=
furcht, der zwar euer ganzes aberweises Jahrhundert von
Litteratoren nicht fähig ist.

Euripides.

Wenn eure Stücke einmal so viel Menschen das Leben
gerettet haben als meine, dann sollt ihr auch reden.

Wieland.

Mein Publicum, Euripides, ist nicht das eurige.

Euripides.

Das ist die Sache nicht. Von meinen Fehlern und
Unvollkommenheiten ist die Rede, die ihr vermieden habt.

Alceste.

Daß ichs euch sage als ein Weib, die eh ein Wort
reden darf, daß es nicht auffällt, eure Alceste mag gut
seyn und eure Weibgen und Männgen amusirt, auch wohl
gekützelt haben, was ihr Rührung nennt. Ich bin drüber
weggangen, wie man von einer verstimmten Zitter weg

weicht. Des Euripides seine hab ich doch ganz ausgehört, mich manchmal drüber gefreut und auch drüber gelächelt.

Wieland.
Meine Fürstin

Alceste.
Ihr solltet wissen, daß Fürsten hier nichts gelten. Ich wünschte ihr könntet fühlen, wie viel glücklicher Euripides in Ausführung unserer Geschichte gewesen als ihr. Ich bin für meinen Mann gestorben, wie und wo, das ist nicht die Frage. Die Frage ist von eurer Alceste, von Euripides Alceste.

Wieland.
Könnt ihr mir absprechen, daß ich das Ganze weit delikater behandelt habe?

Alceste.
Was heißt das? Genug Euripides hat gewußt, warum er eine Alceste aufs Theater bringt, so wenig ihr die Grösse des Opfers, das ich meinem Mann that, darzustellen wußtet.

Wieland.
Wie meynt ihr das?

Euripides.
Laßt mich reden Alceste! Sieh her, das sind meine Fehler. Ein junger blühender König, ersterbend mitten im Genuß aller Glückseligkeit. Sein Haus, sein Volk in Verzweiflung, den guten treflichen zu verlieren, und über dem Jammer Apoll bewegt, den Parzen einen Wechseltod abdringend. Und nun — alles verstummt und Vater und Mutter und Freunde und Volk — alles — und er lechzend am Rande des Tods, umherschauend nach einem willigen Auge und überall Schweigen — bis sie austritt, die Einzige,

ihre Schönheit und Kraft aufzuopfern dem Gatten, hinunter zu steigen zu den hofnungslosen Todten.

Wieland.

Das hab' ich alles auch.

Euripides.

Nicht gar. Eure Leute sind erstlich allzusammen aus der grossen Familie, der ihr Würde der Menschheit, ein Ding das Gott weiß woher abstrahirt ist, zum Erbe gegeben habt, ihr Dichter auf unsern Trümmern! Sie sehen einander ähnlich wie die Eyer, und ihr habt sie zum unbedeutenden Brey zusammen gerührt.

Da ist eine Frau, die für ihren Mann sterben will, ein Mann der für seine Frau sterben will, ein Held der für sie beyde sterben will, daß nichts übrig bleibt als das langweilige Stück Parthenia, die man gern wie den Widder aus dem Busche bey den Hörnern kriegte, um dem Elend ein Ende zu machen.

Wieland.

Ihr seht das anders an als ich.

Alceste.

Das vermuth ich. Nur sagt mir: was war Alcestens That, wenn ihr Mann sie mehr liebte, als sein Leben? Der Mensch der sein ganzes Glück in seiner Göttin genösse wie euer Admet, würde durch ihre That in den doppelt bittern Tod gestürzt werden. Philemon und Baucis erbaten sich zusammen den Tod, und euer Klopstock der doch immer unter euch noch ein Mensch ist, läßt seine Liebenden wetteiffern — „Daphnis, ich sterbe zuletzt." Also mußte Admet gerne leben, sehr gerne leben, oder ich war — was? eine Comödiantin — ein Kind — genug, macht aus mir was euch gefällt.

Admet.

Und den Admet, der euch so ekelhaft ist, weil er nicht sterben mag. Seyd ihr jemals gestorben? Oder seyd ihr jemals ganz glücklich gewesen? Ihr redt wie großmüthige Hungerleider.

Wieland.

Nur Feige fürchten den Tod.

Admet.

Den Heldentod, ja. Aber den Hausvatertod? fürchtet jeder, selbst der Held. So ists in der Natur. Glaubt ihr denn, ich würde mein Leben geschont haben, meine Frau den Feinden zu entreissen, meine Besitzthümer zu verthei=digen? Und doch —

Wieland.

Ihr redet wie Leute einer andern Welt, eine Sprache, deren Worte ich vernehme, deren Sinn ich nicht fasse.

Admet.

Wir reden griechisch. — Ist euch das so unbegreiflich? Admet —

Euripides.

Ihr bedenkt nicht, daß er zu einer Secte gehört, die allen Wassersüchtigen, Auszehrenden, an Hals und Bein tödlich Verwundeten einreden will, todt würden ihre Herzen voller, ihre Geister mächtiger, ihre Knochen markiger seyn. Das glaubt er.

Admet.

Er thut nur so. Nein, ihr seyd noch Mensch genug, euch zu Euripides Admeten zu versetzen.

Alceste.

Merkt auf und fragt eure Frau darüber.

Admet.

Ein junger ganz glücklicher wohlbehaglicher Fürst, der von seinem Vater Reich und Erbe und Heerde und Güter empfangen hatte, und darinne saß mit Genüglichkeit und genoß, und ganz war, und nichts bedurfte als Leute die mit ihm genossen, und sie, wie natürlich, saud, und des Hergebens nicht satt wurde und alle liebte, daß sie ihn lieben sollten, und sich Götter und Menschen so zu Freunden gemacht hatte und Apoll den Himmel an seinem Tisch ver=gaß. Der sollte nicht ewig zu leben wünschen? — — — Und der Mensch hatte auch eine Frau.

Alceste.

Ihr habt eine und begreift das nicht. Ich wollte das dem schwarzäugigten jungen Ding dort begreiflich machen. Schöne Kleine, willst du ein Wort hören?

Das Mädgen.

Was verlangt ihr?

Alceste.

Du hattest einen Liebhaber.

Mädgen.

Ach ja.

Alceste.

Und liebtest ihn von Herzen, so daß du in mancher guten Stunde Beruf fühltest für ihn zu sterben?

Mädgen.

Ach und ich bin um ihn gestorben. Ein feindseliges Schicksal trennte uns, das ich nicht lang überlebte.

Alceste.

Da habt ihr eure Alceste, Wieland. Nun sage mir liebe Kleine, du hattest Eltern die sich herzlich liebten.

Mädgen.

Gegen unsre Liebe wars kein Schatten. Aber sie ehr=
ten einander von Herzen.

Alceste.

Glaubst du wohl, wenn deine Mutter in Todesgefahr
gewesen wäre, und dein Vater hätte für sie mit seinem
Leben bezahlt, daß sies mit Dank angenommen hätte?

Mädgen.

Ganz gewiß.

Alceste.

Und wechselsweise Wieland, eben so. Da habt ihr
Euripides Alceste.

Admet.

Die eurige wäre dann für Kinder, die andre für ehr=
liche Leute, die schon ein bis zwey Weiber begraben haben.
Daß ihr nun mit eurem Auditorio sympathisirt, ist nöthig
und billig.

Wieland.

Laßt mich, ihr seyd widersinnige rohe Leute, mit denen
ich nichts gemein habe.

Euripides.

Erst höre mich noch ein paar Worte.

Wieland.

Machs kurz.

Euripides.

Keine fünf Briefe, aber Stoff dazu. Das worauf ihr
euch soviel zu gute thut, ein Theaterstück so zu leulen und
zu ründen daß es sich sehen lassen darf, ist ein Talent, ja,
aber ein sehr geringes.

Wieland.

Ihr kennt die Mühe nicht, die's kostet!

Euripides.

Du hast ja genug davon vorgeprahlt. Das alles, wenn mans beym Licht besieht, nichts ist als eine Fähigkeit nach Sitten und Theaterconventionen und nach und nach aufge= flickten Statuten Natur und Warheit zu verschneiden und einzugleichen.

Wieland.

Ihr werdet mich das nicht überreden.

Euripides.

So geniesse deines Ruhmes unter den Deinigen und laß uns in Ruh.

Admet.

Begieb dich zur Gelassenheit, Euripides. Die Stellen an denen er deiner spottet, sind so viel Flecken mit denen er sein eigen Gewand beschmitzt. Wär er klug und er könnte sie und die Noten zum Shakespear mit Blut abkaufen, er würde es thun. So stellt er sich dar und bekennt, da hab' ich nichts gefühlt.

Euripides.

Nichts gefühlt bey meinem Prolog, der ein Meisterstück ist? Ich darf wohl von meiner Arbeit so reden, thust du's ja. Du fühlst nichts, da du in den gastoffnen Hof Admetens trittst?

Alceste.

Er hat keinen Sinn für Gastfreyheit, hörst du ja.

Euripides.

Und auf der Schwelle begegnet dir Apollo die freundliche Gottheit des Hauses, die ganz voll Liebe zum Admet ihn

erſt dem Tod entreißt, und nun o Jammer! ſein beſtes Weib
für ihn dahingegeben ſieht. Er kann nichts weiter retten
und entfernt ſich wehmüthig, daß nicht die Gemeinſchaft mit
Todten ſeine Reinigkeit beflecke. Da tritt herein, ſchwarz=
gehüllt, das Schwerdt ihrer heimtückiſchen Macht in der Fanſt,
die Königin der Todten, die Geleiterin zum Orcus, das
unerbittliche Schickſal, und ſchilt auf die gütig verweilende
Gottheit, droht ſchon der Alceſte, und Apoll verläßt das
Haus und uns. Und wir mit dem verlaſſenen Chor ſeufzen:
ach daß Eskulap noch lebte, der Sohn Apollo, der die Kräu=
ter kannte und jeden Balſam, ſie würde gerettet werden.
Denn er erweckte die Todten, aber er iſt erſchlagen von
Jupiters Blitz, der nicht duldete daß er erweckte vom ewigen
Schlaf die in Staub geſtreckt hatte nieder ſein unerbittlicher
Rathſchluß.

Alceſte.

Biſt du nicht ganz entrückt geweſen in die Phantaſie der
Menſchen, die aus ihrer Väter Munde vernommen hatten,
von einem ſo wunderthätigen Manne, dem Macht gegeben
war über den allmächtigen Tod. Iſt dir nicht da Wunſch,
Hofnung, Glauben aufgegangen, käme einer aus dieſem Ge=
ſchlechte! käme der Halbgott ſeinen Brüdern zu Hülfe!

Euripides.

Und da er nun kommt, nun Hercules auftritt und ruft,
ſie iſt todt! todt! haſt ſie weggeführt, ſchwarze gräßliche Ge=
leiterin zum Orcus, haſt mit deinem verzehrenden Schwerdt
abgeweidet ihre Haare? Ich bin Jupiters Sohn und traue
mir Kraft zu über dich. An dem Grabe will ich dir auf=
lauſchen, wo du das Blut trinkſt der abgeſchlachteten Todes=
opfer, faſſen will ich dich Todesgöttin, umknüpfen mit meinen
Armen, die kein Sterblicher und kein Unſterblicher löſet, und

du sollst mir herausgeben das Weib, Admetens liebes Weib,
oder ich bin nicht Jupiters Sohn.

Hercules <small>tritt auf.</small>

Was redt ihr von Jupiters Sohn? Ich bin Jupiters
Sohn.

Admet.

Haben wir dich in deinem Rauschschläfgen gestört?

Hercules.

Was soll der Lärm?

Alceste.

Ey da ist der Wieland.

Hercules.

Ey wo?

Admet.

Da steht er.

Hercules.

Der? Nun der ist klein genug. Hab' ich mir ihn doch
so vorgestellt. Seyd ihr der Mann, der den Hercules
immer im Munde führt?

Wieland <small>zurückweichend.</small>

Ich hab nichts mit euch zu schaffen Coloß.

Hercules.

Nun wie dann? Bleibt nur!

Wieland.

Ich vermuthete einen stattlichen Mann mittlerer Grösse.

Hercules.

Mittlerer Grösse? Ich?

Wieland.

Wenn ihr Hercules seyd, so seyd ihrs nicht gemeint.

Hercules.

Es ist mein Name, und auf den bin ich stolz. Ich weiß wohl, wenn ein Fratze keinen Schildhalter unter den Bären, Greiffen und Schweinen finden kann, so nimmt er einen Hercules dazu. Denn meine Gottheit ist dir niemals im Traum erschienen.

Wieland.

Ich gestehe, das ist der erste Traum, den ich so habe.

Hercules.

So geh in dich, und bitte den Göttern ab deine Noten übern Homer, wo wir dir zu groß sind. Das glaub ich, zu groß.

Wieland.

Wahrhaftig ihr seyd ungeheuer. Ich hab euch mir niemals so imaginirt.

Hercules.

Was kann ich davor, daß er so eine engbrüstige Imagination hat? Wer ist denn sein Hercules auf den er sich so viel zu Gute thut? Und was will er? Für die Tugend! Was heißt die Devise? Hast du die Tugend gesehen? Wieland! Ich bin doch auch in der Welt herumkommen, und ist mir nichts so begegnet.

Wieland.

Die Tugend für die mein Hercules alles thut, alles wagt, ihr kennt sie nicht?

Hercules.

Tugend! Ich hab das Wort erst hierunten von ein paar

albernen Kerls gehört, die keine Rechenschaft davon zu geben wußten.

Wieland.

Ich bins eben so wenig im Stande. Doch laßt uns darüber keine Worte verderben. Ich wollte, ihr hättet meine Gedichte gelesen, und ihr würdet finden, daß ich selbst die Tugend wenig achte. Sie ist ein zweydeutiges Ding.

Hercules.

Ein Unding ist sie wie alle Phantasie, die mit dem Gang der Welt nicht bestehen kann. Eure Tugend kommt mir vor wie ein Centaur, so lang der vor eurer Imagination herumtrabt, wie herrlich, wie kräftig! und wenn der Bildhauer euch ihn hinstellt, welch übermenschliche Form! — Anatomirt ihn und findet vier Lungen, zwey Herzen, zwey Mägen. Er stirbt in dem Augenblicke der Geburt wie ein andres Mißgeschöpf, oder ist nie ausser eurem Kopf erzeugt worden.

Wieland.

Tugend muß doch was seyn, sie muß wo seyn.

Hercules.

Bey meines Vaters ewigem Bart! Wer hat daran gezweifelt? Und mich dünkt, bey uns wohnte sie in Halbgöttern und Helden. Meinst du, wir lebten wie das Vieh, weil eure Bürger sich vor den Faustrechts-Zeiten kreuzigen? Wir hatten die bravsten Kerls unter uns.

Wieland.

Was nennt ihr brave Kerls?

Hercules.

Einen der mittheilt was er hat. Und der reichste ist der bravste. Hatte einer Ueberfluß an Kräften, so prügelte

er die andern aus. Und verſteht ſich, ein ächter Mann
giebt ſich nie mit geringern ab, nur mit ſeines gleichen, auch
gröſſern wohl. Hatte einer denn Ueberfluß an Säſten,
machte er den Weibern ſo viel Kinder als ſie begehrten,
auch wohl ungebeten, wie ich denn ſelbſt in einer Nacht
funfzig Buben ausgearbeitet habe. Fehlt' es einem denn
an beyden und der Himmel hatte ihm, oder auch wohl dazu
Erb' und Haab vor tauſenden gegeben, eröfnete er ſeine
Thüren und hieß Tauſende willkommen, mit ihm zu genieſſen.
Und da ſteht Admet, der wohl der bravſte in dieſem Stücke
genannt werden kann.

Wieland.

Das meiſte davon wird zu unſern Zeiten für Laſter gerechnet.

Hercules.

Laſter? Das iſt wieder ein ſchönes Wort. Dadurch
wird eben alles ſo bald bey euch, daß ihr euch Tugend und
Laſter als zwey Extrema vorſtellt, zwiſchen denen ihr ſchwankt,
anſtatt euren Mittelzuſtand als den poſitiven anzuſehen und
den beſten, wie's eure Bauren und Knechte und Mägde
noch thun.

Wieland.

Wenn ihr dieſe Geſinnungen in meinem Jahrhunderte
merken lieſſet, man würde euch ſteinigen. Haden ſie mich
wegen meiner kleinen Angriffe an Tugend und Religion ſo
entſetzlich verketzert.

Hercules.

Was iſt da viel anzugreiffen? Die Pferde, Menſchen-
freſſer und Drachen, mit denen hab' ich's aufgenommen, mit
Wolken niemals, ſie wollten eine Geſtalt haben wie ſie mochten.

Die überläßt ein gescheidter Mann dem Winde der sie zu=
sammengeführt hat, wieder zu verwehen.

Wieland.

Ihr seyd ein Unmensch, ein Gotteslästerer.

Hercules.

Will dir das nicht in Kopf? Aber des Prodikus Her=
cules, das ist dein Mann. Euer Hercules Grandison, eines
Schulmeisters Hercules. Ein unbärtiger Sylvio am Scheide=
wege. Wären mir die Weiber begegnet, siehst du, eine unter
den Arm, eine unter den, und alle beyde hätten mit fort=
gemußt. Darinnen ist dein Amadis kein Narr, ich laß dir
Gerechtigkeit wiederfahren.

Wieland.

Kenntet ihr meine Gesinnungen, ihr würdet noch anders
denken.

Hercules.

Ich weiß genug. Hättest du nicht zu lang unter der
Knechtschaft deiner Sittenlehre geseufzet, es hätte noch was
aus dir werden können. Denn jetzt hängen dir immer noch
die schalen Ideale an. Kannst nicht verdauen, daß ein
Halbgott sich betrinkt und ein Flegel ist, seiner Gottheit un=
beschadet? Und wunder meinst, wie du einen Kerl prostituirt
hattest, wenn du ihn untern Tisch oder zum Mädel auf die
Stren bringst. Weil eure Hochwürden das nicht Wort
haben wollen.

Wieland.

Ich empfehle mich.

Hercules.

Du möchtest aufwachen. Noch ein Wort. Was soll ich
von eines Menschen Verstand denken, der in seinem vierzigsten

Jahr ein groß Werks und Wesens daraus machen kann, und fünf sechs Bücher vollschreiben, davon, daß ein Maidel mit kaltem Blut kann bey drey vier Kerls liegen und sie eben in der Reihe herum lieb haben. Und daß die Kerls sich darüber beleidigt finden und doch wieder anbeissen. Ich sehe gar nicht —

Pluto inwendig.
Ho! Ho! Was für ein verfluchter Lärm da draussen? Hercules, dich hört man überall vor. Kann man nicht einmal ruhig liegen bey seinem Weibe, wenn sie nichts dagegen hat. —

Hercules.
So gehabt euch wohl, Herr Hofrath.

Wieland erwachend.
Sie reden was sie wollen: mögen sie doch reden, was kümmerts mich?

Recensionen

in die

Frankfurter gelehrten Anzeigen

der Jahre 1772 und 1773.

A. Recensionen aus dem Jahre 1772.

1.

Allgemeine Theorie der schönen Künste in einzeln, nach alpha=
betischer Ordnung der Kunstwörter, auf einander folgenden
Artickeln abgehandelt, von Johann Georg Sulzer. Erster
Theil, von A bis J. Leipzig 1771. Bey Weidmanns Erben
und Reich. 4. 568 S.

Wir glauben, es kann ein Werk der allgemeinen Er=
wartung nicht entsprechen, weil es nach einem den Kräften
des Verfassers, aber nicht der Natur seines Stoffs ange=
messenen Plan bearbeitet ist worden; es kann bey einzelnen
Vollkommenheiten ein magres Ganze darstellen, und doch
von derjenigen Seite, wohin ihn sein vorzügliches Talent
zog, ein Monument seines Urhebers bleiben. Herr S. um=
faßte einen Weltkreis von Materie; seine Schultern waren
zu schwach; er sonderte also ab, was sie nicht tragen konnten,
und handelte hierin als ein Mann, der für die Sache der
Wahrheit und seines eignen Ruhms sorgte. Es enthält
dieses Buch Nachrichten eines Mannes, der in das Land
der Kunst gereist ist; allein er ist nicht in dem Lande ge=
bohren und erzogen, hat nie darin gelebt, nie darin gelitten

und genoſſen. Nur Obſervationen, aber nicht Experimente hat er angeſtellt. Es iſt Polybius der Taktiker, und nicht Thucydides und Xenophon der General; Hume der Scribent, und nicht Burnet der Staatsmann, der ſchreibt. Wir wollen ihn ſelbſt hören, was er von ſeinem Plane ſagt:

„Ich habe über die ſchönen Künſte als Philoſoph und gar nicht als ein ſo genannter Kunſtliebhaber geſchrieben. Diejenige, die mehr curiöſe als nützliche Anmerkungen über Künſtler und Kunſtſachen hier ſuchen, werden ſich betrogen finden. Auch war es meine Abſicht nicht, die mecha= niſchen Regeln der Kunſt zu ſammlen und dem Künſtler, ſo zu ſagen, bey der Arbeit die Hand zu führen. Zu dem bin ich kein Künſtler und weiß wenig von den praktiſchen Geheimniſſen der Kunſt. Für den Liebhaber, nämlich nicht für den curioſen Liebhaber oder den Dilettante, der ein Spiel und einen Zeitvertreib aus den ſchönen Künſten macht, ſondern für den, der den wahren Genuß von den Werken des Geſchmacks haben ſoll, habe ich dadurch geſorgt, daß ich ihm viel Vorurtheile über die Natur und die Anwen= dung der ſchönen Künſte benehme; daß ich ihm zeige, was für großen Nutzen er aus denſelben ziehen könne; daß ich ihm ſein Urtheil und ſeinen Geſchmack über das wahrhaftig Schöne und Große ſchärfe; daß ich ihm eine Hochachtung für gute und einen Ekel für ſchlechte Werke einflöße; daß ich ihm nicht ganz unſichre Merkmale angebe, an denen er das Gute von dem Schlechten unterſcheiden kann.“

Dieſes war der Plan, den ſich Herr S. vorgeſchrieben hatte. Allein war es der einzige und beſte zur Fortſchrei= tung der Kunſt? Und war dieſes Werk überhaupt das überlegte Unternehmen eines Mannes, der mit Scharfſicht des Geiſtes und Ehrlichkeit des Herzens das unermeßliche

Feld übersieht, das er zu bearbeiten unternimmt? Die
wesentlichen Mängel entspringen wohl aus der ersten und
wahrsten Quelle, weil es unmöglich ist, daß ein einziger
Mann alle dazu erforderliche Kenntnisse in sich vereinige.
Wir kennen ein Genie in Deutschland, das den bildenden
Geist Plato's mit der tastenden Erfahrungsphilosophie und
dem mannichfaltigen Reichthume des Kunstrichterwissens vereinigt, und doch glauben wir, dieser Mann würde die
Theorie der Kunst nur in Gesellschaft eines Lessing,
Heyne, Ramler, Sulzer angreifen wollen und die Litteratur eines Hagedorn, Füeßli und Heinichen zu Rathe
ziehen. Nächstdem ist das Auditorium des Verfassers zu
klein gewählt. Warum darf der Kunstliebhaber nicht
über die Kunst zuhören? Wir, die wir, nach des Verfassers Ausdruck, mit den Künsten Unzucht treiben,
hätten immer gewünscht, daß er als Philosoph uns aus
allgemeinen Grundsätzen die mannichfaltigen Phänomene erklärt hätte, von denen der Virtuose sagt: das muß so
seyn, das läßt, das thut Wirkung. Immer ein Bißgen
mehr Dogma und dafür weniger moralische Predigt über
unsre Unzucht! Die psychologischen Erklärungen abstrakter
Ideen machen beynahe zwei Drittheile des Werks aus; sie
sind meist nach dem einmal festgesetzten Plane gut geschrieben
und sind Beylagen zu dem Ruhme des Verfassers als eines
unsrer ersten Landwirthe der Philosophie, der Einöden in
urbares Land zu verwandlen weiß. Allein auch in diesen
Artikeln wünschten wir nicht blose Darzählung der Mark-
steine, sondern Bemerkung der Plätze, wie sie verstellt
werden können, auch immer ein wenig Baconische Bilder-
stürmerey, Fingerzeig und Ahudung zu Entdeckungen Co-
lumbs. Wir wundern uns, daß der Verfasser dem Faden
nicht gefolgt ist, den Lessing und Herder aufgewunden

haben, der die Gränzen jeder einzelnen Kunst und ihre Be=
dürfnisse bestimmt. Nachdem die Herren Theorienschmidte
alle Bemerkungen in der Dichtkunst, der Mahlerey und
Skulptur in einem Topf gerüttelt hatten, so wäre es Zeit,
daß man sie wieder herausholte und für jede Kunst sortirte,
besonders die der Skulptur und Mahlerey eigne Grund=
sätze. Allein dazu gehört freylich eine noch zu erfindende
Psychologie, zu der alle Jahre vielleicht nur ein Bruchstein
Erfahrung hinzukommt. — — Wir vermissen gerade da=
gegen dasjenige, was in einem nach alphabetischer
Ordnung abgetheilten Werke vorzüglich statt finden kann,
d. i. Critik, Litteratur, Charakteristik einzelner
Künstler. Der Recensent weiß aus eigner Erfahrung,
wie undankbar es ist, in einer nach Epochen abgetheilten
Abhandlung über die Kunst das Portrait eines großen
Mannes an das andere zu stellen. So richtig jede einzelne
Zeichnung seyn kann, so ermüdet sie doch den Geist des
Lesers; allein wenn er sie unter jeden Buchstaben vertheilt
antrifft, so gefällt es. Der Verfasser hat es mit einigen
Büsten des Alterthums versucht, allein den Muth sinken
lassen, da die Gallerie der neuern Zeiten zahlreicher wurde.
Indessen ist die Mannichfaltigkeit noch nicht Entschuldigung
genug für die gänzliche Abwesenheit, und das Genie war
zu allen Zeitaltern eine so sparsame Erscheinung, daß die
Sammlung und Auswahl der Charaktere gewiß keine Messe
geworden seyn würde. S. 459 spricht Herr S. selbst für
dieses unser pium desiderium. „Es würde angenehm seyn
und zu näherer Kenntniß des menschlichen Genies ungemein
viel beytragen, wenn Kenner aus den berühmtesten Werken
der Kunst das besondre Gepräg des Genies der Künstler
mit psychologischer Genauigkeit zu bestimmen suchten." Man
hat es zwar mit einigen Genien der ersten Größe versucht;

aber was man in dieser Art hat, ist nur noch als ein schwacher Anfang der Naturhistorie des menschlichen Geistes anzusehen. Dazu gehört freylich mehr als Junius de pictura veterum, Gravina, du Bos, Brumoy und alle Collectaneensammler alter und neuer Zeiten!

In Ansehung des Plans haben wir ferner bemerkt, daß die Theorie für den Liebhaber der Kunst, der noch nicht zum Kenner erwachsen ist, nicht genug zusammengehalten wird, sondern daß dasjenige, was unter einem Artikel hätte stehen und worauf man in den andern nur hätte verweisen dürfen, zu sehr auseinandergerückt ist; und dadurch geht der Augenpunkt verlohren. Z. B. Entwurf, Anfang, Ende, Ganz, Anordnung hätte einen Artikel formiren können, so wie Falten und Gewand, Fassung und Begeisterung, Beweis, Beweisarten, Beweisgründe, Einheiten und Drama.

Wir würden undankbar seyn, wann wir nicht bemerken wollten, welche Artikel vorzüglich unsern Beyfall gefunden haben. Dahin gehören: Anordnung, Ausdruck, Baukunst, Baumeister, Charakter, Comödie, eigenthümliche Farbe, Entfernung, Farben, Gedicht, Geschmack, Haltung u. s. w. In allen bemerkt man das vorzügliche Talent des Philosophen, die verwickeltesten Ideen der Empfindung auseinander zu setzen und aus den ersten Kräften der menschlichen Seele herzuleiten. Dagegen wird es uns erlaubt seyn, auch die Flecken anzuzeigen. Zuweilen scheint der Verfasser sein Auditorium aus den Augen zu lassen und nicht zu bedenken, daß hier muß gelehrt und nicht conversirt seyn. Zum Beyspiel bey dem Artikel Abdruck hätte man für den Gelehrten, der kein Kunstkenner ist, der Pasten gedenken sollen; denn sonst glaubt ein jeder, man habe nur Abdrücke in Siegellack und Schwefel

nöthig, um eine Lippertsche Fabril anzulegen. In der
Anordnung wird zweymal der pyramidalischen Grup-
pirung gedacht, allein doch nicht der rechte Fleck so getroffen, daß dieser sonderbare Lehrsatz des Michel Angelo
für den Unwissenden anschauend wird. Der Artikel Allegorie ist lang; allein wir fürchten, daß bey dieser Reise
um die Welt die kleine Insel vorbey geschifft worden, wo die
erste Bestandtheile zu finden waren, nach denen man die
Allegorie komischer und ernster Gattung vom Homer
bis auf Swift hätte ordnen können. Antike: Hier ist
ein wenig Litteratur, aber alles so untereinander angegeben,
wie bey einer Stockhausischen Bibliothek. Die Artikel
Horaz, Anakreon, Homer überlassen wir den Kennern,
um über ihre Vollständigkeit, Richtigkeit oder Dürf-
tigkeit das Endurtheil auszusprechen. Sehr schiefe Exempel sind uns aufgestoßen, wenn unter andern bey der Erfindung bemerkt wird, daß der Geist im Hamlet zu dem
Geist in der Semiramis Gelegenheit gegeben habe.

Durch das Ganze herrscht überhaupt eine beständige
Strafpredigt gegen Wieland, Gleim und Jacobi. Hingegen sind fast alle Beyspiele des Großen und Erhabenen
aus der Noachide genommen. Nachdem sich die Wasser
der epischen Sündfluth in Deutschland verlaufen, so hätte
man die Trümmer der Bodmerischen Arche auf dem Ge-
dürge, der Andacht weniger Pilgrime überlassen können.
Wäre Herr S. selbst ein Dilettante, so würde sein Kunst-
system nicht trübsinniger Eifer, sondern heitrer Glaube
seyn, der nie schmält. Ueber die Moralität seiner Schriften
ist der Verfasser des Agathon und der Musarion bey
allen gesunden Köpfen längst gerechtfertigt, und Kenner des
menschlichen Herzens mögen entscheiden, ob eine Leitung
und Verfeinerung des Gefühls durch Blumenpfade einer

lachenden Landschaft nicht geschwinder zum Ziel führe als die kürzeste mathematische Linie des moralischen Raisonnements.

———

2.

Geschichte des Fräulein von Sternheim. Von einer Freundin derselben aus Originalpapieren und andern zuverläßigen Quellen gezogen. Herausgegeben, von C. M. Wieland. Zweiter Theil, bey Weidmanns Erben und Reich. Leipzig 1771. 8. 301 S.

Es haben sich bey der Erscheinung des guten Fräuleins von Sternheim sehr viele ungebetne Beurtheiler eingefunden. Der Mann von der großen Welt, dessen ganze Seele aus Verstand gebaut ist, kann und darf das nicht verzeihen, was er eine Sottise du coeur nennt. Er überließ also schon lange das gute Kind ihrem Schicksal und gedachte ihrer so wenig als ein Kammerherr seiner Schwester, die einen Priester geheurathet hat. Der Schönkünstler fand in ihr eine schwache Nachahmung der Clarissa, und der Kritiker schleppte alle die Solöcismen und baute sie zu Hausen, wie das Thier Kaliban bey unserm Freund Shakespeare. Endlich kam auch der fromme Eiferer und fand in dem Geist der Wohlthätigkeit dieses liebenswürdigen Mädchens einen gar zu großen Hang zu guten Werken. Allein alle die Herren irren sich, wenn sie glauben, sie beurtheilen ein Buch — es ist eine Menschenseele; und wir wissen nicht, ob diese vor das Forum der großen Welt, des Aesthetikers, des Zeloten und des Kritikers gehört. Wir getrauen uns den Schritt zu entschuldigen,

durch den sie sich Derbyn in die Arme warf, wann wir
den Glauben an die Tugend in dem Gemälde Alexanders
betrachten, da er seinem Leibarzt den Giftbecher abnahm.
Zu dem Glaubenseifer kommt oft Bekehrungssucht, und
mischten wir dazu ein wenig Liebe zum Ausländischen,
zum Außerordentlichen, in der Seele eines guten Kindes
von zwanzig Jahren, die sich in einer drückenden Situation
befindet, so hätten wir ohngefähr den Schlüssel zu der so
genannten Sottise. Die Scene bei der Toilette zeigt deut=
lich, daß das Werk keine Composition für das Publikum ist,
und Wieland hat es so sehr gefühlt, daß er es in seinen
Anmerkungen der großen Welt vorempfunden hat. Das
Ganze ist gewiß ein Selbstgespräch, eine Familienunter=
redung, ein Aufsatz für den engeren Cirkel der Freund=
schaft: denn bey Lord Rich müssen die individuellen Züge
beweisen, daß dieser Charakter zur Ehre der Menschheit
existirt. Das Journal im Bleygebürge ist vor uns die
Ergießung des edelsten Herzens in den Tagen des Kummers,
und es scheint uns der Augenpunkt zu seyn, woraus die
Verfasserin ihr ganzes System der Thätigkeit und des
Wohlwollens wünscht betrachtet zu sehen. Auch der Muth
hat uns gefallen, mit dem sie dem Lord Rich einzelne Blicke
in ihr Herz thun und ihn das niederschreiben läßt, was
ihr innerer Richter bewährt gefunden hat. Es war ihr
wahrscheinlich darum zu thun, sich selbst Rechenschaft zu
geben, wie sie sich in der Situation ihrer Heldin würde
betragen haben; und also betrachtet sie den Plan der Be=
gebenheiten wie ein Gerüste zu ihren Sentiments. Will
der Herr Kritiker uns ins Ohr sagen, daß die Fugen des
Gerüstes grob in einander gepaßt, alles nicht gehörig be=
hauen und verklebt sey, so antworten wir dem Herrn: Es
ist ein Gerüste. Denn wäre der Machiniste Derby so

sein ausgezeichnet wie Richardsons Lovelace, so wäre das
Ganze vielleicht ein Spinnengewebe von Charakter, zu sein,
um dem ungeübteren Auge die Hand der Natur darin zu
entdecken, und der Schrifttext wäre Allegorie geworden.

3.

Ueber den Werth einiger deutscher Dichter und über andre
Gegenstände den Geschmack und die schöne Litteratur be=
treffend. Ein Briefwechsel. Erstes Stück. Frankfurt und
Leipzig 1771. 8. 20 Bogen.

Es ist eine undankbare Arbeit, wenn man Ketzer retten
soll, wie es diese Verfasser in Ansehung der allgemeinen
Orthodoxie des Geschmacks sind, gegen die sie sich auflehnen.
An Gellert, die Tugend und die Religion glauben, ist bey
unserm Publiko beynahe Eins. Die sogenannten Freygeister
in Sachen des Genies, worunter leider alle unsre jetzt=
lebende große Dichter und Kunstrichter gehören, hegen
eben die Grundsätze dieser Briefsteller, nur sind sie so klug,
um der lieben Ruhe willen eine esoterische Lehre daraus zu
bilden. Es thut uns leid, daß diese Verfasser die Regeln
einer Erbauungsschrift verkannt und nicht mehr erlaubte
Charlatanerie bey ihren Patienten angewendet haben. Sie
wollten den lallenden, schlafenden und blinzenden Theil des
Publikums curiren, und sie fangen dabey an, daß sie ihm
seine Puppe nehmen — Bilderstürmer wollen einen neuen
Glauben predigen!

Gellert ist bei ihnen ein mittelmäßiger Dichter ohne
einen Funken von Genie: Das ist zu hart! Gellert ist

gewiß kein Dichter auf der Scala, wo Offian, Klopſtock,
Shakeſpeare und Milton ſtehen, nach dem Maßſtab, womit
Warton mißt, und wo ſelbſt Pope zu kurz fiele, wenn er
den Brief ſeiner Heloiſa nicht geſchrieben hätte. Allein hört
er deswegen auf, ein angenehmer Fabuliſt und Erzähler zu
ſeyn, einen wahren Einfluß auf die erſte Bildung der Nation
zu haben, und hat er nicht durch vernünftige und oft
gute Kirchenlieder Gelegenheit gegeben, den Wuſt der elen-
deſten Geſänge zu verbannen und wenigſtens wieder einen
Schritt zu einer unentbehrlichen Verbeſſerung des Kirchen-
rituals zu thun? Er war nichts mehr als ein Bel Eſprit,
ein brauchbarer Kopf; allein muß man ihm daraus ein
Verbrechen machen und ſich wundern, wenn der gemeine
Haufen nur Augen und Ohren für dergleichen Art von
Schriftſtellern hat? Nicht allein bey uns, ſondern in allen
Ländern wird die Anzahl der denkenden Menſchen, der
wahren Gläubigen immer eine unſichtbare Kirche bleiben.
Der Recenſent iſt Zeuge, daß der ſelige Mann von der
Dichtkunſt, die aus vollem Herzen und wahrer Empfindung
ſtrömt, welche die einzige iſt, keinen Begriff hatte. Denn
in allen Vorleſungen über den Geſchmack hat er ihn nie
die Namen Klopſtock, Kleiſt, Wieland, Geßner, Gleim,
Leſſing, Gerſtenberg, weder im Guten noch im Böſen nennen
hören. Bey der Ehrlichkeit ſeines Herzens läßt ſich nicht
anders ſchließen, als daß ſein Verſtand ſie nie für Dichter
erkannt hat. Es war vielleicht auch natürlich, daß er bey
der gebrochenen Conſtitution ſeines ganzen Weſens die Stärke
des Helden vor Wuth des Raſenden halten mußte, und
daß ihm die Klugheit, die Tugend, die nach Wieland die
Stelle aller andern zuweilen in dieſer Welt vertritt, an-
rieth, nichts von dieſen Männern zu ſagen. Wir wünſchten,
daß die Ausfälle der Verfaſſer weniger heftig wären; die

Redensarten bethronisiren, aus der Schanze ver=
jagen und dergleichen klingen zu feindlich oder zu niedrig.
Indessen ist diese Schrift kein Gewäsche, wie man sie unter
diesem Titel dem Publiko hat aus den Händen raisonniren
wollen. Unter der nachlässigen Weitschweifigkeit dieser Briefe
verkennt man nie die denkenden Köpfe, und wir empfehlen
die Erinnerung über die Journalisten gleich zu An=
fang, die Bemerkung über den Unterschied der Fabel
S. 142 und 148, die Rettung Miltons gegen die Aus=
messungen des Herrn Professor Kästner S. 164, über das
Lehrgedicht S. 195, und die vortreffliche Gedanken über
Wielands Verdienst als Lehrdichter in der Musarion
S. 196, die Rangordnung Gellerts mit Dusch und
Utz S. 200, den Augenpunkt, woraus sie die Gellertsche
Moral betrachten, S. 243 und 250, und den ganzen
Schluß unsern Lesern zur Beherzigung. Vorsatz zu schaden
sieht man aus dem Detail der Kritiken; allein deswegen sind
sie nicht unrichtig. Man hat unter den Fabeln freylich nicht
die besten gewählt und bey den Erzählungen die schwache
Seite Gellerts, das ist die Mahlerey, untersucht und ihn am
Ende gar mit Ariosto gemessen. Wir sind aber doch ver=
sichert, daß diese Produktion mit allen ihren sauren Theilen
ein nützliches Ferment abgiebt, um das erzeugen zu helfen,
was wir dann deutschen Geschmack, deutsches Gefühl
nennen würden.

4.

Empfindſame Reiſen durch Deutſchland von S. Zweyter Theil.
Bey Zimmermann. Wittenberg und Zerbſt. 8. 22 Bogen.

Alas the poor Yorick! Ich beſuchte dein Grab und
fand, wie du auf dem Grabe deines Freundes Lorenzo,
eine Diſtel, die ich noch nicht kannte, und ich gab ihr den
Namen: Empfindſame Reiſen durch Deutſchland.
Alles hat er dem guten Yorick geraubt: Speer, Helm und
Lanze. Nur ſchade! inwendig ſteckt der Herr Präceptor S.
zu Magdeburg. Wir hofften noch immer von ihm, er würde
den zweyten Ritt nicht wagen; allein eine freundſchaftliche
Stimme von den Uſern der Elbe, wie er ſie nennt, hat ihm
geſagt: er ſoll ſchwatzen. Wir rathen es ihm als wahre
Freunde nicht, ob wir gleich zu dem Scharfrichtergeſchlecht
gehören, mit denen er ſo viel im erſten Capitel ſeines Traums
zu thun hat. Ihm träumt, er werde aufgehängt werden neben
Pennylaß. Wir als Policeybediente des Litteraturgerichts
ſprechen anders und laſſen den Herrn Präceptor noch eine
Weile beym Leben. Aber ins neue Arbeitshaus muß er, wo
alle unnütze und ſchwatzende Schriftſteller morgenländiſche
Radices raſpeln, Varianten ausleſen, Urkunden ſchaben,
tironiſche Noten ſortiren, Regiſter zuſchneiden und andre der=
gleichen nützliche Handarbeiten mehr thun.

Es iſt alles unter der Kritik, und wir würden dieſe
Maculaturbogen nur mit zwey Worten angezeigt haben,
wenn es nicht Leute gäde, die in ihrem zarten Gewiſſen
glauben, man müſſe ein ſolches junges Genie nicht erſticken.
Um unſern Leſern nur eine Probe zu geben, welche ſchwere
Handthierung wir treiben, dem Publiko vorzuleſen, ſo ziehen

wir einige Stellen aus. Eine kindische Nachahmungssucht, die der Herr Präceptor mit seinen Schülern in imitationibus Ciceronianis et Curtianis nicht lächerlicher treiben kann, giebt den Schlüssel zu allen den Palliassestreichen, womit er seinem Meister Yorick vor unsern Augen nachhinkt. Yorick empfand, und dieser setzt sich hin zu empfinden; Yorick wird von seiner Laune ergriffen, weinte und lachte in einer Minute, und durch die Magie der Sympathie lachen und weinen wir mit; hier aber steht einer und überlegt: wie lache und weine ich? was werden die Leute sagen, wenn ich lache und weine? Was werden die Recensenten sagen? Alle seine Geschöpfe sind aus der Luft gegriffen. Er hat nie geliebt und nie gehaßt, der gute Herr Präceptor! Und wenn er uns eins von seinen Wesen soll handeln lassen, so greift er in die Tasche und gaukelt aus seinem Sacke was vor. Ein Pröbchen Yorickische Apostrophe. Bey Gellerts Grab findet er in der Dämmerung seine Beckerin wieder, die ihm ehemals den Dukaten geschenkt hatte. Hier ruft er aus: „Komm mit! Und warum komm? De gustibus non est disputandum, könnte ich hier füglich antworten; aber ich will de gustibus disputiren, um mein ganzes deutsches Vaterland — wenn es sich von einem jungen Menschen will belehren lassen — zu belehren, welch einen falschen und unrichtigen Gebrauch es von den Wörtern: Du, Er, Sie, Ihr, Sie zu machen gewohnt ist. Ueberhaupt zu reden, ist es seltsam und lächerlich; daß man sich durch ein Sie von andern muß multipliciren lassen, so wie man selbst andere damit multipliciren muß; so wie es widersinnig ist, daß ich von jemanden als von einer ganz fremden Person spreche, den ich vor mir sehe, höre — und fühlen kann, wenn ich will. — Allein Deutschland weiß das so gut wie ich, ohne es ändern zu können — Also muß ich davon schweigen.

Um wie viel aber würde nicht das Uebel vermindert werden, wenn man den Gebrauch der Wörter dergestalt fest setzte." Er führt endlich die Beckerin in sein Wirthshaus und legt sie schlafen. Er erwacht sehr früh und hört den Hof= hund bellen. „Das war mir unleidlich: bey jedem Hau fürchtete ich, meine Mutter würde aus ihrem Schlaf auf= fahren. Ich suchte in dem ganzen Zimmer nach einem Stück Brod herum. Nichts war zu finden. Aber sollte denn ein Hundemagen nicht Biscuit verdauen können? dachte ich, und damit eilte ich mit einem großen Stück in der Hand nach dem Hofraume. Die Bestie wollte rasend werden, sobald sie mich erblickte. Das ist eine Bestie κατ᾽ ἐξοχήν, sagte ich, und damit ergriff ich in vollem Eifer den Stock und bläuete ihm Stillschweigen ein. Laß es gut seyn! redete ich ihn nach einigen Minuten abbittend an; ich will dir deine Schläge reichlich vergütigen. Die arme Bestie krümmte sich jämmer= lich. Ich wünschte, daß ich ihm keinen Schlag gegeben hätte, oder daß mir der Hund wenigstens die Schläge zu= rückgeben könnte. Aber, dachte ich bey mir selbst, viel= leicht verstellt sich das listige Thier nur! Nach seiner Länge, Höhe und Dicke zu rechnen, können ihm die paar Püffe, die ich ihm gegeben habe, unmöglich so wehe thun! Noch nie hat mein von der Wahrheit in die Enge getriebenes böses Ge= wissen eine so feine Ausflucht ersonnen." (Ein schöner Pen= dant zu Yorick's Scene mit dem Mönch!) „Der Hund fuhr fort zu winseln. Hätte ich gestohlen, und man ertappte mich auf frischer That, so glaube ich immer, es würde mir nicht ängstlicher zu Muthe seyn, als mir bey dem Lamento des Hundes war." Endlich wird der Hund mit Eau de Lavande begossen; denn der Herr Präceptor sieht Blut. „Der Hund ließ mit sich machen. Er roch den lieblichen Geruch des Wassers und leckte und wedelte mit dem

Schwanze. Nun konnte ich mich nicht länger erhalten, ihn zu streicheln, ob ich gleich für seinem Bisse noch nicht sicher war. Eine so großmüthige Ueberwindung des erlittenen Unrechts schien mir einer kleinen Gefahr mehr als zu würdig zu seyn. Die Hundegeschichte hatte in meiner Seele eine kleine Säure zurück gelassen, die mit den Freuden schlechterdings incompatibel war, die ich dem angebrochenen Tage bereits en gros bestimmt hatte. Ich suchte sie los zu werden, und folglich war ich sie auch schon bald los. Es kam darauf an, daß sich meines Wirths Küchenmagd aus ihren Federn erhob. Sie that es. Ich überraschte sie in ihrem Négligé und machte dadurch sie und mich so beschämt, daß ich ihr geschwind ein Stück Fleisch für den Hund abforderte ꝛc. ꝛc."

Der Mann hat auch ein Mädchen, die er seine Naive nennt, und er thut wohl daran, wie jener, der auf sein Schild zum Bären schrieb: Das ist ein Bär. Ein Gemälde von der schönen Naiven! Sie fragt ihn, ob es sein Ernst sey, wenn er sagt, daß sie ihn zum glücklichsten Sterblichen mache? „Sie zog mich ans Fenster, nickte mit dem Kopfe, daß ich mich bücken sollte, ergriff mich mit beyden Händen bey dem Kinne, drehte meinen Kopf langsam hin und her. Ihre Augen fielen bald in die Fronte, bald in die Flanke der meinigen; diese drehten sich allemal nach der Seite der Attaque."

Von Wendungen eine Probe! „Jedoch ut oratio mea redeat, unde — O küssenswürdiger Cicero, durch dieses herrliche Commandowort denke ich von meiner Abschweifung ebenso geschwind wieder nach Hause zu kommen, als eine Kugel in die Köpfe der Feinde durch Tann, Tapp, Feuer!" — Endlich bekommt der Verfasser S. 73 ein ganzes

Bataillon Kopfschmerzen, weil er was erfinden soll, und wir und unsere Leser klagen schon lange darüber.

5.

Gedanken über eine alte Aufschrift. Bey Weidmanns Erben und Reich. Leipzig 1772. 8. 62 S.

Sie reden was sie wollen, mögen sie doch reden! was kümmerts mich. So heißt die Aufschrift. Zwo Arten von Menschen leben nach dieser Maxime, sagt der Verfasser: die großen und kleinen Sultane und die Cyniker. Jene, weil sie glauben, die andern Menschen wären nur Frösche; diese, entweder weil sie kein Verdienst haben und sich weder über diesen Mangel ärgern, noch ungerecht genug sind, Belohnungen für etwas zu verlangen, das sie nicht haben, oder weil sie sehen, daß sie es doch niemand recht machen können. Diese, sagt der Verfasser, handeln am klügsten, und zum Beweis zeigt er in einer philosophischen Laune, an welcher man den Dichter der Musarion und des Agathons nicht verkennen kann, wie wunderlich die Welt Lob und Tadel vertheilt. Endlich schließt er mit der Grundmaxime seiner menschenfreundlichen Moral, daß man die Menschen ertragen soll, ohne sich über sie zu ärgern. Diese wenige Blätter enthalten eine Menge vortrefflicher Anmerkungen. Wir hätten aber gewünscht, daß der Verfasser, dem man so gerne zuhört, uns auch den Wachspuppenzustand vorgestellt hätte, in dem diejenigen leben, welche nicht Stärke genug haben, der Maxime seiner Inschrift zu folgen. Unter allen Besitzungen auf Erden ist ein eigen Herz die kostbarste, und unter tausenden haben sie kaum zween.

6.

Die Jägerinn ein Gedicht. Leipzig 1772.

Der Rhein, ein Eichenwald, Hertha und Gefolge, dazu
der Name Wonnebald charakterisiren es zum deutschen
Gedicht. Wir erwarteten hier keine markige Natur unsrer
Aelterväter; aber auch nicht das geringste Wildschöne,
trutz Titel und Vignette nicht einmal Waidmanns Kraft,
das ist zu wenig! Des Dichters Wälder sind licht wie ein
Forst unsrer Kameralzeiten, und das Abenteuer verpflanztet
ihr so glücklich in ein Besuchzimmer als nach Frankreich.
Auch hat der Mann gefühlt, daß seine Akkorde nicht mit
Bardengewalt ans Herz reißen. Die spröde Kunigunde, der
er lang sein Leidenschäftchen vorgeklimpert, schmilzt endlich
und spricht: Ich liebte dich geheim schon längst! Noth=
wendig zur Wahrscheinlichkeit der Entwicklung, nur kein Kom=
pliment für die Harfe! Wir bedauern, daß der Dichter, wie
noch mehr Deutsche, seinen Beruf verkannt hat. Er ist nicht
für Wälder gebohren. Und so wenig wir das Verfahren
seines Herrn Vaters billigen, der in dem angehängten Traum=
lied mit leidiger Grabmisanthropie ihm die Harse zertritt,
so sehr wir fühlen, daß sie das nicht verdient, so sehr
wünschten wir, er möge sie gegen eine Zither vertauschen,
um uns an einem schönen Abend, in freundlicher Watteauischer
Versammlung, von Lieblichkeiten der Natur, von Niedlich=
keiten der Empfindung vorzusingen. Er würde unsre Er=
wartung ausfüllen und wir ihn mit gesellschaftlichem Freude=
dank belohnen.

7.

Briefe über die wichtigsten Wahrheiten der Offenbahrung.

Zum Druck befördert durch den Herausgeber der Geschichte
Usongs. Im Verlag der neuen Buchhandlung. Bern 1772.
8. 223 S.

Diese Briefe waren anfangs als ein Anhang zum Usong
bestimmt. Allein weil dieses ein Buch ist, wo Liebe, Krieg
und Geschäfte des gemeinen Lebens vorkommen, so konnten,
sagt der Verfasser in der Vorrede, die Angelegenheiten der
Ewigkeit nicht damit vermischt werden. Auch verwahrt sich
der Herr Präsident dagegen, daß blöde Leser in diesen Briefen
eines Vaters an seine Tochter nicht ihn suchen sollten. „Diese
beyde Namen hat man beybehalten," sagt er, „weil sie die
unschuldigsten Bande der Liebe bezeichnen, die auf Erden
möglich sind. Allein es wäre eine unerträgliche Eitelkeit,
an mich selber zu denken, wenn ich von Gott spreche." Diese
Briefe sind hauptsächlich gegen die stolzen Weisen unsers
Jahrhunderts gerichtet, die in Gott noch etwas anders als
den Strafrichter des schändlichen Menschengeschlechts sehen;
die da glauben, das Geschöpf seiner Hand sey kein Ungeheuer,
diese Welt sey in den Augen Gottes noch etwas mehr als
das Wartezimmer des künftigen Zustandes, und die sich
vielleicht gar vermessen, zu hoffen, er werde nicht in alle
Ewigkeit fort strafen. Der Herr Verfasser bestreitet diese
nach seiner Meinung der Moralität so nachtheilige Säze
mit allem Eifer. „Dieser Stolz," sagt er S. 18, „ist der
Seele eigen und hat nicht in den groben Elementen seinen
Siz." S. 20. „Bey Gott ist kein Vergessen: das Vergeben
ist eben so wenig von Gott zu gedenken. Der Widerwille

Gottes wider das begangne Böse behält ewig seine Stärke und ewig seine Folgen." S. 22. „Der Mensch wird mit der Quelle alles Uebels, mit dem Eigenwillen, gebohren. Dieser Eigenwille herrscht in einem Kinde unumschränkt, noch ehe als es andre Beyspiele gesehen hat; es sträubt sich mit seinen schwachen Gliedern gegen allen Zwang." Auch die besten Menschen sind in dem Herzen Räuber und Mörder. „Denn (S. 24) eine neue Philosophie hat es gerade heraus gesagt: Wenn Wünsche tödten könnten, die Besitzer eines Guts, das mir gesiele, wären in großer Gefahr ihres Lebens gewesen." Oft hat der Herr Präsident mit schmerzhaftem Lächeln gesehen, wie „die bewunderten Dichter mit einer niedrigen Eifersucht das Verdienst verkleinern, das dem ihrigen gleich hoch zu wachsen drohen möchte; wie sie mit bittrem Grimme diejenigen verfolgen, die ihnen nicht räuchern." Wir haben es auch gesehen. Allein wir schließen nicht daraus, daß alle Wasser, die getrübt werden können, Kothlachen sind. Noch eine bisher neue Philosophie über die Dinge dieser Welt haben wir aus dieser Schrift gelernt. S. 191 sagt der Verfasser: „Hätte Gott die sündigen Menschen hier und in der Ewigkeit der Herrschaft des Lasters übergeben, ohne Beweise seiner Ungnade gegen die thätige Bosheit zu geben, so wäre er nicht mehr der Richter der Welt gewesen, und seine vernünftige Geschöpfe hätten bey ihrer Tugend keine Belohnung." Also wenn Gott nicht ausdrücklich gesagt und verboten hätte: „Hasse deinen Bruder nicht", so würde mein Haß keine schädliche Folgen gehabt haben! Die Unmäßigkeit würde meinen Körper nicht zerrüttet und das Laster meine Seelenruhe nicht gestört haben! Auch von der Ewigkeit bekommen wir die sichersten Nachrichten. Der Mensch besteht, wie wir aus dem Katechismo wissen, aus Augenlust, Fleischeslust und

hoffärtigem Wesen. Daraus zieht der Verfasser sein System
des künftigen Zustandes. „Wolluft und Geiz geht nicht mit
uns in die Ewigkeit über" S. 192. Warum? „Weil wir.
keine Glieder mehr zur Wolluft haben, und weil dort kein
Gold ist. Aber der Stolz geht über." Von allen Wegen
der Vorsehung wird überhaupt durch das ganze Buch immer
der wahre und einzige Grund angegeben. S. 200: „Der
von Gott (durch einen Mittler) erwählte Weg war den
Grundtrieben des menschlichen Herzens am angemessensten.
Warum? Es wird durch Furcht und Hoffnung beherrscht."

Wir übergehen die Ausfälle gegen die Feinde der Offen=
bahrung, die öfters Luftstreiche sind: die Raisonnements über
die Geschichte der Menschheit zu den Zeiten des Erlösers
und die vielen auf einen Haufen geworfenen Beweise für das
Christenthum, von denen man so wenig wie von einem
Bündel Ruthen fordern darf, daß sie alle gleich stark seyn
sollen. Auch gegen Ordnung und Composition darf man
nichts sagen, wenn man nicht in die Ketzerliste eingetragen
seyn will. Allein wir geben allen Fanatikern von deyden
entgegengesetzten Partheyen zu bedenken, ob es dem höchsten
Wesen anständig sey, sede Vorstellungsart von ihm, dem
Menschen und dessen Verhältniß zu ihm zur Sache Gottes
zu machen und darum mit Verfolgungsgeiste zu behaupten,
daß das, was Gott von uns als gut und böse angesehen
haben will, auch vor ihm gut und böse sey, oder ob das,
was in zwey Farben vor unser Auge gebrochen wird, nicht
in einen Lichtstrahl vor ihn zurückfließen könne. Zürnen
und vergeben sind bey einem unveränderlichen Wesen doch
wahrlich nichts als Vorstellungsart. Darin kommen wir
alle überein, daß der Mensch das thun solle, was wir alle
gut nennen, seine Seele mag nun eine Kothlache oder ein
Spiegel der schönen Natur seyn, er mag Kräfte haben, seinen

Weg fortzuwandeln, oder ſiech ſeyn und eine Krücke nöthig
haben. Die Krücke und die Kräfte kommen aus einer Hand.
Darin ſind wir einig, und das iſt genug!

8.

Neue Schauſpiele aufgeführt in den Kayſerl. Königl. Theatern
zu Wien. Preßburg. Erſter Band. 8. 1 Alph. 2 Bogen.

Dieſe Sammlung enthält fünf Drame oder Schauſpiele
oder Luſtſpiele oder Trauerſpiele — die Verfaſſer wiſſen
ſo wenig als wir, was ſie daraus machen ſollen — aus
der Wiener Manufaktur. In allen hat tragikomiſche Tugend,
Großmuth und Zärtlichkeit ſo viel zu ſchwatzen, daß der ge-
ſunde Menſchenverſtand und die Natur nicht zum Wort
kommen können. Hier iſt der Juhalt der Stücke; denn wir
wollen ſie nicht umſonſt geleſen haben.

Die Kriegsgefangnen: Wenn nicht die Feſtung gerade
in dem letzten Auftritt der letzten Handlung glücklich an die
Freunde der Kriegsgefangnen übergegangen wäre, ſo hätte
ein entlaufner Feldwebel einen Haufen ſehr moraliſch ſen-
tentiöſer Leute wider ſeinen Willen und wider alle Theater-
gerechtigkeit an den Galgen gebracht.

Gräfin Tarnow: Zwey entſetzlich Verliebte wären
nimmermehr ein Paar geworden, wenn nicht durch eine gewiſſe Excellenz ein Wunder geſchehen wäre, dergleichen nur
auf der Wiener Nationalſchaubühne erhört worden ſind.
Schade, daß die Excellenz einen Schuß bekommt! Doch nicht
Schade, ſie wäre ſonſt am Ende der Welt geweſen, ehe das

Wunder zu Stand gekommen wäre, und daun weiß der
Himmel, wie die Verliebten geheult haben würden.

Hanchen: Ein Herzog, ein Graf und ein Kammer=
diener reißen sich um ein Mädchen. Der Kammerdiener
wird vom Herzog erstochen; der Herzog, der dazu schon eine
Frau Herzogin hat und des Mädchens Oncle ist, doch ohne
es zu wissen, versteht sich wegen des decorum; der Herzog
läßt sich unter einem falschen Namen von einem Betrüger
mit dem Mädchen trauen, wird aber durch hunderttausend
Dinge gehindert, die Decke zu beschreiten; und da also das
Mädchen nach deutschen Rechten noch immer eine Jungfer
bleibt, so heurathet sie den Grafen. Man schießt, sticht,
heult, zankt, fällt in Ohnmacht und auf die Knie, spricht
Sentenzen, versöhnt sich, und, wie am Schluß versichert wird,
alle bezeugen ihre Freude, daß der Vorhang zufällt.

Der ungegründete Verdacht: Ein Lord wird durch
einen halben Brief ein Narr und durch die andere Hälfte
wieder gescheid.

Der Tuchmacher von London: Einen Augenblick
später, und Lord Falkland und Vilson lagen in der Themse;
daun gute Nacht Fanny, Sonbridge, Julie, Henrich, Betsi,
David und den ehrlichen Tuchmachern!

Von dieser Sammlung soll nächstens der zweyte Theil
nachfolgen; denn seitdem Thalia und Melpomene durch Ver=
mittelung einer französischen Kupplerin mit dem Nonsense Un=
zucht treiben, hat sich ihr Geschlecht vermehrt wie die Frösche!

9.

**Brauns H. Versuch in prosaischen Fabeln und Erzäh-
lungen. München 1772. 8. 187 S.**

Diesen Fabeln hat der Herr Verfasser für seine Landsleute eine kleine Theorie angehängt, weil, sagt er nicht ohne
Selbstgefälligkeit, „vielleicht etliche junge Leute sich hervor-
thuu und ihm Fabeln nachschreiben könten, so wie gleich
etliche Bändchen freundschaftlicher Briefe erschienen wären,
seitdem Er einen Versuch in freundschaftlichen Briefen geschrieben hätte. Diesen jungen Leuten nun," meint er, „wären
die ächten Begriffe von der Fabel sehr nöthig."

Nöthig sind sie freylich, sowohl den bösen jungen Leuten,
die Herrn B. Fabeln nachschreiben, als allen andern, die
sich ohne Genie in dieses Feld wagen; aber aus Herrn
B. Theorie werden sie eben nicht sehr erleuchtet werden.
Er sagt: „die Fabel wäre eine kurze erdichtete, meistentheils
thierische Handlung, worunter ein gewisser Satz aus der
Sittenlehre verborgen liege." Unbestimmter kann man wohl
nicht erklären. Uns dünkt überhaupt, man hat die Theorie
von der Fabel noch nicht genug auseinandergesetzt. Wir
glauben, daß sie im Anfang nichts war als eine Art von
Induktion, welche in den glücklichen Zeiten, da man noch
nichts von dem dicto de omni et nullo wußte, die einzige
Weisheit war. Wollte man nemlich andere belehren oder
überreden, so zeigte man ihnen den Ausgang verschiedener
Unternehmungen in Beyspielen. Wahre Beyspiele waren nicht
lange hinlänglich; man erdichtete also andere, und weil eine
Erdichtung, die nicht mehr sagt, als vor Augen steht, immer
abgeschmackt ist, so gieng man aus der menschlichen Natur

hinaus und suchte in der übrigen belebten Schöpfung andere
thätige Acteurs. Da kam man auf die Thiere, und so
fabulirte man fort, bis die Menschen mehr anfiengen zu
räsonniren als zu leben. Nun erfande man Axiomen,
Grundsätze, Systemen u. dgl. und mochte die Induktion nicht
mehr leiden; zugleich entstunde das Unding der honetten
Compagnie, zu welcher sich Dichter und Philosophen schlugen.
Diese wollten der Fabel, die mit der Induktion gefallen
war, wieder aufhelfen. Sie schminkten sie also, puderten
sie, behängten sie mit Bändern, und da kam das Mittel=
ding zwischen Fabel und Erzählung heraus, wodurch man
nun nicht mehr lehren, sondern amüsiren wollte. Endlich
merkte man, wie weit man sich von der ersten Erfindung
entfernt hatte. Man wollte zu ihr zurückkehren und schnitte
die Auswüchse ab; allein man konnte doch mit der Induktion
nicht fortkommen und behalf sich also mit dem bloßen Witz;
da wurde die Fabel Epigramm.

So würde die Geschichte der Theorie aussehen, die wir
von der Fabel schreiben würden. Beispiele von der letzten
Gattung würden wir genug in Herrn B. Fabeln an=
treffen. Wir würden aber schwerlich welche daraus wählen;
denn die meisten sind entweder schlecht erfunden oder abge=
nutzt oder falsch oder alltäglich. Herr B. verspricht noch
eine weitläufigere Theorie von der Fabel. Sollten wir aus
diesem Versuch auf ihren Werth schließen, so wollten wir sie
verbitten; aber liceat perire poetis! Und warum sollte
Herr B. auch nicht so viel Recht haben zu dichten und
zu theoretisiren als andre?

10.

Ueber die Liebe des Vaterlandes, von J. von Sonnen=
fels. Wien 1771. 8. 131 S.

Haben wir ein Vaterland? Die Frage an sich wäre schon
ein schlimmes Zeichen, wenn die unzufriedne Ueberfichtigkeit
der Menschen nicht dafür bekannt wäre, daß sie oft die ganze
Welt durchsucht und ausfragt nach Dingen, die ihr vor den
Füßen liegen.

Eine akademische Schrift, unter dem Vorsitze J. v. S.
in der K. K. Therefianischen adelichen Akademie, nebst 75 Lehr=
sätzen aus der Policeyhandlung und Finanz, vertheidigt von
vier bis sechs Uhr! Da war ihre Bestimmung vollendet;
das hätte auch ihr Lebensziel seyn sollen, und sie hätte ruhen
mögen bey ihrer großen Familie bis an jüngsten Tag.

Ueber die Liebe des Vaterlands in Form eines Traktats
fürs deutsche Publikum!

Die ewigen mißverstandnen Klagen nachgesungen: „Wir
haben kein Vaterland, keinen Patriotismus." Wenn wir
einen Platz in der Welt finden, da mit unsern Besitzthümern
zu ruhen, ein Feld, uns zu nähren, ein Haus, uns zu decken,
haben wir da nicht Vaterland? Und haben das nicht tausend
und tausende in jedem Staat? und leben sie nicht in dieser
Beschränkung glücklich? Wozu nun das vergebene Aufstreben
nach einer Empfindung, die wir weder haben können noch
mögen, die bey gewissen Völkern nur zu gewissen Zeitpunkten
das Resultat vieler glücklich zusammentreffender Umstände
war und ist?

Römerpatriotismus! Davor bewahr uns Gott wie
vor einer Riesengestalt! wir würden keinen Stuhl finden,

drauf zu ſitzen; kein Bett, drinnen zu liegen. Nachdem Herr S. in den zwey erſten Hauptſtücken allerley Empfindungen, Eigenliebe, Stolz, Beſchränkung, Anhänglichkeit und dergleichen, mit Nationalzügen mancherley Völkerſchaft wohl durcheinandergerührt und mit hiſtoriſchen Bonmots und Chronikenmärchen à la Zimmermann und Abbt fein gewürzt, macht er im dritten nach einem Kameralanſchlag die Vortheile bekanut zur Einpflanzung der Vaterlandsliebe, aus dem Laude, das eine Nation bewohnet:

Was trägt
{ Jagd
Fiſcherey
Viehzucht
Feldbau
eden Land
gebirgigt Land
unfruchtbares Land }
zur Vaterlandsliebe bey?

Da kommen nun die jagenden und ſtreifenden Völkerſchaften am übelſten zurecht. Und hier müſſen wir anmerken, daß Herr S., durch das Wort Vaterland verführt, durchaus zu ſehr als glebae adscriptus diſcurirt, und wir halten's noch immer mit dem Themiſtokles: Nicht der Boden, ſondern die Verhältniſſe eines Volks, deren zwar viele auch aus dem Laude, das ſie bewohnen, hervorſpringen, beſtimmen Nation. So haben die Juden Nation und Patriotismus, mehr als hundert leibeigne Geſchlechter.

Im vierten Hauptſtück werden dem Geſetzgeber Handgriffe gelehrt. Lykurg, Solon, Numa treten als Collegae Gymnasii auf, die nach der Capacität ihrer Schüler exercitia diktiren. In den Reſultaten des Lebens dieſer großen Menſchen, die wir noch dazu nur in ſtumpfen Ueberlieferungen anſchauen, überall Principium, politiſches Principium, Zweck zu ſehen, mit der Klarheit und Beſtimmt-

heit, wie der Handwerksmann Cabinetsgeheimnisse, Staats-
verhältnisse, Intriguen bey einem Glase Bier erklärt, in einer
Streitschrift zu erklären! — Von Geheimnissen (denn welche
große historische Data sind für uns nicht Geheimnisse?), an
welche nur der tiefühlendste Geist mit Ahndungen zu reichen
vermag, in den Tag hinein zu raisonniren! — Es wird
alle Tage schlimmer. Ehmals gab man nur Gelehrsamkeit in solchen Schriften preis; an der war doch nichts fürs
Menschengeschlecht verloren; jetzt mißhandlen die Herren guten
Sinn und Empfindung!

Durchaus werden die Gesetze en gros behandelt, alle
Nationen und Zeiten durcheinandergeworfen, unsrer Zeit solche
Gesetze gewünscht und gehofft, die nur einem erst zusammen-
getretenen Volk gegeben werden konnten. Und man sieht
nicht, daß man in die Luft redt und ausgezischt zu werden
verdient wie einer, der Damen im Reisenrocke Eva's Schürz-
chen vorpanegyrisiren wollte.

Fünftes Hauptstück. Regierungsformen, nach wohl skelet-
tirter tabellarischer Terminologie, was sie zur Verbreitung
der Vaterlandsliebe beytragen mögen.

Und nun zuletzt im sechsten Hauptstück gehn die Mit-
bürger so drein, und auch hier alles ut supra. Fami-
liengefühl, diesen Hauptstamm, auf den alles ankommt,
dessen Boden nur das Vaterland ist; Regierungsart; die
Luft, die ihn umgiebt, davon alle andern Empfindungen
Zweige sind, von dem man ausgehen, dahin man zurückkehren muß, auch, um nur das Gemeinste zu sagen, hier
als ein Heckchen zu betrachten, das doch auch mit am
Wege steht und im Vorbeygehn einen Blick verdient!

Am sonderbarsten ist uns vorgekommen, daß Herr S.
das Anfassen der Landsleute in der Fremde auf Rechnung
der Vaterlandsliebe schreibt, da das doch grad dagegen be-

poniren könnte. Zuletzt verspricht er leichtgezeichnete
Slizzen von Patrioten.

Man ehrt in den Skizzen großer Meister den reinen
Hauch ihres Geistes, ohne irgend eine Hülle. Leider müssen
wir hier auf unser Gewissen betheuern, daß wir, wie in
den Gemählden des Verfassers, nichts denn willkührlich
hingesudelte Striche haben wahrnehmen können. Por=
traits! Freylich immer noch so charakteristisch als die zwölf
Apostel in Holzschnitt, die man, trotz aller venerablen Ver=
zerrung, wenigstens an ihren Schlüsseln, Schwertern, Kreuzen
und Sägen unterscheidet.

11.

Leben und Charakter Herrn Christian Adolph Klotzens, ent=
worfen von Carl Renatus Hausen. Halle 1772. 8. 93 S.

Wären die Biographen von jeher so gestimmt gewesen,
wir würden so viel Beschwerden über zu hochgespanntes
Lob nimmer gehört haben. Man kann dem Verfasser nichts
weniger vorwerfen als die Idealisirung seines Helden. Wo
andre den Menschen auf Dichterfittigen emportragen, läßt er
ihn geruhig sinken oder giebt ihm wohl gar einen Stoß zu
Beschleunigung seines Falls. Armer Klotz, in welcher er=
bärmlichen Gestalt wirst du vors Publikum hingelegt! Kein
Mann von Genie, das heißt ohne Fähigkeit, neue große
Ideen aus der Tiefe zu heben, eine lebhafte Einbildungs=
kraft, andrer Erfindungen zu benutzen und zu detailliren,
doch ohne Application, ohne anhaltenden Fleiß. Gelehrsam=
keit, aber was für? Keine ausgebreitete, sondern diffundirte,

keine gründliche, sondern belitirende, nicht einmal Belesenheit im wahren Sinn. Und was hat er gethan? Ein paar Autores herausgegeben. Weiter? Unbedeutende Traktätchen geschrieben. Aber sein Hauptwerk? Acta literaria. Sein Hauptwerk! Recensiren, necken, lästern.

Und als Professor keine Intention auf seine Lesestunden, keinen guten Vortrag dazu, und also keinen Beyfall. In seinem moralischen Charakter Züge, die sich nur mit der unvergleichlichsten Inkonsequenz entschuldigen lassen. Schändliche Doppeltheiten gegen Vertrauende, die flachste Eitelkeit, Neid über Vorzüge andrer, also Mißtrauen. — Wir mögen nicht weiter ausschreiben; wir haben mehr christliche Liebe dann Herr Hausen und sind Recensenten.

Mußten Sie denn das Wort (gewiß so leicht weggesprochen als irgend eins des seel. geheimen Raths, und wenns zur Stunde der Empfindung gesagt war, desto schlimmer!) mußten Sie das Wort: Wenn ich todt bin, müssen Sie mein Leben beschreiben — wie ich bin in wahrem Bilde — auch alsdann, wenn wir Feinde werden sollten! für eines Mannes strengstes Ernstwort nehmen? War es nicht vielmehr im genauesten Sinn der Wille eines Menschen, der da spricht: Macht mit der Beerdigung meines Leibes keine Umstände! Was wird man zum Executor sagen, der dem Todten auch gar sein Sterbehemde auszieht und seine mißgestalte Nacktheit, an eine Landstraße hingeworfen, den Augen des Publikums prostituirt und Vögeln und Hunden preis giebt? Freylich ein Leichenbegängniß ohne Umstände.

Wir sagen gern nichts von der Person, die Herr H. selbst in diesem Stücke spielt; uns könnte ers übel nehmen, und jeder Leser muß die Bemerkung ohne uns machen.

———

12.

Lyrische Gedichte von Blum. Berlin 1772. 8. 102 S.

Wir wissen fast nicht mehr, ob wir wünschen sollten, daß junge Dichter die Alten frühe lesen. Zwar unsere empfindungslose Lebensart erstickt das Genie, wenn die Sänger freyer Zeiten es nicht erwärmen und ihm eine wenigstens idealische freyere Atmosphäre eröffnen; aber eben diese Sänger hauchen auch oft ein so fremdes Gefühl in die Seele, daß der beste Dichter mit dem glücklichsten Genie bald sich blos durch seine Einbildung im Flug erhalten und keine von den glühenden Begeisterungen mehr tönen lassen kann, die doch allein wahre Poesie machen. Warum sind die Gedichte der alten Skalden und Celten und der alten Griechen, selbst der Morgenländer so stark, so feurig, so groß? Die Natur trieb sie zum Singen wie den Vogel in der Luft. Uns — wir könnens uns nicht verbergen — uns treibt ein gemachtes Gefühl, das wir der Bewunderung und dem Wohlgefallen an den Alten zu danken haben, zu der Leyer, und darum sind unsere beste Lieder, einige wenige ausgenommen, nur nachgeahmte Copien.

Wir sind zu dieser Beobachtung durch die lyrischen Gedichte des Herrn Blum geleitet worden. Dieser Dichter ist gewiß nicht ohne Genie; aber selten kann er sich länger erhalten, als er seinen Horaz im Gesicht hat. Dieser leuchtet ihm vor, wie die Fackel der Hero; sobald er allein gehen muß, so sinkt er! Der Raum erlaubt uns nicht, Beweise anzuführen; aber wir berufen uns auf jeden Leser, der seinen Horaz kennt, ob nicht fast immer der Dichter kalt und matt

wird, wo ihm nicht Horaz und David Gedanken, Empfin=
dungen, Wendungen, Situationen, jener selbst seine Mytho=
logie leihet, die — wir reden nach unserm Gefühl — selten
anders gebraucht wird, als wo die Imagination mit kaltem
Herzen dichtet. Das bekannte Horazianische Duett: Donec
gratus eram, hat Kleist weit besser übersetzt; aber das
Klaglied des David und Jonathan haben wir nirgend so
schön versificirt gesehen. Wir wünschen dem Verfasser ein
unverdorbenes Mädchen, geschäftenlose Tage und reinen
Dichtergeist ohne Autorgeist. Der beste Dichter artet aus,
wenn er bey seiner Composition ans Publikum denkt und
mehr von der Begierde nach Ruhm, zumal Journalisten=
ruhm, als von seinem Gegenstand erfüllt wird.

13.

Eden, das ist: Betrachtungen über das Paradies und die da=
rinnen vorgefallenen Begebenheiten. Nebst Vorrede von
Dr. Carl Friedr. Bahrdt, Professor zu Giessen. Frank=
furt a. M. bey Franz Varrentrapp. 1772. 8. 161 S.

Es gehört diese Schrift zu den neueren menschenfreund=
lichen Bemühungen der erleuchteten Reformatoren, die auf
einmal die Welt von dem Ueberrest des Sauerteigs säubern
und unserm Zeitalter die mathematische Linie zwischen nö=
thigem und unnöthigem Glauben vorzeichnen wollen.
Wenn diese Herren so viele oder so wenige Philosophie ha=
ben, sich das Menschenlehren zu erlauben, so sollte ihnen
ihr Herz sagen, wie viel unzweydeutiger Genius, unzwey=
deutiger Wandel und nicht gemeine Talente zum Beruf des

neuen Propheten gehören. Wenn sie Welterfahrung besitzen,
so werden sie sich bey einem großen Publikum (und das
größeste glauben sie doch vor Augen zu haben) ungern er=
lauben, auch nur Terminologiepagoden umzustoßen und
aufzustellen, wenn sie bedenken, welche heilige, ihren Brüdern
theure Begriffe unter diesen Bildern umarmt werden. Aber
ihr ikonoklastischer Eifer geht weiter. Sie wagen sich an
nichts weniger als an vollkommen biblische Begriffe.

Auch dieser Traktat will die ganze Lehre der Schrift
von dem Teufel wegraisonniren: ein Verfahren, das
mit der allgemeinen Auslegungskunst auch des strengsten
Denkers streitet; denn wenn je ein Begriff biblisch war,
so ist es dieser. Er hängt so sehr mit der Lehre des
Morgenländers von der menschlichen Seele, seiner Idee von
Moralität, natürlichem Verderben u. s. w. zusammen, wird
durch seine Sittensprüche, Allegorien und Dogmata aller
Zeiten und Sekten so sehr bestätigt, daß, wenn man auch
dem Worte Gottes nicht mehr zugestehen wollte als jedem
andern menschlichen Buche, man diese Lehre unmöglich daraus
verdrängen kann. So viele Stellen der Apostel und Evan=
gelisten gehen davon aus und kehren dahin zurück, daß,
wenn es auch nur ein von Christo in seinem Zeitalter vor=
gefundener Begriff wäre, er doch durch ihn geheiligt und
bestätigt worden, und nur allein der Vorsehung ist es vor=
behalten, zu bestimmen, wie viel Wahrheit sie uns auch
hierin hat entdecken oder verhüllen wollen. Wäre ferner
die Lehre von einem Teufel ein nicht in der heiligen Schrift
ausdrücklich gelehrter Satz (welches doch nie zu erweisen
seyn wird), wäre es dem großen Haufen nur Vorstellungs=
art von einem Principio des Uebels, so wäre es schon als
ein glücklich gefundener Markstein nicht zu verrücken, — oder
wäre er auch nur ein in die trübe Canäle der Systeme

abgeleiteter Satz, der aber von da in den öffentlichen Unter=
richt geflossen und Katechismusnahrung geworden, so würde
er auch von dieser Seite ehrwürdig genug, um in ihm
nicht die Ruhe und Seelensicherheit so vieler zu stören, die
leicht zu verwunden, aber schwer zu heilen ist. Hätte der
Verfasser sich den Schriften Mosis auch nur als einem der
ältesten Monumente des menschlichen Geistes, als Bruch=
stücken einer Egyptischen Pyramide mit Ehrsurcht zu nähern
wissen, so würde er die Bilder der morgenländischen Dicht=
kunst nicht in einer homiletischen Sündfluth ersäuft, nicht
jedes Glied dieses Torso abgerissen, zerhauen und in ihm
Bestandtheile deutscher Universitätsbegriffe des achtzehnten
Jahrhunderts aufgedeckt haben. Es ist ekelhaft anzusehen,
wenn uns ein solcher Scribent wie dieser unterscheiden will:
das hat die ewige Weisheit unter der Geschichte Edens,
unter dem Bild der Schlange gelehrt, und das hat sie
nicht gelehrt. Man durchgehe nur den Inhalt der Be=
trachtungen, der dem Buche vorsteht, und sehe, was er nicht
alles lehren will. Nur Schade, daß er das Stück des
Inhalts über jede einzelne Betrachtung vorsetzt und dadurch
den Leser noch aufmerksamer auf den Beweis macht. Unsre
Leser erlauben uns, nur den Inhalt einiger Paragraphen
herzusetzen. „§. 45. Das menschliche Blut wird unter dem
Bild einer Schlange vorgestellt; §. 46. Diesem Blut kann
eine List beygelegt werden; §. 47. und eben so wol eine Rede;
§. 50. Der Fluch der Schlange schickt sich auch ganz wohl
auf das menschliche Blut; §. 51. Hieraus erhellet, warum
das Blutvergießen zum Mittel der Versöhnung gemacht
worden ist. §. 85. Man kann gar wohl sagen: das Opfer
des Blutes Christi versöhne uns, indem es unser eigenes
Blut des Lebens, d. i. seiner Wirksamkeit, beraubt.“
Mit dieser Dreistigkeit erklärt er die sonderbarsten Erschei=

nungen in der Geschichte der Menschheit, worunter gewiß
die Opfer gehören und von deren Entstehung der scharf=
sichtigste Geist nichts zu lallen vermag, wenn er keinen po=
sitiven Befehl Gottes annehmen will.

————

14.

Lobrede auf den Herrn Friedrich Karl Kasimir von Kreutz ꝛc.
Frankfurt am Mayn 1772. 68 S. gr. 8.

Ohne Gefühl, was so ein Mann gewesen, ohne Ahn=
dung, was so ein Mann seyn könne, schreibt hier Einer die
schlechteste Parentation. Der Gang dieses sonderbaren
Genies, das Durcharbeiten durch so viele Hindernisse, die
düstre Unzufriedenheit bey allem Gelingen, wird in der
Feder unsers Scribenten recht ordnungsgemäßer Cursus hu-
maniorum et bonarum artium, und der sehr eigen charak=
teristische Kopf wohlgefaltete honette Alletagsmaske. Das
ist immer das schlimmste, was den Menschen wie Kreutz
widerfahren kann, deren Leben vielfach vergällt wird, weil
sie nicht sind wie andre, daß man, um sie nach dem Tode
wenigstens in ehrbare Gesellschaft introduciren zu können,
ihre Gestalten verwischt und betheuert: Sie waren wie
andre vortreffliche Leute auch!

15.

Gedichte von einem Polnischen Juden. Mietau und Leipzig
1772. 8. 96 S.

Zuvörderst müssen wir versichern, daß die Aufschrift
dieser Bogen einen sehr vortheilhaften Eindruck auf uns
gemacht hat. Da tritt, dachten wir, ein seuriger Geist,
ein fühlbares Herz, bis zum selbstständigen Alter unter
einem fremden rauhen Himmel aufgewachsen, auf einmal
in unsre Welt. Was für Empfindungen werden sich in
ihm regen, was für Bemerkungen wird er machen, er, dem
alles neu ist? Auch nur das flache, bürgerliche, gesellig
und gesellschaftliche Leben genommen, wie viel Dinge werden
ihm auffallen, die durch Gewohnheit auf euch ihre Wirkung
verlohren haben? Da, wo ihr an langer Weile schmachtet,
wird er Quellen von Vergnügen entdecken; er wird euch
aus eurer wohlhergebrachten Gleichgültigkeit reißen, euch
mit euern eignen Reichthümern bekannt machen, euch ihren
Gebrauch lehren. Dagegen werden ihm hundert Sachen,
die ihr so gut seyn laßt, unerträglich seyn. Genug, er
wird finden, was er nicht sucht, und suchen, was er nicht
findet. Dann seine Gefühle, seine Gedanken in freyen
Liedern der Gesellschaft, Freunden, Mädchen mittheilen, und
wenn er nichts neues sagt, wird alles eine neue Seite
haben. Das hofften wir, und griffen — in Wind.

In denen fast zu langen und zu eitlen Vorberichts=
briefen erscheint er in Selbstgefälligkeit, der seine Gedichte
nicht entsprechen.

Es ist recht löblich, ein polnischer Jude seyn, der Handel=
schaft entsagen, sich den Musen weihen, Deutsch lernen,

Liederchen ründen; wenn man aber in allem zusammen
nicht mehr leistet als ein christlicher Etudiant en belles
lettres auch, so ist es, däucht uns, übel gethan, mit seiner
Judenschaft ein Aufsehn zu machen.

Abstrahirt von allem, producirt sich hier wieder ein
hübscher junger Mensch, gepudert und mit glattem Kinn,
und grünem goldbesetzten Rock (s. S. 11. 12), der die
schönen Wissenschaften eine Zeit lang getrieben hat und
unterm Treiben fand, wie artig und leicht das sey, Me=
lodiechen nachzutrillern. Seine Mädchen sind die allgemeinsten
Gestalten, wie man sie in Societät und auf der Prome=
nade kennen lernt, sein Lebenslauf unter ihnen der Gang
von tausenden; er ist an den lieben Geschöpfen so hin=
gestrichen, hat sie einmal amüsirt, einmal ennuyirt, geküßt,
wo er ein Mäulchen erwischen konnte. Ueber diese wichtige
Erfahrungen am weiblichen Geschlecht ist er denn zum petit
volage geworden, und nun, wenn er mehr Zurückhaltung
bey einem Mädchen antrifft, beklagt er sich bitterlich, daß
er nur den Handschuh ehrerbietig kosten, sie nicht beym Kopf
nehmen und weidlich anschmatzen darf; und das alles so
ohne Gefühl von weiblichem Werth, so ohne zu wissen, was
er will.

Laß, o Genius unsers Vaterlands, bald einen Jüngling
aufblühen, der voller Jugendkraft und Munterkeit zuerst
für seinen Kreis der beste Gesellschafter wäre, das artigste
Spiel angäbe, das freudigste Liedchen sänge, im Rund=
gesange den Chor belebte, dem die beste Tänzerin freudig
die Hand reichte, den neusten, mannichfaltigsten Reihen
vorzutanzen, den zu fangen die Schöne, die Witzige, die
Muntre alle ihre Reize ausstellten; dessen empfindendes
Herz sich auch wohl fangen ließe, sich aber stolz im Augen=
blicke wieder losriß, wenn er aus dem dichtenden Traum

erwachend fände, daß seine Göttin nur schön, nur witzig, nur munter sey; dessen Eitelkeit, durch den Gleichmuth einer Zurückhaltenden beleidigt, sich der aufdrängte, sie durch er= zwungne und erlogne Seufzer und Thränen und Sym= pathien, hunderterley Aufmerksamkeiten des Tags, schmelzende Lieder und Musiken des Nachts endlich auch eroberte und — auch wieder verließ, weil sie nur zurückhaltend war; der uns dann all seine Freuden und Siege und Nieder= lagen, all seine Thorheiten und Resipiscenzen mit dem Muth eines unbezwungenen Herzens vorjauchzte, vorspottete! Des Flatterhaften würden wir uns freuen, dem gemeine, einzelne weibliche Vorzüge nicht genugthun.

Aber dann, o Genius, daß offenbar werde, nicht Fläche, Weichheit des Herzens sey an seiner Unbestimmtheit schuld, laß ihn ein Mädchen finden seiner werth!

Wenn ihn heiligere Gefühle aus dem Geschwirre der Gesellschaft in die Einsamkeit leiten, laß ihn auf seiner Wallfahrt ein Mädchen entdecken, deren Seele ganz Güte, zugleich mit einer Gestalt ganz Anmuth, sich in stillem Familienkreis häuslicher thätiger Liebe glücklich entfaltet hat; die Liebling, Freundin, Beystand ihrer Mutter, die zweyte Mutter ihres Hauses ist, deren stets liebwürkende Seele jedes Herz unwiderstehlich an sich reißt, zu der Dichter und Weise willig in die Schule giengen, mit Entzücken schauten eingeborne Tugend, mitgebornen Wohlstand und Grazie. Ja, wenn sie in Stunden einsamer Ruhe fühlt, daß ihr bey all dem Liebeverbreiten noch etwas fehlt, ein Herz, das, jung und warm wie sie, mit ihr nach fernern, verhülltern Seligkeiten dieser Welt ahndete, in dessen be= lebender Gesellschaft sie nach all den goldnen Aussichten von ewigem Beysammenseyn, daurender Vereini=

gung, unsterblich webender Liebe fest angeschlossen hinstrebte!

Laß die Beyden sich finden, beym ersten Nahen werden sie dunkel und mächtig ahnden, was jedes für einen Inbegriff von Glückseligkeit in dem andern ergreift, werden nimmer von einander lassen. Und dann lall er ahnbend und hoffend und genießend, „was doch keiner mit Worten ausspricht, keiner mit Thränen, und keiner mit dem verweilenden vollen Blick und der Seele drin." Wahrheit wird in seinen Liedern seyn und lebendige Schönheit, nicht bunte Seifenblasen-Ideale, wie sie in hundert deutschen Gesängen herum wallen.

Doch ob's solche Mädchen giebt? Ob's solche Jünglinge geben kann? — Es ist hier vom polnischen Juden die Rede, den wir fast verloren hätten; auch haben wir nichts von seinen Oden gesagt. Was ist da viel zu sagen! Durchgehends die Göttern und Menschen verhaßte Mittelmäßigkeit. Wir wünschen, daß er uns auf denen Wegen, wo wir unser Ideal suchen, einmal wieder, und geistiger begegnen möge.

————————

16.

Bekehrungsgeschichte des vormahligen Grafen F. F. Struensee; nebst desselben eigenhändiger Nachricht, von der Art, wie er zu Aenderung seiner Gesinnung über die Religion gekommen ist. Von Dr. B. Münter. Kopenhagen 1772. 8. 312 S.

Drey Arten von Menschen werden diese Bekehrungsgeschichte mit Vergnügen lesen: Der Neugierige, der nur

immer fragt: was hat der gesagt, und was sagte jener?
Der dumme Bigotte, der zufrieden ist, wenn einer vor
seinem Tode schön gebetet hat; und der ehrliche edene
Mann, der sich freut, wenn sein sterbender Nebenmensch an
dem Rand des Grabs Beruhigung und Trost gefunden zu
haben glaubt, ohne sich gerade darum zu bekümmern, auf
was für einem Weg er dazn gekommen ist, und ob er
selbst auf diese Art dazn gekommen wäre? — Der denkende
Theologe und der Philosoph werden aber wenig Antheil an
diesen Blättern nehmen können. Wir hatten gehofft, in
dem unglücklichen Grafen einen Mann zu finden, der nach
langen und tiefen Beobachtungen des physischen und mora=
lischen Zustandes des Menschen, nach kühnen und sichern
Blicken in die Oekonomie der Schöpfung, mit ausgebreiteter
Kenntniß der Welt sich ein zusammenhangendes Religions=
system gebaut hätte, in dem wenigstens einige Festigkeit oder
doch nur Glanz zu sehen wäre. Dieses System, dachten
wir, wird Herr Dr. Münter mit warmem Gefühl, mit
erleuchteter Vernunft bestreiten; er wird mit seinem armen
Freund durch die Labyrinthe seiner Untersuchungen wandern,
wird seinen wahren Begriffen Allgemeinheit geben, wird,
seine Irrthümer zu heilen, seine Augen zu einem großen
Blick über das Ganze öffnen, wird ihm die Religion in
ihrer Simplicität zeigen, wird wenig von ihm fodern, um
viel zu erhalten, und lieber den Funken im Herzen, sollte
es auch bis ins Grab nur Funle bleiben, zu nähren und
zu bewahren, als die helleste Flamme in der Phantasie
aufzutreiben suchen. — Wir fanden uns aber betrogen.
Struensee war so wenig Philosoph, als es Herr Dr. Münter
zu seyn scheint; und wahrlich, wäre es einer oder der
andere um ein Quentchen mehr gewesen, so würden sie
nimmermehr mit einander zurecht gekommen seyn. Struensee

eröffnet S. 10 seine Begriffe von der Metaphysik des
Menschen: er hält ihn für eine Maschine, will ihm aber
die Freyheit nicht absprechen, die jedoch durch die Empfin=
dungen bestimmt würde. Die Handlungen seyen nur mo=
ralisch, insofern sie der Gesellschaft schadeten; an sich sey
alles gleichgültig. — Ein so übelzusammenhangendes Ge=
webe war leicht zerrissen. Herr Dr. Münter setzte Hypo=
these gegen Hypothese, und so sehr die seinige mit willkühr=
lichen Begriffen und Kunstwörtern ausgestopft war, die
Struensee gewiß nicht oder wenigstens nicht so als wie sein
Gegner verstand, so war sie doch leicht wahrscheinlicher zu
machen als die Struenseeische, die in sich nichts taugte.
Schon in der dritten Unterredung wünschte der Graf die
Unsterblichkeit. Er hatte Jerusalems Betrachtungen gelesen,
und diese verleiteten ihn zu seinem Wunsch, der Herrn
Dr. Münter die übrige Bekehrung außerordentlich erleichterte.
Nun war nichts übrig, als dem Grafen seine Verbrechen
recht empfindlich zu machen und ihn zu zwingen, Trost
zu suchen. Das war auch die Operation, die Herr Dr. Münter
vornahm, und die die natürliche Würkung hatte, daß Struen=
see, der nie Philosoph war, mit beyden Händen zugriff und
sich alles gefallen ließ, was ihn trösten und ihm ein Glück
jenseit des Grabes versprechen konnte, da diesseits keins
mehr für ihn da war. Man lese diese ganze Schrift und
insbesondere die Nachricht des Grafen selbst, so wird man,
wenn wir uns nicht sehr betrügen, diesen Gang seiner Seele
leicht finden; den Mann, der lange an einer Kette auf
einem mühseligen Weg herumgezogen wurde, sich losreißt
und unbekümmert, ob er auf Weg oder Wüsteney geräth,
so lang herumschlendert, bis er in einen Abgrund sinkt,
vor dem er zittert. Im Fallen strengt er seine Phantasie
an mit tröstenden Hoffnungen von Ruhe, von Freude, von

Glückseligkeit am Boden des Abgrundes, seinen Fall zu er=
leichtern, oder in jedem Wind den Gang eines Engels zu
hören, der ihn aufhalten und zu glücklichern Gefilden tragen
werde. Wir wollen dadurch weder des Herrn Dr. Münters
menschenfreundliche Bemühung tadlen, noch des unglücklichen
Grafen Bekehrung in Zweifel ziehen. Struensee mußte
wohl selbst nicht, wo sein Glauben lag; wie sollte es Herr
Dr. Münter wissen? Und da sich der Proselyte immer im
allgemeinen auf Bücher berief und in den fürchterlichen
kurzen Stunden, die ihm noch übrig waren, so ganz roh
von Begriffen war, so war auch zu einer wahren Umbil=
dung des Herzens und der Denkungsart, wenigstens in dem
Weg, den Menschenaugen sehen können, keine Zeit vorhanden.
Ueber den Werth der Bekehrung kann aber Gott allein ur=
theilen; Gott allein kann wissen, wie groß die Schritte seyn
müssen, die hier die Seele thun muß, um dort seiner Ge=
meinschaft und dem Wohnplatz der Vollkommenheit und dem
Umgang und der Freundschaft höherer Wesen näher zu
kommen.

Das ist unser Urtheil über diese Bogen, die wir dem=
ohngeachtet allen Eltern, Lehrern, Predigern und übertriebnen
Devoten angelegentlichst empfehlen, weil sie aus ihnen die
große Wahrheit lernen werden, daß allzu strenge und über
die Grenzen gedehnte Religionsmoral den armen Struensee
zum Feind der Religion gemacht hat. Tausende sind es
aus eben der Ursache heimlich und öffentlich, tausende, die
Christum als ihren Freund geliebt haben würden, wenn
man ihn ihnen als einen Freund und nicht als einen mür=
rischen Tyrannen vorgemahlt hätte, der immer bereit ist,
mit dem Donner zuzuschlagen, wo nicht höchste Vollkommen=
heit ist. — Wir müssen es einmal sagen, weil es uns
schon lang auf dem Herzen liegt: Voltaire, Hume,

la Mettrie, Helvetius, Rousseau und ihre ganze Schule
haben der Moralität und der Religion lange nicht so viel
geschadet als der strenge, kranke Pascal und seine Schule.

17.

Schreiben über den Homer, an die Freunde der griechischen
Litteratur. Von Seybold, Professor in Jena. Eisenach
1772. 8. 51 S.

Herbey, meine junge Freunde, herbey! die ihr euch
längst nach dem Anschauen Homers gesehnt, euch ist ein
neuer Stern aufgegangen, ein neuer Marschall einzuführen
zum Throne des Königs, ein neuer Prophet, der sein Hand=
werk meisterlich treibt. Erst Klagen über diese letzte
Zeiten, über die Wolke der Irrlehrer, die herumtaumeln,
das Volk zu verführen, und sprechen: Siehe, Homer ist
hier! Homer ist da! — „Ich aber," ruft er, „dring euch
ins Heiligthum; nicht nur zu ihm, auf seinen Schooß setz
ich euch, in seine Arme leg ich euch! Herbey, ihr Kind=
lein!"

Wär's nur eine Büste des Altvaters, vor die er euch
inzwischen stellte, euch deutete auf der hohen Stirne würdige
Runzeln, auf den tiefen Blick, auf das Schweben der Honig=
lippe, daß der heilige Sinn der überirdischen Gestalt über
euch käme, ihr andetetet und Wärme und Muth euch ent=
zündete! Welcher ist unter euch so unglücklich, der neologisch
kritisch fragen dürfte: warum bedeckt er den kahlen Scheitel
nicht wohlanständig mit einer Perrücke?

Hinaus mit ihm! daß er Professor Seybolds Finger=
zeige folge, herumgetrieben werde in Wüsten, wo kein
Wasser ist.

Also den Charakter Homerischer Gesänge zu bestim=
men, tritt er auf, anzugeben, was und wie Homer ge=
dichtet hat, den Maasstab zu bezeichnen, wornach seine Fehler
und Schönheiten zu berechnen sind!

Fürs erste daun Homers Stoff, und wie er weislich
den interessantesten für seine Nation wählte — den Tro=
janischen Krieg zur Ilias, dessen Folgen zur Odyssee.

Der Trojanische Krieg! Stoff zur Ilias! Man
sollte denken, er kenne nur das Gedicht aus der Ueberschrift;
aber der Herr Professor habens gelesen, schlimmer! studirt,
immer schlimmer! Wer interessirt sich einen Augenblick für
Troja? Steht nicht durchaus die Stadt nur als Coulisse
da? Ist zum Anfange die Rede von Eroberung der Stadt
oder von was anders? Erfährt man nicht gleich, Troja
wird trutz aller Bemühung der Griechen diesmal nicht ein=
genommen? Setzt ja laum einer einmal einen Fuß an
die Mauer. Ist nicht das Hauptinteresse des Kampfs bey
den Schiffen? — Und daun die Handlenden! Wessen ist
das Interesse: der Griechen oder des Achills? Wann
Homer seiner Nation schmeicheln wollte, wars der Weg,
das Unglück ihres Heers durch den Eigensinn eines einzigen
bestimmen zu lassen? Wo ist Nationalzweck im ganzen
Gedicht? — Der Verdruß und die Befriedigung eines ein=
zigen, woran die Nation theilnehmen mußte als Nation, ist
hier und da das Detail, nirgends das Ganze.

Nun Stoff der Odyssee! Rückkehr der Griechen!
Der Griechen? oder eines einzigen, einzelnen, und noch
dazn des abgelegensten der Griechen, dessen Rückkehr oder
Nichtrückkehr nicht den mindesten Einfluß auf die Nation

haben konnte. Und auch hier wieder sucht der Herr Profeffor das Intereffe in der gänzlichen Revolution dieser
zwanzig Jahre, in der entfernteften Nebenidee.

Er kommt auf Homers Art, den Stoff zu behandlen, und fragt, nach Anlaß seiner trefflichen Prämissen:
Wer gab Homern ein, den Trojanischen Krieg und die Rückkehr der Griechen besonders zu behandlen? Warum theilte
er die Ilias und Odyffee? — Und mehr solche Warums,
die ihm die Ungereimtheit beantworten mag, die sie ihm
eingab. Ferner plappert er dem Horaz nach: „Wer lehrte
ihn, die Leser in die Mitte der Begebenheit reißen?" Das
ift doch nur der Specialfall der Odyffee, um auch Geschichte
der Einheit näher zu dringen. Daraus hat man eine Regel
der Epopöe gemacht. Und wo werden wir in der Ilias
in medias res geriffen? Wohl nach dem Herrn Profeffor,
da res der Trojanische Krieg ift. Ift und bleibt aber der
Zorn des Achills Stoff der Ilias, so fängt sie unftrei-
tig ab ovo an, ja noch ehe das ovum empfangen war.

Darauf vom Einfluß des Zeitalters auf seine Gedichte! Da fängt der Herr Profeffor wieder von außen
an; auch ift das Bißchen Außenwerk alles, was er kennt.
Von Krieg und Streitbegier, und wie das nicht so
honnet und ordentlich zugieng wie bey uns, dann — einen
Federftrich, mit dem er das Religionsverhältniß umreißt.

Hier endigt sich der allgemeine Theil seiner Abhandlung,
und der Herr Profeffor spricht: „Aus dieser Beschreibung,
die ich, wie man sieht, aus dem Homer selbst zusammen
getragen habe" — wohl, zusammen gescharrt, geftoppelt! —
„läßt sich der Einfluß, den die Zeit des Trojanischen Kriegs
auf die Sittenbeschreibungen und Sprache der Homerischen Gedichte hatte, angeben." Da ifts uns denn auch
gegangen wie Leuten, die im Hause eines prahlenden

Bettlers inventiren: durchaus die Hoffnung betrogen! Leere Kasten! leere Töpfe! und Lumpen.

Sitten! Und da anstatt Gefühls des höchsten Ideals menschlicher Natur, der höchsten Würde menschlicher Thaten, entschuldigt er den Homer, daß seine Zeit Tapferkeit für die höchste Tugend hielt, daß die Stärke der Leidenschaft den übrigen Stärken gleich war; entschuldigt das in dem unbedeutenden Tone professorlicher Tugendlichkeit, den wir in Deutschland über die Sitten griechischer Dichter schon mehr haben deraisonniren hören. Und wirft über das noch hier und da so sein spöttlende Vorwürfe an unsre Zeiten, daß man deutlich erkennt, er habe weder jene Zeiten, noch unsre, noch irgend welche Zeiten berechnen können.

Beschreibungen. Archäologischer Trödelkram!

Sprache. So wenig, was junge Freunde herbey=locken könnte, als bisher. Allotria. Kritische Weitläuftigkeiten. Doch dünkt ihn das der Gesichtspunkt zu seyn, aus welchem man von den wahren Flecken und wahren Schönheiten Homers urtheilen soll.

Da es nun aber auf den Nutzen kommt, den wir aus dem Studium des Homer schöpfen können, findet der Herr Professor auf einmal, daß sein Schriftchen schon zu lang sey. Uns wenigstens dünkt, das hätte der Hauptzweck des Herrn Verfassers seyn sollen, und da streicht er dran hin, und aus dem, was er so kurz hinwirft, ließ sich auch ohne Lieblosigkeit schließen — Er habe hier gar nichts zu sagen gewußt.

„Ein junges Genie lerne von ihm, Dichter seiner Nation werden, wie Virgil." Wann war Virgil Dichter seiner Nation? Den Römern das, was Homer den Griechen war? Wann konnt ers seyn? Wenn sie sonst nichts aus ihm lernen, als was Virgil, was mehrere aus ihm gelernt

haben, mit Hyacinthen, Lotos, Violetten ihre Gedichte
auszuputzen, brauchts all den Aufwand nicht. Drum wün=
schen wir auch zum Besten Homers und unsrer Literatur
Herrn S. keinen Schüler und Nachfolger. Besser unwissend
als so belehrt.

<hr />

18.

Die erleuchteten Zeiten; oder Betrachtung über den gegen=
wärtigen Zustand der Wissenschaften und herrschenden Sitten
in Deutschland. Züllichau 1772. 8. 12 Bogen.

Eine langweilige Schulchrie. Der vermuthlich sehr junge,
wenigstens sehr unerfahrne Verfasser kennt die Welt nur
nach den vier Facultäten und muß wo von einem stolzen
Halbgelehrten gehört haben, daß wir in erleuchteten Zeiten
leben. Das ärgert ihn nun, und deswegen beweist er: daß
die Philosophen nicht erleuchtet sind, weil noch einige die
beste Welt vertheidigen; die Aerzte nicht, weil noch so viele
Menschen sterben; die Juristen nicht, weil so viele Gesetze
ohne Processe und so viele Processe ohne Gesetze da sind;
die Theologen nicht, weil sie so eigensinnig sind, und weil
man so oft bey ihren Predigten einschläft; die Humanisten
nicht, weil sie das Lateinische und Griechische nicht ernstlich
genug treiben, das Hebräische so schwer machen, so viele
Verse schreiben und dergleichen. Unsre Sitten taugen auch
nichts, weil wir zu sinnlich sind, nicht genug in der Bibel
lesen und sonderlich in dem Zeugungsgeschäfte nicht genug
über die Geheimnisse, die darin verborgen liegen, meditiren,

sondern blos so hin zengen. Daß doch solche Leute refor=
miren wollen! Die Stelle vom Vorbilde des Propagations=
systems S. 171 ist blasphemer Unsinn, den wir uns scheuen
hierher zu setzen; alles übrige ist flaches Gewäsch, ohne einen
einigen allgemeinen Blick, ohne Verstand, ohne Kenntniß,
ohne Laune. Erleuchtete Zeiten! das war wohl der Mühe
werth zu fragen, ob wir in solchen Zeiten leben! oder
wenn man doch fragen wollte, so mit Amtsmiene zu ant=
worten, so zu declamiren! Hätt doch der Mensch über den
Mann im Mond oder den weisen Bär geschrieben! Das
war sein Beruf! Wer sich noch untersängt, unsre Zeiten für
erleuchtet zu halten, der soll zur Strafe diese zwölf Bogen
lesen; und wer sie gar deswegen dafür hält, weil er darin
lebt, der soll sie auswendig lernen!

19.

Franken zur griechischen Litteratur. 1. Abschnitt. Würz=
burg 1772. 8. 176 S.

Unter diesem mystischen Titel kommt in Würzburg eine
Art von periodischer Schrift heraus, deren Plan von dem
Verfasser S. 4 dieses Abschnitts erzählt wird. „Er will
uns das Genie und den Geist aller griechischen Schriftsteller,
Historiker, Dichter und Philosophen lernen lehren; er will
nachher einen forschenden Blick in alle Schriften seiner
Originale wagen; zuerst sie im Ganzen, hernach in ihren
einzeln Theilen betrachten; die Verbindung des Plans, so
wie die Ausführung desselben beurtheilen; auf Schönheiten

29*

und Fehler merken; die Farbe des Ausdrucks untersuchen; Scharfsinn, Witz, Enthusiasmus, Moral, Politik, Richtigkeit der Erzählung prüfen und seine Leser in das Zeitalter zurückführen, in welchem unser (d. i. jeder) Autor für seine Welt schrieb."

Uns schwindelt! Der Himmel gebe diesem Mann Methusalems Alter, Nestors Beredsamkeit und das Genie aller seiner Autoren zusammen! Was wird er denn nach 960 Jahren für ein Werk liefern! Die vorliegenden Blätter, die einen Auszug aus der Jliade — Homerum in nuce — ohngefähr enthalten, vermuthlich für die, welche nicht Zeit haben, den Homer zu lesen — diese Blätter, sagen wir, werden ohne Zweifel vorausgeschickt, um das große Werk nach 960 Jahren damit zu emballiren. Wir wüßten nicht, was wir sonst damit zu machen hätten.

O ihr große Griechen! und du, Homer! Homer! — doch so übersetzt, commentirt, extrahirt, enucleirt, so sehr verwundet, gestoßen, zerfleischt, durch Steine, Staub, Pfützen geschleift, getrieben, gerissen

  — οὐδε τι οἱ χρως σηπεται, οὐδε μιν εὐλαι

  Ἐσθουσ'. — —

  Ὡς του κηδονται μακαρες θεοι

  Και νεκυος περ ἐοντος — —

(berührt nicht Verwesung sein Fleisch, nagt nicht ein Wurm an ihm; denn für ihn sorgen die seligen Götter auch nach dem Tode).

20.

Cymbelline, ein Trauerspiel, nach einem von Schäckespear er=
fundnen Stoffe. Danzig.

Der Verfasser, da er sich laut dem Vorbericht nach
einer schweren Krankheit aller ermüdenden Arbeiten ent=
halten mußte, beschäftigte sich mit Schäckespears Werken.
Das, hätten wir ihm nun gleich sagen wollen, war für
einen Rekonvalescenten keine Lektüre. Wer an dem
Leben, das durch Schäckespears Stücke glüht, Theil nehmen
will, muß an Leib und Seele gesund seyn. Da bedauerten
nun der Herr Verfasser aus innigem Gefühl einer kühlen,
schwächlichen, kritischen Sittigkeit die viele incongruités,
durch die (wie der treffliche Johnson ad hoc drama gleich=
falls bemerkt hat) manÿ just sentiments und einige
Schönheiten zu theuer erkauft werden. Er beschloß also,
das Gold von Schlacken zu scheiden (denn das ist ja
seit undenklichen Jahren vox populi critici über Schäckespear),
wenigstens einen Versuch zu machen, nichts weniger dem
ehrsamen Publiko vorzulegen, als: wie ohngefähr Sophokles,
wenn er diesen Stoff zu bearbeiten gehabt hätte, die
Sachen würde eingerichtet haben. Nun travestirten sie
also — nicht travestirten! dann bleibt wenigstens Gestalt
des Originals — parodirten — auch nicht! da läßt sich
wenigstens aus dem Gegensatz ahnden — also denn? —
welches Wort druckt die Armuth hier gegen Schäckespears
Reichthum aus!

Schäckespear, der den Werth einiger Jahrhunderte in
seiner Brust fühlte, dem das Leben ganzer Jahrhunderte
durch die Seele webte! — und hier — Comödianten in

Zendel und Glanzleinewand, gesudelte Coulissen. Der Schau=
platz ein Wald, vorn ein dichtes Gebüsch, wodurch man
in eine Grotte geht, im Foud ein großer Stein von Pappe,
auf dem die Herren und Damen sitzen, liegen, erstochen
werden 2c.

So würde Sophokles die Sachen behandelt ha=
ben! Es ist schon ein ganz ungenialisches Unternehmen,
das Schäkespears Stücke, deren Wesen Leben der Ge=
schichte ist, auf die Einheit der Sophokleischen, die uns
nur That vorstellen, reduciren will; nun aber gar so, nach
der Abhandlung vom Trauerspiel in dem ersten Theil
der älteren Leipziger Bibliothek zu modeln! Wir sind gewiß,
daß es jeder — auch nur Leser Schäkespears mit Ver=
achtung aus der Hand werfen wird.

———————

21.

Zwey schöne neue Mährlein: als 1) von der schönen Melu=
sinen; einer Meerfey. 2) von einer untreuen Braut, die
der Teufel hohlen solle. Der lieben Jugend, und dem Frauen=
zimmer zu beliebiger Kurzweil in Reime verfasset. Leipzig
in der Jubilatemesse 1772.

Allerdings wäre in den Mährlein und Liedern, die unter
Handwerkspurschen, Soldaten und Mägden herumgehen, oft
eine neue Melodie, oft der wahre Romanzenton zu hohlen.
Dann die Verfasser dieser Lieder und Mährlein schrieben doch
wenigstens nicht fürs Publikum, und so ist schon zehn gegen
eins zu wetten, daß sie weit weniger verunglücken müssen
als unsre neuere zierliche Versuche. Meistens ists ein
munterer Geselle, der den andern vorsingt oder den Reihen

anführt, und also ist wenigstens die Munterkeit keine Prä=
tension und Affektation.

Der Herr Student, der diese Mährlein versificirt hat,
versificirt sehr rein, soll aber dem ohngeachtet keine Mährlein
mehr versificiren; denn ihm fehlt der Bänkelsängersblick, der
in der Welt nichts als Abentheuer, Strafgericht, Liebe,
Mord und Todschlag sieht, just wie alles in den Quadra=
ten seiner gemahlten Leinwand steht. Weder naive Freude
noch naive Wehklage der Menschen aus Ritter= und Feen=
zeiten, deren Seele eine Bildertafel ist, die mit ihrem
Körper lieben, mit ihren Augen deulen und mit ihren Fäusten
zuschlagen, bey denen alles merkwürdige ihres Lebens, wie
in Schäckespears Haupt= und Staatsaktionen, innerhalb vier=
undzwanzig Stunden unserem Auge vorrückt — sondern das
alles könnte mit allen Ehren in Halberstadt gemacht und
gedruckt seyn.

22.

Der goldne Spiegel oder die Königin von Scheschian, eine
wahre Geschichte. Aus dem Scheschianischen übersetzt. Leipzig,
Weidmanns Erben und Reich. 1. 2. 3. 4. Theil in 8.

Man kann in dem Pfad, den die Wielandische Muse
gewandelt, drei Ruhepunkte geben, wo sie stille gestanden,
zurückgesehen und ihre Richtung geändert. Der Grundstoff
der ältesten Manier war Platonisches System, in dichterischer
Diktion dargestellt, die Charaktere, die sie in Handlung
setzte, einzelne Ausflüsse aus der ersten Urquelle des Guten
und Schönen, und der Sitz ihres Landes, Empyreum. Sie

stieg herunter zu den Menschen, vielleicht in dem Alter, wo
der Dichter, nachdem er die moralische Welt als ein Pa=
radies im Anschauen durchwandelt hatte, anfieng den Baum
des Erkenntnisses selbst zu losten. Nun wurden die dra-
matis personae gute ehrliche Menschenkinder, wie sie vor
unsern Augen herumgehen, weder ganz gut noch ganz böse;
der Umriß der Charaktere ward so schwebend und leicht
gehalten, als es die Inconsequenz der meisten und die
Form der Societät, die ihn eindrückt, erfordert. Der Auf=
wand der Dichtungskraft war groß und der Plan des
Gebäudes reich und glänzend. Die Weltkenntniß blieb, der
Dichter mag sie nun bald durchs Anschauen und bald durch
eigene Ahudung erhalten haben, allzeit bewundernswürdig.
Es waren Sitten des achtzehnten Jahrhunderts, nur ins
Griechen= oder Feenland versetzt. Dies war das männliche
Alter, wohin die Geburt des Agathon und der Musarion
fällt. Die Enkratiten sahen ihn als einen abgefallnen
Engel an, weil er nicht mehr in den Wolken schwebte,
sondern herabgekommen war,

die Schaafe des Admets zu weiden.

Die Weltleute warfen ihm vor, die Wahrheit erliege unter
dem Putz, und die elle Moralisten, die nichts als gute und
böse Gespenster sehen, verschlossen die Bücher ihren Töchtern.
Dies, glauben wir, mag den Dichter bewogen haben, sich
näher und deutlicher zu erklären und sein Leben in dem
lehrenden Charakter zu beschließen. Zu dieser letzten
Classe rechnen wir den goldnen Spiegel, und aus der
weisen Art, womit er die Speise austheilt und zubereitet,
scheint er sein Auditorium genau angesehen und kurz ge=
griffen zu haben. Unsre Leser kennen das Buch, und unsre
Anzeige kommt auch zur Bekanntmachung zu spät.

Man erlaube uns also über die Composition des Ganzen

und das Besondre einiger Theile eine kleine Unterredung.
Der Plan ist ohngefähr folgender: Schach Gebal, ein König
von Scheschian, regierte bald so übel und bald so gut, daß
weder die Guten noch die Bösen mit ihm zufrieden waren.
Zu gesunder Einschläferung seiner Majestät wird jemand
im Königreich aufgesucht, ihm die Geschichte des Landes
vorzutragen, und dieser findet sich in der Person des Da-
nischmende. Die Scene ist am Bette des Königs in Bey-
seyn der Sultanin Nurmahal, und sobald der Philosoph in
eine gewisse Wärme geräth und die edelste und größte
Wahrheiten mit Ueberzeugung vorträgt, so schläft der König,
wie sichs gebühret, ein. Der Dichter scheint bey dieser Vor-
kehrung sein Auditorium besser gelaunt zu haben, als Da-
nischmende; denn er hat vor seine Leser, damit sie sich beym
Aufwachen wieder finden könnten, keine einzige Wahrheit
stehen lassen, die nicht mit Schwabacher Schrift gedruckt
wäre. In dem ersten Theil geht die Absicht des Verfassers
dahin, den Großen und Reichen einen Weg anzugeben, wie
sie für ihre eigne Person glücklich seyn könnten, in
dem Beyspiel eines Völkchens, das er durch Psammis, einen
Philosophen seiner Schöpfung, cultiviren läßt.

In Vergleichung seines Vorbildes des Ah quel Conte
verliert dieses Werk etwas in Ansehung der Schöpfung-
und Einbildungskraft. So carricaturartig als die Crebil-
lonischen Figuren seyn mögen, so sind sie doch rund, es geht
doch hier und da ein Arm, ein Fuß heraus. Hier aber ist
alles Inschrift, Satz, Lehre, Moral, mit goldnen Buchstaben an die Wand geschrieben, und die Figuren sind
herumgemahlt. Wir wollen den Verfasser nicht journalisten-
mäßig darüber schikaniren. Es scheint nun einmal, er hat
in dieser Manier arbeiten wollen, und wenn man für einen
reichen Mann bekannt ist, so steht es einem frey, seinen

Aufwand einzurichten, wie man will. Lord Clive spielt ja
auch gerne kleines Spiel. — Auch das Ideal des Völkchens
im erſten Theil ſteht nur wegen der Moral des Pſammis
da, und von einer Verzierung, von Eiſen gezeichnet und
von Gravelot geſtochen, verlangt niemand die Wahrheit
eines Julius oder le Brun. Der Verfaſſer lacht mit Recht
über die ſchiefen Ausleger dieſes Ideals; wir machen in
Anſehung ſeiner Moralität keine üble Vorbedeutungen. Nur
erlaube man uns die einzige Anmerkung, daß man im Gemählde menſchlicher Geſchichte nie Licht ohne Schatten
gedenken kann, daß die Zeit ſich ewig in Nacht und Tag
eintheilen, die Scene immer Miſchung von Tugend und
Laſter, Glück und Unglück bleiben werde. Man verberge
uns alſo nicht die eine Seite. Die marmornen Nymphen,
die Blumen, Vaſen, die buntgeſtickte Leinwand auf den
Tiſchen dieſes Völkchens, welchen hohen Grad der Verfeinerung ſetzen ſie nicht voraus? welche Ungleichheit der
Stände, welchen Mangel, wo ſo viel Genuß; welche Armuth,
wo ſo viel Eigenthum iſt!

Wir danken dem Verfaſſer für die Moral des Pſammis,
die ganz aus unſerm Herzen iſt, und für die gute Art,
womit er zu Ende des erſten Bandes eine Gattung mora-
liſcher Giftmiſcher, nemlich die gravitätiſchen Zwitter
von Schwärmerey und Heucheley hat brandmarken
wollen. Da die Societät dieſen Heuchlern keine eigne
Farben und Kragen gegeben hat, woran man ſie von
weitem erkennen könnte, ſo ſind ſie doppelt gefährlich.

Der zweyte Theil zeigt in dem Exempel Azors, wie
viel Böſes unter einem gutherzigen Regenten geſchehen könne.

Die Vorrede des dritten Theils kündigt den Verfaſſer
immer noch voll von ſeinem edlen Enthuſiasmus an, der

ihn allzeit bezeichnet hat, für Welt und Nachwelt zu arbeiten, das Herz der Könige zu bilden und dadurch das Wohl der Menschengattung auch auf ferne Jahrhunderte zu befördern. Wie verehrungswürdig ist der Mann, der bey seiner so großen Weltkenntniß noch immer so viel an Einfluß glaubt und von seinen Nebenbürgern und dem Lauf der Dinge keine schlimmere Meinung hat!

Den dritten Theil ziehen wir den beyden ersten wegen der meisterhaften Pinselstriche vor, womit er den Despotismus geschildert hat. Selbst der sokratische Faun in Königsberg kann nicht mit dieser Wahrheit und bittern Wärme gegen die Unterdrückung reden und sie häßlicher darstellen, als sie hier in des Eblis [Gestalt] erscheint. Sich und sein System scheint der Verfasser unter dem Namen Kabor abgebildet zu haben. Denn alle schiefe Urtheile, die wir je von Heuchlern aller Stände haben von seinen Grundsätzen fällen hören, sind hier in demjenigen vereinigt, was die Zeitverwandten Kabors von ihm behaupten. Der Despote Isfandiar geht endlich so weit, daß er alle seine Verwandten ausrotten will. Es gelingt ihm bis auf den letzten Sohn seines Bruders, Tisan, den ihm sein Wessir Dschengis entzieht und dafür seinen eignen Sohn den abgeschickten Mördern preis giebt. Die Erziehung des jungen Tisan geschieht, wie man muthmaßen kann, auf dem Laude. Er wird ein guter Mensch und lernt gute Menschen kennen, ehe er in das Getümmel der großen Welt tritt. Die Grundsätze dieser Erziehung sind vortrefflich. Nicht so leicht war es, wenn der Dichter einige von den Umständen hätte angeben wollen, die in der Erziehung aller Großen zusammentreffen, die beynahe unvermeidlich sind, und die am Ende das hervorbringen, was wir das allgemeine Gepräge nennen würden. Vielleicht wäre dies die größte Schutzschrift

für sie gegen alle Deklamationen der Dichter und Philo=
sophen gewesen. Tisan wird im vierten Theil Regent von
Scheschian, und wir lassen uns nicht in die Grundsätze
seiner Regierung ein. Sie sind so allgemein gut und an=
erkannt, als sie jemals auf dem Papier gestanden haben,
und wir freuen uns abermalen, daß ein Mann von Wie=
lands Talenten und Herablassung sich mit einer neuen
Ausgabe hat beschäftigen wollen. Wir würden uns und
unsern Lesern ein schlechtes Compliment machen, wenn wir
ihnen sagten, was sie schon lange wissen, daß in der Aus=
bildung der einzelnen Theile und des lichten und geordneten
Colorits hier nichts zu wünschen übrig bleibt.

23.

Charakteristik der vornehmsten Europäischen Nationen. Aus
dem Englischen. Leipzig. 8. Erster Theil 16 Bogen. Zweyter
Theil 14 Bogen.

Das Werk ist aus dem Brittischen Museum. Nun für
ein Museum war das kein Stück! Ins Hinterstübchen mit!
in die Küche! da ist sein Platz; je mehr berauchert, desto
besser! Charakter polirter Nationen! werft die Münze
in den Tiegel, wenn ihr ihren Gehalt wissen wollt; unter
dem Gepräge findet ihr ihn in Ewigkeit nicht.

Sobald eine Nation polirt ist, sobald hat sie conven=
tionelle Wege, zu denken, zu handeln, zu empfinden; sobald
hört sie auf, Charakter zu haben. Die Masse individueller
Empfindungen, ihre Gewalt, die Art der Vorstellung, die
Wirksamkeit, die sich alle auf diese eigene Empfindungen

beziehen, das sind die Züge der Charakteristik lebender Wesen. Und wie viel von alle dem ist uns polirten Nationen noch eigen? Die Verhältniffe der Religion, die mit ihnen auf das engfte verbundenen bürgerlichen Beziehungen, der Druck der Gefeße, der noch größere Druck gefellschaftlicher Verbindungen und taufend andere Dinge laffen den polirten Menfchen und die polirte Nation nie ein eigenes Gefchöpf fehn, detäuben den Wink der Natur und verwifchen jeden Zug, aus dem ein charakteriftifches Bild gemacht werden könnte.

Was heißt alfo nun Charakter einer polirten Nation? Was kanns anders heißen als Gemählde von Religion und burgerlicher Verfaffung, in die eine Nation geftellt worden ift; Draperie, wovon man höchftens fagen kann, wie fie der Nation anfteht. Und hätte uns der Verfaffer diefes Werk= chens nur fo viel gefagt, nur gezeigt, wie die polirte Nation denn unter allen diefen Laften und Feßlen lebt; ob fie fie gedultig erträgt, wie Jfafchar, oder ob fie dagegen anftrebt, fie bisweilen abwirft, bisweilen ihnen ausweicht, oder gar andere Auswege fucht, wo fie noch frehere Schritte thun kann; ob noch hier und da unter der Politur der Naturftoff hervorblickt; ob der Stoff immer fo biegfam war, daß er die Politur annehmen kounte; ob die Nation wenigftens eigene, ihrem Stoff gemäße Politur hat oder nicht, und dergleichen. Vielleicht würde ein philofophifcher Beobachter noch auf diefe Art eine erträgliche Charakteriftik zu Staude bringen. Aber der Verfaffer reifte gemächlich feine große Tour durch England, Frankreich, Italien, Spanien, Deutfch= laud und die Niederlande, blickte in feinen Puffendorf, converfirte mit fchönen Herrn und Damen und nahm fein Buch und fchrieb. Zum Unglück ift in der ganzen Welt nichts fchiefer als die fchönen Herrn und Damen, und fo wurden feine Gemählde gerade eben fo fchief; den Engländer

vertheidigt er immer gegen die Franzosen; den Franzosen
setzt er dem Engländer immer entgegen; jener ist nur stark,
dieser nur tändlend, der Italiener prächtig und feyerlich, der
Deutsche sanft und zählt Ahnen. Alles vom Hörensagen,
Oberfläche, aus guten Gesellschaften abstrahirt — und das
ist ihm Charakteristik! Wie so gar anders würden oft seine
Urtheile ausgefallen seyn, wenn er sich heruntergelassen hätte,
den Mann in seiner Familie, den Bauern auf seinem Hof,
die Mutter unter ihren Kindern, den Handwerksmann in
seiner Werkstatt, den ehrlichen Burger bey seiner Kanne Wein
und den Gelehrten und Kaufmann in seinem Kränzchen oder
seinem Caffeehaus zu sehen! Aber das fiel ihm nicht ein=
mal ein, daß da Menschen wären; oder wenns ihm einfiel,
wie sollte er die Gedult, die Zeit, die Herablassung haben?
Ihm war ganz Europa seines französisches Drama, oder,
was ziemlich auf eins hinauskommt, Marionettenspiel! Er
guckte hinein und wieder heraus, und das war alles!

24.

Aussichten in die Ewigkeit, in Briefen an Zimmermann.
Dritter und letzter Band. Zürch 1773. 8. 342 S.

Es war immer so und natürlich, daß der nach Ewigkeit
hungernde und dürstende solche Speisen sich droben in
Phantasie bereitete, die seinem Gaumen hier angenehm
waren, sein Magen hier vertragen konnte. Der weiche Orien=
taler bepolstert sein Paradies um wohlgeschmückte Tische, unter
unverwelklichen Bäumen, von denen Früchte des Lebens über
die Auserwählten und ihre ewig reine Weiber herabhängen.

Der brave Norde überschaut vor Asgard in den Tiefen des Himmels unermeßlichen Kampfplatz, ein erwünschtes Feld seiner unzerstörlichen Stärke, ruht dann, sein Glas Bier mit Heldenappetit auszechend, neben Vater Odin auf der Bank. Und der gelehrte, denkende Theolog und Weltkündiger hofft dort eine Akademie, durch unendliche Experimente, ewiges Forschen sein Wissen zu vermehren, seine Erkenntniß zu erweitern.

Herr Lavater wird uns verzeihen, wenn wir seinen Plan zur Ewigkeit, den er, nach sich berechnet, freylich für allgemein halten muß, nur für einen specialen, und vielleicht den specialsten ansehen können.

In dem ersten Theil S. 23 erklärte er sich schon, wie er sein Gedicht für den denkenden und gelehrten Theil der Menschen, besonders Christen, bestimme. Bisher hat er Wort gehalten, und eröffnet nur Aussichten für Denkende und Gelehrte; wenigstens ist mit allzu großer Vorliebe für diese gesorgt; sie stehen überall vornen an, und Newton und Leibniz haben zu ansehnliche Vorzüge vor Bürgern und Bauern, als daß man nicht merken sollte, einer ihrer Familie habe den Hofstaat dieses Himmelreichs zu bestallen gehabt.

Herr L. macht kein Geheimniß, daß Bonnet ihm den ersten Anlaß gegeben. Wie deutlich sieht man nicht in dem zwölften Briefe, dem letzten des zweyten Bandes, eine Seele, die von Spekulation über Keim und Organisation ermüdet, sich mit der Hoffnung letzt, die Abgründe des Keims dereinst zu durchschauen, die Geheimnisse der Organisation zu erkennen und vielleicht einmal da als Meister Hand mit anzulegen, wovon ihr jetzt die ersten Erkenntnißlinien nur schwebend vordämmern; eine Seele, die, in dem großen Traum von Weltall, Sonnendonnern

und Planetenrollen verlohren, sich über das Irdische hinauf entzückt, Erden mit dem Fuß auf die Seiten stößt,
tausend Welten mit einem Finger leitet und dann, wieder
in den Leib versetzt, für die mikromegischen Gesichte Analogie in unsern Kräften, Beweisstellen in der Bibel
aufklaubt.

Von dem gegenwärtigen Theile, der dreyzehn Briefe enthält, müssen wir sagen, daß sie nach unsrer Empfindung
sogar hinter den vorigen zurückbleiben. Und wir haben in
diesen Briefen nichts gesucht, als was uns der Verfasser
versprach: ausgegoßne Ahndungen, innige Empfindungen
von Freund zu Freund, und Samenblätter von Gedanken;
und statt allem diesem finden wir Raisonnement und Pe-
rioden, zwar wohlgedacht und wohlgesprochen, aber was
soll uns das!

Schon da wir vor dem ersten Theile den Inhalt der
zukünftigen Briefe durchsahen, machte es einen unangenehmen
Eindruck auf uns, die Abhandlungen von Erhöhung der
Geistes-, sittlichen und politischen Kräfte in Briefe
abgetheilt zu sehen. Was heißt das anders, als durch ge-
lehrtes Nachdenken sich eine Fertigkeit erworben zu haben,
auf wissenschaftliche Classifikationen eine Menschenseele
zu reduciren. Und da wir nun gar die Briefe selbst durchschauen und finden, was wir vermuthen konnten, aber doch
immer weniger, als wir vermutheten. Im dreyzehnten Brief,
„von Erhöhung der Geisteskräfte", logisch-metaphy-
sische Zergliederungen der Geschäftigkeit unsers Geistes, durch
Multiplikation jenes Lebens würdig gemacht. Er schließt
wie in den vorhergehenden Briefen: „Heben wir hier eins,
so heben wir dort tausend", als wenn nicht eben in diesem
Mehr oder Weniger das Elend dieser Erde bestünde.
Doch das geht durchs ganze Buch durch. Denn auch in

diesem Briefe tritt Erkenntniß vornen an, die ewige Wiß=
begierde, das systematisirende Erfahrungsammeln.
Hat er nie bedacht, was Christus den großen Hansen ans
Herz legt: „Wenn ihr nicht werdet wie diese Kindlein",
und was Paulus spricht: „Das Stückwerk der Weissagungen,
des Wissens, der Erkenntniß werde aufhören, und nur die
Liebe bleiben." Aber ach! im vierzehnten Brief führt er die
Liebe erst auf den Schauplatz; und wie? über unsre
sittliche Kräfte, nach Anlaß theologischer Moral mit
einiger Wärme homiletisirt er, daß Phrase die Empfin=
dung, Ausdruck den Gedanken meist so einwickelt, daß alles
zusammen auf das Herz gar keine Wirkung thut. Nicht besser
ists im fünfzehnten und siebzehnten Briefe. In jenem sind
uns die Knechtschaft und Herrschaft anstößig gewesen;
biblisch=bildlich mögen sie seyn, der Empfindung [zusagend]
sind sie nicht, und die Analogie aus diesem Leben nicht ge=
dacht. Haben hier fünfzig Lässige nöthig, durch einen würk=
samen ermuntert zu seyn, müssen es hier Menschen geben, die
Mittelpunkt sind und Sonne; aber dort, wo alles, Hinderniß
und Trägheit, wegfallen soll —! Wir wollen uns in kein
Widerlegen und Vordrängen unsrer Meynungen einlassen.
In dem siebzehnten Brief, von den gesellschaftlichen
Freuden des Himmels, ist viel Wärme auch Güte des
Herzens, doch zu wenig, um unsre Seele mit Himmel zu
füllen. Dem sechzehnten Brief, von der Sprache des
Himmels, wollen wir sein Wohlgedachtes nicht abläugnen;
doch quillt auch da nichts aus der Seele, es ist so alles in
die Seele hereingedacht. Der achtzehnte und neunzehnte
Brief, von Vergebung der Sünden und den seligen
Folgen des Leidens, werden hoffentlich die heilsame Wür=
kung haben, gewisse Menschen über diese Materien zu be=
ruhigen. Wir sagen gerne von den übrigen nichts; über das

einzelne haben wir nichts zu sagen; wir sind viel zu sehr
mit der Vorstellungsart, aus der Herr L. schreibt, vertrant,
als daß wir ihn von denen Seiten schikaniren sollten, von
denen er sich schon so viel hat leiden müssen. Und aus
unserm Gesichtspunkt haben wir gesagt, was wir zu sagen
hatten. Der grübelnde Theil der Christen wird ihm immer
viel Daul schuldig bleiben. Er zaubert ihnen wenigstens
eine herrliche Welt vor die Augen, wo sie sonst nichts als
Düsterheit und Verwirrung sahen.

Noch einige Worte von dem zu erwartenden Gedichte.
Hätte Herr L. für den empfindenden Theil der Menschen zu
singen, sich zum Seher berufen gefühlt, er hätte übel gethan,
diese Briefe zu schreiben, würde sie auch nicht geschrieben
haben. Er hätte empfunden für Alle. Die aus seinem Herzen
strömende Kraft hätte Alle mit fortgerissen. Allein als Denker
denkenden ein genugthuendes Werk zu liefern, da ihr ehe
hundert Herzen vereinigt als zwey Köpfe, da sollte er wohl
Gesichtspunkte variiren, Skrupels aus dem Wege räumen;
und dazu bestimmte er die Briefe. Wir wissen nicht, ob er
den Zweck durch sie erreicht. Seinem alten Plan bleibt er
getreu, seinen Gesinnungen auch, trutz allem Widerspruch.
Da dünkts uns dann, er hätte doch besser gethan, gleich
mit der ersten Wärme ans Gedicht zu gehen und zu wagen,
was er doch noch wagen muß.

Wir wünschen ihm Glück zu seiner Unternehmung. Und
wenn er irgend einen Rath von uns hören mag, so hat er
über diese Materien genug, ja schon zu viel gedacht. Nun
erhebe sich seine Seele und schaue auf diesen Gedankenvor-
rath wie auf irdische Güter, fühle tiefer das Geisterall
und nur in andern sein Ich. Dazu wünschen wir ihm
innige Gemeinschaft mit dem gewürdigten Seher unsrer
Zeiten, rings um den die Freude des Himmels war, zu

dem Geister durch alle Sinnen und Glieder sprachen, in dessen Busen die Engel wohnten: Dessen Herrlichkeit umleucht ihn, wenns möglich ist, durchglüh ihn, daß er einmal Seligkeit fühle, und ahnde, was sey das Lallen der Propheten, wenn ἄρρητα ῥηματα den Geist füllen!

25.

Musen Almanach. Göttingen 1773. in 12. bey Dietrich. Ohne das Register, die in Musik gesetzte Lieder, und Kupfer, 234 S.

Herr Boie hat uns mit seinem Musenalmanach aufs künftige Jahr ein sehr angenehmes und frühes Geschenke gemacht. Der Sammler hat sich nun einmal, durch seine gewissenhafte Wahl, das Zutrauen der besten Köpfe Deutschlands erworben, und da ein Mann von wahren Talenten sich nicht fürchten darf, hier in einer Art von allgemeinem Ausruf unter unschicklicher Gesellschaft bekannt zu werden, so wird es Herrn Boie niemals an trefflichen Beyträgen fehlen. Es erscheinen dieses Jahr einige Namen von Dichtern, die nächstens allgemeiner bekannt zu werden verdienen; dahin gehören Herr (Klamer Eberhard Karl) Schmid zu Halberstadt, dessen Petrarchische Versuche unsre Leser schon kennen, Herr Bürger in Göttingen und Herr Hölty, der unter den neuern Klopstockischen Nachahmern vielleicht am meisten Sprache und Rhythmus in seiner Gewalt hat. Das Gedicht auf Selmars Tod, in dieser Sammlung von Herrn Schmid, ist ein Meisterstück in Tonfall, Sprache, Harmonie und wahrer Empfindung. Das Minnelied von

Herrn Bürger ist besserer Zeiten werth, und wenn er mehr solche glückliche Stunden hat, sich dahin zurückzuzaubern, so sehen wir diese Bemühungen als eins der kräftigsten Fermente an, unsre empfindsame Dichterlinge mit ihren goldpapiernen Amors und Grazien und ihrem Elysium der Wohlthätigkeit und Menschenliebe vergessen zu machen.

Nur wünschten wir, als Freunde des wahren Gefühls, daß diese Minnesprache nicht für uns werde, was das Bardenwesen war, blose Dekoration und Mythologie, sondern daß sich der Dichter wieder in jene Zeiten versetze, wo das Auge und nicht die Seele des Liebhabers auf dem Mädchen haftete, — und wann er die Gesänge Kayser Heinrichs und Markgraf Heinrichs von Meissen nachempfunden hat, so bilde er sich durch die Liebe einer Miranda, einer Juliet u. s. w. bey Shakespearn. Das andre Stück, die Minne betitelt, scheint uns schon den Fehler zu haben, neuen Geist mit alter Sprache zu bebrämen. Von Herrn Claudius finden sich wieder einige ganz vortreffliche Stücke. Von Herrn Gottern ist eine Epistel an Madam Henseln eingerückt, die stückweise gut gerathen ist, und die wir in dem drolligten Ton, womit sie anfängt, fortgeführt wünschten, ohne die ernsthafte moralische Betrachtungen am Ende. Unter dem Zeichen Q. und Y. liest man dieses Jahr von neuem sehr schöne Gedichte, die ungemein viel wahres Genie verrathen. Man wähle z. B. S. 47 der schönste Gürtel, und die allerliebste Idylle S. 33. Aus den N. Hamburger Zeitungen hat Herr Boie die sogenannte Verse wieder abdrucken lassen, für die wir ihm aufrichtig Dank sagen. Die Winke, die der Dichter hier unserm lieben deutschen Vater- und Dichterlande in der wahren Inschriftsprache giebt, sind so wichtig, daß sie als Mottos vor künftige Dunciaden und kritische Wälder gesetzt zu werden verdienten. Von Herrn

Wieland hat diese Sammlung ein merkwürdiges Fragment erhalten, Endymions Traum betitelt, wo der Dichter in der ihm eignen Laune über alle Systeme lacht, doch aber das seinige oder Aristippische von neuem als etwas empfiehlet, das nicht ganz und gar Endymions Traum sey. Wir dächten, weils einmal so ist, daß die liebe Natur den Stoff selber wirkt und das System nichts als der Schnitt des Stoffs bleibt, so giebt es doch wohl keinen Rock, der für alle Taillen gerecht ist, es müßte denn der Rock des Herrn Christi seyn, der zu E. hängt, der aber zum Unglück ein Schlafrock ist und also die Taille gewaltig versteckt. Herr Kretschmann erscheint hier in einem ganz unvermutheten Lichte des Patrons, er steht nämlich mit der Goldsichel unter dem heiligen Eichenstamm und initiirt als ein alter Barde den Ankömmling Telynhard. Er giebt ihm in der vierten Strophe S. 44 förmlich seinen Segen. Wer doch den Mann kennte, der ihn als Rhingulph eingeweyht hat, damit mans ihm ein klein wenig von Klopstocks und Gerstenbergs wegen verweisen könnte. Die Stücke unter O. verrathen einen Mann, der der Sprache als Meister und Schöpfer zu gebieten weiß.

Die Arbeit des Herrn Unzers ist eingelegte Arbeit, mit ihrem chinesischen Schnickschnack auf Theebreten und Toiletkästchen wohl zu gebrauchen. Dem jungen Herrn Cramer sieht man gleichfalls an, daß er unter der Wolke hervorkeuchen möchte, die Klopstocks Glorie saumt. Von Vater Gleim, Michaelis, Gerstenberg, Freyh. von N. sind schöne Stücke da. Die übrigen Herrn sammt und sonders figuriren als Figuranten wie sichs gebührt.

Hinten sind einige Lieder, worunter Klopstocks Wir und Sie, in Musik gesetzt, das auch von neuem hier abgedruckt ist. Die Materie zu den Kupfern ist aus dem

Agathon genommen; allein sie sind, wir wissen nicht aus welcher Ursache, da sie Meilen zum Verfasser haben, sehr schlecht gerathen.

Im Ganzen bleiben wir Herrn Boie allzeit ungemein für seine Bemühungen um die deutsche Anthologie verbunden.

26.

Die schönen Künste in ihrem Ursprung, ihrer wahren Natur und besten Anwendung, betrachtet von J. G. Sulzer. Leipzig 1772. 8. 85 S.

Sehr bequem ins Französische zu übersetzen, könte auch wohl aus dem Französischen übersetzt seyn. Herr Sulzer, der nach dem Zeugniß eines unsrer berühmten Männer ein eben so großer Philosoph ist als irgend einer aus dem Alterthume, scheint in seiner Theorie nach Art der Alten mit einer exoterischen Lehre das arme Publikum abzuspeisen, und diese Bogen sind wo möglich unbedeutender als alles andre.

Die schönen Künste, ein Artikel der allgemeinen Theorie, tritt hier besonders ans Licht, um die Liebhaber und Kenner desto bälder in Staub zu setzen, vom Ganzen zu urtheilen. Wir haben beym Lesen des großen Werks bisher schon manchen Zweifel gehabt; da wir nun aber gar die Grund=sätze, worauf sie gebaut ist, den Leim, der die verworfnen Lexikonsglieder zusammen beleben soll, untersuchen, so finden wir uns in der Meinung nur zu sehr bestärkt: hier sey für Niemanden nichts gethan als für den Schüler, der Elementa sucht, und für den ganz leichten Dilettante nach der Mode.

Daß eine Theorie der Künste für Deutschland noch nicht gar in der Zeit ſeyn möchte, haben wir ſchon ehmals unſre Gedanken geſagt.. Wir beſcheiden uns wohl, daß eine ſolche Meinung die Ausgabe eines ſolchen Buchs nicht hindern kann; nur warnen können und müſſen wir unſre gute junge Freunde vor dergleichen Werken. Wer von den Künſten nicht ſinnliche Erfahrung hat, der laſſe ſie lieber. Warum ſollte er ſich damit beſchäftigen? Weil es ſo Mode iſt? Er bedenke, daß er ſich durch alle Theorie den Weg zum wahren Genuſſe verſperrt; denn ein ſchädlicheres Nichts, als ſie, iſt nicht erfunden worden.

Die ſchönen Künſte der Grundartikel Sulzeriſcher Theorie. Da ſind ſie denn, verſteht ſich, wieder alle bey= ſammen, verwandt oder nicht. Was ſteht im Lexiko nicht alles hintereinander? Was läßt ſich durch ſolche Philoſophie nicht verbinden? Mahlerey und Tanzkunſt, Beredſamkeit und Baukunſt, Dichtkunſt und Bildhauerey, alle aus einem Loche durch das magiſche Licht eines philoſophiſchen Lämpchens auf die weiße Wand gezaubert, tanzen ſie im Wunderſchein bunt= farbig auf und nieder, und die verzückten Zuſchauer frohlocken ſich faſt außer Athem.

Daß einer, der ziemlich ſchlecht raiſonnirte, ſich einfallen ließ, gewiſſe Beſchäftigungen und Freuden der Menſchen, die bey ungenialiſchen gezwungnen Nachahmern Arbeit und Müh= ſeligkeit wurden, ließen ſich unter die Rubrik Künſte, ſchöne Künſte klaſſificiren, zum Behuf theoretiſcher Gaukeley, das iſt denn der Bequemlichkeit wegen Leitfaden geblieben zur Phi= loſophie darüber, da ſie doch nicht verwandter ſind als sep- tem artes liberales der alten Pfaffenſchulen.

Wir erſtaunen, wie Herr Sulzer, wenn er auch nicht drüber nachgedacht hätte, in der Ausführung die große Unbequemlichkeit nicht fühlen mußte, daß, ſo lange man in

generalioribus sich aufhält, man nichts sagt und höchstens
durch Deklamation den Mangel des Stoffes vor Unerfahrnen
verbergen kann.

Er will das unbestimmte Principium: Nachahmung
der Natur, verdrängen und giebt uns ein gleich unbedeu=
tendes dafür: Die Verschönerung der Dinge. Er will,
nach hergebrachter Weise, von Natur auf Kunst herüber=
schließen: „In der ganzen Schöpfung stimmt alles darin
überein, daß das Aug und die andern Sinnen von allen
Seiten her durch angenehme Eindrücke gerührt werden."
Gehört denn, was unangenehme Eindrücke auf uns macht,
nicht so gut in den Plan der Natur als ihr Lieblichstes?
Sind die wüthenden Stürme, Wasserfluthen, Feuerregen,
unterirdische Gluth, und Tod in allen Elementen nicht eben so
wahre Zeugen ihres ewigen Lebens, als die herrlich auf=
gehende Sonne über volle Weinberge und duftende Orangen=
haine? Was würde Herr Sulzer zu der liebreichen Mutter
Natur sagen, wenn sie ihm eine Metropolis, die er mit
allen schönen Künsten, Handlangerinnen, erbaut und be=
völkert hätte, in ihren Bauch hinunterschlänge?

Eben so wenig besteht die Folgerung: „die Natur wollte
durch die von allen Seiten auf uns zuströmenden Annehm=
lichkeiten unsre Gemüther überhaupt zu der Sanftmuth und
Empfindsamkeit bilden." Ueberhaupt thut sie das nie, sie
härtet vielmehr, Gott sey Dank, ihre ächten Kinder gegen
die Schmerzen und Uebel ab, die sie ihnen unabläßig be=
reitet, so daß wir den den glücklichsten Menschen nennen
können, der der stärkste wäre, dem Uebel zu entgegnen, es
von sich zu weisen und ihm zum Trutz den Gang seines
Willens zu gehen. Das ist nun einem großen Theil der
Menschen zu beschwerlich, ja unmöglich; daher retiriren und

retranſchiren ſich die meiſten, ſonderlich die Philoſophen; des=
wegen ſie denn auch überhaupt ſo adäquat diſputiren.

Wie partikular und eingeſchränkt iſt folgendes, und wie
viel ſoll es beweiſen! „Vorzüglich hat dieſe zärtliche Mutter
den vollen Reiz der Annehmlichkeit in die Gegenſtände ge=
legt, die uns zur Glückſeligkeit am nöthigſten ſind, beſonders
die ſelige Vereinigung, wodurch der Menſch eine Gattin
findet.“ Wir ehren die Schönheit von ganzem Herzen, ſind
für ihre Attraktion nie unfühlbar geweſen; allein ſie hier
zum primo mobili zu machen, kann nur der, der von den
geheimnißvollen Kräften nichts ahndet, durch die jedes zu
ſeines Gleichen gezogen wird, alles unter der Sonne ſich
paart und glücklich iſt.

Wäre es nun alſo auch wahr, daß die Künſte zu Ver=
ſchönerung der Dinge um uns würken, ſo iſts doch falſch,
daß ſie es nach dem Beyſpiele der Natur thun.

Was wir von Natur ſehn, iſt Kraft, die Kraft ver=
ſchlingt; nichts gegenwärtig, alles vorübergehend; tauſend
Keime zertreten, jeden Augenblick tauſend gebohren; groß und
bedeutend, mannigfaltig ins Unendliche; ſchön und häßlich,
gut und bös, alles mit gleichem Rechte neben einander exi=
ſtirend. Und die Kunſt iſt gerade das Widerſpiel, ſie ent=
ſpringt aus den Bemühungen des Individuums, ſich gegen
die zerſtörende Kraft des Ganzen zu erhalten. Schon das
Thier durch ſeine Kunſttriebe ſcheidet, verwahrt ſich; der
Menſch durch alle Zuſtände befeſtigt ſich gegen die Natur,
ihre tauſendfache Uebel zu vermeiden und nur das Maas
von Gutem zu genießen, bis es ihm endlich gelingt, die Cir=
kulation aller ſeiner wahr und gemachten Bedürfniſſe in
einen Palaſt einzuſchließen, ſo fern es möglich iſt, alle zer=
ſtreute Schönheit und Glückſeligkeit in ſeine gläſerne Mauern
zu bannen, wo er denn immer weicher und weicher wird,

den Freuden des Körpers Freuden der Seele substituirt und seine Kräfte, von keiner Widerwärtigkeit zum Naturgebrauche aufgespannt, in Tugend, Wohlthätigkeit, Empfindsamkeit zer= fließen.

Herr Sulzer geht nun seinen Gang, den wir ihm nicht folgen mögen; an einem großen Trupp Schüler kanns ihm so nicht fehlen; denn er setzt Milch vor und nicht starke Speise, redet viel von dem Wesen der Künste, Zweck, und preist ihre hohe Nutzbarkeit als Mittel zu Beförderung der menschlichen Glückseligkeit. Wer den Menschen nur einiger= maßen kennt und Künste und Glückseligkeit, wird hier wenig hoffen; es werden ihm die vielen Könige einfallen, die mit= ten im Glanz ihrer Herrlichkeit der Ennui zu todte fraß. Denn wenn es nur auf Kennerschaft angesehn ist, wenn der Mensch nicht mitwürkend genießt, müssen bald Hunger und Ekel, die zwey feindlichsten Triebe, sich vereinigen, den elenden Pococurante zu quälen.

Hierauf läßt er sich ein auf eine Abbildung der Schick= sale schöner Künste und ihres gegenwärtigen Zustandes, die denn mit recht schönen Farben hin imaginirt ist, so gut und nicht besser als die Geschichten der Menschheit, die wir so gewohnt worden sind in unsern Tagen, wo immer das Mährchen der vier Weltalter sufficienter ist, und im Ton der zum Roman umpragmatisirten Geschichte.

Nun kommt Herr Sulzer auf unsere Zeiten und schilt, wie es einem Propheten geziemt, wacker auf sein Jahr= hundert, leugnet zwar nicht, daß die schönen Künste mehr als zu viel Beförderer und Freunde gefunden haben; weil sie aber zum großen Zweck, zur moralischen Besserung des Volks, noch nicht gebraucht worden, haben die Großen nichts gethan. Er träumt mit andern: eine weise Gesetz= gebung würde zugleich Genies beleben und auf den wahren

Zweck zu arbeiten anweisen können, und was dergleichen
mehr ist.

Zuletzt wirft er die Frage auf, deren Beantwortung den
Weg zur wahren Theorie eröffnen soll: „Wie ist es anzufangen, daß der dem Menschen angebohrne Hang zur Sinnlichkeit zu Erhöhung seiner Sinnesart angewendet und in
besondern Fällen als ein Mittel gebraucht werde, ihn unwiderstehlich zu seiner Pflicht zu reizen?" So halb und
mißverstanden und in den Wind, als der Wunsch Cicerons,
die Tugend in körperlicher Schönheit seinem Sohne zuzu-
führen! Herr Sulzer beantwortet auch die Frage nicht,
sondern deutet nur, worauf es hier ankomme, und wir machen
das Büchlein zu. Ihm mag sein Publikum von Schülern
und Kennerchens getreu bleiben! wir wissen, daß alle wahre
Künstler und Liebhaber auf unsrer Seite sind, die so über
den Philosophen lachen werden, wie sie sich bisher über die
Gelehrten beschwert haben. Und zu diesen noch ein paar
Worte, auf einige Künste eingeschränkt, das auf so viele gelten
mag, als kann.

Wenn irgend eine spekulative Bemühung den Künsten
nützen soll, so muß sie den Künstler grade angehen, seinem
natürlichen Feuer Luft machen, daß es um sich greife und
sich thätig erweise. Denn um den Künstler allein ists zu
thun, daß der keine Seligkeit des Lebens fühlt als in seiner
Kunst, daß, in sein Instrument versunken, er mit allen seinen
Empfindungen und Kräften da lebt. Am gaffenden Publikum, ob das, wenns ausgegafft hat, sich Rechenschaft geben
kann, warums gaffte, oder nicht, was liegt an dem?

Wer also schriftlich, mündlich oder im Beyspiel, immer
einer besser als der andre, den sogenannten Liebhaber, das
einzige wahre Publikum des Künstlers, immer näher und
näher zum Künstlergeist aufheben könnte, daß die Seele mit

einflösse ins Instrument, der hätte mehr gethan als alle psychologische Theoristen. Die Herren sind so hoch droben im Empyreum transscendenter Tugend-Schöne, daß sie sich um Kleinigkeiten hienieden nichts kümmern, auf die alles ankommt. Wer von uns Erdensöhnen hingegen sieht nicht mit Erbarmen, wie viel gute Seelen, z. B. in der Musik an ängstlicher mechanischer Ausübung hangen bleiben, drunter erliegen?

Gott erhalt unsre Sinnen, und bewahr uns vor der Theorie der Sinnlichkeit, und gebe jedem Anfänger einen rechten Meister! Weil denn die nun nicht überall und immer zu haben sind, und es doch auch geschrieben seyn soll, so gebe uns Künstler und Liebhaber ein περι εαυτου seiner Bemühungen, der Schwürigkeiten, die ihn am meisten aufgehalten, der Kräfte, mit denen er überwunden, des Zufalls, der ihm geholfen, des Geists, der in gewissen Augenblicken über ihn gekommen und ihn auf sein Leben erleuchtet, bis er zuletzt, immer zunehmend, sich zum mächtigen Besitz hinaufgeschwungen und als König und Ueberwinder die benachbarten Künste, ja die ganze Natur zum Tribute genöthigt.

So würden wir nach und nach vom mechanischen zum intellektuellen, vom Farbenreiben und Saitenaufziehen zum wahren Einfluß der Künste auf Herz und Sinn eine lebendige Theorie versammeln, würden dem Liebhaber Freude und Muth machen und vielleicht dem Genie etwas nutzen.

27.

Alexander von Joch über Belohnung und Strafen nach türkischen Gesetzen. Andere durchgehends verbesserte und mit einem Anhang vermehrte Ausgabe, welche die Widerlegung der wichtigsten Zweifel enthält. Bareut und Leipzig 1772. 8. 306 S.

Man weiß aus der ersten Ausgabe, daß dieses Buch die Lehre von der moralischen Freyheit geradezu widerlegt.

Es waren einmal einige Vögel in einer weitläuftigen Volière. Ein Buchfink sagte zu seinem Nachbar Zeisig, der von einem Bäumchen zum andern munter herumflatterte: Weißt du denn, mein Freund, daß wir in einem Käfig stecken? — Was Käfig, sagte der Zeisig; siehe, wie wir herumfliegen! Dort ist ein Käfig, wo der Kanarienvogel sitzt. — Aber ich sage dir, wir sind auch im Käfig. Siehst du dort nicht das Gegitter von Drat? — Das ist dort; aber siehe, so weit ich auf allen Seiten sehen kann, steht keins! — Du kannst die Seiten nicht alle übersehen. — Das kannst du auch nicht! — Aber denke nur, fuhr der Buchfinke fort, bringt uns nicht unser Herr alle Morgen dort in den Trog Wasser, streut er uns nicht hier auf die Ecke Samenkörner? Würde er das thun, wenn er nicht wüßte, daß wir eingeschlossen sind und nicht davonfliegen können? — Aber, sagte immer der Zeisig, ich kann ja freylich davonfliegen! — So stritten sie noch lang, bis endlich der Kanarienvogel aus seiner Ecke rief: Kinder, wenn ihr streiten müßt, ob ihr im Käfig seyd oder nicht, so ists so gut, als wäret ihr nicht darinnen! —

Seitdem uns ein alter Philosoph diese Fabel gelehrt hat,

seitdem haben wir allen Streit über Freyheit aufgegeben.
Es ist vielleicht auch keine gelehrte Zänkerey weniger gründ=
lich behandelt worden als diese. Meist hat man auf der
einen Seite Begriffe nach Willkühr geschaffen und meist auf
der andern Einwürfe aus schiefen Induktionen geholt. Am
Ende war Spott hier und Anathema dort der Beschluß des
sehr entbehrlichen Dramas.

Herr Alexander von Joch ist nicht weit von der ge=
wöhnlichen Methode abgegangen. Er setzt aus von dem all=
gemeinen Schicksal, geht alsdann auf den Menschen und
seinen Willen über, zeigt, daß sein Verstand nicht frey sey,
weil er von den Gegenständen und seinem physischen Gesetze
abhänge, noch weniger aber der Wille, welcher theils durch
die Nothwendigkeit, das Angenehme zu wählen, das Unan=
genehme zu meiden, theils durch den ebenfalls knechtischen
Verstand regiert würde.

Umsonst widerstrebt das Gefühl. Wir werden erstaun=
lich betrogen, wir glauben in dem Augenblick, wir wollten,
in welchem wir gezwungen werden; und dann, wer kennt
nicht die Gewalt einer Lieblingsidee, einer Idea fixa!

Warum aber diese Idee? Gewiß nicht um der Moral
und um der Lehre von Verdienst und Strafe willen. Die
Schönheit ist gefällig, ob sie gleich ein Geschenk des Himmels
und kein selbst erworbener Werth ist. So auch moralischer
Werth. Belohnungen und Strafe aber sind immer uneut=
behrlich, weil sie eben die Mittel sind, wodurch der Wille
gezwungen wird.

Das ist ohngefähr so der Hauptinhalt von dem System
des Herrn Alexander von Joch, an welchem uns die oft
gute Laune, das originelle und offenherzige sehr wohl ge=
fallen hat, ob wir gleich wünschten, daß er seiner Meditation
einen andern Vorwurf gewählt hätte.

Wir bemerken überhaupt, daß die Lehre von der Freyheit
von sehr vielen Gelehrten, wenigstens Schriftstellern, für weit
leichter gehalten wird, als sie ist. Man stellt sich meistens
vor, daß ein flüchtiges Raisonnement die Sache ausmachte;
aber in der That, wer von ihr gründlich reden wollte, der
müßte ganz das innere Wesen und die erste Springfeder
aller Thätigkeit erkennen. Wer wagt sich in diese Tiefe,
wenn er sie kennt?

Insbesondere aber dünkt uns, hat man den wahren
Punkt des Streits fast immer verfehlt. Es ist gar nicht
die Rede von der Frage: Ob ein Wesen seinem Wesen ge-
mäß handlen müsse? Wer sollte das leugnen? Doch hadens
alle die, welche die Gleichgiltigkeit der Wahl vertheidigen
wollen. — Laßt die sich drehn, wie sie können! — Die
eigentliche Frage sollte, dünket uns, so vorbereitet und fest-
gesetzt werden:

Ein thätiges Wesen ist alsdann weder frey noch gezwungen, wann alle Handlungen, die es thut, auf seinen
eigenen Selbstgenuß hinauslaufen; gezwungen aber ists,
wann sie zum Genuß, den ein anderes Wesen hat, abzwecken.
Freyheit ist ein relativer, eigentlich gar ein negativer Begriff,
muß es auch seyn, denn ohne Bestimmung, folglich ohne
Zwang, ist nichts möglich, nichts gedenkbar. Freyheit druckt
Abwesenheit von einer gewissen Bestimmung aus. Nun von
was für einer? von einer wesentlichen, innern? Unmöglich!
Also ist es Thorheit, da das Wort Freyheit zu gebrauchen,
wo von solchen Bestimmungen die Rede ist; es heißt da
eben so viel als seyn und nicht seyn. Soll das Wort Sinn
haben, so muß es nur da gebraucht werden, wo die Rede
von einem Verhältniß ist, das nicht wesentlich ist, ohne welches das Wesen existiren konnte. — Sieht man die Lehre
von der Freyheit in diesem Lichte, so kann man wohl ehe

etwas Vernünftiges dafür sagen, und ich zweifle, ob Herr von Joch sie alsdann widerlegen würde.

Eben diese Aussicht breitet auch Licht über die daniederschlagende Lehre vom Schicksal. Es ist nicht genug, wie Alexander von Joch sich blos auf die tausend kleine Gelegenheitsursachen zu berusen, die eine Veränderung im Weltsystem machen. Alle wirken; ohne alle kann die Veränderung nicht stattfinden; das weiß ich, oder glaub ich vielmehr; aber alle sind wieder unnütz ohne meine Wirkung. Es ist also einmal ein Zirkel, das Fatum anzunehmen, weil die Menschen nicht frey sind, und den Menschen die Freyheit absprechen, weil das Fatum angenommen worden ist. Auf der andern Seite aber ist jeder durch die ihm wesentliche Bestimmung, nach seinem eigenen Selbstgenuß zu wirken, immer in so sern Herr seines Schicksals; wenigstens dient das Schicksal ihm.

Doch die Materie ist unerschöpflich, und der Kanarienvogel in unsrer Fabel sagt alles, was wir von diesem Buch und der ganzen Streitfrage denken.

28.

Nachrede statt der versprochenen Vorrede.

(29. Dec. 1772.)

Die besondre Aufmerksamkeit, mit der ein geehrtes Publikum bisher diese Blätter begünstigt, läßt uns für die Zukunft eine schmeichelhafte Hoffnung fassen, besonders da

wir uns mit allen Kräften bemühen werden, sie seiner Ge=
wogenheit immer würdiger zu machen.

Man hat bisher verschiedentlich Unzufriedenheit mit unsern
Blättern bezeugt; Autoren sowohl als Kritiker, ja sogar das
Publikum selbst haben gewünscht, daß manches anders seyn
möchte und könnte, dessen wir uns freylich gerne schuldig
geben wollen, wenn uns nicht Unvollkommenheit aller mensch=
lichen Dinge genugsam entschuldigt.

Es ist wahr, es konnten einige Autoren sich über uns
beklagen. Die billigste Kritik ist schon Ungerechtigkeit: jeder
machts nach Vermögen und Kräften und findet sein Publi=
kum, wie er einen Buchhändler gefunden hat. Wir hoffen,
diese Herren werden damit sich trösten und die Unbilligkeit
verschmerzen, über die sie sich beschweren. Unsre Mitbrüder
an der kritischen Innung hatten außer dem Handwerksneid
noch einige andere Ursachen, uns öffentlich anzuschreien und
heimlich zu necken. Wir trieben das Handwerk ein Bißchen
freyer als sie und mit mehr Eifer. Die Gleichheit ist in
allen Ständen der Grund der Ordnung und des Guten,
und der Bäcker verdient Strafe, der Brezeln backt, wenn er
nur Brod aufstellen sollte, sie mögen übrigens wohlschmecken
wem sie wollen.

Könnten wir nur auch diesen Trost ganz mit in das
neue Jahr nehmen, daß wir dem Publiko einigen Dienst
erzeigt, wie es unser Wunsch gewesen, wir würden uns
wegen des Uebrigen eher zufrieden geben. Allein auch von
diesem ist uns mannigfaltiger Tadel und Klage zu Ohren
gekommen, am meisten über den Mangel so nothwendiger
Deutlichkeit. Unsre Sprache, wir gestehens gerne, ist nicht
die ausgebildetste, wir haben uns über den Unfleiß, unsre
Empfindungen und Gedanken auseinander zu wickeln, uns noch
mancher Nachlässigkeit im Styl schuldig gemacht, und das

giebt manchen Recensionen ein so welsches Ansehn, daß es uns von Herzen leid ist, vielen Personen Gelegenheit zum Unmuth gegeben zu haben, die bey dreymaliger Durchlesung dennoch nicht klug daraus werden können.

Das größte Uebel aber, das daher entsprungen, sind die Mißverständnisse, denen unsre Gedanken dadurch unterworfen worden. Wir wissen uns rein von allen bösen Absichten. Doch hätten wir bedacht, daß über duulle Stellen einer Schrift tausende nicht 'denken mögen noch können; für die also derjenige Lehrer und Führer ist, der Witz genug hat, dergleichen zu thun, als habe er sie verstanden, wir würden uns, so viel möglich, einer andern Schreibart befleißigt haben. Doch was lernt man in der Welt anders als durch Erfahrung.

Eben so aufmerksam waren wir auf den Vorwurf, der uns wegen Mangel wahrer Gelehrsamkeit gemacht worden. Was wir wahre Gelehrsamkeit nennen, bildeten wir uns niemals ein zu besitzen; aber da ein geehrtes Publikum hierinne sonst sehr genügsam ist, merken wir nun wohl, daß es uns entweder an Geschicke mangelt, mit wenigem uns das gehörige Ansehn zu geben, oder daß wir von dem, was sie gründlich nennen, einen nur unvollkommnen Begriff haben.

Allen diesen Beschwerden, so viel möglich, abzuhelfen, wird unser eifrigstes Bestreben seyn, welches um so viel mehr erleichtert wird, da mit Ende dieses Jahrs diejenigen Recensenten, über deren Arbeit die meiste Klage gewesen, ein Ende ihres kritischen Lebens machen wollen. Sie sagen, sie seyen vollkommen befriedigt, haben dieses Jahr mancherley gelernt, und wünschen, daß ihre Bemühungen auch ihren Lesern nicht ganz ohne Nutzen seyn mögen. Sie haben dabey erfahren, was das sey, sich dem Publiko kommuniciren wollen, mißverstanden werden, und was dergleichen mehr ist; indessen hoffen sie doch, manchen sympathisirenden Leser gefunden zu haben, dessen gutem Andenken sie sich hiermit empfehlen.

So leid uns nun auch dieser ihr Abschied thut, so können wir doch dem Publiko versichern, daß es uns weder an guter Intention noch an Mitarbeitern fehlt, ihm unsre Blätter inskünftige immer brauchbarer zu machen.

Denen zu gefallen, die gern gleich wissen wollen, was an den höchsten Reichsgerichten anhängig gemacht worden, wird man auf jedem Blatte auf der letzten Seite das Eingegangene ohnverweilt mittheilen. Der Titel und Register der in diesem Bande angezeigten Schriften wird auch mit nächstem folgen.

Die Herausgeber.

B. Recensionen aus dem Jahre 1773.

1.

Lustspiele ohne Heyrathen, von dem Verfasser der empfind=
samen Reisen durch Deutschland. Bei S. G. Zimmermann.
Wittenberg und Zerbst 1773. 8.

Der gute Herr Präceptor, dem wir im abgewichenen
Jahr eine ganz andere Beschäftigung auftrugen, als em=
pfindsame Reisen zu schreiben, hat wirklich sein Thema ge=
ändert. Aber statt Handlanger zu seyn, will er doch noch
immer mitmeistern. Da steht er nun vor dem Theater und
seufzt nach der Ehre, seine Rolle zu spielen; aber zum Un=
glück fehlt es ihm an Kenntniß, an Geschmack und Anstand.
Ohne die Fackel des Hymen hat er drey Lustspiele verfertigt.
Das erste heißt: Die unschuldige Frau oder viel
Lärmen um Nichts. Gutherzige Weiber mögen sich diesen
Dialog zum Troste vorlesen lassen. Die Herrn Raufbolde
finden in dem Duell in drey Aufzügen, welcher das zweyte
Lustspiel ohne Heyrath ist, alle Regeln der Schlägerey in
einem treuen Auszug. Das dritte Theatralstückchen ohne
Heyrath heißt: Der Würzkrämer und sein Sohn, und
soll eine Schulkomödie seyn. Nun, da heyrathet man sich
ohne das nicht. Vielleicht hat ein wahres Geschichtchen dem
Herrn Verfasser den Stoff zu diesem Auftritt gegeben, der
aber so ohne alles Gewürz da angerichtet stehet, daß man
schon beym ersten Anblick desselben genug hat.

2.

Beyträge zur deutschen Lektüre für Leser und Leserinnen.
Leipzig, bey Büscheln. 8. 298 S.

Nachdem uns die geschäftigen Müßiggänger, die für geschäftige Müßiggänger arbeiten, bald aufs Kanapee, bald
auf den Großvaterstuhl, bald in den Abendstunden, bald
bey der Mittagsruhe verfolgt haben, nachdem wir Land-
und Stadtbibliotheken, Jahrszeitreisen, Tagreisen, Brunnen-
reisen genug bekommen haben, so war kein Rath mehr
übrig, als gegenwärtige Sammlung unter dem allgemeinen
Vorwande der Lektüre unterzubringen. Sollten wir eine
Stellung vorschlagen, in welcher man diese Beyträge lesen
könnte, so wäre es stehend, und zwar auf einem Beine.
Denn so würde man mit eben der Geschwindigkeit lesen,
mit welcher der Verfasser gearbeitet hat. Das Modewort
Lektüre heißt ohnedem weiter nichts als eben so gedanken-
los blättern, wie die Taglöhner der Buchhändler fabriciren.
Der größte Theil dieser Beyträge sind, wie gewöhnlich,
Uebersetzungen und zwar aus allen Zungen. Vornehmlich
hat sich Prior sehr oft müssen mißhandeln lassen. Den
Herrn Verleger und übrige Freunde des Herrn Verfassers
ersuchen wir, blos die Uebersetzung der Kirchhofselegie
mit denen beyden prosaischen Uebersetzungen, die man schon
davon hatte, zu vergleichen. Und wozu eine neue pro-
saische, da wir die vortreffliche poetische von Gotter haben?
Am Chaucer (S. 129) hätte sich der Verfasser auch nicht
versündigen sollen, da Schiebler schon dies Stück übersetzt hatte. Seine eigenen prosaischen Zusammenschmierungen
haben wir nicht auslesen können; nur so viel erinnern wir

uns davon, daß er gelegentlich die vermoderte Wochenschrift von Mylius, den Freygeist, erhebt. Die Verse sind ungefähr von folgendem Kaliber:

> Holde Nacht,
> Unbewacht
> Laß mich deinen Vortheil kennen;
> Stelle mir
> Lebhaft für,
> Was die Liebe macht.
> Laß mich frey mit Phyllis scherzen
> Und sie alsdann feurig herzen,
> Eh der Neid erwacht.

Sehr sleißig sind Gedichte aus Müllers Versuchen eingerückt, der einmal über das andere ein großer Mann gescholten wird. Endlich macht uns die Vorrede die angenehme Hoffnung zu einem zweyten Theile.

––––––

3.

Theatralalmanach für das Jahr 1773. verfasset von einigen Liebhabern der deutschen Schaubühne, zu finden Wien in dem Kayserl. Königl. priv. Realzeitungscomptoir. Zweyter Theil. 12. 195 S.

So lang der Philosoph kein Lampeduse findet, wo ihn die unverfälschte Natur in Schauspielen und Schauspielern ergötzt, so lang wird er sich begnügen, das rohe Possenspiel des täglichen Lebens zu betrachten, und aus dem Theater bleiden. So lange insbesondere die deutsche Bühne dem Eigensinne eines tausendköpfigten und ungebildeten Publikums und dem Muthwillen der Schreiber- und Uebersetzer-

zunft ausgesetzt bleibt, so lang in ganz Deutschland nur
ein tragischer Schauspieler, nur eine tragische Schauspielerin
existirt, so lange die Gebler, die Stephanie schreiben
dürfen und gelobt werden — wer wird es dem Philosophen
verdenken, wenn er lieber wie mancher Bramine den ganzen
Tag in einer Positur unthätig säße, als sich in den Schau=
platz erhübe. Aber um der Philosophen allein Bühnen zu
unterhalten, die nur Stücke von Schakespear, Ugolinos und
Hermannsschlachten und von Schauspielern aufgeführt wissen
wollen, wie sie sich die griechischen und brittischen denken,
möchte vor dem Jahr 2440 unthunlich seyn. Also laßt
uns zufrieden seyn, daß wir noch ein Theater haben, daß
wir wenigstens nicht rückwärts gehen, wenn wir (wie in
allen menschlichen Künsten) nur unmerklich vorwärts ge=
gangen sind; laßt uns jede, auch die unerheblichste Nach=
richt vom Zustande der deutschen Bühne (über den sogar
ein Universalalmanach zu wünschen wäre) aus Patriotis=
mus nicht verachten; laßt uns zufrieden seyn, daß an einem
Orte, wo vor kurzem noch Barbarey herrschte, itzt·jährlich
zwey Theatralkalender erscheinen können. Den einen, welcher
den Titel genauer Nachrichten führt, haben wir dieses
Jahr schon angezeigt. Der Verfasser derselben, Herr
Müller, der sich auch die Ehre des ersten Gedankens an=
maßt, hat vieles vor den Almanachsverfassern voraus. Beyde
sind für Auswärtige gute historische Quellen, wenn sie schon
zu einer eigentlichen Geschichte nicht hinreichen. Sie geben
uns blos summarische Anzeigen (die seichten Raisonnements
im Theatralalmanach sollten ganz wegbleiben), und man
darf daher keine pragmatische Entwickelung der Ursachen,
keine philosophische Charakterisirung suchen, sondern sich be=
gnügen, die Sachen in einer gewissen Ordnung übersehen
zu können. — Der diesmalige erste Artikel im Almanach ist

aus dem guten Gedanken entstanden, die zerstreuten Be=
merkungen über die dramatische Kunst zu sammlen. Wenn
die Sammlung eine Quintessenz aus der Menge drama=
tischer Blätter wäre, die seit vier Jahren in Deutschland
herumfliegen, oder aus Büchern gezogen wäre, wo man
dergleichen Bemerkungen nicht suchte, so wäre sie löblich.
Aber aus einem so bekannten Buche wie Sulzers Theorie
fast fünf Bogen abdrucken lassen, das heißt den Käufer
ums Geld bringen, zumal da keine Artikel im Sulzer mehr
bestritten werden können als die dramatischen. — Der Artikel
über die italiänischen Schauspiele hat uns am besten ge=
fallen. Die vortrefflichen Tonkünstler werden mit Recht
bedauert, die solche nugas canoras bearbeiten müssen. „Es
sind Niederländer Spitzen auf Sackleinwand genäht; man
besetze sie noch so häufig damit, der Boden bleibt immer
Sackleinwand." — Leider erhalten wir diesmal nur einen
einzigen Plan von einem Noverrischen Ballette. — Mit
Freuden lasen wir, daß die französische Schauspieler endlich
ganz fortgeschickt worden:

> — — Du lächelst,
> Muse, der gaukelnden Afterschwester,
> Die in den goldnen Sälen Lutetiens
> Ihr Liedchen klimpert.

Aber immer ist noch nur dreymal deutsches Schauspiel, und
dreymal Opera buffa. — Wenn die Verfasser nicht gewohnt
wären, den Mund meist ein wenig voll zu nehmen, so
würden wir es glauben, daß der Tod der Demoiselle Del=
phin für das Ballet ein unersetzlicher Verlust sey. Sie
soll das bewundernswürdigste Subject gewesen seyn, das je
in Europa für das Große und Ernsthafte erschienen. —
Das Verzeichniß der deutschen Theatraldichter, das ist aller
derer, die sich mit dreister Faust ans Drama wagen, ist

dermalen ſehr verbeſſert. Wir begreifen aber nicht, wie
man Herrn Romanus vergeſſen können, der doch im vor=
jährigen Kalender ſtand. Derſchau hat ja auch einen
„Oreſt und Pylades" geſchrieben. Hudemann iſt, dem
Himmel ſey Dank, längſt todt. Herrn Pfeufers frucht=
bare Feder hat uns weit mehr gegeben als „Karl und
Eleonore"; z. B. „Vendelino". Scheibe iſt auch der Ueber=
ſetzer von den Luſtſpielen der Biehl. Sturzens Amt
konnten die Verfaſſer aus den politiſchen Zeitungen wiſſen.
Die einheimiſchen Theatraldichter haben diesmal einen be=
ſondern Abſchnitt bekommen. Das Verzeichniß der auf=
geführten Stücke belehrt uns, daß man immer noch wenig
Trauerſpiele, beſonders wenn ſie in Verſen geſchrieben ſind,
hingegen allen Wuſt von Dramen gern ſehe, ſo ſchlecht ſie
auch zuſammengeleimt ſeyn mögen; daß man einerley Stück
zu Wien öfter als an andern Orten wiederholen könne;
daß man ſehr auf die Menge der Perſonen (S. 147) ſehe,
wenn es auch achtzehn Kinder ſeyn ſollten; daß man ſogar
anfange, ſich an Shakeſpeare zu verſündigen. Die erbärm=
lichen eingeſtreuten Urtheile rathen wir jedem zu über=
ſchlagen. Ueber Stücke wie Emilia Galotti wiſſen die
Herrn nichts auszurufen, als: „Wen hat es nicht entzükt!"
Geblers Lob rauſcht uns auf allen Seiten ſo ſehr in die
Ohren, ſo, daß die Verfaſſer ſelbſt zu den poſaunenden
Theatraltrompetern gehören, deren ſie S. 179 ſpotten. Die
Männerchen unter Herrn Schirachs Fahne ſcheinen den
Verfaſſern gar große Rieſen. In Weißens „Haushälterin"
ſoll zu viel lokales ſeyn. Sie können nicht begreifen, wie
man „Romeo und Julie" ſo ſehr habe bewundern können,
da ſie doch bekennen, daß ihnen eine Julie geſehlt habe. Ja,
man hat es ſogar mit einem ſünſten Akte von Wiener
Fabrik und mit fröhlichem Ausgange geſpielt. Von Zeit

zu Zeit geschehen verstackte Ausfälle auf den Herrn von Sonnenfels. Wer da endlich noch nicht wüßte, daß die Herrn Heufeld und Klemm, wovon sich ersterer in Kupfer stechen lassen, dieses par nobile, die Hauptverfasser wären, so dürfte er nur den allerliebsten Ausdruck S. 162 bemerken, die Geschichte der Fräulein von Sternheim sey genothzüchtiget worden. Das Register der Schauspieler erinnerte uns von neuem an die Ungerechtigkeiten, die Madame Hensel zu Wien erfahren müssen, und die mit Recht geflohen hat

> das undankbare Land,
> Wo Kaltsinn und Kabale wohnen.

4.

Johann Jakob Mosers, Königl. Dänischen Etatsraths, neueste kleine Staatsschriften. Bey Metzler. Frankfurt und Leipzig 1772. 8. 20 Bogen.

Unsere Leser werden diese vortreffliche Sammlung einiger kleinen Abhandlungen aus dem deutschen Staatsrechte schon aus der ersten Auflage kennen, die im Jahr 1768 erschien und die hier völlig unverändert geblieben ist. Wir wollen sie nur daran erinnern, daß die Ausführung des päbst= lichen Entscheidungsrechts in zwiespaltigen Wahlen geistlicher Reichsfürsten, welche gegen Herrn Pestels bekannte Schrift gerichtet ist und gleich bey ihrer ersten Er= scheinung begierig aufgesucht wurde, und dann der unmaß= gebliche Vorschlag wegen Verfertigung einer Reichs= usualmatrikul, der wegen der mühsamen Ausarbeitung dem berühmten Verfasser so viele Ehre gemacht hat, darinnen enthalten seyen. Die übrigen Abhandlungen betreffen bekanntlich das Recht, die Besteurungsart zu bestimmen und abzuändern, eine Nachricht vom geistlichen Gut im Würtembergischen, und die Verbindlichkeit landesherrlicher den Landständen ertheilten Resolutionen. Da das Buch schon bey seiner ersten Ausgabe in mehrern Journalen, z. B. in der Allgemeinen deutschen Bibliothek, im Anhang zu den zwölf ersten Bänden, S. 797 u. s., längst angezeigt und gerühmt worden ist, so würde es ein schlechtes Compliment für unsere Leser seyn, wenn wir ihnen den Werth desselben noch erst anpreisen wollten, und wir würden auch nicht einmal so viel davon gesagt haben, wenn nicht der Herr Auszugsmacher in dem 17. Stücke der Gelehrten Zeitung von Frankfurt an der Oder es als eine neue Schrift angesehen und sich die Mühe genommen hätte, dem Publikum den Inhalt eines Buchs weitläuftig vorzuzählen, welches das Publikum schon vor fünf Jahren besser als jener unwissende Recensent gekannt und genutzt hat. Bey dem gräulichen Zustande unserer lieben Zeitungskritik hat noch das Abentheuer gefehlt, daß Leute ohne alle litterarische Kenntnisse sich zu Kunstrichtern aufwerfen, und — Dank sey es der Hausenschen Zeitungsfabril! — das hätten wir doch nun erlebt.

5.

Robert Woods Versuch über das Originalgenie des Homers. Aus dem Englischen. Frankfurt am Mayn. In der Andreäischen Buchhandlung. 8. 314 S.

Außer der brittischen besitzt keine der jetzigen europäischen Nationen den Enthusiasmus für die Ueberbleibsel des Alterthums, der weder Kosten noch Mühe scheut, um sie wo möglich in ihrem völligen Glanze wieder herzustellen. Wenn neulich der französische Kaufmann Guys die alten und neuern Griechen verglich, so war dies nur eine spielende Unterhaltung gegen das Verdienst, das sich Wood um den Homer erworben hat. In das Genie dieses Dichterpatriarchen einzudringen, können uns weder Aristoteles noch Bossu Dienste leisten. Vergeblich würde man daher hier den Regelkram suchen, den Blair zur Erläuterung des Ossian und eine Dame zur Apologie des Shakespeare angewendet haben. Wenn man das Originelle des Homer bewundern will, so muß man sich lebhaft überzeugen, wie er sich und der Mutter Natur alles zu danken gehabt habe. Ohne die genaueste Kenntniß aber der Zeiten und des Orts, wo er gesungen, wird dies nie möglich seyn. Die Zeiten muß man, da uns außerdem keine Denkmale davon übrig geblieben, aus ihm selbst und den Ort durch Reisen kennen lernen. Beides hat die große Schaar seiner Ausleger bisher ganz vernachläßigt. Wood studirte seinen Homer mit philosophischen Augen und stellte hierauf mehr dann eine Reise in die Gegenden an, die durch die Jliade und Odyssee berühmt geworden und deren physikalische Lage im Ganzen unverändert geblieben ist. Er war einer von der Reise-

gesellschaft, die sich aus den Ruinen von Balbeck und Pal=
myra ein unvergängliches Denkmal errichtet hat. Er weihte
dem Studium des Homer den größten Theil seines Lebens,
das leider schon geendet ist. Was wir hier davon lesen,
sind nur Bruchstücke eines allgemeinen Kommentars, den er
über den Vater der Dichter schreiben wollte und der der einzige
in seiner Art geworden wäre. Der Mangel einer wohl=
überdachten Ordnung, viele Lücken und die öftern Finger=
zeige auf ein künftiges ausgearbeiteteres Werk geben der
Abhandlung das Ansehn des Unvollendeten. Indessen sind
es die schätzbarsten Fragmente, die uns den Verlust des
Hauptwerks bedauern machen, wenn nicht der Erbe des
Verfassers, Herr Bryant, es unter seiner Verlassenschaft
geendigt gefunden hat. Mit den scharfsichtigsten Blicken
dringt er durch die Nebel eines so fernen Abstandes bis
zur eigentlichen Kultur des homerischen Zeitalters hindurch
und lehrt es uns aus dem philosophischen Standpunkte der
Geschichte der Menschheit betrachten. Man sehe zur Probe
die Betrachtungen über die damalige Schifffahrt und über
die Bildung der griechischen Sprache nach. Die Unwissen=
heit in diesen Dingen hat unzählige elende Beurtheilungen
erzeugt, die leider noch vor kurzem in gewissen zu Wien
herausgekommenen Anmerkungen über die Iliade wiederholt
worden sind. Woods Lokaleinsichten haben ihn zum Bey=
spiel in den Stand gesetzt, über die homerische Maschinen
ein neues Licht zu verbreiten, die Fehler der Pope'schen
Karte auseinanderzusetzen, die berühmte Streitfrage über
die Entfernung der Insel Pharus vom Lande zu ent=
scheiden u. s. w. — Auch Virgils Genie wird bey mehrern
Gelegenheiten fürtrefflich detaillirt. Selbst in so kühnen
Muthmaßungen, in die sich der geschäftige Geist des Ver=
fassers verliert, als die über Homers Vaterland, über die

Chronologie der homerischen Epoche und dergleichen sind,
muß man in ihm den Denker bewundern, wenn man ihm
auch nicht ganz beipflichten kann. Aus dem Buche heraus=
gerissen, muß es eine stolze Behauptung scheinen, wenn er
sagt, daß selbst die Alten ihren Homer nicht so lokal und
temporell studirt haben, als es sich gehört. Liest man aber
das ganze Buch selbst, so wird man einräumen, daß die
kritischen Betrachtungen, die uns von den Alten über den
Homer übrig geblieben sind, wirklich tief unter den Aus=
sichten stehn, die uns Wood eröffnet. Zur Ehre des Alter=
thums wollen wir indessen muthmaßen, daß ihre besten
Untersuchungen über den Homer ein Raub der Zeit ge=
worden sind.

Wood ließ seine Schrift 1769 nur als Manuscript für
Freunde drucken. Als ein Geschenk kam sie nach Göttingen,
wo sie Herr Heyne ausführlich beurtheilte, dessen Recension
hier der Vorrede des Uebersetzers eingeschaltet worden ist.
Das Heynische Lob und die Seltenheit des Werks reizte
manche übersetzungsbegierige Hand, darnach zu trachten;
aber alle Versuche waren vergebens. Herr Michaelis,
der Besitzer jenes einzigen Exemplares in Deutschland, suchte
in allen seinen Schriften die Verleger zu locken, um es
dem Meistbietenden zu verhandeln. Wie der gegenwärtige
Uebersetzer es habhaft geworden sey, hat er nicht für gut
befunden, zu entdecken. — Druck und Papier machen der
Andreäischen Buchhandlung Ehre.

6.

Predigten über das Buch Jonas von Johann Caspar
Lavater, gehalten in der Kirche am Waysenhause. Winter=
thur, im Verlag Heinr. Steiners und Comp. Die erste Hälfte.
gr. 8. 254 S.

Jedes große Genie hat seinen eignen Gang, seinen eignen
Ausdruck, seinen eignen Ton, sein eignes System und sogar
sein eignes Costum. Wenn das nicht wahr wäre, so müß=
ten wir unsern Lavater für die allerseltsamste Erscheinung
von der Welt halten. Wir müßten bey Vergleichungen einer
Lavaterischen Schrift mit der andern den seltsamsten Contrast,
und selbst in einer und derselben Schrift die wunderbarste
Vermischung von Stärke und Schwäche des Geistes, von
Schwung und Tiefe der Gedanken, von reiner Philosophie
und trüber Schwärmerey, vom Edeln und Lächerlichen zu
erblicken glauben. Allein der Recensent hat diesen Mann
seit einiger Zeit genauer studirt und würde sich nun der
Sünde fürchten, dieses Urtheil über ihn zu fällen. Jener
Contrast ist blos scheinbar — so wie überhaupt der Begriff
von dem, was man Contrast nennt, eigentlich nur relativ
ist. Denn eigentlich nennen wir alles so, was dem ge=
meinen Haufen der Menschen auf und neben einander
gestellt lächerlich und abgeschmackt vorkommt. Ist aber
jedes große Genie zugleich Original, hat es seiner Na=
tur nach seinen eignen Gaug, sein — eignes Costum, wie
wir oben sagten, so ist das in Beziehung auf ihn nicht
mehr Contrast, und der Zuschauer muß seine Weise mit
Ehrerbietigkeit betrachten, ohne sich unterfangen zu wollen,
jeden Schritt desselben nach dem gemeinen Maßstabe zu

beurtheilen: Er muß, was ihm ungewöhnlich ist, mit ab=
gewandten Blicken vorbeylassen, oder, wenn er so demüthig
seyn kann, anstaunen — und so wenig er begreifen kann,
wie der Mann darauf kam, dennoch damit sich beruhigen,
daß er zu sich selbst sage: so denket, so spricht nur — ein
Lavater! Und also nun kein Wort weiter von dem, was
ein anderer Recensent vielleicht würde gerügt haben.

Herr Lavater hat diese Predigten seinem durch man=
cherley Demüthigungen bewährten lieben Freund
und Bruder Hasenkamp, Rektor am Gymnasium zu
Duisburg, zugeeignet und uns von ungefähr einen Finger=
zeig auf die Ungründlichkeit mancher Urtheile von seiner
Denkart gegeben, die wir nicht unbemerkt lassen können:
„Menschlichkeit auszubreiten, lieber Freund, Menschlichkeit,
diese erste und letzte Menschentugend, ist einer meiner Haupt=
zwecke bey diesen Predigten. Dies, lieber Bruder, sey dir
ein Wink! Herzlich gern möchte ich mich noch länger über
wichtige Reichsangelegenheiten Christi mit dir unterhalten
(so denkt, so spricht nur — ein Lavater! also nur geduldig
darüberhin, lieber Leser!), aber ich kann es nicht. Ich
sage also nur noch: sey weise, sey ein Mann! — — wider=
setze dich ferner, lieber Bruder, mit Weisheit, Sanftmuth
und leuchtender Stärke des Geistes und Herzens den beyden
großen Feinden der Wahrheit und Tugend — ich meyne
das emporbrausende christusleere Christenthum auf der
einen, und die vernunftlose Schwärmerey auf der
andern Seite.“ Sprich, lieber Leser, ob unser Lavater nicht
fürtrefflich denkt? Aber, sprich, ob es nicht höchst wünschens=
würdig wäre, daß man beyde diese Feinde besser kennen
lernte, als sie die meisten kennen? Denn wie viele wissen
die große Frage richtig zu beantworten: was heißt christus=
leeres Christenthum? was vernunftlose Schwärmerey? welches

sind ihre Grenzlinien, welche die Mahlzeichen des Thiers?
Möchte sie doch einst ein Lavater beantworten!

Die erste der Predigten handelt von der Allgemein=
heit der göttlichen Fürsehung. Vorn erzählt Herr
L. schön und ungekünstelt den sonderbaren Ruf des Jonas
aus der Geschichte des Textes. Wobey wir uns doch ge=
wundert haben, wie Herr L. sagen konnte: „das ist
schwer zu begreifen — daß er auf den tollen Einfall
gerieth vor dem Angesichte des Herrn zu fliehen und
seiner allgegenwärtigen Hand gleichsam zu entlaufen", da
doch die Anmerkung so alt als richtig ist, welche die besten
Ausleger zu Ablehnung dieses Vorwurfs gemacht haben,
daß ein allgemeines Nationalvorurtheil bey den Juden war,
als ob das Angesicht Gottes nur über die Juden leuchte;
das heißt, daß Gott nur unter seinem Volke seine Special=
providenz durch unmittelbare Offenbarungen und andere
besondere Wirkungen äußere; ja daß er sich um die Heiden
gar nicht bekümmere und sie seiner Vorsorge würdige.
Ohnfehlbar hatte auch Jonas den Gedanken, wenn er nur
Gott (wie man sagt) aus dem Gesichte, das heißt ans
Palästina wäre, so würde er von so unangenehmen Auf=
trägen nichts weiter zu befürchten haben — und läßt nicht
selbst der ehrliche Charakter des Jonas, den Herr L. in
der Folge rühmt, jeden nachdenkenden Leser vermuthen, daß
eine solche durch ein allgemeines Vorurtheil gestimmte
Schwachheit bey dieser Flucht zum Grunde müsse gelegen
haben? S. 22 ist der Gedanke: „mir scheint unter allen
(heiligen Verfassern) keiner so ganz ausdrücklich, so ganz
durchaus und mit dem größten Fleiße dies (nemlich die
allwaltende Fürsehung Gottes glaubwürdig und so viel wie
möglich handgreiflich zu machen) immer vor dem Auge ge=
habt zu haben, — wie der Verfasser dieses Buchs" ohn=

fehlbar etwas übertrieben. Wir dürfen Herrn L. nur an das Buch Hiob erinnern, um seine Beystimmung zu erhalten. Im Buche Hiob ist ohnfehlbar der Satz: „Gottes Fürsehung ist unergründlich — aber doch immer durch den Ausgang groß und bewundernswürdig" die offenbare Hauptabsicht des Verfassers gewesen, so wie ich glaube, daß im Buche Jonas der Zweck war, obgedachtes jüdisches Vorurtheil zu widerlegen, und zu zeigen, daß sich Gottes Fürsehung auch auf die Heiden erstrecke. Der Gedanke: Die Stimme der Fürsehung ist die Stimme Gottes, den Herr L. S. 64 u. f. ansführt, ist seit jeher auch der Lieblingsgedanke des Recensenten gewesen, und er hat sich immer wohl dabey befunden. Kurz, wir haben alle Predigten dieses ersten Bandes mit Vergnügen und mit warmer Hochachtung für den Verfasser gelesen und empfehlen sie unsern Lesern aus Ueberzeugung. Noch sind die Rubriken von den übrigen anzuzeigen. Zweyte Predigt: Das Fehlerhafte in dem Betragen Jonas. Dritte: Das Gute in dem Betragen Jonas. Vierte: Die Schiffgefährten Jonas. Fünfte: Jonas in und außer dem Wallfische. Sechste: Unwandelbarkeit der göttlichen Güte. Siebente: Vorbereitungspredigt auf den Communionstag vor dem Bettag.

_____

7.

Die Lieder Sineds des Barden mit Vorbericht und Anmerkungen von M. Denis aus der G. J. Bey Trattnern. Wien 1773. 290 S. ohne Vorbericht.

Seitdem schon manches gründlich gegen unsre Bardenpoesie erinnert worden, haben es sich die kleine Kunstrichterchen

in Deutschland zur Regel gemacht, über alle Barden nach
ihrem Belieben zu schmähen, und der wahre Kenner des
Guten wagt es kaum, auch seine Gedanken zu sagen, und
tritt dann wieder ab. Wir sind wider die Bardenpoesie
nicht eingenommen. Rechtschaffenheit und Patriotismus wird
in diesem oder dem Tone der Gleimischen Kriegslieder am
besten verbreitet; und der Dichter selbst setzt sich lieber in
die Zeiten der Unschuld in den Sitten, und der starken
Heldengesinnung zurück, als daß er unsre tändlende Zeiten
besänge. Wo sind denn die schöne Thaten, die ein deutscher
Ossian in unsern Zeiten besingen könnte, nachdem wir unsern
Nachbarn den Franzosen unser ganzes Herz eingeräumt
haben? Einem Patrioten singt kein Dichter in diesem Tone
fremd, und antike griechische Schilderungen, mit deutschen
Sitten verbrämt, sind doch ja wol eben der Fehler oder
wol ein größerer als Bardenpoesie in unserm Zeitalter.
Wenn Tugend und Rechtschaffenheit statt der Cabale und
der Laster unsers Jahrhunderts, statt der Bosheit der
Priester und unsers Volkes wieder einmal die Oberhand
gewinnen, dann erst kann der Barde seine Saiten um=
spannen und seinen Zeiten gemäs singen. Indeß bringt
jeder Barde sein Opfer zur Verbesserung unsrer Sitten,
und dies hat auch hier Denis gethan. Von dem Vorberichte
über die alte vaterländische Dichtkunst können wir nur weniges
sagen. Wir haben eben leider nichts eigenes mehr aus
jenen Zeiten, und wenn auch in Bibliotheken hie und da
noch etwas wäre, so ist weder Lohn noch Ermunterung
genug, daß man sich Mühe gäde, diese Gesänge aufzusuchen;
und es werden ja die Minnegesänge nicht einmal gelesen.
Bey dieser Gelegenheit ersuchen wir Klopstock uns mehr Nach=
richt von dem Barden zu geben, den er gefunden zu haben
hofft. Welch ein angenehmes Geschenk für die wenige

Liebhaber der alten Poesie! Nun kommen wir auf die Gedichte selber: 1) An Ossians Geist. Ein Stück, Ossians vollkommen würdig. Es enthält den Hauptinhalt der Ossianischen Gedichte und zuletzt eine Klage über den verderbten Geschmack unsrer Zeit, in einem sanften klagenden Tone gesagt:

> Seit diesem Gesichte bewohn' ich
> Die Vorwelt und lerne die Weisen
> Der Barden und rette der Töne
>   Zurück in mein Alter so viel ich vermag.
>
> Zwar haben mich Viele verlassen,
> Die vormal mir horchten! Sie klagen:
> Die Steige, die Sined jetzt wandelt,
>   Ermüden, wer wollte sie wandeln mit ihm!
>
> Doch Seelen, dem Liede geschaffen,
> Empfindende Seelen, wie deine,
> Mein Lehrer! und sind sie schon wenig,
>   Die schließen bey meinen Gesängen sich auf.

2) Lehren der Vola. 3) Hagbard und Sygna. 4) Odins Helafahrt. 5) Asbiörns Prudas Sterbelied. 6) Hakons Leichengesang. 7) Regner und Kraka. 8) Egills Lösegesang. Sind Uebersetzungen alter Barden, deren Werth man, ohne Schmeicheley, hochschätzen wird, wenn man bedenkt, wie viel Mühe die Uebersetzung eines solchen Stücks aus dem barbarischen Latein den guten Sined gekostet hat. Möchte er bald mehr solche Uebersetzungen mittheilen! 9) Auf die Genesung Theresiens. War, so viel der Recensent sich erinnert, schon vorher bekannt. Der Vers fließt in diesem Stück so sanft, so voll Wohllaut, daß man zärtlich gerührt werden muß, und besonders sind dem Herrn Denis die Reimen sehr gut gerathen, die sonst eben den besondern Beyfall unsrer Barden nicht haben. 10) Barden

Feyer am Tage Theresiens ist bekannt genug. 11) Auf Josephs Krönung. Ein vortreffliches Lied in einem harmoniereichen lyrischen Schwung. 12) Vier Gedichte auf die Reisen Josephs, wovon die drey erstre schon lange bewundert worden sind und die letzte gewiß allgemeinen Beyfall erhalten wird. Aber in diesem ist nicht Joseph der Held, sondern Joseph der Vater, der Steurer des Mangels besungen:

> Sein Herz
> Vaterempfindungen voll
> Flügelt sich, Elbe! zu dir vom thürmenden Wien,
> Flügelt sich, Moldau, zu dir.
> Harre nach Bothen nicht,
> Die dir dein Herrscher schickt!
> Joseph ist Herrscher. Kein Both, er selber, er kömmt.

16) Die Säule des Pflügers. Auch schon lange bekannt. 17) An den Oberdruiden an der Rur. 18) An einen Bardenfreund. 19) Auf das Haupt der Starken bey den Marfmännern. 20) An den Obersten der Barden Teuts (Klopstock). 21) An den Bardenführer der Brennenheere (Gleim). 22) An Friedrichs Barden (Ramler). 23) An den Oberbarden der Pleiße (Weiße). 24) An den beredtesten der Donaudruiden (Wurz). 25) Rhingulphs Lied an Sined. 26) Sineds Gesicht (beyde schon aus den Almanachen bekannt). 27) An einen Jüngling. Wie vieles müßten wir sagen, wenn wir von jedem besonders reden wollten! Die meisten sind ganz vortrefflich; dagegen stoßen wir aber auch hie und da auf matte Stellen, die wir hinwegwünschten. Bey einem Barden, der sonst so erhaben singt, wird man unter der Lesung schwacher Stellen etwas unwillig; da überdies diese Flecken sich so leicht abwischen ließen. Doch ist das Gute auch desto vollkommner, und dieser kleine Tadel soll keinen Leser abschröcken, diese

dennoch vortreffliche Stücke zu lesen. 28) Vaterlandslieder. 1. Die Vorzüge seines Vaterlandes. 2. Freude über den Ruhm der vaterländischen Weisen. 3. Wider die Nach= ahmung der alten Griechen und Römer in deutschen Ge= sängen. 4. Freude über den Frieden und Ruhe seines Vaterlandes. 29) Morgenlied. 30) Abendlied. 31) Gruß des Frühlings. 32) Das Donnerwetter. 33) Klagen. a. Auf Gellerts Tod. b. Ueber den Geschmack einiger seines Volkes. c. Ueber die Erziehungsart vieler deutschen Kinder. d. Ueber den Tod des Untervorstehers am The= resianum Hohenwart. e. Ueber die Arme seines Volkes. f. Ueber den Tod eines geliebten Vogels. Diese Elegie darf weder mit Catulls noch Ramlers Nänie verglichen werden. Sie enthält viel artiges, aber den Recensenten deucht auch manches sehr gezwungen darin. Desto stärker und eindringender aber sind die vorhergehende Klagen ge= schrieben, von welchen nur die über Gellerts Tod uns bekannt war. O Deutschland, höre doch einmal deine fromme Barden und folge ihnen. Sie singen jetzt noch immer Mitleid — aber sie können auch fluchen über die Sitten ihres Volks. 34) Urlaub von der sichtbaren Welt. In allen diesen Gedichten athmet menschliches Gefühl, Patriotismus, Haß des Lasters und der Weichlichkeit, und Lieb der Helden Einfalt. Oft spricht der Barde kühn, oft eindringend, oft sanft und zärtlich — oft thränend. Er hat seinen Gedichten Anmerkungen beygefügt, vielleicht um den bellenden Hunden aus dem Wege zu treten, welche über Klopstocks Oden und die Dunkelheit darin so ein lautes Geheule angefangen. Schirach und Consorten werden freylich auch itzt noch nicht zufrieden seyn, wenn gleich der Barde zu ihrer Schwachheit sich oft genug herabgelassen hat. Wir können H. Denis versichern, daß wir seine Lieder

mit vielem Vergnügen gelesen haben. Nun wird nächstens
Herr Mastalier auch eine Sammlung seiner Gedichte ver=
anstalten, welcher wir mit Freuden entgegen sehen. Endlich
gewinnt doch vielleicht die gute Sache des Geschmacks durch
die Bemühungen so vieler wackern Männer die Oberhand.

8.

**Herrn Hollands philosophische Anmerkungen über das
System der Natur,** aus dem Französischen, von Wetzel.
Bern, im Verlag der neuen Buchhandlung. Erster Theil
358 S. Zweyter Theil 334 S. 8.

Gegen einen leicht gerüsteten Franzosen tritt hier ein
schwer bewaffneter Deutscher, gegen einen Partheygänger ein
regulirter Krieger auf. Indessen sind weder Waffen noch
Kunst sein eigen, und das war hierzu auch nicht nöthig.
Mit einer guten Belesenheit in Sulzers, Kants, Mendel=
sohns, Garvens Schriften konnte er schon den französischen
Weltweisen überflügeln. Herr Holland hat nur das Ver=
dienst eines guten philosophischen Sammlers, und wir
glauben auch, daß er selbst seine Quellen würde dankbar
angezeigt haben, wenn er nicht französisch und für Fran=
zosen geschrieben, und also die Citationen gescheut hätte.
Nur haben wir uns bey seiner ausgebreiteten Lectüre darüber
gewundert, daß er nicht zu wissen scheint, was Voltaire
gegen das Systême de la nature geschrieben, und was
unser Herz gegen dasselbe und gegen Voltairens Wider=
legung erinnert hat. Herr Wetzel hat (wenn nun einmal
die französische Schrift ins Deutsche übersetzt werden sollte)

das Verdienst eines sorgfältigen Uebersetzers, wobei man gern einige Fehler gegen die deutsche Grammatik übersieht. Er thut wohl, daß er das Système zugleich mit übersetzte, denn so kann man zugleich beyde Partheyen hören. Aber bey seinen Invectiven gegen die Franzosen hätte er sich Hrn. Hollands Billigkeit zum Muster vorstellen sollen. Man muß niemanden, der zu irren scheint, Gefühl für Tugend und Rechtschaffenheit absprechen, und Eigensinn und Tücke aufbürden, so lang man nicht weiß, ob der Gegner mit Vorsatz Irrthümer lehre.

Inhalt des zweiten Theils.

Leipzig Druck von Grimme & Trömel

Lightning Source UK Ltd.
Milton Keynes UK
UKHW011248310119
336488UK00006B/289/P

9 780666 626028